예언과 목회 [9]

박동현

2009

비블리카 아카데미아

머리말

〔예언과 목회〕는 1993년부터 제가 한편으로는 주로 일반 교역자들이나 신학자들의 모임에서 강연하거나 발표한 원고와 다른 한편으로는 여러 정기간행물이나 논문집에 낸 글의 원고 가운데서 몇 가지를 뽑아 펴내어 온 책들의 이름입니다. 이번에는 2004-2008년에 발표한 것들을 모아 제9권을 내게 되었습니다.

첫째 마당에서는 2007년 월간 「새가정」에 11번에 걸쳐 '재미있고 의미있는 구약'이라는 이름의 고정 칼럼에 실린 초고(草稿)를 한데 모아 두었습니다. 이 글들은 교역자들뿐만 아니라 평신도들, 심지어 아직 하나님을 모르는 사람들도 쉽게 읽을 수 있습니다. 이 열한 편의 고백문은 여자 네 사람과 남자 일곱 사람에 관한 구약 본문의 내용을 각 사람의 처지에서 이야기하는 식으로 새롭게 써본 글입니다. 성경은 사람의 전기가 아니라 하나님이 우리를 위해, 온 누리를 위해 하신 일을 알려주는 책이므로, 이런 고백의 뿌리가 되는 각 본문을 통해 하나님이 말씀하시려는 바를 조금이라도 더 잘 이해하실 수 있었으면 하는 마음으로 그리 해 본 것입니다. 에스라와 사무엘을 뺀 아홉 사람은 구약에 나타난 이스라엘 역사의 여러 시기에서 주역을 맡았다고 보기는 힘듭니다. 하갈보다는 아브라함과 사라가, 에서보다는 야곱이, 아스낫보다는 요셉이, 미리암보다는 모세가, 나오미보다는 룻이, 입다보다는 기드온이, 아히간보다는 예레미야가, 모르드개보다는 에스더가, 하나냐보다는 다니엘이 우리에게는 더 익숙한 이름입니다. 그렇지만 이처럼 덜 알려진 사람들의 마음을 헤아리며 구약 본문을 읽어보면 이전에 미처 생각하지 못했던 것들이 적지 않게 눈에 띄기도 합니다.

둘째 마당의 첫 두 글은 구약학을 전공하는 사람들을 염두에 둔 것이므로 그 내용이 다소 어렵습니다. 그렇지만 '고난'과 '나라를 지키는 믿음'이라는 주제는 비전공자들의 관심을 끌 만 합니다. 뒤이어 나오는 농사, 부, 참살이(wellbeing)를 주제로 한 글은 한층 더 일반성을 띄면서 오늘 우리 한국사회에서 중요한 문제를 다룹니다.

셋째 마당에서는 앞의 두 마당에서보다 더 집중해서 한국교회의 문제를 구약이나 신구약을 통틀어 살펴봅니다. 특히 첫 세 글은 2007년 평양 대각성운동 100주년을 계기로 한국교회의 중심 관심사가 되었던 부흥문제와 관련됩니다. 넷째 글은 교회가 부르짖어온 섬김의 문제를, 다섯째 글은 성서학의 과제를 두고 시대의 변화에 맞추어 함께 고민할 것을 한국의 교역자들과 그리스도인들에게 요청합니다.

넷째 마당에서는 「교회와 신학」, 「성경연구」, 「성서마당」, 「예배와 강단」에 설교를 위해 구약 본문 여덟 군데를 풀이한 글을 한데 모았습니다.

〔예언과 목회 9〕는 다음 두 가지 점에서 앞서 나온 8권과 다릅니다. 첫째, 정기간행물이나 논문집에 낸 글은 각 간행물이나 논문집의 편집자들이 다듬기 전의 초고를 조금 다듬어 여기에 실었습니다. 그리함으로써 제가 본디 말하려고 했던 바를 좀 더 정확하게 드러내려고 했습니다. 둘째, 1-8권은 한국장로교출판사에서 펴냈습니다만 이번 9권은 비블리카 아카데미아에서 내기로 했습니다. 그동안 보잘것없는 책들을 목회연구도서에 넣어 출판해 주신 한국장로교출판사와 새로 출판을 맡아주신 비블리카 아카데미아, 양쪽에 깊이 감사드립니다.

아무쪼록 이 보잘것없는 글들이 오늘 한국 교회와 사회를 향하여 말씀하시는 하나님의 뜻을 조금이라도 더 잘 드러낼 수 있다면 저로서는 더 바랄 것이 없겠습니다.

2009년 1월 11일
아차산자락에서
박동현 삼가 아룀

차 례

3 머리말
5 차례

7 첫째 마당. 열 한 사람의 고백
9 하갈의 고백
13 에서의 고백
18 아스낫의 고백
23 미리암의 고백
28 에스라의 고백
33 나오미의 고백
38 입다의 고백
43 사무엘의 고백
48 아히감의 고백
53 모르드개의 고백
58 하나냐의 고백

63 둘째 마당. 구약신화과 한국사회
65 구약성서에 나타난 고난의 의미
105 나라를 지키는 믿음 - 이사야 7장 1-9절을 중심으로 -
131 구약의 농사 이야기
153 성경에서 말하는 부(富)
162 참살이에 대한 성경의 가르침

171 셋째 마당. 구약성경과 한국교회
173 이스라엘 역사에서 본 오늘 한국교회의 진정한 부흥
216 1907년 부흥운동의 모티브 (I) - 말씀
228 느헤미야 8-9장의 백성, 에스라, 레위인들
236 성경에서 말하는 섬김
252 성서학에서 생각하는 진보신학

275 넷째 마당. 설교를 위한 구약 본문 풀이
277 레 19:13-14("네 하나님을 경외하라")
287 민 11:24-30("다 선지자가 되게 하시기를")
300 삿 6:11-14("이 너의 힘으로")
311 왕상 18:21-40("여호와 그는 하나님이시로다")
318 시 122편("여호와의 지파들이")
330 렘 23:25-32("내가 꿈을 꾸었다")
340 렘 31:7-14("크게 기뻐하리라")
348 렘 48:26-39("모압을 위하여")

첫째 마당

열 한 사람의 고백

하갈의 고백
에서의 고백
아스낫의 고백
미리암의 고백
에스라의 고백
나오미의 고백
입다의 고백
사무엘의 고백
아히감의 고백
모르드개의 고백
하나냐의 고백

하갈의 고백

「새가정」 통권 제54권 585호(2007.1), 38-41쪽('재미있고 의미있는 구약')에 실린 글의 초고인 이 글에서는 창세기 16장 1절-21장 21절 가운데 하갈과 관련된 부분의 내용을 하갈의 처지에서 풀어 이야기해 봅니다. 문학적인 상상력을 동원한 것이므로 이 이야기를 그대로 역사적인 사실로 받아들이지 마시기 바랍니다. 그보다는 그 부분을 통해 하나님이 오늘 우리에게 무슨 말씀을 하시려는지 함께 귀 기울여 들어보는 계기로 삼으시면 좋겠습니다.

여러분, 안녕하십니까? 저는 하갈입니다. 이집트에서 태어났지만, 일찍이 히브리 사람의 아내 사래의 몸종이 되었답니다. 제 주인 마님이신 사래는 남편 아브람 님과 함께 가나안 땅에 들어와 사신 지 십 년이 지났지만 아이를 아직 낳질 못했어요. 하나님이 아브람을 불러내실 때, "내가 너로 큰 민족을 이루게 해 주겠다."고 말씀하셨는데도, 이토록 긴 세월이 지나도록 아무 소식이 없으니, 아브람 님보다 마님께서 더 답답하셨나 봅니다. 그리하여 하루는 마님이 아브람 님에게 말씀하셨어요. "여보, 내가 아이 낳는 것을 하나님이 허락하시지 않나 봐요. 제 몸종 하갈과 잠자리를 같이 해 보셔요. 그리해서라도 자식을 볼 수 있지 않을까요?" 그 때는 자식이 없는 마님의 몸종이 낳은 자식은 마님의 자식으로 여겼답니다.

그렇게 말씀하신 마님은 저를 아브람 님의 방에 들여다 놓으셨지요. 저는 아무 소리 못하고 그리로 가서 하룻밤을 아브람 님과 지냈답니다. 얼마 뒤 저는 제 몸 안에 새 생명이 자라고 있음을 알게 되었습니다. 마님께는 미안한 노릇이지만 기뻤어요. 마음이 뿌듯했지요. 마님이 그토록 가지고 싶어 하던 아기를 제가 가지게 되었으니까요. 그리하여 저도 모르게 그만 조금 우쭐거렸지요 그 때는 아이를 낳지 못하는 여자는 사람대접 제대로 받기 힘들었거든요. 이런 제 태도에 속이 상했든지 사래 마님이 아브람 님에게 불평하셨어요. “여보, 제가 이렇게 치욕을 당하다니요. 당치 않습니다. 이건 다 당신 때문이어요. 저 하갈이 나를 우습게 본다구요.” 아브람 님이 대답하셨어요. “그 무슨 말씀이오? 하갈은 여전히 당신 몸종이 아니요? 당신 말씀대로 하시오.” 이후로 사래 마님은 저를 아주 못살게 구셨지요. 저는 더 이상 견뎌낼 수가 없어서 무작정 집을 나와 달아났답니다.

집을 뛰쳐나오긴 했으나 어디 갈 데가 있는 것은 아니었습니다. 고향이 이집트이니 아는 사람이라고는 한 사람도 없었지요. 또 아는 사람이 있다고 한들 도망 나온 종년을 누가 받아주기나 할까요? 발걸음을 재촉하여 이른 곳이 겨우 빈들이었지요.

목이 마르던 차에 마침 샘이 눈에 띄어 그리로 갔답니다. 그런데 누군가가 제 이름을 부르면서 제게 말을 거는 것이 아닌가요? “하갈, 당신은 어디서 왔소? 또 어디로 가려고 하지요?” 저는 깜짝 놀랐습니다. 이 빈들에 내게 말을 거는 사람이 있다니요? 한편 두렵기도 했지만 다른 한편으로는 반갑기도 해서 뒤돌아보지도 않고 그냥 대답했지요. “저는 주인 마님 사래가 무서워 도망나왔어요.”

그랬더니 그 분이 말씀하셨어요. “하갈, 그러지 말고 마님 사래에게로 돌아가셔요. 그리고 그전처럼 시키는 대로 하셔요.” 이번에는 곧바로 대꾸하지는 않았으나, 속으로 저는 그럴 수 없다고 생각했지요.

그런데 그분이 이어서 말씀하셨어요. “내가 당신의 자손을 아주 많아지게 해서 그 수를 사람들이 셀 수 없게 해 주겠소. 지금 당신은 아이를 가졌지요? 그 아이가 태어나거든 이스마엘이라는 이름을 붙여 주어요.”

그 순간 저는 제게 말을 걸어오신 분이 사람이 아니라 하나님이라는 생각이 들었답니다. 그리하여 그를 자세히 보려고 눈을 돌려 보았는데 아무도 보이지 않는 것이 아닙니까? 아, 저는 하나님을 만나 뵌 것이었어요! 그런데 저는 그 하나님의 이름이 무엇인지를 몰랐거든요. 그래서 제 나름대로 이름을 하나 지어 부르기로 했답니다. 제가 지은 하나님의 이름이 무엇인지 아셔요? '나를 살피시는 하나님'이랍니다. 히브리 말로는 '엘로이'라고 하지요. 저는 저를 살피시는 하나님을 그 빈들의 샘가에서 만나 뵌 것이지요. 아니 제가 만나 뵌 것이 아니라, 그 하나님이 저를 찾아 만나주신 것이지요.

그 길로 저는 마님이 계시는 곳으로 돌아갔지요. 달이 다 차서 아이를 낳았는데, 아들이었어요. 빈들에서 '나를 살피시는 하나님'이 일러주신 대로 이름을 이스마엘이라고 했답니다. 그 때 아브람 님의 연세가 여든 여섯이었지요.

그러고 십삼 년이 지났어요. 아브람 님은 이제 아흔 아홉 살이 되셨어요. 하루는 하나님이 아브람 님에게 나타나셔서 그리 말씀하셨다 하면서 아브람 님과 사래 님이 각각 아브라함과 사라로 이름을 바꾸셨어요. 그리고 오래지 않아 손님 세 분이 제가 종살이하는 아브라함 님과 사라 님의 천막으로 찾아오셨어요. 그 뒤로 곧바로 놀라운 일이 벌어졌어요. 사라 님이 아이를 가지게 된 것이지요. 마침내 사라 님에게서 아들이 태어났어요. 다녀가신 손님들이 알려주신 대로 이 아들을 이삭이라고 부르게 되었답니다. 아브라함 님 백 살에 사라 님에게서 아들이 태어난 것이지요. 제가 낳은 이스마엘은 이제 열 네 살짜리 어엿한 소년으로 배다른 동생을 보게 된 셈이지요.

이삭이 자라 젖을 떼는 날에 아브라함 님은 큰 잔치를 베풀었어요. 모두들 기뻐하며 먹고 마시는데, 이스마엘이 이삭과 어울려 노는 것을 바라보시는 마님 사라의 눈빛이 예사롭지 않았어요. 마님은 이스마엘이 이삭을 놀리고 괴롭힌다고 생각하셨나 봐요. 마님은 아브라함 님에게 말씀하시더군요. "여보, 이 종년과 그 아들놈은 내쫓아버려요. 종년의 아들놈이 어떻게 우리 아들 이삭과 함께 상속을 받을 수 있나요?" 그런데 아브라함 님은 마음이 좋지 않았나 봐요. 고민하시는 빛이 드러나더라고요. 근데 밤에 하나님이 아브라함 님에게 무슨 말씀을 하셨다나 봐요. "아브라함, 사라의 말대로 하게나. 걱정하지 말고 여종 하갈과 그의 아들을 내보내게. 네 후손은 이삭에게서 나올 것이고, 여종의 아들은 그 나름대로 내가 큰 민족의 조상으로 만들 것이야."라고 하셨다나요?

다음 날 아침에 저는 아브라함 님이 제 어깨에 메워주신 빵과 물 넣은 가죽 주머니를 메고 이스마엘을 데리고 집을 나가야 했어요. 십오년 전과 마찬가지로 저는 빈들을 헤매게 되었지요. 그런데 이번에는 혼자가 아니었지요. 아들까지 데리고 있었지요. 한참 헤매다 보니 아침에 가지고 온 물도 다 마셔버렸어요. 이젠 목이 말라 더 이상 걸을 수도 없었어요. 그래서 이스마엘을 덤불 아래 세워 두고 저만 앞으로 조금 더 나아갔어요. 아들이 죽는 것을 제 눈으로 차마 볼 수가 없다는 생각이 들었어요. 그 생각에 제 속에서 울음이 터져 나왔어요. 어미가 우니 이스마엘도 뒤에서 울었나 봐요. 갑자기 하늘에서 무슨 소리가 들려 왔어요. "하갈. 무슨 일인가요? 두려워하지 말아요. 하나님이 저 아이의 소리를 들으셨어요. 하갈, 일어나서 그 아이를 일으켜 세우고 붙들어 주어요. 하나님이 저 아이를 큰 민족의 조상으로 만드실 것이오." 그 순간 제 눈이 환히 밝아지더라고요. 샘물이 바로 앞에 있었어요. 그 물을 떠서 이스마엘에게 마시게 했지요. 우리는 살아난 것이지요. 그 뒤로도 하나님이 이스마엘을 도우셨어요.

여러분, 하나님은 믿음의 조상 아브라함과 그의 아내 사라의 하나님만이 아니어요. 이방 여인, 천한 몸종인 저 하갈의 하나님이시기도 하셨어요. 그 하나님 덕분에 저와 제 아들 이스마엘도 이렇게 살아났답니다. 이 얼마나 놀랍고도 고마운 일인가요?

에서의 고백

「새가정」 통권 제54권 586호(2007.2), 38-41쪽('재미있고 의미있는 구약')에 실린 글의 초고인 이 글에서는 창세기 32-33장의 내용을 그와 관련된 본문을 참고하여 에서의 처지에서 풀어 이야기해 봅니다. 문학적인 상상력을 동원한 것이므로 이 이야기를 그대로 역사적인 사실로 받아들이지 마시기 바랍니다. 그보다는 그 부분을 통해 하나님이 오늘 우리에게 무슨 말씀을 하시려는지 함께 귀 기울여 들어보는 계기로 삼으시면 좋겠습니다. 창세기 33장의 자세한 풀이는 『예언과 목회 [III]』 (서울: 한국장로교출판사, 1995), 134-161쪽에서 찾아볼 수 있습니다

야곱이 온다고! 그 소식을 처음에는 도무지 믿을 수가 없었습니다. 이십 여 년 전에 내게서 장자의 권리를 빼앗아 외갓집으로 달아났던 아우, 그 아우의 소식을 그동안 거의 듣지 못하고 있었기 때문입니다. 그런데 그 아우가 지금 나를 만나러 오고 있다고 했습니다. 그것도 야곱의 심부름을 온 사람들이 그리 말한 것입니다.

"어르신, 저희는 어르신의 종 야곱이 보낸 사람들입니다. 야곱이 저희더러 먼저 어르신을 찾아뵙고 문안 인사를 드리라 했습니다. 어르신의 종 야곱은 얼마 전까지만 해도 외삼촌 라반 댁에 머물러 있었습니다. 이제 짐승 떼와 종들을 데리고 고향으로 돌아오는데, 이 사실을 먼저 어르신께 말씀드리라고 했습니다. 야곱은 어르신이 받아주시기를 간절히 바라고 있습니다."

그 순간 나는 어떻게 대답해야 할지 몰랐습니다. 우선 이 사람들이 정말 야곱이 보낸 사람들인지 알 수 없었습니다. 또한 너무 갑작스레 벌어진 일이라 당황스러웠습니다. 그 때 나는 장정 사백 명을 거느리고

있었습니다. 그 위세에 눌려서인지, 아니면 내 반응이 신통찮다고 느꼈든지 야곱이 보낸 사람들은 곧바로 돌아갔습니다.

그들이 돌아간 뒤 이 생각 저 생각을 하다가 일단 야곱이 오고 있다는 쪽으로 장정들을 데리고 길을 나섰습니다. 그런데 길에서 나는 야곱이 보낸 또 다른 심부름꾼들을 만났습니다. 그런데 이번에 만난 일꾼들은 세 떼로 나뉘어 숱한 짐승을 몰고 나타났습니다. 암염소 200마리, 숫염소 20마리, 암양 200마리, 숫양 20마리, 젖 나는 낙타 30마리, 낙타 새끼들, 암소 40마리, 황소 10마리, 암나귀 20마리, 나귀 새끼 10마리 … 어마어마한 수였습니다.

이 짐승 떼를 처음 보았을 때 나는 다른 마을에 살던 사람들이 풀밭을 찾아 짐승을 옮겨 가는 것으로 생각했습니다. 그래서 첫째 짐승 떼를 몰고 오는 일꾼들에게 "그대들의 주인이 누구인가? 어디로 이 짐승들을 몰고 가는가?"라고 물어 보았습니다. 그랬더니, 이들이 "어르신, 저희 주인은 야곱입니다. 이 짐승들은 모두 야곱의 재산인데 야곱이 어르신께 드리는 선물입니다. 저희 주인은 뒤에 옵니다."라고 답했습니다.

뒤이어 또 한 떼의 짐승을 몰고 오는 사람들이 있어서 그들에게도 주인이 누구며 어디로 가려고 하는지 물어 보았더니 마찬가지 대답을 들었습니다. 둘째 짐승 떼에 이어 또 한 무리의 짐승이 나타났습니다. 이 셋째 짐승 떼를 몰고 오던 일꾼들의 말에서 야곱이 짐승들을 내게 미리 보낸 속셈을 분명히 알 수 있었습니다. 야곱은 이 엄청난 수의 짐승을 선물로 내게 보내서 내 마음을 풀어보려고 했던 것입니다. 나는 야곱의 마음을 이해할 수 있었습니다. 지난 날 내게 저지른 못된 짓 때문에 내가 아직도 자기에게 복수하려 한다고 생각하여 그 많은 짐승을 세 떼로 나누어 보내면서 일꾼들을 통해 거듭 거듭 자기의 뜻을 내게 전하려 한 것입니다.

야곱은 그동안 내가 어떻게 달라졌는지를 전혀 모르고 있었습니다. 그럴 수밖에 없었겠지요. 약삭빠른 아우와 그를 밀어주신 어머니에게 휘둘려 억울한 일을 겪은 뒤에 나도 한동안 울화가 치밀어 아버지 이삭이 돌아가시면 곧바로 아우를 죽이려는 생각까지 한 적이 있었으니까요. 그렇지만 그런 마음은 세월이 이십 년 이상 흐르면서 다 사라져 버렸답니다. 언제부터인가, 아우가 돌아오기만 하면 전에 못 나눈 형제의 정을 나누며 사이좋게 행복하게 함께 살고 싶은 마음이 간절해졌답니다.

아우가 나에게 오는 것이, 그것도 내가 자기를 용서하고 받아주기를 바라면서 온다는 사실이 분명해지자 내 마음과 발걸음이 더 바빠졌습니다. 저 멀리 한 무리의 사람들이 보이기 시작했습니다. 적은 수가 아니었습니다.

맨 먼저 아우 야곱의 모습이 눈에 들어 왔습니다. 그 뒤로 한 여인이 아이 둘과 함께 오고 있었습니다. 조금 거리를 두고 또 다른 여인이 마찬가지로 아이 둘을 데리고 있었습니다. 그 뒤 세 번째 여인과 제법 큰 사내 아이 여섯과 여자 아이 하나가 한 무리를 이루고 있는 모습이 보였습니다. 맨 뒤에 네 번째 여인과 어린 사내 아이 하나가 나타났습니다. 그들이 아우의 여인들과 자녀라는 점을 나는 대뜸 알아차렸습니다. 아우는 그동안 큰 가족을 이루고 그 가족의 우두머리가 되었음이 틀림없다는 생각이 들었습니다.

멀리서 나를 알아본 듯이 야곱은 넙죽 엎드려 내 쪽을 향해 큰 절을 했습니다. 한 번도 아니고 일곱 번이나 그리했습니다. 나는 아우에게로 달려갔습니다. 목을 어긋 맞겨 아우를 껴안고 입을 맞추었습니다. 말할 수 없는 기쁨에 북받쳐 우리 둘의 눈에서는 눈물이 쏟아졌습니다. 아아, 이렇게 만나면 되는 것을! 이십 년 이상을 갈라져 살다니! 그동안 내 마음도 좋지 않았지만, 아우는 얼마나 괴로웠을까?

다시 만난 감격과 흥분이 조금 가시자 나는 아우 식구들과 인사를 나누고 싶었습니다. 그리하여 "얘야, 너와 함께 온 이 사람들이 누구냐?"라고 물었습니다. 그러자 야곱은 "하나님이 어르신의 종에게 은혜를 베풀어 주셔서 이렇게 큰 가족을 이루었지요."라고 대꾸했습니다. 아우는 미안해서인지 아직도 나를 '형'이라고 부르지 못하고 '어르신'이라 부르고, 자기를 두고 '종'이라고 했습니다. 아무튼 동생의 네 아내와 열 한 명의 조카와 한 명의 질녀가 차례로 내게 인사했습니다. 나는 한꺼번에 열다섯 명이나 피붙이를 얻게 된 것입니다.

인사가 끝난 뒤에 나는 야곱에게 다시 물었습니다. "이리로 오는 동안 엄청난 수의 짐승을 내가 보았는데, 그게 무엇이냐?" 야곱이 짐승들을 선물로 보낸 뜻을 이미 알아차렸지만, 나로서는 그런 선물이 전혀 필요하지 않았다는 뜻을 알리고 싶었던 것입니다. 야곱은 내 마음을 사려고 했다고 솔직히 털어놓았습니다.

야곱이 선물로 보낸 짐승들은 받지 않겠다고 했습니다. 그 때 내게도 짐승이 많이 있었고 아우가 타향에서 고생하여 모은 재산은 다시 고향에 정착하는 데 필요하리라 생각했기 때문입니다.

그런데 야곱은 내가 자기를 용서해 주었다는 표로 그 선물을 꼭 받아 주어야 한다고 고집을 부렸습니다. "제가 어르신의 얼굴을 뵈오니 하나님 얼굴을 뵌 것 같습니다. 어르신이 저를 기뻐 받아주시니 얼마나 감사한지 모르겠습니다." 이렇게까지 말하는 아우의 마음을 생각해서 나는 그 선물을 받기로 했습니다.

이제 나는 야곱과 함께 살고 싶어서 같이 가자고 했습니다. 그런데 아우는 오랜 여행으로 아이들도 짐승들도 지쳤으니 좀 쉬어야 하겠으니 나더러 앞서 가라고 했습니다. 서운했지만 나는 그 말을 따르기로 했습니다.

그래도 아우 일행이 못된 사람들에게 어려움을 겪는 일은 막아주어야 하겠다는 생각이 들어 내가 거느린 장정들 가운데 몇 사람을 남겨두고 싶은데 괜찮겠느냐고 물어 보았습니다. 야곱은 부담스러웠든지 그것마저 사양했습니다.

고향에 돌아오기는 했으나 다시 자리 잡으려면 여러모로 힘이 들 것이므로 그저 아우의 뜻을 존중하는 것이 좋겠다는 생각에서 우리 일행은 일단 다 물러가기로 했습니다. 마침내 야곱은 숙곳에 새 삶의 터전을 마련했습니다. 같은 곳에서 함께 살지는 않지만 이제 우리 형제는 더는 갈라지지도 다투지도 않았습니다. 자주 서로 오가며 우의를 다졌고 아버지 이삭이 돌아가신 뒤에는 함께 장례를 치렀답니다.

아스낫의 고백

「새가정」 통권 제54권 587호(2007.3), 34-37쪽('재미있고 의미있는 구약')에 실린 글의 초고인 이 글에서는 창세기 41-50장 가운데 요셉과 관련된 부분의 내용을 이집트 사람으로 요셉의 아내가 된 아스낫의 처지에서 풀어 이야기해 봅니다. 문학적인 상상력을 동원한 것이므로 이 이야기를 그대로 역사적인 사실로 받아들이지 마시기 바랍니다. 그보다는 그 부분을 통해 하나님이 오늘 우리에게 무슨 말씀을 하시려는지 함께 귀 기울여 들어보는 계기로 삼으시면 좋겠습니다. 요셉과 그의 형들의 불화와 화해 과정을 자세히 다룬 글은 『예언과 목회 8』(서울: 한국장로교출판사, 2005), 171-198쪽에서 찾아볼 수 있습니다.

아버지로부터 처음 그 이야기를 들었을 때 나는 얼떨떨했습니다. "아무리 신통한 녀석이라고 하지만, 요셉이란 놈은 본디 가나안 땅에서 종으로 팔려온 아이가 아닌가? 억울하게 모함을 당했다고는 하지만 그 녀석이 감옥에 갇힌 걸 보면 어쨌든 경호대장 보디발의 아내와 그 녀석 사이에 아무 일도 없지는 않았을 텐데. 아니 땐 굴뚝에 연기가 날까? 그런 녀석을 나, 이집트 제사장 보디베라의 딸 아스낫이 지아비로 맞아들여야 하다니!" 이런 생각이 들었습니다.

그런데 나는 아버지를 생각해서라도 임금의 명령을 거스를 수가 없었습니다. 임금은 이 히브리 출신으로 서른 살 먹은 젊은이에게 자기 다음의 높은 자리에 주었습니다. 그뿐만이 아닙니다. 임금은 요셉에게 사브낫바네아라는 이집트 이름까지 지어 주었습니다. 이리하여 히브리 노예 요셉은 이집트 땅에 온 지 십 수 년 만에 이집트 최고의 관리 사브낫바네아가 되었을 뿐만 아니라 이집트 제사장의 사위까지 되었습니다.

세월이 흘러 사브낫바네아와 나, 아스낫 사이에 두 아들이 태어났습니다. 큰 아이가 태어나자 남편은 하나님이 자기에게 모든 고난과 자기 아버지 집의 일을 잊어버리게 하셨다고 하면서 그 아이 이름을 므낫세라고 지었습니다. 작은 아이가 태어났을 때에는 하나님이 자기를 수고한 땅에서 번성하게 하셨다고 하면서 그 이름을 에브라임이라고 했습니다. 아이들이 자라가면서 나도 남편에게 정이 들게 되었습니다.

남편이 임금의 꿈을 풀어줄 때 말한 대로 일곱 해 잇달아 이집트 온 땅에 풍년이 들었습니다. 남편은 온 나라를 돌아보며 들판에 차고 넘치는 곡식을 모아 성마다 큰 창고를 지어 거기에 쌓아두게 했습니다.

남편이 이집트의 총리가 된 뒤 여덟 번째 해가 되자 남편의 말대로 엄청난 가뭄이 이집트에 닥쳤습니다. 지난해까지 그렇게 농사가 잘 되던 기름진 땅은 바싹 타들어 그 바닥이 거북이 등처럼 쩍쩍 갈라졌습니다. 나일 강에서 물을 끌어들여 식물을 키워보려 했으나 그것만으로써는 뜨거운 태양의 열기를 견뎌낼 수가 없었습니다. 그 해는 곡식 한 톨 건져내지 못했습니다. 그런데도 남편의 정책을 따라 성마다 창고에 쌓아둔 곡식이 있었으므로 이집트 백성은 굶주림에서 벗어날 수 있었습니다.

그런데 가뭄을 겪고 있는 것은 이집트 땅만이 아니었습니다. 낯선 사람들이 짐승에 재물을 싣고 국경을 넘어 와서 왕궁 앞에 나타났습니다. 이집트 둘레의 여러 다른 나라에도 극심한 가뭄이 들었는데, 이집트에는 미리 모아 쌓아둔 곡식이 있다는 소문을 듣고 찾아온 것입니다. 그렇게 몰려온 외국인들은 주로 남편이 상대했습니다.

그러던 가운데 어느 날 저녁 집에 돌아온 남편의 모습이 눈에 띄게 이상했습니다. 남편은 몹시 흥분했는데, 그 흥분을 억누르려고 애쓰고 있었습니다. 그 날 밤에 나는 남편에게서 놀라운 이야기를 들었습니다. 오늘 낮에 남편의 형들, 그러니까 아주버님들이 곡식을 사려고 이집트에 나타났다는 것입니다. 자기는 형들을 대뜸 알아보았으나 형들은 자기를 알아보지 못하더라고 했습니다. 남편이 짐짓 엄한 말로 형들을 간첩으로 몰아 부치자, 당황한 아주버님들은 절대로 그렇지 않다고 하면서 집안 이야기를 꺼냈고, 마침내 내 유일한 시동생 베냐민이 가나안 땅 시아버지 야곱과 함께 머물러 있다는 말까지 했다고 합니다. 남편은 아주버님들 가운데 한 사람이 막내 동생을 데려오지 아니하면 믿을 수 없다고 하면서 아주버님들을 다 옥에 가두었다고 했습니다.

사흘이 지났습니다. 남편은 맏 아주버님 르우벤만 옥에 가두고 나머지 아주버님들은 시동생을 데리고 오도록 가나안 땅으로 돌려보냈는데, 각 자에게 곡물을 가득 주었을 뿐만 아니라 각 자 가지고 온 돈도 자루에 넣어 보냈다고 했습니다.

곧 다시 오겠다고 한 아주버님들이 돌아간 뒤 여러 달이 흘렀습니다. 남편이 겉으로 드러내지는 않았지만 속으로는 형들이 아우 베냐민을 데리고 다시 나타나기를 몹시 기다리고 있음이 분명했습니다. 그 모습을 보노라면 나도 마음이 안타까워지곤 했습니다. 형제들과 아버지를 만나지 못한 세월이 20년 이상이니 그 그리움이 오죽했겠습니까?

남편이 총리 자리에 오른 뒤 아홉 번째로 새해가 밝았습니다. 그러나 그 해에도 이집트와 이웃 여러 나라에는 가뭄이 심했습니다. 아주버님들이 다시 이집트에 나타날 날이 머지않았고, 이번에는 남편이 특히 보고 싶어 하는 시동생도 같이 올 것이 틀림없다는 생각이 들었습니다. 일은 생각보다 빨리 벌어졌습니다.

하루는 남편의 집무실에서 큰 울음소리가 들려 왔습니다. 그 소리가 얼마나 컸든지 왕궁에서조차 들을 수가 있었습니다. 나는 무슨 일이 일어났는지 곧바로 알아차렸습니다. 지난 며칠 동안 남편은 내게 아무 말도 하지 않은 채 일을 꾸미고 있었던 것입니다. 아우 베냐민을 데리고 나타난 형들을 처음에는 잘 대접하여 보냈다가 일부러 아우의 짐 자루에다 자기 금잔을 넣어 두고 이집트 병사들을 시켜 뒤쫓아가 그를 붙들어 오려고 한 일, 이에 몹시 놀란 아주버님들도 같이 이집트로 돌아와 사정한 일, 특히 넷째 아주버님 유다가 아우 대신 벌을 받겠다고 나선 일, 그리고 더 이상 참을 수가 없어 남편이 자신의 정체를 밝히게 된 전 과정은 나중에 알게 되었습니다. 이리하여 마침내 시아버지 야곱을 비롯하여 아주버님들과 시동생과 조카 질녀 모두 이집트에 들어와 살게 되었습니다. 아직 흉년이 다섯 해나 더 남아 있었기 때문에 남편이 이들을 다 초청했고 이를 임금이 허락해 주셨기 때문입니다.

그러고 다시 17년이 흘러 시아버지 야곱이 세상을 떠나셨습니다. 남편은 형제들과 함께 장례를 성대하게 치렀습니다. 시아버지의 시신은 가나안 고향 땅에 모셨습니다.

장례가 끝난 뒤 또 한 차례 소동이 벌어졌습니다. 아주버님들이 사람을 시켜 남편에게 용서를 청해 온 것입니다. 아주버님들은 남편이 여전히 복수할 생각을 하고 있다고 오해했던 것입니다. 동생 앞에 나타나 벌벌 떨며 종노릇하겠다고 하는 형들을 남편은 좋은 말로 위로하고 안심시켰습니다.

남편은 형들은 자신을 죽이려 했지만 하나님이 모든 일을 잘 되게 하셔서 형들 가족뿐만 아니라 뭇 백성의 생명을 살리셨다고 하면서 형들과 조카 질녀들을 잘 돌볼 뜻을 다시 한 번 확실히 밝혔습니다.

그제서야 아주버님들도 남편의 진심을 믿고 마음 놓게 되었습니다. 일찍이 하나님이 자기를 이집트에 보내신 뜻을 깨달은 남편은 이미 17년 전에 아주버님들을 용서했지만, 그 진심을 아주버님들이 믿어줄 때까지 한결같이 좋은 마음으로 기다려야 했던 것입니다. 남편도 자기를 통해 하나님이 이루시고자 한 계획을 깨닫기 전까지는 여러모로 괴로워했음이 분명합니다. 형들이 어떻게 아우를 해치려 했던가 원망하는 마음이 쉽게 사라지지 않았겠지만, 다른 한편으로는 어린 시절에 어버이와 형들의 마음을 철없이 아프게 했던 것을 깊이 뉘우치기도 했든가 봅니다.

아무튼 불화의 기간 못지않게 긴 시간이 흘러서야 형제간에 온전한 화해가 이루어진 것입니다. 이 화해는 그저 남편 형제간의 일만이 아니라 하나님이 남편을 통해 이집트를 비롯하여 여러 나라 사람들을 살리시려는 하나님의 계획 가운데 이루어진 일임을 이집트 제사장의 딸로 그의 아내가 된 나도 깨닫게 되었습니다. 남편 사브낫바네아, 아니 요셉은 하나님이 온 누리에 생명의 보존자로 세우신 사람이었습니다.

미리암의 고백

「새가정」 통권 제54권 588호(2007.4), 34-37쪽('재미있고 의미있는 구약')에 실린 글의 초고인 이 글에서는 출애굽기 2장, 15장 20-21절, 민수기 12장, 20장 1절, 26장 59절, 신명기 24장 9절, 역대상 6장 3절, 미가 6장 4절 내용을 참고하여 미리암의 삶을 그가 신 광야의 가데스에서 세상을 떠나기 직전에 자신의 생애를 돌이켜보며 남에게 이야기하는 방식으로 적어보겠습니다. 문학적인 상상력을 동원한 것이므로 이 이야기를 그대로 역사적인 사실로 받아들이지 마시기 바랍니다. 그보다는 그 부분을 통해 하나님이 오늘 우리에게 무슨 말씀을 하시려는지 함께 귀 기울여 들어보는 계기로 삼으시면 좋겠습니다.

우리 이스라엘 사람들은 마침내 약속의 땅 가나안 남쪽 경계선에 있는 가데스에 다다랐습니다. 라암셋에서 출발한 지 마흔 번째 되는 해의 첫 달입니다. 내 나이가 백 서른에 가까우니 이제 나도 세상 떠날 날이 된 듯합니다.

살아온 세월을 돌이켜 보니 하나님의 은혜가 놀라울 따름입니다. 지난 마흔 해 동안 나는 하나님이 우리 이스라엘 백성을 얼마나 놀라운 사랑으로 이끌어 오셨는지 똑똑히 보고 듣고 겪었습니다. 물론 그 모든 사건의 중심에는 작은 남동생 모세가 서 있었지만, 큰 남동생 아론과 나도 각기 그 나름대로는 중요한 역할을 맡는 영광을 누려 왔답니다. 나로서는 우리가 갈라진 홍해 바닥을 걸어서 건넌 뒤에 여러 여인들과 함께 북을 치고 춤을 추며 하나님을 찬양하는 일에 앞장섰던 일을 잊을 수 없습니다.

한 가지 부끄러운 일도 생각납니다. 38년 전 가나안 정탐 직전의 일이지요. 모세가 에티오피아 여인을 아내로 맞아들였을 때 나는 아론과 의논하여 이 일이 좋지 못하다는 말을 하고 다녔지요. 모세가 저런 짓을 했으니 더는 이스라엘 백성을 홀로 이끌 자격이 없고 하나님이 우리 둘을 통해서도 당신의 뜻을 이루시리라 생각했던 것입니다. 자신도 모르는 사이에 그동안 동생이 형과 누나보다 더 뛰어난 사람으로 존경받는 것을 싫어하는 마음이 있었던지, 모세가 실수한 틈을 타서 우리 둘도 이전보다 한층 더 강력한 지도력을 발휘할 수 있으리라 기대했던 듯합니다. 우리의 이런 속마음을 하나님이 모르실 리 없었습니다. 화가 나신 하나님은 우리 삼남매를 회막 문 앞으로 불러내어 나와 큰 동생을 꾸짖으시고는 내게 몹쓸 병을 주셨습니다. 이를 본 큰 동생이 작은 동생에게 누나를 살려달라고 부탁했고, 작은 동생은 나를 위해 하나님께 기도했습니다. 그 덕택에 나는 낫게 되었습니다.

모세는 정말 하나님의 참된 일꾼이었지요. 그와 함께 살아 온 120년 세월 가운데서 가장 기억에 남는 시간은 아무래도 그가 세상에 태어나서부터 이집트 왕궁에 들어가기 전까지 온 가족이 함께 지낸 몇 해입니다. 그 때 일은 지금도 생생하게 머리에 떠오릅니다.

아버지 아므람과 어머니 요게벳은 레위 지파에 속한 사람이었는데, 그 때 우리 이스라엘 사람들은 이집트 땅에서 종살이를 하고 있었지요. 어른들은 오래 전 요셉 할아버지 이야기를 어린 우리들에게 들려주셨지요. 형들에게 미움을 받아 이집트로 팔려오게 되었지만 하나님이 함께 하셔서 마침내 이집트의 총리가 되신 요셉 할아버지 덕택에 이집트 사람들도 심한 가뭄에서 살아남을 수 있었는데 세월이 흐르면서 이집트 사람들은 요셉 할아버지를 잊어버렸고, 이집트의 새 임금조차 그러했다고 했습니다. 이 새 임금은 우리 이스라엘 사람들이 이집트 사람들보다 더 많아지고 더 강해져서 이집트 사람들이 다른 나라 사람들과 전쟁할 때 적들 편에 설지 모른다고 생각하여 우리 이스라엘 사람들을 억누르기 시작했습니다. 무엇보다도 나일 삼각주 동쪽의 비돔과 라암셋을 무기와 양식을 모아두는 중요한 성읍으로 만드는 일에 우리 이스라엘 사람들을 동원하였습니다. 그리하여 이스라엘 사람들은 한편으로 흙을 이겨 벽돌을 구워 성을 쌓고 다른 한편으로는 농사를 짓는 등으로 허리가 휠 정도로 심한 노동에 시달렸습니다. 그래도 이스라엘 사람의 수가 줄기는커녕 자꾸 늘어나기만 하자 이집트 임금은 산파들에게 이스라엘 사람들 집에 사내아이가 태어나면 곧바로 죽이라는 무시무시한 명령까지 내렸습니다. 그렇지만 산파들이 하나님을 두려워하여 임금의 명령을 잘 따르지 않자, 이집트 임금은 모든 백성에게 이스라엘 사람들의 집에 아들이 태어나면 나일 강에 던지라고 명령했습니다.

작은 남동생이 태어난 것은 이 때쯤이었습니다. 그 때 큰 남동생은 세 돌을 막 지나고 있었답니다. 아직 어린 아이였지만 나도 이스라엘 집에 태어나는 사내아이는 나일 강에 던지라고 임금이 명령했다는 것은 알고 있었습니다. 실제로 그런 일이 심심찮게 이웃에서 벌어졌습니다. 부모들은 갓 태어난 아들을 숨기고 싶어 했지만 그 사실을 안 사람들이 자신들에게 해가 닥칠까 두려워해서 갓난아이를 빼앗아 강에 던지는 장면을 나도 몇 번 본 적이 있었답니다. 그리하여 나는 새로 태어날 동생이 남자가 아니라 여자이기를 간절히 바라고 기도했습니다. 아이가 태어나기를 초조하게 기다리고 있던 나의 귀에 아이의 울음소리가 들려온 듯 했습니다. 그러고는 갑자기 다시 사방이 조용해졌습니다. 다음 날이 되어서야 일이 어떻게 되었는지 알 수 있었습니다. 어머니는 사내아이, 그것도 잘 생긴 아이가 태어난 것을 알자 그 아이를 숨겨 키우기로 굳게 마음먹고 아버지에게 단단히 부탁했습니다. 아버지뿐만 아니라 어린 나와 동생 아론에게까지도 이 일이 그 누구에게도 알려지지 않도록 조심하라고 거듭 말씀하셨습니다. 이리하여 우리 집 식구들은 혹시라도 다른 사람이 알까봐 맘 조리며 하루하루를 보냈습니다. 그런 가운데 아기는 무럭무럭 자라났습니다. 석 달이 지나자 그 울음소리도 아주 커졌습니다. 이제는 더 이상 숨겨 키우기가 힘들게 되었다고 생각하신 어머니는 눈물을 머금고 아이를 갈대 상자에 담아 나일 강 가 갈대 사이에 놓아 두셨습니다. 물론 상자 안에 물이 들어올 수 없도록 역청과 나무진을 잘 칠해 두었지요. 어머니는 집으로 돌아오셨지만 나는 그리할 수가 없었습니다. 어린 동생에게 무슨 일이 닥치면 어쩌나 하는 걱정이 앞서서 발걸음이 떨어지지 않았습니다. 그리하여 다른 사람들은 눈치 채지 못하도록 멀찍이 떨어져서 동생이 들어 있는 갈대 상자를 지켜보았답니다.

그런데, 갑자기 갈대 상자 가까이 두런두런 이야기 나누는 사람 소리가 나더니 고운 옷을 입은 여인들이 나타났습니다. 가만히 살펴보니 몹시 지체가 높아 보이는 한 여인이 가운데 있었는데, 그가 다른 여인들에게 갈대 상자를 가져오도록 시킨 뒤에 그 상자를 열어보는 듯했습니다. 그 때서야 나는 그 여인이 바로 이집트의 공주님이고 다른 여인들은 그 공주의 시녀들인 것을 알아차렸습니다. 공주님은 가끔 나일 강에 목욕하러 나오시곤 한다는 이야기를 들은 것이 생각났던 것입니다. 뒤이어 아기 우는 소리와 함께 공주님이 “아이, 불쌍하구나. 이스라엘 아이구나”라고 하면서 시녀들과 이야기 나누는 소리가 들렸습니다. 그 이야기를 다 알아듣지는 못했지만 공주님이 동생을 키울 생각으로 시녀들과 의논하고 있는 것이 틀림없다는 생각이 들었습니다. 그러자 나는 더는 생각해 보지도 않고 그리로 달려가서 공주님에게 여쭈었습니다. “공주마마, 이 아기를 키우시려면 젖어미가 있어야 하지 않겠습니까? 제가 한 사람을 알려드려도 괜찮겠습니까?” 공주님은 불쑥 나타난 나를 보고 당황하셨지만, 잠시 생각해 보시더니 나에게 그리하라고 하셨습니다. 이리하여 나는 어머니를 공주님께 모셔갔고, 공주님은 동생이 젖을 뗄 때까지 어머니더러 집에 데려가 젖을 먹이며 키우라고 하셨습니다. 당분간 우리는 합법적으로 동생을 집에서 키울 수 있게 된 것입니다. 나중에 동생을 이집트 왕궁에 데려다 주자 공주님은 동생을 아들로 삼고 동생에게 모세라는 이름을 지어 주셨습니다.

세상 떠날 때가 다 된 이 순간에도 내 눈에는 그 때 그 아기 모세의 얼굴이 선하답니다.

에스라의 고백

「새가정」 통권 제54권 589호(2007.5), 38-41쪽('재미있고 의미있는 구약')에 실린 글의 초고인 이 글에서는 느헤미야 8-9장에 적힌 일련의 사건들이 일어난 바로 그 해 말에 에스라가 그 때 일을 돌이켜 보면서 천 수백 년의 시간을 뛰어 넘어 오늘 우리에게 말하는 식으로 본문을 새롭게 이야기해 봅니다. 성경 본문에서 알려주지 않는 부분은 그저 문학적인 상상력을 동원하여 보충한 것이므로, 이 이야기 그대로 사건이 일어났다고 생각하실 필요는 없습니다. 그저 느헤미야 8-9장을 통하여 하나님이 오늘 우리에게 말씀하시려는 바가 무엇인지를 생각하는 데 조금이라도 도움이 되기를 바랄 뿐입니다. 느헤미야 8-9장은 이 책의 228-235쪽에 실린 셋째 마당 셋째 글에서도 다룹니다.

지금도 지난 칠월에 겪은 일을 잊을 수가 없습니다. 여러분의 달력으로 하면 양력 구월 중순에서 시월 중순에 걸치는 기간이지요. 우리 전통으로는 해가 바뀌는 때였지요. 그 때에도 나는 세월 가는 줄 모르고 어떻게 하면 동포들에게 하나님의 율법을 제대로 가르칠 수 있을까 하는 문제를 두고 골똘히 생각에 잠겨 있었답니다.

13년 전에 내가 페르시아 왕 아닥사스다의 허락을 받아 제사장들과 레위 사람들과 함께 예루살렘에 들어왔을 때 나는 무엇보다도 지도자들 가운데 이방인들과 결혼한 사람들이 적지 않다는 사실에 큰 충격을 받았지요. 그리하여 금식하고 기도하면서 그 문제를 정리하느라 여러 달 동안 무척 고생했답니다. 그 뒤로도 나 나름대로는 하나님의 율법을 가르치느라 퍽 애를 썼지요. 그렇지만 십 수 년의 세월이 흐르도록 그리 큰 효과가 없었습니다. 그런데 지난해에 느헤미야가 총독으로 부임하여 그 어려운 가운데서도 예루살렘 성벽을 다시 쌓는 일을 시작하여 단 52일 만에 끝내는 놀라운 일이 벌어졌지요.

그리하여 그동안 이 일을 하느라 예루살렘에 머물고 있었던 사람들도 이제는 다 자기가 살던 마을로 돌아갈 수 있었습니다. 이들은 원수들이 위협하며 방해하는 가운데서도 이렇게 일을 마무리 지을 수 있었다는 사실을 매우 기뻐하면서 감격에 북받치는 마음으로 돌아갔습니다.

설날이 닥쳤습니다. 칠월 초하룻날이 바로 그 날이었습니다. 예로부터 율법의 가르침을 따라 우리는 이 날은 거룩한 날로 지키며 하나님께 예배했답니다. 그 설날 새벽부터 사람들은 다시 예루살렘 수문 앞 광장, 곧 옛 다윗성이 자리 잡은 언덕 위쪽에서 기드론 시내로 내려가는 기슭에 모여든 것이지요.

아직 날이 채 밝기 전에 그 무리의 우두머리 몇이 나를 찾아왔습니다. 그전에는 목이 아프도록 말해도 잘 듣지 않고 시큰둥하던 사람들이 설날 아침부터 나를 찾는다고 하기에 처음에는 성가시다는 느낌이 들었습니다. 그런데 그들의 얼굴을 보는 순간 생각이 달라졌습니다. "선생님, 율법 두루마리를 가지고 저 광장으로 나오시지요!" 이렇게 말하는 그들의 눈에는 간절한 빛이 가득했던 것입니다. 그것은 지금까지 내가 보아오던 모습이 아니었습니다. 그렇게도 말을 잘 안 듣던 이들이 제 발로 찾아와 내게 율법 두루마리를 가지고 오라고 말하다니 … 이 얼마나 반갑고 기쁜 일입니까?

이제 더 이상 머뭇거릴 까닭이 없었습니다. 나는 서둘러 율법 두루마리를 꺼내 가지고 광장으로 달려갔습니다. 동쪽에서 떠오르는 햇살을 받으며 이미 숱한 사람들이 광장 여기저기에 자리를 잡고 앉아 있었습니다. 나이 지긋하신 어르신네들을 비롯하여 중년에 이른 아저씨, 아주머니, 아직 앳된 티가 다 가시지 않은 남녀 젊은이들 사이로 드문드문 어른을 따라온 어린 아이들도 눈에 띄었습니다. 심지어 젖먹이들을 안은 여인들도 있었습니다. 이 사람들은 지난밤을 거의 지새우다시피 일찍 집을 떠나 이 광장으로 달려온 것이 분명했습니다. 그렇지 않고서야 이른 아침에 이토록 많은 사람이 모일 수가 없습니다.

그런데 광장 앞 가운데에는 이미 나무로 만들어 놓은 단이 마련되어 있었습니다. 그리고 강단 오른쪽과 왼쪽에는 전부터 내가 알고 지내던 레위 사람들 몇이 나를 기다리고 있었습니다. 나는 사람들이 무엇을 바라고 있는지 대뜸 알아차렸습니다. 그들은 하나님의 말씀을 듣고 싶었던 것입니다. 나는 기쁜 마음으로 단 위로 올라가서, 가지고 간 두루마리를 펼쳤습니다.

그러자 거기 모인 사람들이 약속이나 한 듯이 다 일어서는 것이 아닙니까? 나는 감격에 북받쳐 큰 소리로 여호와 하나님을 찬양했습니다. "오, 주님, 주님은 위대하시나이다. 저희의 부족한 찬양을 받으소서, 오 주님이시여!" 이렇게 내가 큰 소리로 외치고 찬송하자, 조금 전에 일어선 사람들이 다 손을 들고 "아멘, 아멘"이라고 응답했습니다. 그 소리가 얼마나 컸든지 천둥이 치는 듯 했습니다. 그뿐만이 아니었습니다. 그 사람들은 몸을 굽혀 땅에 엎드려 여호와께 경배했습니다.

나는 신이 나 온 목청을 다해 두루마리에 적힌 말씀을 읽었습니다. 거기 모인 사람들은 선 채로 내가 읽어주는 말씀을 하나라도 놓치지 않으려는 듯이 열심히 귀 기울여 들었습니다. 한 시간이 지나고 두 시간이 지났지만, 아무도 움직이지 않았습니다.

이젠 내 힘이 부치기 시작했습니다. 그리하여 내 곁에 있던 레위 사람들이 내 대신 율법 두루마리를 번갈아가며 읽기도 했습니다. 그런데 읽는 말씀 가운데 얼른 알아듣기 힘든 말씀도 적지 않았습니다. 이미 오래 전부터 우리는 일상생활에서 아람말을 쓰고 있어서 몇몇 노인들은 몰라도 대부분 사람들은 히브리어로 읽는 말씀을 잘 알아들을 수 없었기 때문입니다. 레위 사람들이 이리저리 다니면서 서서 말씀을 듣는 사람들에게 간단하게나마 그 뜻을 아람말로 풀어 알려주었습니다.

처음에는 그저 조용히 듣기만 하던 사람들 가운데 언제부터인가 나지막이 훌쩍이는 소리가 나기 시작했습니다. 그러더니 그 소리가 점점 커지더니 나중에는 아예 목 놓아 크게 우는 소리가 여기저기서 났습니다. 더러는 손으로 가슴을 치며 울부짖기도 했습니다. 두루마리에 적힌 말씀을 듣고 우리와 우리 조상들의 잘못이 엄청난 것을 깨달았기 때문이지요. 마침내 온 광장은 울음소리가 울려 퍼졌습니다.

이리하여 두루마리의 말씀을 읽는 소리가 울음소리에 뒤덮일 정도에 이르렀습니다. 더는 율법 두루마리를 읽을 수가 없었습니다. 이 사람들을 위로하여 울음을 멈추게 해야 하는 상황이 벌어졌습니다. 그리하여 나도 내 곁에 있던 레위 사람들도 느헤미야 총독도 앞으로 나서지 않을 수가 없었습니다. "여러분, 울지 마십시오. 슬퍼하지 마십시오. 오늘은 하나님이 정하신 거룩한 날이 아닙니까?"라고 하면서 우는 사람들을 달래기에 힘썼습니다. 울음소리는 좀처럼 잦아들지 않았습니다.

느헤미야 총독이 혼자 나서서 다시 한 번 크게 외쳤습니다. "자, 자, 동포 여러분! 이제 그만 집으로들 돌아가서 기름진 음식과 단 음식 드시고 맛있는 음료도 마시시지요. 형편이 어려워서 미처 음식을 마련하지 못한 사람들도 함께 먹을 수 있게 음식을 나누세요. 오늘은 좋은 날이 아닙니까? 우리 하나님이 정하신 거룩한 날이 아닌가요? 하나님 때문에 여러분이 기뻐할 수 있다는 것, 이것이 여러분이 지닌 힘이 아닌가요?"

뒤이어 레위 사람들이 총독을 거들었습니다. "여러분, 조용, 조용하십시오. 오늘은 거룩한 날이므로 조용히 지내고 걱정하지 않는 것이 마땅합니다." 이렇게 총독과 레위 사람들이 적극 나서서 위로하고 격려하고 말리자 사람들의 울음소리가 차차 줄어들기 시작했습니다. 마침내 이들은 우리의 말을 듣고 음식을 서로 나누며 기뻐했습니다. 이제는 그들이 듣고 깨달은 말씀이 그들에게 기쁨의 샘이 되었습니다. 그 말씀 가운데서 하나님의 위로와 사랑을 깊이 느꼈던 게지요.

설날이 지나갔지만 사람들은 집으로 돌아가지 않았습니다. 이튿날에도 각 족속의 지도자들과 제사장들과 레위 사람들은 나를 찾아 왔습니다. 율법을 더 잘 알고 싶었던 것입니다. 그리하여 7월에는 또한 초막절을 지켜야 함을 율법에서 가르침을 다시 확인했지요. 그 가르침을 따라 초막절도 성대히 지켰는데 그 절기가 시작하는 날부터 끝나는 날까지 나는 날마다 율법 두루마리를 읽어주었답니다.

그 뒤로도 모든 사람들이 모여 금식하며 자신들의 죄와 조상들의 죄를 인정하고 회개하며 하나님 앞에서 서약하는 일이 이어졌지요. 그 때도 아침에는 늘 율법책을 읽어주었지요. 이리하여 마침내 이제 우리 유대 사람들은 다시 믿음으로 똘똘 뭉친 공동체를 이루게 된 것이지요. 이런 올해야말로 내 생애 최고의 해가 아닐 수 없지요.

나오미의 고백

「새가정」 통권 제54호 590호(2007.6), 34-37쪽('재미있고 의미있는 구약')에 실린 글의 초고인 이 글에서는 룻기를 참고하여 룻이 보아스와 결혼한 뒤에 낳은 아이인 오벳을 품에 처음으로 안게 된 날에 나오미가 자신의 생애를 돌이켜보며 남에게 이야기하는 방식으로 바꾸어 적어봅니다. 문학적인 상상력을 동원한 것이므로 이 이야기를 그대로 역사적인 사실로 받아들이지 마시기 바랍니다. 그보다는 룻기를 통해 하나님이 오늘 우리에게 무슨 말씀을 하시려는지 함께 귀 기울여 들어보는 계기로 삼으시면 좋겠습니다.

"나오미! 룻이 사내애를 낳았다지. 하나님은 참으로 용하셔. 그대에게 사내아이를 주셔서 그대 남편의 대가 끊어지지 않게 하셨구나! 나오미, 이제 그대 살 판 났구려!"

오벳을 안고 있는 내 귀에는 오벳이 태어났다는 소식을 듣고 나를 찾아와 축하해주던 아낙네들의 소리가 아직 남아 있습니다. 지난 세월이 주마등처럼 눈 앞을 스쳐 지나갑니다.

그러니까, 이십 년도 더 된 그 해, 우리가 살던 베들레헴 땅에 큰 가뭄이 들었지요. 들판에는 땅 거죽이 거북이 등짝마냥 쩍쩍 갈라질 정도로 뜨겁고 메마른 날이 여러 달째 이어졌지요. 마을 몇 군데에 있는 우물도 바닥이 난지 오래였답니다. 더는 견딜 수 없게 되자 우리도 정든 고향을 떠나기로 했습니다. 남편 엘리멜렉과 나는 조상 대대로 물려받았지만 아무짝에도 쓸모가 없게 된 땅을 남에게 팔아넘긴 뒤에 아직 어린 두 아들을 앞세우고 눈물을 머금고 모압 땅으로 넘어갔답니다.

모압 땅에서 당장 굶주림은 면할 수 있었으나 낯선 땅에서 나그네로 네 식구가 살아간다는 것도 여간 힘들지가 않았습니다. 남편은 이집 저집 다니며 품을 팔아 나와 두 아들을 먹여 살리느라 허리 한 번 제대로 펼 겨를이 없었습니다. 일이 너무 고되었든지 남편의 건강이 급격히 나빠지더니 마침내 병석에 눕게 되고 얼마 지나지 않아 세상을 떠나고 말았습니다. 하늘이 무너지는 듯 했지만, 한숨만 쉬고 있을 수 없었습니다. 에미만 바라보고 있는 두 아들을 이제는 내가 먹여 살려야 했지요.

세월이 약이라 하던가요? 아이들도 어느 덧 커서 어른이 되었고 둘 다 모압 색시를 아내로 맞아들였지요. 본디 우리 이스라엘 사람들은 이방 여인을 며느리도 맞아들이지 않았지만, 이방 땅에 들어와 더부살이 하는 처지에 딸을 주겠다는 사람들이 있는 것만 해도 고맙기 그지없었지요. 큰 며느리 이름은 오르바였고, 작은 며느리 이름은 룻이었습니다. 이리하여 두 아들 부부와 함께 오순도순 살면서 타향에서 남편을 잃은 아픔과 슬픔을 잊을 만했습니다.

그런데 아 이게 웬 일입니까? 가정을 이룬 지 얼마 되지 않은 두 아들 놈이 갑자기 차례로 시름시름 앓더니 제 에비 뒤를 따라가 버리는 것이 아닙니까? 그 때 제 마음을 어떻게 다 표현할 수 있겠습니까? 나는 남편을 잡아먹고 그것도 모자라 두 아들까지 잡아먹은 못된 여자가 된 것입니다. 살았으나 더는 산 목숨이 아니었습니다. 내 신세도 처량하지만 아직 젊어 남편을 잃은 두 며느리 신세가 여간 처량해 보이지 않았습니다. 여자 셋만 남은 집안에서는 웃음이 완전히 사라졌습니다. 그저 죽지 못해 하루하루 목숨을 이어갈 따름이었지요.

그런 가운데서도 세월은 덧없이 흘러갔습니다. 어느 날 나는 고향 땅 베들레헴에 가뭄이 끝났다는 소식을 들었습니다. 몇 달 더 지나자 거기서 다시 곡식을 거두어들이게 되었다는 이야기도 들려왔습니다. 망설이다가 나는 고향으로 돌아가기로 마음먹었습니다.

처음에는 아무 생각 없이 두 며느리와 함께 길을 나섰습니다. 그렇지만 조금 가다가, 남편도 아들들도 죽고 없는 마당에 굳이 이방 며느리들을 고향까지 데리고 갈 까닭이 없다는 생각이 들었습니다.

그리하여 오르바와 룻에게 말했습니다. “얘들아, 너희가 정말 내게 잘 해 주었구나. 하나님이 너희에게 잘 해 주실 게야. 이젠 친정으로 돌아가서 새 삶을 시작하렴.” 그렇지만 두 아이 모두 착해서 눈물을 흘리며 나를 떠나지 않겠다고 하더군요. 그 모습이 내 마음을 더욱더 아프게 했지요. 나는 한 번 더 간곡한 말로 두 아이에게 친정으로 돌아가라고 말했습니다. “얘들아, 하나님께 벌 받은 것은 나만으로 충분하지 않으냐? 너희까지 괜히 고생할 까닭이 무엇이냐?” 두 며느리는 다시 소리 높여 울었습니다.

마침내 큰 며느리 오르바는 내게 작별 인사를 하고 나를 떠났습니다. 그런데 작은 며느리 룻은 도무지 떠나려 하지 않았습니다. 내가 다시 한 번 떠나라고 했지만 룻은 끝까지 나를 따라 왔습니다.

그리하여 나는 작은 며느리와 함께 꿈에도 그리던 고향 베들레헴 땅에 들어서게 되었습니다. 여러 해 만에 만난 친척들과 동무들이 나를 알아보고 반갑게 맞아주었지만, 나는 고개를 들 수가 없었습니다.

그렇게 내가 룻을 데리고 베들레헴에 돌아왔을 때 마을 사람들은 보리걷이를 막 시작하고 있었습니다. 목구멍이 포도청이라 나는 보리 이삭이라도 주워 오도록 며느리 룻을 보리밭으로 내보낼 수밖에 없었습니다. 아직 젊은 며느리를 남의 보리밭으로 내보낸 뒤 하루 종일 나는, 마을 사람들이 룻을 이방 모압 여인이라 하여 내치거나 놀리거나 해코지하지는 않을까 하여 마음조릴 수밖에 없었습니다.

마침내 저녁이 되어 룻이 돌아왔는데, 놀랍게도 보리를 20kg정도나 가져 왔습니다. 나는 룻이 낮에 보아스라는 사람을 만나 그 사람의 보리밭에서 대접을 잘 받고 이삭을 그렇게 많이 주워왔다는 이야기를 들었습니다. 무엇보다도 놀라운 일은 그 보아스가 룻을 어여삐 보아 그 누구도 룻을 해코지 하지 못하게 지켜 주었다는 사실입니다.

내가 아는 대로 보아스는 죽은 남편 엘리멜렉의 가까운 친척이었습니다. 나는 룻에게 이 사실을 알려주고 보리걷이와 밀걷이가 끝날 때까지 다른 밭에 가지 말고 그 사람의 밭으로 가라고 일러주었습니다.

여러 날이 지나는 동안 나는 하나님이 보아스를 통해 남편의 대를 이어주려 하신다는 생각이 들었습니다. 그리하여 어느 날 밤 보아스가 타작마당에서 잠자리에 들 때 룻을 그 곁으로 보냈습니다.

고맙게도 보아스는 그런 나의 뜻을 알아차렸습니다. 그 날 밤에 보아스는 룻을 현숙한 여자라고 부르면서 그에게 손대지 않고 새벽녘에 보리와 함께 집으로 돌려보내면서 룻을 아내로 받아들일 절차를 밟겠다고 했습니다. 룻의 시아버지, 곧 내 남편 엘리멜렉에게 보아스보다 더 가까운 친척이 한 사람 있었던 것입니다.

다음 날 보아스가 무슨 일을 했는지 나는 동네 아낙네들에게서 자세히 들을 수 있었습니다. 날이 밝는 대로 보아스는 성문으로 올라갔다고 했습니다. 성문은 동네 어른들이 모여 앉아 마을의 크고 작은 일들을 의논하고 결정하는 곳이었습니다.

보아스는 어른들 앞에서 우리와 가장 가까운 친척인 그 남자가 지나갈 때 그를 불러 세웠고, 그에게 나와 내 며느리 룻 이야기를 하면서 내 남편의 대를 잇기 위해 룻을 아내로 맞아들이고 지난날 내 남편에게 속했던 땅을 되사라고 권했습니다. 그 사람이 그럴 뜻이 없음을 확실히 하자 보아스는 자신이 그리하겠다고 나섭니다. 우리 이스라엘 백성의 관습을 따라 그 사람은 자기 신을 벗어서 보아스에게 넘겨주었습니다. 이리하여 이제 보아스는 뭇 사람들이 보는 앞에서 룻을 아내로 맞아들인 것입니다.

마침내 내 며느리 룻이 아들을 낳았습니다! 그렇게 태어난 아이가 지금 내 품에 안긴 것입니다. 이제 나는 더 바랄 것이 없습니다. 남편과 두 아들을 잃고 처량한 모습으로 고향 베들레헴에 다시 돌아왔을 때는 내게 더는 희망이 없다고 생각했습니다. 그래서 마을 사람들더러 나를

‘마라’ 곧 쓰라린 존재, 괴로운 존재라고 부르라고까지 말했습니다. 그런데 하나님의 은혜로 나는 다시 ‘나오미’ 곧 달콤한 존재, 즐거운 존재가 된 것입니다. 이런 놀라운 변화를 하나님은 이방 여인 룻을 통해 이루신 것입니다. 룻이야말로 일곱 아들보다 더 귀한 며느리가 아닙니까?

입다의 고백

「새가정」 통권 제54호 591호(2007.7·8), 34-37쪽('재미있고 의미있는 구약')에 실린 글의 초고인 이 글에서는 사사기 10-12장을 중심하고 이와 관련된 여러 다른 본문을 참고하여 입다가 암몬 자손을 물리쳤을 뿐만 아니라 에브라임 사람들까지 쳐부순 뒤에 지난날을 돌이켜보며 남에게 이야기하는 방식으로 적어봅니다. 문학적인 상상력을 동원한 것이므로 이 이야기를 그대로 역사적인 사실로 받아들이지 마시기 바랍니다. 그보다는 이런 본문들을 통해 하나님이 오늘 우리에게 무슨 말씀을 하시려는지 함께 귀 기울여 들어보는 계기로 삼으시면 좋겠습니다.

제가 앞장서서 암몬 자손을 힘들게 물리치고 돌아오자 에브라임 사람들이 저를 찾아 왔습니다. 그리고는 저더러 왜 자기들은 부르지 않았느냐 하면서 저와 제 집을 불태우겠다고 위협했습니다. 참 어처구니없는 일이지요.

그들의 선조 에브라임과 제 아버지 쪽으로 증조 할아버지가 되는 므낫세는 요셉 할아버지가 이집트 땅에서 이집트 제사장의 딸과 결혼하여 낳은 형제였지요. 요셉 할아버지의 넷째 형님이었던 레위 할아버지에게서 비롯된 지파가 하나님의 지파로서 열 두 지파에서 빠지는 대신에 므낫세 할아버지와 에브라임 할아버지가 각각 한 지파의 조상이 되었지요.

본디 제 선조 므낫세 할아버지가 형이고 에브라임 할아버지는 아우였지만, 작은 집의 후손이 더 많아지고 번창하여 큰 집 후손뿐만 아니라 다른 지파보다 더 강하게 되었답니다. 또한 모세 할아버지를 이어 우리 이스라엘 백성을 가나안 땅으로 이끌고 들어간 여호수아 할아버지도 에브라임 지파 출신이었지요. 이리하여 에브라임 사람들은 선조를 두고 말한다면 막내 집안이면서도 지파들이 모여서 의논할 때면 늘 큰 소리를 쳐왔답니다.

한 80년 전에 제가 속한 므낫세 지파 출신의 기드온 할아버지가 사사였을 때에도 에브라임 사람들은 괜히 시비를 걸어왔지요. 기드온 할아버지가 이스라엘 각 지파에 심부름꾼을 보내어 도와 달라고 할 때는 별로 반응을 보이지 않았던 에브라임 사람들이 기드온 할아버지가 므낫세, 아셀, 스불론, 납달리 지파 사람들을 거느리고 나아가 미디안 사람들을 쳐부수고 돌아오자, 이들은 기드온 할아버지가 자기들을 부르지 않았다고 하면서 싸움을 걸어 온 것입니다. 에브라임 사람들은 므낫세 사람들을 은근히 멸시하고 있었던 것이지요. 그리하여 므낫세 사람인 기드온 할아버지가 나서자 제까짓 것이 무슨 일을 할 수 있으랴 생각하며 우습게 보았던가 봅니다.

그래도 맘씨 좋은 기드온 할아버지는 고깝지만 에브라임 사람들을 달래셨다지요. 자기가 한 일을 어찌 에브라임 사람들이 그동안 해 온 일에 견줄 수 있겠느냐고 말하니 에브라임 사람들도 더는 할 말이 없어 화를 풀었다는군요. 그렇지만 저는 그 이야기를 들을 때마다 화가 치밀어 올랐지요. 아니 기드온 할아버지가 무얼 잘못 하셨다는 겁니까? 에브라임 사람들의 건방진 모습을 왜 기드온 할아버지는 그냥 두고만 보셨을까 원망스런 마음조차 일어나곤 했습니다.

그런데 기드온 할아버지에게 일어났던 것과 비슷한 일이 제게 닥쳤습니다. 저는 기드온 할아버지처럼 그리 부드러운 사람이 아니었습니다. 이 기회에 저 오만방자한 에브라임 사람들의 버르장머리를 고쳐 주어야 하겠다는 마음이 제게 강하게 들었습니다.

그리하여 저는 에브라임 사람들에게, 제가 함께 싸우러 가자고 했을 때는 대꾸조차 않더니 제가 다른 지파 사람들과 함께 목숨을 걸고 싸워 이기고 난 지금에 와서 왜 부르지 않았느냐고 말하면서 싸움을 걸다니,

어찌 이럴 수 있느냐고 말하면서 그들과 맞섰습니다. 그러나 그들은 쉽게 물러서지 않았습니다. 오히려 그들은 저희 집안을 모욕했습니다. 저희 길르앗 사람들을 가리켜 본디 에브라임에서 달아난 사람들로 에브라임과 므낫세 사이에서 어정쩡하게 살아오던 천한 사람들이라고 한 것입니다. 저는 더 참을 수가 없었습니다.

이리하여 저는 에브라임 사람들을 혼내주기로 마음먹고 군대를 데리고 그들보다 먼저 요단 강 나루터를 장악했습니다. 그리하여 그 나루를 건너려는 사람이 에브라임 사람이면 쳐 죽였습니다. 누가 에브라임 사람인지 아닌지를 아는 방법이 하나 있었습니다. 에브라임 사람들은 '쉬' 발음을 잘 하지 못했습니다. 그래서 누가 나루터에 나타나면 '쉽볼렛'이라고 말해 보라고 해서 그 사람이 제대로 발음할 수 있으면 나루를 건너가게 하고, 제대로 발음하지 못하고 '십볼렛'이라고 하면 그는 에브라임 사람이 틀림없었습니다. 그리하여 저는 42000명의 에브라임 사람을 쳐 죽였습니다.

이처럼 에브라임 사람들이 건방지게 나선 데에 제가 유난히도 민감하게 반응한 데에는 제 어릴 때에 받은 상처가 컸기 때문인지 모릅니다. 어머니가 기생이라고 해서 저는 어려서부터 집에서 사람대접 제대로 받지 못했습니다. 배다른 형제들은 제가 그들과 함께 아버지 유산을 나누어받는 일이 있을 수 없다는 점을 기회 있을 때마다 일깨워주었습니다. 한마디로 저는 그 집안 사람이 될 수 없다는 말이었지요. 저는 더는 견딜 수가 없어서 집을 나왔습니다. 딱히 갈 데도 없어 저는 저와 비슷한 처지에 있는 사람들과 어울려 다니며 울분을 달랬습니다. 제 둘레에 힘깨나 쓰는 젊은이들이 모여들면서 저는 제법 그럴 듯한 무리의 우두머리가 되었습니다.

그 때 암몬 자손이 이스라엘로 쳐들어 왔습니다. 사정이 매우 다급해지자 제가 태어나 자란 고향 동네의 어른들이 저를 찾아오셨습니다.

그리고는 저더러 대장이 되어 암몬 자손을 물리쳐 달라고 했습니다. 그 말을 듣는 순간 제 속에서 울컥 울분이 치솟았습니다. 그래서 말했지요. "어르신들이 저를 사람 취급도 하지 않고 내쫓다시피 하셨는데, 지금 와서 저더러 앞장서서 싸우라고요?"

제가 이렇게 따지듯이 불평을 털어놓았는데도 어른들은 물러서지 않았습니다. "이보게, 입다! 자네 노여움을 그만 풀게. 이전에는 우리가 잘못 했네, 그려. 어쨌든 자네도 길르앗 사람이 아닌가? 마을 사정이 어려우니 좀 도와주게나. 우리와 함께 저 암몬 사람들을 물리치세!" 어른들은 간곡히 제게 부탁했습니다.

그제서야 저는 그 분들의 마음이 진심임을 알아차렸습니다. 그렇지만 지난날 제가 받았던 괄시와 수모를 생각하니 마음이 얼른 내키지 않았습니다. 그리하여 그 분들에게 다짐을 받기로 했습니다. "좋습니다. 어르신들. 제가 돌아간다면 정말 저를 우두머리로 삼아 주시겠습니까?" 제 태도가 조금 달라진 것을 보신 어른들은 반가운 목소리로 대답하셨지요. "암, 그러고 말고. 하나님이 자네와 우리 사이에 증인이 아니신가? 자네 말대로 함세. 정말 고마우이." 이리하여 저는 제게 지울 수 없이 큰 상처를 준 고향으로 돌아가게 된 것이지요.

제가 마을에 들어섰을 때 정말 마을 사람들이 모두 나와 저를 따뜻이 맞아주었지요. 그리고 저를 우두머리로 삼아주었지요. 정말 놀라운 변화였답니다. 배다른 형제들도 그전과는 다른 태도로 저를 대해주더라고요.

그리하여 저는 일단 고향 사람들의 후원을 받아 암몬 자손의 왕에게 마을 대표자들을 보내 왜 우리를 치려 하느냐고 항의했습니다. 암몬 자손의 왕은 요단 동쪽의 아르논에서 얍복까지 이르는 땅은 본디 자기들 땅이므로 돌려달라고 했습니다. 저는 우리 선조들이 이집트를 떠나 요단 동쪽을 거쳐 가나안 땅에 들어올 때까지 있었던 일을 상기시키면서 그가 말하는 땅은 하나님이 우리에게 주신 땅이므로 그리할 수 없다고 답했습니다. 암몬 자손의 왕은 제 말을 인정하지 않으려 했습니다. 그리하여 저도 사람들을 이끌고 나가 싸울 수밖에 없었습니다. 하나님이 도우셔서 암몬 자손은 우리에게 항복했습니다.

이처럼 출신이 문제 되었던 저였지만 동포가 외적에게 위협당할 때 제 나름대로 중요한 역할을 할 수 있게 되었으니 얼마나 감사한지 모르겠습니다. 사람들이 차별하고 박대했지만 하나님은 저 같은 사람도 불러 쓰셨던 것이지요. 또한 뒤늦게라도 고향 어르신들이 제 능력을 알아주시고 제게 고향을 위해 일할 기회를 주신 것은 고마운 일이었지요.

사무엘의 고백

「새가정」 통권 제54호 592호(2007.9), 38-41쪽('재미있고 의미있는 구약')에 실린 글의 초고인 이 글에서는 사무엘상 1-25장을 중심하고 이와 관련된 여러 다른 본문을 참고하여 사무엘의 삶을 그가 세상을 떠나기 직전에 큰아들 요엘에게 자신의 삶을 이야기해 주는 방식으로 적어봅니다. 문학적인 상상력을 동원한 것이므로 이 이야기를 그대로 역사적인 사실로 받아들이지 마시기 바랍니다. 그보다는 이런 본문들을 통해 하나님이 오늘 우리에게 무슨 말씀을 하시려는지 함께 귀 기울여 들어보는 계기로 삼으시면 좋겠습니다.

얘야, 이제 나도 세상 떠날 날이 머지않았는데, 나라가 아직 평안하지 못하니 마음이 좋지 않구나. 너도 기억하고 있지? 사울을 이스라엘의 왕으로 세운 직후에 내가 백성에게 간절히 부탁하지 않았니? 무슨 일이 있어도 마음 다해 여호와 하나님을 진실히 섬겨야 한다고 거듭거듭 이야기하지 않았니?

이스라엘의 참 왕으로 여호와가 계신데도 백성은 자기들에게도 사람 왕이 있어야 하겠다고 떼를 썼지. 하나님이 마지못해 허락하셔서 이스라엘 백성을 지파대로 천 명씩 하나님 앞에 나아오게 하고 제비를 뽑아 베냐민 지파 마드리의 가족 기스의 아들 사울이 뽑혔을 때만 해도, 사울은 짐보따리들 사이에 숨지 않았던가! 사울이 그처럼 스스로 작게 여기니 하나님이 그를 이스라엘의 우두머리로 삼으셨다는 생각이 들었어. 그뿐만이 아니었지. 불량배들이 사울을 우습게보고 "이런 녀석이 어떻게 우리를 구원하겠는가?"고 막말을 해도 잠잠하던 사울이 아니었던가? 그가 하나님의 영에게 크게 감동되어 백성을 거느리고 나아가 암몬 사람들을 단숨에 물리쳐 모든 백성이 그를 왕으로 삼은 것을 크게 기뻐하지 않았던가? 그런 사울이 이렇게 달라지다니!

길갈에서 블레셋 군대와 대치하고 있을 때에 처음으로 문제가 생겼지. 블레셋 군대가 압박해 오는 데도 내가 나타나지 않아 백성이 흩어지자 당황한 사울은 내가 갈 때까지 기다리라는 말을 어기고 스스로 번제를 드린 것이지. 그 때부터 사울은 잘못된 길로 계속 치달았어. 아말렉 사람들을 쳐부순 뒤에는 하나님의 명령을 따르지 않고 노획물 가운데서 하찮은 것만 없애고 좋은 것은 다 남겨 두었더라구. 그 때 하나님은 당신이 사울을 왕으로 세운 것을 후회하신다는 뜻을 내게 알리셨지. 그 말씀을 듣고 얼마나 황송스럽고 마음이 아팠는지 몰라. 밤새도록 괴로워하며 하나님께 울부짖었지. 그 다음 날 사울을 찾아가 꾸짖었어. 사울이 뉘우치는 모습을 보였지만 진심이 아니었어. 잘못했다고 하면서도 잘못을 변명했지. 이미 때는 늦었어. 하나님이 사울을 버리시기로 한 게지. 사울이 울며 내게 매달렸지만 나도 더는 어쩔 수가 없었어. 그 날 이후로 나는 사울을 다시 보지 않았지.

사울 때문에 너무 속이 상해 슬픔으로 나날을 보내고 있던 내게 하나님이 다른 일거리를 맡기셨어. 베들레헴의 이새에게 가서 새 왕이 될 사람에게 기름을 부으라 하신 것이지. 사울의 눈을 피해 이새 집에 가서 만난 새 인물은 아직 소년의 티에서 완전히 벗어나지 못한 막둥이 다윗이었어. 나는 서둘러 다윗에게 기름을 붓고 라마로 돌아왔지.

그런데 얼마 지나지 않아 놀라운 소식을 들었어. 우리 백성이 엘라 골짜기에서 블레셋 사람들과 맞서 싸우고 있을 때 블레셋 장수 골리앗을 이 다윗이 쳐 죽였다는 소식이었어. 정말 믿기 힘든 사실이었지. 하나님이 이 다윗을 통해 이스라엘을 다스리려 하신다는 생각이 점점 더 강해졌지. 온 나라 백성이 다윗을 칭송하며 그를 높이자 사울의 마음은 뒤틀리기 시작했나봐. 다윗을 없애려고 온갖 수를 다 썼다는군.

하루는 이제는 건장한 청년이 된 다윗이 사울의 추격을 피해 나를 찾아왔더군. 그 동안 있었던 일을 죽 이야기해 주는데 참 마음이 아팠어. 그런데 누군가가 다윗이 내게 와 있다고 사울에게 고해 바쳤나봐. 그 때 나는 한 무리의 예언자들과 함께 있었거든. 다윗을 잡으려고 사울이 보낸 사람들이 우리에게 왔을 때 하나님의 영이 그들을 사로잡았지. 세 번 같은 일이 벌어졌지. 마침내 사울이 나타났지만 사울조차 그리되어 내 앞에서 황홀경에 빠져 옷도 다 벗어던지고 예언하느라 다윗을 잡아갈 수 없었지. 그리하여 다윗은 무사히 빠져나갈 수 있었지.

그 뒤로도 사울은 다윗을 뒤쫓고 있다고 하는군. 사울의 마지막 때가 곧 닥칠 게야. 그 때가 되면 다윗이 새 왕이 되어 백성을 잘 돌보겠지. 하나님이 다윗을 새 통치자로 정해 두셨으니 정말 감사한 일이지. 그렇지만 사울만 생각하면 너무 안타까워. 이젠 정신도 온전치 못하다지?

사울도 그 어머니에게는 귀한 아들이었을 텐데. 네 할머니 한나에게 내가 귀한 아들이었듯이 말이야. 너도 할머니 이야기를 자주 들어 잘 알고 있지? 그 때 네 할아버지 엘가나는 에브라임 산지에 살고 계셨지. 우리 집안은 에브라임 지파에 속해 있었지. 네 할머니 한나는 할아버지 엘가나의 둘째 부인이었지. 할아버지는 할머니를 무척 사랑하고 아꼈지만 할머니는 아이를 낳지 못했어. 하나님이 그리하신 게지.

그리하여 이미 자식을 여럿 둔 큰 할머니 브닌나는 "자넨 하나님이 버리셨나봐. 그렇지 않고서야 어찌 아이 하나 낳지 못하나?"라고 하면서 할머니 한나의 부아를 돋우곤 했다는군. 자식 없는 설움은 겪어보지 않고서는 잘 몰라. 할아버지가 할머니를 온갖 말로 위로했지만 자식이 태어나지 않는 한 할머니의 슬픔은 달랠 길이 없었지.

한나 할머니는 해마다 실로의 성소로 가셨고, 할아버지는 함께 가셔서 그 뒷바라지를 정성스레 해 주셨다는군. 그 때 실로의 제사장은 엘리 어른이었는데, 이미 연세가 많아 성소 입구에 의자를 놓고 그 위에 앉아계셨지. 할머니는 성소에 들어가 “하나님, 저의 괴로움을 돌아보셔서 제게 아들을 주신다면 그 아들을 바치겠습니다.”라고 서원하며 눈물로 간구했다는군. 그렇지만 할머니는 소리를 내지 않고 속으로만 기도하셨기 때문에 그렇지 않아도 귀가 밝지 못한 엘리 제사장으로서는 무엇 때문에 할머니가 저렇게 간절히 기도하는지 알지 못했지. 그래서 할머니가 술 취한 줄로 잘못 알고 할머니에게 술을 끊으라고 말했다는군. 그 말에 할머니는 자신의 안타까운 마음을 제사장에게 털어놓았지. 그러자 엘리 제사장이 하나님이 할머니의 기도를 들어주시기를 바라니 아무 걱정 하지 말고 돌아가라고 위로하고 할머니를 보냈다는군.

다음 날 아침 일찍 할아버지와 할머니는 성소에서 예배한 뒤에 집으로 돌아오셨고 그 날 밤에 할머니 몸에 아이가 들어서는 놀라운 일이 벌어진 게야. 그렇게 해서 내가 태어난 거지. 할머니의 기쁨은 말로 다 할 수 없었지. 이처럼 나는 태어날 때 그 누구보다도 어머니에게 큰 기쁨을 준 아들이었지.

네 할머니는 내가 젖 뗄 무렵까지 그냥 집에 머무셨지. 실로 성소에는 다른 식구들만 갔지. 내가 젖을 뗀 뒤 네 할머니는 일찍이 성소에서 기도할 때 하나님께 약속한 대로 어린 아들을 엘리 제사장에게 넘겨주셨지. 그렇게 해서 나는 어릴 때부터 어버이를 떠나 노인 제사장 엘리의 시중을 들며 실로 성소에서 지내게 된 거야. 할머니는 해마다 성소에 오실 때마다 내가 입을 고운 옷을 지어 가져다 주셨지. 하나님께 한 약속을 지킨 할머니를 하나님이 어여삐 보셔서 네 삼촌 셋과 고모 둘이 더 태어났어.

실로 성소의 엘리 제사장에게는 아들이 여럿 있었지. 그런데 이들은 아주 개망나니였어. 사람들이 하나님께 바치는 제물을 맘대로 빼앗아 먹는가 하면 성소 울타리 안에서 여인들을 건드리는 등 못된 짓을 많이 했지. 아버지 엘리 제사장이 여러 번 꾸짖었지만 도무지 듣지 않았어.

그런 가운데 어느 날 밤 나는 하나님이 나를 부르시는 소리를 듣게 되었어. 법궤가 있는 성소 안에 누워 있었는데, 갑자가 누가 내 이름을 불렀어. 엘리 제사장이 나를 찾으시는가 해서 얼른 달려가 보았는데 엘리 제사장은 날 부른 적이 없다는 게야. 다시 돌아와 누웠는데 또 누가 날 부르길래 다시 제사장에게 갔는데 마찬가지로 날 부른 적이 없다고 하셨어. 세 번째 같은 일이 벌어지자, 엘리 제사장은 하나님이 나를 부르시는 것이니 다음번에 그런 일이 있거든 그 자리에서 일어나 무릎을 꿇고 앉아서 "여호와여, 말씀하옵소서! 주의 종이 듣겠나이다."라고 아뢰라고 했어. 그리하여 나는 이스라엘에게 하나님의 말씀을 전할 일꾼으로 부름받게 된 것이야.

그 뒤로 내게 무슨 일이 벌어졌는지는 너도 잘 알게야. 그렇게 나는 한 평생 하나님의 일꾼으로 살게 된 것이지. 이젠 내 할 일이 다 끝났어. 얘야, 너도 하나님을 잘 섬기도록 하여라. 이것 말고 무엇을 또 네게 부탁하겠니?

아히감의 고백

「새가정」 통권 제54호 593호(2007.10), 46-49쪽('재미있고 의미있는 구약')에 실린 글의 초고인 이 글에서는 열왕기하 22-23장, 역대하 35-36장, 예레미야 26장, 36장, 40-41장과 다른 관련 본문을 참고하여, 사반의 아들 아히감이 유다가 망한 뒤 바벨론 사람들이 세운 총독이 된 아들 그다랴가 암살당한 뒤에 자신의 한 평생을 돌이켜 보며 오랜 동료 악볼에게 말하는 식으로 적어봅니다. 문학적인 상상력을 동원한 것이므로 이 이야기를 그대로 역사적인 사실로 받아들이지 마시기 바랍니다. 그보다는 여러모로 어려운 가운데서 오늘 사회와 교회의 개혁을 추구하는 우리에게 하나님이 이런 본문들을 통해 무슨 말씀을 하시려는지 함께 귀 기울여 들어보는 계기로 삼으시면 좋겠습니다.

악볼, 자네도 잘 알다시피 우리 유다 나라가 망하기 직전 40여 년 동안 우리 집안은 개혁가 집안이라 할 만 했지. 아버지 사반은 요시야 임금 때에 나라의 가장 높은 관리로서 요시야 임금님의 손발처럼 일하셨던 분이지. 아버지는 내가 어렸을 때부터 나보다 한두 살 아래인 요시야 임금님 이야기를 자주 해 주셨어.

"새 임금님은 정말 훌륭해. 선왕(先王) 아몬 임금님과 달라. 아몬 임금님은 불행하게도 그의 아버지 므낫세 임금 못지않게 우상을 많이 섬기며 하나님을 거스르다가 왕궁에서 신하들에게 목숨을 잃었지. 그때 왕자 요시야는 겨우 여덟 살이었어. 어린 나이로 왕위에 올랐지만 요시야는 옛 임금 다윗을 본받아 하나님 앞에서 올바르게 나라를 다스리려고 하시는구먼. 처음에는 힘들겠지만 세월이 지나가면서 요시야 임금님의 진심이 통할 거야."

이 요시야 임금님에게서 나와 자네가 직접 명령을 받아 큰일을 하게 된 사건을 자네도 잘 기억하고 있겠지? 그 때 임금님은 이제 나이 스물 여섯의 어엿한 청년이었어. 그 사건의 발단이 어떠했는지 나중에 나는 아버지에게서 들을 수 있었어.

"하루는 임금님이 나를 성전으로 보내며 명령을 내리시더군. 대제사장 힐기야에게 가서 백성이 성전에 드린 돈을 정산하여 성전 감독자에게 넘겨주어 일꾼들을 시켜 성전을 수리하게 하라고 하신 게야. 왕명을 받들어 나타난 나에게 대제사장 힐기야는 놀라운 소식을 전해 주더군. 자기가 성전에서 율법 두루마리를 발견했다고 하면서 두루마리를 내게 넘겨주었어. 그 두루마리를 받아 대충 읽어보았는데, 두려운 말씀이 가득 들어 있었어. 나는 곧바로 임금님에게 돌아가서 맡기신 일은 잘 했노라 보고한 뒤에 대제사장 힐기야가 내게 율법 두루마리를 주어서 가지고 왔노라고 아뢰었지. 그리고는 그 두루마리에 적힌 말씀을 읽어드렸어. 그랬더니 임금이 옷을 찢으셨어. 너무 놀랍고 어찌할 바 모르셨던 게지."

그리하여 임금님은 대제사장 힐기야와 아울러 나와 자네와 아사야를 불러들이셨어. 그 때에 나와 자네는 왕궁의 하급 관리 가운데서 요직을 차지하고 있지 않았던가? 임금님은 아버지를 비롯하여 우리 다섯 사람에게 이 두루마리에 적힌 말씀에 나타난 하나님의 뜻을 자세히 알아보라고 명령하셨지. 우리는 두루마리를 들고 당시 하나님의 뜻을 잘 전하기로 이름난 여예언자 훌다를 찾아가서 알아보지 않았나? 훌다는 이미 임금님이 짐작한 대로 그 두루마리에 적힌 말씀의 뜻을 잘 풀어주었지.

우리의 보고를 들은 임금님은 나라 안의 장로들을 불러 모으고 성전에 가서 제사장들과 예언자들과 일반 백성에게 이 두루마리의 말씀을 읽어주고 모두 하나님을 잘 섬기기로 언약을 맺게 하셨지. 그리하시고는 선왕들이 이방 신들을 섬길 때 쓰던 그릇들을 성전에서 다 꺼내다가 기드론 골짜기에서 불살라버리셨지. 또 유다의 각 성읍과 산당에서 우상을 섬기던 제사장들을 내쫓아버리고 온갖 우상을 다 부수고 불살라버리셨지. 이처럼 임금님은 두루마리에 적힌 말씀을 따라 온 나라가 오로지 하나님만 섬기게 하였어. 임금님은 백 년 전에 망해버린 북왕국 지역에서도 이런 일을 하셨지. 지난 200년 동안 우리 유다를 괴롭혀 오던 앗수르가 망할 지경에 이르러 그럴 수 있었던 게야. 그뿐만 아니라 임금님은 두루마리에 적힌 말씀을 따라 유월절도 성대히 지키게 하셨지. 그 모두 정말 신나는 일이었어.

그렇게 온 나라가 임금님을 따라 나라를 새롭게 일으키려고 힘쓴 지 열 셋째 해에 접어들었지. 그런데 어느 날 남쪽으로부터 애굽 임금 느고가 군대를 이끌고 올라오고 있다는 소문이 돌았어. 그 때는 바로 세 해 전에 앗수르의 수도 니느웨가 바벨론 군대의 손에 떨어져서 메소포타미아 지방의 주인이 바뀌고 있던 차였는데, 이 틈을 타 느고 임금은 애굽의 세력을 북쪽으로 넓히려고 했던 게야.

그런데 요시야 임금님은 무슨 생각을 했는지 옛 북왕국의 전략 요충지 므깃도에서 애굽 군대의 앞길을 막아서다가 목숨을 잃지 않았나? 요시야 임금님이 전사하셨다는 소식은 우리 유다 온 백성에게 마른 하늘에서 떨어진 벼락처럼 큰 충격이 되었지.

옛 다윗 임금이 다시 살아난 것이 아닌가 할 정도로 요시야를 믿고 따랐던 사람들은 이제 크게 낙심하고 좌절하게 되었지. 그렇지만 그렇게 손 놓고 있을 수만 없어서 나라의 지도자들이 얼른 요시야 임금님의 아들 여호아하스를 새 임금으로 세웠지 그런데 겨우 석 달 뒤에 애굽 임금 느고가 그를 사로잡아 애굽으로 데려가고, 그 대신에 요시야 임금님의 다른 아들 엘리아김을 유다 왕으로 세우는 굴욕적인 사건이 일어났지. 느고는 엘리아김의 이름을 여호야김으로 바꾸었어.

그러고 네 해가 흘렀을 때 애굽 임금 느고의 군대가 시리아의 갈그 미스에서 바벨론의 황태자 느부갓네살이 이끄는 군대와 큰 싸움을 벌였으나 크게 지고 말았지. 이리하여 이제 우리나라는 애굽의 손아귀에서 벗어나는 대신 바벨론의 세력 안에 들어가게 되었어.

이런 어려운 상황에서 나라를 다스리게 된 여호야김 임금님에게 우리는 희망을 걸었지만, 그는 아버지 요시야 임금님 같지 않았어. 힘없는 백성을 내리누르며 불필요한 건축 사업을 벌여 제 욕심을 채울 뿐만 아니라 잘못된 종교지도자들과 관리들과 힘을 합해 하나님의 말씀을 정직하게 선포하는 예언자들을 박해했지. 그 바람에 예루살렘의 멸망을 선포한 예레미야도 목숨을 잃을 뻔했고. 사람들이 예레미야를 잡아 죽이지 못하게 한동안 내가 그를 지켜주기도 했어.

여호야김 임금님은 실제로 하나님의 백성이 계속 잘못된 길로 가면 망한다고 외치고 박해를 피해 애굽으로 달아난 예언자 우리야를, 자네 아들 엘라단과 몇 사람을 시켜 애굽에서 잡아와 죽이기도 하지 않았나? 예언자 예레미야가 지난 23년 동안 전한 예언을 적은 두루마리를 바룩이 사람들에게 읽어 주었다는 소식을 듣고서는 그 두루마리를 잘라 불사르기도 하고, 바룩과 예레미야를 잡아 죽이려고도 했지.

그 때 바룩이 두루마리에서 예레미야의 예언을 읽어준다는 소식을 왕궁 관리들에게 맨 처음 알려준 사람은 내 아우 그마랴의 아들 미가야였어. 미가야에서 그 소식을 들은 관리들 가운데에는 그마랴도 있었어. 그마랴는 여호야김 임금님이 예언 두루마리를 싹둑싹둑 잘라 불에 던져 넣을 때 그리하지 말라고 다른 두 동료와 함께 임금님을 말렸지만 임금님은 그 말을 듣지 않으셨지.

임금님 둘레에는 임금님의 비위를 맞추는 신하들이 너무 많았어. 예레미야는 이제 하나님이 바벨론으로 하여금 온 누리를 다스리게 하셨으므로 유다 임금을 비롯하여 온 백성은 바벨론에게 항복하여 목숨을 보존하라고 외쳤지만, 그의 말에 귀를 기울이는 사람은 드물었어.

오히려 관리들은 예언자를 여러 번에 사로잡아 옥에 쳐 넣었지. 그 때는 나도 예레미야를 더는 지켜줄 수가 없었어.

마침내 바벨론 군대가 예루살렘을 함락하고 우리 유다 나라는 망했지. 바벨론 군대가 우리 유다의 마지막 임금 시드기야를 비롯하여 지도층 사람들과 기술자들을 다 바벨론으로 사로잡아가고 남은 백성을 잘 돌보도록 내 아들 그다랴를 총독으로 세웠어. 우리가 예레미야와 가까운 개혁 집안이라 친 바벨론 파에 속했다고 생각했기 때문이겠지. 내 아들은 자기 나름대로는 백성을 지키려 했으나 암살되고 말았으니 이 얼마나 안타까운 일인가?

모르드개의 고백

「새가정」 통권 제54호 594호(2007.11), 34-37쪽('재미있고 의미있는 구약')에 실린 글의 초고인 이 글에서는 에스더서를 중심으로 아하수에로 왕 다음의 높은 자리에 올라 유다 민족을 크게 돕게 된 모르드개가 자신의 한 평생을 돌이켜 보며 에스더에게 말하는 식으로 적어보겠습니다. 문학적인 상상력을 동원한 것이므로 이 이야기를 그대로 역사적인 사실로 받아들이지 마시기 바랍니다. 그보다는 에스더서를 통해 하나님이 오늘 우리에게 무슨 말씀을 하시려는지 함께 귀 기울여 들어보는 계기로 삼으시면 좋겠습니다.

에스더야, 우리 유다 사람들이 이제는 페르시아 제국 안에서 안심하고 살 수 있게 되었으니 정말 다행이야. 내 살 날이 얼마 남지 않은 듯 하구나. 네가 대 페르시아 제국의 왕후이기는 하지만 내게는 여전히 딸 같은 존재가 아니니? 그러니 이렇게 말을 놓아도 양해해 주기 바란다.

네 아버지 어머니 곧 내 막내 작은 아버지 어머니 두 분이 다 돌아가시고 어린 나이로 너 홀로 남았을 때, 나는 자식들까지 모두 결혼시킨 터이라 사촌 동생인 너를 딸처럼 키우기로 굳게 마음먹었지.

지금도 그러하지만 넌 어릴 때부터 정말 아름다웠지. 마음씨도 비단결 같았고. 넌 내게 귀한 보석이었어. 그런 사촌 동생을 주신 하나님께 얼마나 감사했는지!

그렇지만 그 때 나는 이미 나이가 많아 언제까지나 너를 지켜줄 수가 없겠다는 생각이 들어 마땅한 혼처를 찾고 있었어. 그리하여 네게 좋은 배필을 주십사 하나님께 간절히 기도하고 있었지.

하루는 놀라운 소식을 듣게 되었어. 아하수에로 왕이 새 왕비를 구한다는 게야. 본디 왕후였던 와스디가 잔치 자리에서 왕의 명령을 거스른 탓에 쫓겨났다는 소문이 파다했지. 페르시아 제국의 영토 곳곳에서 아리따운 처녀들을 뽑아 왕궁으로 들여보냈어. 네 아름다움이 널리 알려진 탓에, 왕궁에서 관리들이 나와서 널 데리고 갔지.

난 널 왕궁으로 보낼 마음이 없었으므로 퍽 마음이 아팠단다. 너도 우리를 떠나고 싶어 하지 않았지. 네가 집을 나설 때 왕궁에 들어가서 네가 어느 민족, 어느 종족 출신인지 절대로 말하지 말라고 내가 네게 부탁한 말을 기억하고 있겠지. 그 때만 해도 우리가 유대 사람인 것이 드러나면 하루하루 살아남기가 퍽 힘들었거든.

사람들이 너를 왕궁으로 데려 간 뒤 나와 네 언니는 얼마나 허전했든지! 네가 지내던 방을 하루에도 여러 번 들여다보고 네가 입던 옷, 쓰던 물건을 만져보며 아픈 마음을 달랬지. 때때로 네가 있는 후궁 뜰 앞으로 드나들면서 사람들에게 네 소식을 물어보곤 했지. 그러면서 그저 모든 것이 주님의 뜻대로 이루어지기를 끊임없이 기도했단다.

왕궁으로 들어온 처녀들이 어떤 절차를 거치고 그 가운데서 누가 왕비가 되는지는 네 스스로 겪어 보았으니 잘 알고 있겠지. 임금님 앞에 나가기까지 몸단장 하며 기다려야 했던 열 두 동안 네 삶이 어떠했는지 나중에 내게 말해 준 것이 생각나는구나. 무엇보다도 일이 이왕 이렇게 되었으니 임금님 앞에 나갔을 때 꼭 임금님 마음에 들게 주십사고 기도했다지? 마침내 네가 임금님의 사랑을 독차지하여 왕후가 되고 새 왕후를 위하여 임금님이 큰 잔치를 베푸셨지.

네가 왕후가 된 뒤 하루는 내시 두 사람이 임금님을 죽이려고 한다는 사실을 내가 우연히 알게 되었지. 깜짝 놀라 사람을 시켜 이 사실을 네게 알렸고, 너는 임금님에게 내가 그런 연락을 해 왔다고 아뢰었지. 그리하여 그 두 사람은 처형되고 이 사건의 전말은 왕궁 일지에 기록되었지.

그 때 임금님 다음으로 페르시아 왕궁에서 높은 사람이었던 하만을 너도 잘 알고 있지? 임금님은 모든 신하들에게 임금 자신에게 하듯이 하만에게 꿇어 절하라고 명령했지. 그러니 하만은 하루 높은 줄 모르고 오만하게 설쳐댔지. 그런 하만에게 나는 내 몸을 숙일 수 없었어. 무엇보다도 하만이 우리 선조들을 괴롭히던 아말렉 족속의 후예라는 점이 맘에 들지 않았던 게야.

페르시아 왕궁의 관리들은 어쩌자고 그리 하느냐고 염려하면서 날마다 나를 달랬지만 나는 끝까지 거부하면서 내가 유다 사람임을 밝혔어. 이 말이 하만의 귀에 들어가자 하만은 우리 유다 민족을 다 없앨 음모를 꾸미고는 임금님께 아뢰어 우리 유다 사람들이 임금님의 법을 지키지 않으므로 다 죽이도록 하라는 칙령을 내리게 만들었지. 하만은 직접 관리들을 불러 모아 페르시아 제국 전역에서 열두째 달 아달월 십삼일 하루 동안 유다 사람은 남녀노소 가릴 것 없이 죽이고 그 재산을 빼앗으라는 칙서를 써서 각지로 보내게 한 게야.

이 엄청난 소식을 듣고 나는 곧바로 상복을 입고 왕궁 문 앞에 엎드렸지. 또 이 칙서가 이르는 곳곳에서 우리 동포들도 그렇게 했지. 그 때까지도 왕궁 깊숙이 있던 너는 이런 무서운 일이 벌어지고 있는 줄 몰랐지. 시녀와 내시가 전해주는 말을 듣고서야 그것도 그저 내게 무슨 큰 일이 일어난 것으로 짐작한 네가 사람을 보내어 자초지종을 물어왔지. 나는 아는 대로 다 일러주고 네게 임금님께 이 사실을 알리고 우리 민족을 살려달라고 요청하라는 말을 전했지.

다시 내게 온 심부름꾼의 말을 들어 보니 네가 처음에는 곤혹스러워하는 듯했어. 아무리 임금이 사랑하는 왕후라 하더라도 임금이 부르지도 않았는데 나아갔다가 임금님의 반응이 없으면 목숨을 잃을 수 있었기 때문인데다 벌써 한 달 여 동안 너도 임금님을 만나 뵙지 못하고 있었다고 했어. 그렇지만 나는 네가 왕후된 것은 바로 이럴 때 민족을 살리기 위한 것이 아니겠는가 다그치는 말을 다시 전하게 했지.

그 뒤로 왕궁 안에서 네가 한 일을 나중에 알게 되었지. 너는 마음

단단히 먹고 목숨을 내걸고 임금님에게 나아가서 환대를 받았을 뿐만 아니라 임금님과 하만을 위해 잔치를 베풀고 잘 대접했다지.

하만은 아무 것도 모르고 왕후로부터 초청받은 기쁨에 차서 나를 처형할 방식을 생각해 놓고 있었다지. 한 편 임금님은 밤에 왕궁일지를 살펴보다가 전에 내가 임금님을 암살하려고 모의한 두 내시를 고발한 사건을 읽고 내게 아무런 상을 주지 않은 것을 알고서는 늦게서라도 상을 줄 생각을 하셨는데 바로 그 때 하만이 나타나자 임금은 자신이 높이려는 사람을 어떻게 대해야 할지를 물었다는 게야.

하만은 임금이 바로 자기를 두고 이렇게 묻는 줄로 착각하고 그런 사람은 가장 높은 관리를 시켜 왕복을 입히고 왕관을 씌워 왕이 타는 말에 태워 끌게 하면 좋겠다고 제의했지. 그게 바로 올무가 된 것이지. 하만은 뜻밖에도 자신이 나를 그렇게 영광스럽게 해야 했던 게야.

그런데 네가 다시 한 번 임금님과 하만을 위해 베푼 잔치 자리에서 넌 우리 민족이 하만 때문에 겪게 된 어려운 상황을 임금님께 아뢰고 그 사실을 알게 된 임금님은 하만을 처형하게 하고 그 재산을 네게 주셨지. 그 때서야 내가 네 사촌 오라버니임을 네가 임금님께 아뢰었지. 그러자 임금은 하만의 집 관리하는 일을 내게 맡기셨지.

뒤이어 네가 나서서 우리 민족을 죽이기로 한 칙서를 대신할 조치를 취해 달라고 임금에게 간청했고 임금이 그 간청을 받아들였지. 그리하여 내가 나서서 페르시아 제국 안의 모든 유다 사람들이 스스로 목숨을 지키고 원수들을 없애며 재산을 빼앗을 수 있다는 칙서를 써서 전국으로 보내게 했지.

그렇게 할 수 있는 날로 아달월 십삼일 하루를 정했지. 이리하여 우리 동포들은 죽음의 그늘에서 벗어났고 기쁨에 못 이겨 이튿날까지 잔치를 벌였지. 그 뒤로 해마다 아달월 십사일과 십오일을 특별한 절기로 지키게 되었지. 이렇게 해서 부림절이 생겨난 게지.

이렇게 우리 하나님은 너와 나, 부족한 우리를 쓰셔서 당신의 백성을 이방 백성들 가운데서 지켜주신 것이지.

하나냐의 고백

「새가정」 통권 제54호 595호(2007.12), 34-37쪽(‘재미있고 의미있는 구약’)에 실린 글의 초고인 이 글에서는 다니엘 1장과 3장을 중심으로 하고 외경 다니엘 3장에 들어 있는 ‘아사랴의 노래’와 ‘세 소년의 노래’를 참고하여, 다니엘의 세 동무 가운데 한 사람인 하나냐가 풀무불에서 살아나온 일을 두고 나중에 이제 막 소년기에 들어선 아들에게 이야기해 주는 형식으로 적어봅니다. 문학적인 상상력을 동원한 것이므로 이 이야기를 그대로 역사적인 사실로 받아들이지 마시기 바랍니다. 그보다는 다니엘 1-3장을 통해 하나님이 오늘 우리에게 무슨 말씀을 하시려는지 함께 귀 기울여 들어보는 계기로 삼으시면 좋겠습니다.

아들아, 이젠 너도 내 말을 알아들을 만한 나이가 되었으니, 오래 전 내가 지금의 네 나이쯤 되었을 때 겪었던 바를 이야기해 주마.

바빌로니아의 임금님 느부갓네살은 자기가 정복한 여러 나라에서 쓸만한 아이들을 사로잡아와 자신의 왕궁에서 바벨론의 학문과 언어를 익히게 했는데, 그 가운데. 나와 나의 세 동무 다니엘과 미사엘과 아사랴도 있었단다.

우리가 바벨론 왕궁에 들어오던 날 왕궁 우두머리 관리였던 아스부나스님은 우리 넷에게 바벨론식의 이름을 붙여 주었어. 그리하여 나는 사드락이라고 불리게 되었지.

임금님은 우리를 비롯하여 세계 여러 곳에서 잡혀 와 왕궁에서 살게 된 아이들에게 왕이 먹는 음식과 마시는 포도주를 먹고 마시게 했는데 그것이 우리에게는 몹시 꺼림칙했지. 한편으로는 그 음식과 포도주가 바벨론의 신들에게 바쳤다가 물려온 것이 아닌가 하는 생각이 들었고 다른 한편으로는 조상 적부터 전해 내려온 가르침에 비추어 볼 때 우리 유대인들이 먹어서는 안 되는 음식도 나오리라는 생각이 들었거든.

이렇게 고민하고 있는데 우리 가운데 가장 용기가 있었던 다니엘이 마음 굳게 먹고 아스부나스님을 찾아가서 임금님이 주는 음식과 포도주를 우리가 먹고 마신다면 이는 우리 자신을 더럽히는 일이 될 터이므로 그 음식과 포도주를 사양하겠다는 뜻을 전하면서 이를 허락해달라고 부탁했지. 우리는 모두 목숨을 내놓을 각오를 했단다. 임금님의 호의를 받아들이지 않는다는 것은 임금님의 권위를 무시하는 일이기 때문이야.

그리하여 우리는 아스부나스님이 크게 노여워하면서 우리 넷을 곧바로 옥에 쳐넣으리라 생각했는데, 놀랍게도 아스부나스님은 그저 다니엘의 청을 거절했을 따름이었어. 만일 우리 넷이 얼굴이 초췌해진 것을 임금님이 보게 되면 자기 목이 달아날 것이라고만 했지. 이것만 해도 놀라운 일이었어. 하나님이 우리를 돌보아주신 것이 틀림없었어.

자신이 생긴 다니엘이 이번에는 아스부나스님 아래에서 우리를 돌보고 있던 관리를 찾아갔지. 그리고는 이번에는 구체적인 제안을 하며 교섭했단다. 그러니까 열흘 동안 시험 삼아 우리에게는 왕의 음식과 포도주 대신에 채소만 먹게 한 뒤에 우리 얼굴이 왕의 음식과 포도주를 먹고 마시는 다른 아이들보다 못한 지 살펴보라고 한 것이지. 우리의 예상은 어긋나지 않았어. 채소만 먹었지만 열흘 뒤 우리 얼굴이 다른 아이들 얼굴보다 훨씬 더 기름지고 좋아 보인 게야. 이리하여 그 뒤로는 임금님의 음식과 포도주를 먹고 마시시 않아도 괜찮게 되었지.

그뿐만이 아니야. 우리 네 사람의 지혜가 다른 아이들뿐만 아니라 바벨론의 모든 지혜자들보다 낫다는 사실을 임금님 스스로 확인하게 되었고 다니엘이 임금님이 꾸신 꿈의 내용과 뜻을 풀어주어 우리는 모두 바빌로니아에서 높은 자리의 관리가 되었지.

그러던 차에 한 번은 임금님이 높이 30미터 넓이 3미터 정도 되는 큰 상(像)을 금으로 만들어 두라 평지에 세우셨어. 그리고는 바벨론 제국 안에 있는 모든 고위 관리들은 다 이 상의 낙성식에 참석하여 악기 소리에 맞추어 그 상에 절하게 했지. 그러고 보면 임금님은 이 상을 신상으로 쓰려고 만드셨던가봐. 이 금 신상에 절하지 아니하면 곧바로 풀무불에 던져 넣는다고 했어.

물론 우리는 그 상에 절하지 않았지. 그렇지 않아도 그동안 우리가 높은 자리에 오른 것을 못마땅하게 여기며 우리를 해칠 궁리만 하고 있던 사람들은 얼씨구나 좋다 하면서 이 사실을 임금님께 알렸지. 그리하여 우리는 임금님 앞으로 끌려갔지. 참, 그 때 다니엘은 없었어. 자세히 기억나지는 않는데 아마 임금님의 명령을 받들어 먼 곳으로 여행하고 있었던 듯해.

임금님은 나와 미사엘과 아사랴를 바벨론 이름으로 부르면서 우리가 정말 금 신상에 절하지 않았는지 사실을 확인하려고 하셨어. 임금님은 우리가 당신의 명령을 거스를 리가 없다고 생각하셨던가봐. 그리하여 다시 한 번 기회를 줄 생각으로 지금이라도 악기 소리에 맞추어 절하면 괜찮겠지만 그리하지 아니하면 풀무불에 던져 넣을 수밖에 없고, 그리되면 세상에 그 어떤 신이 우리를 살릴 수 있겠느냐고 말씀하셨지.

임금님은 우리가 섬기는 하나님이 어떤 분이신지 아직 잘 모르셨던 게야. 나와 미사엘과 아사랴는 임금님께 분명히 말씀드렸지. 우리가 섬기는 하나님이 반드시 우리를 살려주실 것이고, 그렇게 아니 하신다 하더라도 우리는 임금님의 신들을 섬길 수도 없고 임금님이 만들어 세운 금 신상에 절하지도 않겠노라고 했지.

우리에게 배신당했다고 느꼈는지 임금님은 크게 노여워하시며 풀무불을 일곱 배나 더 뜨겁게 하고 우리를 옷 입은 채로 결박하여 풀무불 속에 던져 넣으라고 명령하셨지.

임금님의 명령이 떨어졌을 때 우리 세 사람은 숨 붙어 있는 마지막 순간까지 하나님을 찬양하기로 마음먹었어. 그런데 우리를 풀무불 속에 던져 넣던 사람들이 불에 타 죽었는데도 우리에게는 아무 일이 일어나지 않았음을 곧바로 알아차릴 수 있었지.

그 순간 아사랴의 입에서 찬송과 기도가 터져 나왔어. 아사랴는 조상 적부터 우리 겨레를 지켜 오신 하나님의 은혜를 기리면서 우리 세 사람이 그 은혜를 따라 하나님의 이름을 더럽히지 않게 해 주십사 라고 기도하더군. 뒤이어 우리 셋이서 한 목소리로 하나님을 높이 찬송하기 시작했지. 놀랍게도 그렇게 뜨거운 불 가운데 있는데도 우리 세 사람은 전혀 뜨거운 기운을 느끼지 못했어. 그저 시원한 동산에 놀러 나온 듯이 우리는 불 가운데서 한동안 찬송하고 기도하며 거닐었지.

나중에 임금님이 우리를 꺼내 놓은 뒤에 하는 말씀을 듣고서야 우리가 풀무불 가운데 거닐 때에 천사가 우리 곁으로 내려와서 불길을 풀무 바깥으로 내몰고 풀무 복판을 이슬 머금은 바람이 부는 것처럼 만들었다는 사실을 알게 되었지.

천사가 나타나 우리와 함께 풀무불 가운데 있으면서 우리를 지키는 것을 본 임금님은 우리더러 나오라고 하셨어. 우리는 가벼운 산보를 끝내고 돌아온 사람처럼 임금님 앞에 다시 섰는데, 몸도 옷도 조금도 불에 타거나 불길에 그을린 흔적도 없었고 냄새도 나지 않았어.

그러자 임금님은 우리가 섬기는 하나님이야말로 찬송 받을 만하다고 하면서 바벨론 전국에 우리 하나님을 존중하라는 칙서를 내리셨지. 그 하나님이 오늘에 이르기까지 나와 우리 유내인들을 지켜주셨고 앞으로도 그러하실 것이 틀림없지. 그러므로 아들아 너도 어떤 어려움이 닥치더라도 우리 하나님을 더욱더 굳게 의지하고 살아가도록 하렴.

둘째 마당

구약신학과 한국사회

구약성서에 나타난 고난의 의미

나라를 지키는 믿음

구약의 농사 이야기

성경에서 말하는 부(富)

참살이에 대한 성경의 가르침

구약성서에 나타난 고난의 의미

이 글은 2008년 9월 25일(목) 장로회신학대학교에서 모인 한국구약학회 2008년 정기가을학술대회에서 줄여서 발표한 내용의 초고입니다. 그 날 평택대학교의 한동구 교수님과 침례회신학대학교의 우택주 교수님의 논찬 내용 가운데에서는 이 글을 고치게 할 만큼 중요한 것이 없었습니다. 그보다는 2008학년도 제2학기 장로회신학대학교 신학대학원의 '구약세미나3'에서 학생들과 함께 구약에 나오는 고난 관련 본문을 다 찾아 살펴보는 가운데 이 글을 더 다듬어야 할 곳이 여러 곳 눈에 띄었습니다. 그렇지만 그 작업이 방대하여 그 일은 뒤로 미루기로 합니다. '구약세미나3'에서 함께 공부한 결과는 인터넷 클럽 〔08구약세미나3〕(http://club.ot.or/club/08SSuf)에서 찾아볼 수 있습니다.

차례

1. 들어가는 말
(1) 주제의 중요성 (2) 연구 방법과 범위 (3) 서술 순서
2. 고난 본문 통틀어 보기
(1) 도입 (2) 관련 낱말 (3) 자연재해와 인재 (4) 공동체 고난, 개인 고난
(5) 몸의 고난, 마음의 고난 (6) 고난 받는 사람의 반응
(7) 창조세계의 고난, 하나님의 고난 (8) 고난 본문의 분포 상황
3. 대전제: 삶의 근본 요소인 고난, 하나님 중심의 고난 이해
(1) 도입 (2) 창 3장의 고난 이해 (3) 하나님 중심의 고난 이해
(4) 공동체에 닥친 고난 (5) 하나님이 거두실 고난
4. 잘못의 결과인 고난 (1) 도입 (2) 잘못을 저지른 당사자에게 닥치는 고난
(3) 잘못을 저지르지 않은 다른 사람에게 닥치는 고난
① 남을 해치는 행위로 생기는 고난
② 한 구성원의 잘못으로 전체에 닥치는 고난

⑷ 개인 책임론
5. 징계의 고난
⑴ 도입 ⑵ 교정을 겨냥한 징계의 고난
⑶ 더 큰 고난을 막으려는 고난 ⑷ 순화의 과정인 고난
6. 시험의 고난
⑴ 진정성을 시험하는 고난 ⑵ 공동체를 시험하는 고난
⑶ 단련이나 시련의 고난 ⑷ 공동체의 순화 과정에서 의인이 받는 고난
7. 박해의 고난
⑴ 오해에서 생기는 고난 ⑵ 악인에게 받는 의인의 고난 ⑶ 여론
8. 중재의 고난
⑴ 중재자의 자리에서 생기는 고난
① 반대자의 못된 언행에서 비롯되는 고난 ② 말씀 때문에 겪는 고난
⑵ 내면적 갈등의 고난
⑶ 백성보다 앞질러 백성 때문에, 백성과 함께 겪는 고난
⑷ 백성의 고난과 하나님의 고난을 한 몸에 지는 고난
9. 하나님의 특별한 계획에 따른 고난
⑴ 생명 보존 계획에 따른 고난
⑵ 역사 운행 계획에 따른 고난 ⑶ 죄인들을 대신하여 겪게 하신 고난
10. 하나님의 고난
⑴ 사람이 잘못하는 것을 보고 겪으시는 고난
⑵ 당신을 거스르는 당신의 백성 때문에 겪으시는 고난
⑶ 당신의 백성을 벌하실 때, 벌하신 뒤에 겪으시는 고난
⑷ 이방 민족의 고난 때문에 겪으시는 고난
11. 창조 세계의 고난
⑴ 자신이 저지른 잘못 때문에 고난을 겪는 피조물
⑵ 사람 때문에 고난을 겪는 창조 세계
12. 나오는 말
⑴ 연구의 한계와 현실성 ⑵ 연구 결과 요약 ⑶ 연구 결과의 활용
⑷ 고난의 총체성과 사 65:17-25 ⑸ 남은 실천 과제

1. 들어가는 말

(1) 애가 3장 33절을 읽음으로써 이 시간 발표를 시작하고 싶습니다.

> 그는 마음에서부터 **억누르지**(〈인나〉 עָנָה)[1] 아니하고
> 사람들을 **슬프게 하지**(〈힉가〉 הִגָּה) 아니하심이라[2]

20세기 전반에 두 차례에 걸쳐 큰 전쟁을 겪은 인류는 고난이 그저 개인의 문제만이 아니라 인류 공동체 전체의 문제라는 사실을 이전보다 한층 더 깊이 깨닫게 되었습니다. 한반도의 고난 상황, 특히 농어산촌 사람들과 노동자들과 장애인들을 비롯하여 힘없는 사람들이 겪는 고난은 나라안팎의 정치·경제·군사·종교·행정·언론·법률·문화·교육·지식 권력자들의 탐욕과 거짓에서 비롯되는 경우가 많습니다. 그리하여 양심적인 그리스도인들 가운데서는 불의한 현실 때문에 고통 받는 숱한 사람들과 창조 세계를 바라보면서 창조주시며 역사의 주이신 하나님이 어느 때까지 이를 두고만 보시는가 한탄하는 소리가 드높아지고 있습니다.

---

1) 이 글에서 히브리 동사는 각 어간의 기본형인 단수 남성 완료형으로, 명사와 형용사는 단수 남성 절대형으로 인용하고 히브리 낱말의 한글 음역은 〈 〉 안에 써 넣습니다. 음역 방식은 졸고, "개역한글판의 히브리어 고유명사 한글 음역 방식과 히브리어 한글 음역 시안," 「성경원문연구」 8 (2001.2) 106-157을 따르기로 합니다. 고난을 표현하는 데 자주 쓰이는 히브리 낱말의 목록은 아래 '2. 구약의 고난 본문 통틀어 보기'를 보십시오.

2) 이 글에서 성경 본문은 따로 밝히지 않는 한, 사역하여 이끌어 씁니다. 외경의 경우에는 공동번역개정판이나 한국천주교주교회의성서위원회 편, 『성경』(서울: 한국천주교중앙협의회, 2005)(아래에서는 그냥 '천주교 성경'으로 줄여 씀)에서 이끌어 씁니다. 애가 3장 33절을 개역개정판에서는 "주께서 인생으로 **고생하게 하시며 근심하게 하심**은 본심이 아니시로다"로, 표준새번역개정판에서는 "우리를 **괴롭히거나 근심하게 하는 것**은, 그분의 본심이 아니다."로 번역해 놓았습니다. 굵은 글씨는 제가 표시한 것입니다.

이런 상황에서 오늘 우리가 구약성서에 나타난 고난의 의미를 다시 한 번 함께 생각하게 된 것은 참으로 뜻 깊은 일입니다.

(2) 구약성서의 고난을 연구3)하는 방법은 고난 본문4)들을 생성 연

---

3) 구약학자들이 최근에 성서백과사전이나 신학백과사전이나 정기간행물에 고난을 두고 쓴 것을 최근 것부터 적어보면 다음과 같습니다. Renate Egger-Wenzel/Klaus Koenen, "Leid/Leiden," http://www.wibilex.de. (마지막으로 다듬은 때: 2006년 5월); Heinz-Josef Fabry, "Leiden II. Altes Testament," *Religion in Geschichte und Gegenwart* 제4판 V (2002) 235-237; Ernst Haag, "Leiden III. Biblisch-theologisch," *Lexikon für Theologie und Kirche* 제3판 VI (1997) 782-783; Daniel J. Simundson, "Suffering," *Anchor Bible Dictionary* VI (1992) 219-225; Ulrike Link-Wieczorek, "Leiden," *Evangelische Kichenlexikon* 제3판 III (1992) 70-75 = "Suffering," *The Encyclopedia of Christianity* V (2007) 219-221; Josef Scharbert, "Leiden I. Altes Testament," *Theologische Realenzklopädie* XX (1990) 670-672; David T. Adamo, "Suffering in the Old Testament," *Deltio biblikon meleton. Bulletin of Biblical Studies* 18 (Athenai, 1989) 30-42(국내에서 구할 수 없었던 이 소논문의 복사본을 보내주신 독일 딩골핑의 김성근 목사님께 감사드립니다).

1900년대 후반에 서양에서 성서학의 관점에서 고난 문제를 포괄적으로 다룬 단행본으로는 E.S.Gerstenberger & W.Schrage, *Leiden* (Stuttgart u.a.: Kohlhammer, 1977), tr. by John E.Steely, *Suffering* (Nashville: Abingdon, 1980)을 들 수 있습니다. 또 조직신학의 관점에서 다룬 단행본으로는 Dorothee Sölle, *Leiden* (Ergänzungsband zu Themen der Theologie) (Stuttgart: Kreuz Verlag, 1973) = tr.by Everett R. Kalin, *Suffering* (Philadelphia: Fortress Press, 1975) = 채수일, 최미영 역, 『고난』(서울: 한국신학연구소, 1993)이 있습니다.

김이곤, "한국의 구약학과 김정준," 김정준 구약학연구회 편, 『晩穗 金正俊 구약신학. 김정준 박사 탄신 90주년 기념논문집』(서울: 경건과 신학연구소, 2004), 265-304 가운데서 266-272에 잘 밝혀 놓았듯이, 고난을 구약학 연구의 한 중심 주제로 다룬 첫 국내 구약학자로는 김정준을 들 수 있습니다. 이와 관련된 김정준의 글로는 "욥기의 인간고(人間苦)," 『선교 70주년 기념논문집』 (1955) [쪽수를 찾아내지 못했음] = 『晩穗 金正俊 全集 4』(서울: 한국신학연구소, 1989) 344-366; "이스라엘 수난자의 신학 - 출애굽 사건 동기 중심으로," 「신학연구」 19 (1979) 7-49 = 『晩穗 金正俊 全集 2』(서울: 한국신학연구소, 1988) 221-252; "경건과 고난 - 히브리시에 나타난 인간성," 「기독교사상」 51 (1962.2) 16-28; "예레미야 연구 7 - 고통의 신학," 「기독

대 순서로 그 역사 배경에 비추어 살펴보는 방법과 고난 본문들의 진술 내용을 통틀어 정리하는 방법의 두 가지로 크게 나누어볼 수 있습니다. 앞 경우는 찾아보기가 쉽지 않은데, 구약의 고난 본문을 포로기 이전 시대에 생겨난 것과 그 이후에 생겨난 것으로 나눈 뒤에 다시 세분해서 다루는 사이먼슨(Simundson)의 글이 그런 보기입니다.[5] 대부분의 연구는 둘째 방법을 택합니다. 이를테면 고난의 원인과 이해와 해결책의 순서로 서술한 배제민의 글[6]과 고난의 시작과 경험과 이해와 극복과

교사상」 165 (1972.2) 148-156이 있습니다. 그의 뒤를 이어 김이곤은 고난신학을 전개했습니다. 김이곤, 『구약성서의 고난신학』(서울: 한국신학연구소, 1989); ____, 『출애굽기의 신학』, 290-306("출애굽기 연구 후기. 출애굽기에 나타난 고난신학을 요약 정리하면서")을 보십시오. 김정준과 김이곤의 고난신학을 비판적으로 살핀 글로는 김영진, "김정준의 고난신학. 출애굽기를 중심으로," 앞에서 이끌어 쓴 『晩穗 金正俊 구약신학. 김정준 박사 탄신 90주년 기념논문집』, 41-55가 있습니다.

그밖에 국내성서학자들이 고난의 문제를 두고 구약의 한 책이나 인물이나 개별 본문을 해설한 것(아래의 각주 28을 보라)이 아니고 포괄적으로 쓴 글로는 박창환, "고난의 성서적 의미," 「교육교회」 101 (1984.4) 215-220; 김중은, "고난과 교회교육 - 고난의 성서적 의미," 「교육교회」 311 (2003.3) 4-9; 배제민, "고난에 대한 연구", 「기독교사상」 104 (1966.12) 110-117; 구덕관, "이스라엘의 고난과 기도," 「기독교사상」 292 (1982.10) 29-35; 이군호, "인간의 고난과 메시아 대망," 「기독교사상」 294 (1982.12) 56-64; 문희석, "구약성서의 고난과 부활," 「신앙세계」 179 (1983.5) 120-123; 방석종, "구약에 나타난 고난과 죽음 이해," 「기독교사상」 396 (1991.12) 118-125; 장영일, "구약신학의 주제: 이스라엘의 고난과 지혜," 「장신논단」 16 (2000) 34-60을 찾아볼 수 있고, 국내 현실과 관련하여 고난 문제를 다룬 구약학자들의 글로는 김찬국, "오늘의 현실 속의 고난의 의미," 「교회와 세계」 60 (1987.4) 16-19; 민영진, "민족의 고난에 대한 성서적 통찰," 「기독교사상」 340 (1987.4) 54-61이 눈에 띕니다.

4) 이 글에서는 고난의 주제를 다루는 본문을 '고난 본문'이라 부르기로 합니다.

5) 위의 각주 3에서 이끌어 쓴 Simundson의 글, 220-224. 그렇지만 구약의 어느 본문을 포로기 이전 시대와 그 이후로 정확히 나누어 연구하기 힘든 경우도 있습니다. 이 글 220-221에서 신명기와 신명기 역사서를 포로기 이전 시대로 분류한 점이 바로 이를 말해 줍니다.

6) 위의 각주 3에서 이끌어 쓴 배제민의 글.

이론과 남은 문제의 순서[7]로 다루는 파브리(Fabry)의 글이 그런 보기입니다.[8] 더러는 개념에 따라 본문을 분류한 뒤에 각 본문의 역사성을 염두에 두고 서술하기도 합니다.[9]

대체로 보아 포로기 이전 시대에는 고난의 공동체성이 두드러지고 포로기와 포로기 이후에는 고난의 개별성이 이전보다 좀 더 뚜렷해지기 시작한다고 볼 수 있으나 같은 시대에 여러 가지 고난 이해가 뒤섞여 나타나기도 하므로[10] 이 발표에서는 역사적·서술적 방법보다는 조직적·개념적 방법을 씁니다. 그렇다 하더라도 고난 주제의 여러 구성요소 가운데서 고난의 의미에 초점을 맞춥니다. 또한 고난을 다루는 본문의 범위가 매우 넓은 만큼 개별 본문을 둘러싼 논란은 거의 다루지 않습니다. 또한 구약의 고난 이해를 신약성서에서 어떻게 받아들여 어떻게 발전시켰는가 하는 문제도 다루지 않습니다. 구약의 고난 이해만으로도 오늘 그리스도인들의 삶에 도움 받을 바가 적지 않다고 생각하기 때문입니다.

그리하여 구약에 나타난 고난의 의미를 두고 지금까지 연구해 온 것들을 제 나름대로 정리해 보려고 합니다. 보통은 사람의 고난에 집중하여 고난을 죄의 결과로 겪는 고난, 시험 · 징계 · 경고 · 연단(鍊鍛) · 순화(醇化)[11]라는 하나님의 교육수단으로 닥치는 고난, 하나님의 영

---

7) 위의 각주 3에서 이끌어 쓴 Fabry의 글.

8) 위의 각주 3에서 이끌어 쓴 박창환, 문희석, 구덕관, 김중은, Adamo의 글과 Walter C. Kaiser, Jr., *A Biblical Approach to Personal Suffering* (Chicago: Moody Press, 1982), 121-130도 그러합니다.

9) 위의 각주 3에서 이끌어 쓴 김이곤, 『구약성서의 고난신학』, 15-39('구약성서의 고난 이해').

10) 위의 각주 3에서 이끌어 쓴 Simundson의 글에서 이를 확인할 수 있습니다.

11) 한글학회 엮음, 『우리말큰사전』(서울: 어문각, 1992)(아래에서는 그저 '우리말사전'으로 줄여 씀), 2503에서는 순화(醇化)를 '쓸데없는 것들을 없애고 깨끗하고 바르게 만드는 일'로 풀이합니다.

광을 나타내는 고난, 계시의 성격을 띠는 고난,[12] 의인의 고난, 대속의 고난, 종말론적 고난 따위의 표현을 쓰면서 구약성서에서 나타난 고난의 의미를 다룹니다.

이 발표에서도 대체로 그런 흐름을 따르되 고난의 의미를 좀 더 잘게 나누고 각 경우가 서로 어떻게 관련되는지를 새롭게 살펴보려고 합니다. 아울러 사람의 고난과 깊이 얽혀 있는 하나님의 고난과 창조세계의 고난을 그동안 소홀히 해 온 점을 돌이켜보면서 이 두 가지도 짧게나마 다루어보려고 합니다.

(3) 아래에서는 먼저 구약성서의 고난 본문들을 여러 관점에서 통틀어 찾아내보고(아래 2), 인간 삶의 근본 요소인 고난의 문제도 구약의 다른 모든 주제와 마찬가지로 야훼 하나님을 중심으로 이해해야 한다는 대전제를 확인한(아래 3) 다음에, 사람의 고난이 지니는 뜻을 일곱 가지로 나누어 이해해보기로 합니다(아래 4-9). 뒤이어 창조세계의 고난(아래 10)과 하나님의 고난(아래 11)을 살펴보고, 마지막으로 이 모든 내용이 오늘 하나님 백성의 삶에 어떤 지침이 될 수 있는지를 간단히 생각해보려고 합니다(아래 12).

2. 고난 본문 통틀어 보기

(1) '고난'이라는 낱말이 개역성경과 표준새번역의 구약에서는 생각만큼 많이 나오지 않고 창세기 31장 42절에서 맨 처음으로 찾아볼 수 있습니다.[13] 그렇지만 고난과 관련되는 구약 본문은 아주 많습니다.

12) 이와 관련해서는 특별히 위의 각주 3에서 이끌어 쓴 Adamo의 글, 35-37이 흥미롭습니다.

13) '고난'이 개역개정판에는 56번, 표준새번역개정판에는 84번, 공동번역개정판

우선 고난이나 고난과 관련되는 낱말이 나오는 본문이 많습니다〔아래 (2)〕. 다음으로 고난의 내용을 담고 있는 본문도 적지 않습니다. 이를테면 고난의 여러 모습이나 대상이나 성격을 묘사하거나 언급하는 본문〔아래 (3)-(5)〕, 고난을 겪는 사람이 보이는 반응〔아래 (6)〕을 알려주는 본문이 그러합니다.

(2) '괴로움과 어려움'을 뜻하는 고난[14]이라는 말과 같은 범주에 넣을 수 있는 낱말이 여럿입니다. 그런 낱말로 개역한글판에서는 고통, 고생, 고초(苦楚)(애 3:19)[15], 괴로움, 어려움, 아픔, 슬픔, 곤란, 간고(艱苦)(사 53:3), 곤고, 수고, 신고(辛苦)(신 26:7), 우고(憂苦)(출 3:7), 질고(疾苦)(사 53:3), 재난, 재앙, 재해, 재화(災禍), 환난, 화(禍), 화액(禍厄)(사 57:1), 곤액(困厄)(렘 11:12), 해(害), '잔해(殘害)'(사 59:4), 악, 우환(시 107:39) 따위를 찾아볼 수 있다. 개역한글판에서 이런 여러 낱말 가운데서 두 가지 이상으로 번역된 히브리 낱말과 그 번역어를 그 가지 수가 많은 것부터 차례로 적어보면 다음과 같습니다.[16]

에는 16번 나옵니다. 공동번역과 그 개정판에서 '고난'의 출현 횟수가 크게 떨어지는 것은 '고난'이라는 한잣말 대신에 '괴로움' 따위의 우리말을 자주 쓴 데서 비롯된 것으로 보입니다.

14) 위의 각주 10에서 이끌어 쓴 우리말사전, 284.

15) 이 글에서는 각 경우에 해당하는 성경구절을 다 적지 않고 필요한 경우에 몇 가지 보기만 적고 보기가 많은 경우에도 맨 뒤에 '... 등'이라는 말을 쓰지 않기로 합니다. 이 점은 각주에도 해당됩니다.

16) 이는 이성호 편, 『새성구대사전』(서울: 성지사, [4]1993)과 죠오지 V. 위그램 저, 김만풍 역, 『구약 성구사전』(서울: 기독교문화협회, 1983)에서 해당 항목들을 찾아 더러 잘못된 것은 바로잡고 정리한 것인데, 명사와 뿌리가 같은 동사의 경우에는 어간을 구별하지 않고 그냥 번역어의 뜻을 따라 자동사과 타동사의 둘로 크게 나누어 적었습니다.

〈아나〉(עָנָה): '고생하다', '고난당하다', '곤란을 당하다', '곤고를 당하다', '학대를 받다', '괴로워하다', '괴롭게 하다', '욕보이다', '곤고케 하다', '수고하게 하다', '학대하다', '박대하다', '해롭게 하다'.

〈아니〉(עָנִי): '가난한', '가난한 사람', '가난한 자', '궁핍한 자', '빈민', '곤란한 자', '곤고한 자', '가련한 자', '간곤한 자', '빈궁한 자', '고난당한 자'.

〈라으〉(רַע)/〈라아〉(רָעָה): '고난', '괴로움', '곤고함', '재난', '재앙', '환난', '재화', '화', '화액', '해', '악'.

〈마르〉(מַר): '괴로운', '고통하는', '곤고한', '원통한', '근심하는', '고통', '괴로움', '참혹한 일', '번뇌한 자'.

〈차라〉(צָרָה): '고난', '고통', '괴로움', '아픔', '곤난', '재난', '재앙', '환난', '우환'.

〈아말〉(עָמָל): '고난', '고통', '고생', '곤고', '수고', '신고', '환난', '잔해'.

〈차라르〉(צָרַר): '곤경에 있다', '곤고하다', '환난 중에 있다', '환난을 당하다', '고난을 내리다', '괴롭게 하다', '박해하다', '압박하다'.

〈오니〉(עֳנִי): '고난', '고통', '고초', '괴로움', '곤란', '곤고', '환난'.

〈차라〉(צָרָה): '고난', '곤란', '고통', '괴로움', '환난', '근심', '우환'.

〈카압〉(כָּאַב): '고통하다', '아프다', '슬프다', '슬픔이 있다', '아프게 하다'.

〈마크옵〉(מַכְאוֹב): '고통', '슬픔', '근심', '간고', '우고'.

〈마라르〉(מָרַר): '아프다', '괴로움이 있다', '곤고를 받다', '괴롭게 하다', '학대하다'.

〈훌〉(חוּל): '고통하다', '근심하다', '아파하다', '고통을 당하다'.

〈크엡〉(כְּאֵב): '곤고함', '고통', '근심', '슬픔'.
〈차르〉(צָר): '고난', '고통', '괴로움', '환난'.
〈엣〉(אֵיד): '재난', '재앙', '환난'.
〈브할라〉(בְּהָלָה): '재난', '재앙', '두려움'.
〈헤벨〉(חֵבֶל): '고통', '어려움', '슬픔'.
〈홀리〉(חֳלִי): '고난', '질고', '질병'.
〈라하츠〉(לַחַץ): '고생', '압제', '학대'.
〈므후마〉(מְהוּמָה): '환난', '혼란', '번뇌'.
〈앗체벳〉(עַצֶּבֶת): '고통', '괴로움', '근심'.
〈추카〉(צוּקָה): '고통', '슬픔', '곤고'.
〈치르〉(צִיר): '고통', '괴로움', '근심'.
〈틀라아〉(תְּלָאָה): '고난', '수고', '환난'.
〈아웬〉(אָוֶן): '재앙', '환난'.
〈아손〉(אָסוֹן): '재난', '재해'.
〈호와〉(הֹוָה): '재앙', '환난'.
〈할할라〉(חַלְחָלָה): '통(痛)', '심한 근심'.
〈야곤〉(יָגוֹן): '슬픔', '우환'.
〈마촉〉(מָצוֹק): '환난', '우환'.
〈잇차본〉(עִצָּבוֹן): '고통', '수고'.
〈카셰〉(קָשֶׁה): '어려운', '고생'.
〈로게즈〉(רֹגֶז): '고난', '괴로움'.

이뿐만 아니라 개역한글판에서 '고통'으로 옮긴 히브리 낱말로는 〈힐〉(חִיל)과 〈힐라〉(חִילָה)와 〈하르춥봇〉(חַרְצֻבּוֹת)과 〈메메르〉(מֶמֶר)와 〈메차르〉(מֵצַר)가 있고, '고통하다'와 '괴롭게 하다'로 옮긴 동사로는 각각 〈나악〉(נָאַק)과 〈아카르〉(עָכַר)가 있습니다. '괴로움'

으로 옮긴 히브리 명사로는 〈맘므로림〉(מַמְרֹרִים)이, '재난'으로 옮긴 히브리 낱말로는 〈마룻〉(מָרוּד)이 더 눈에 띕니다. '재앙'으로 옮긴 히브리 낱말로는 질병을 가리키는 낱말들인 〈막게파〉(מַגֵּפָה)와 〈막카〉(מַכָּה)와 〈네가으〉(נֶגַע)와 〈네겝〉(נֶגֶף)을 비롯하여 〈하와〉(הַוָּה)와 〈네케르〉(נֵכֶר)가, '환난'으로 옮긴 히브리 낱말로는 〈쇼아〉(שׁוֹאָה)가 더 나옵니다. 이밖에도 고난의 범주에 드는 내용을 표현하는 구약 히브리 낱말은 더 찾아낼 수 있습니다.17)

(3) 이는 구약성서에서 고난이 아주 다양한 모습으로 나타난다는 사실과 관련됩니다. 우선 큰 비(창 7:11-12), 폭풍(욘 1:4), 우박(출 9:18-19; 사 28:2), 지진(암 1:1; 슥 14:5), 기근(창 12:10; 26:1), 메뚜기 재앙(출 10:4-6; 욜 1:4), 나쁜 수질(水質)(왕하 2:19), 병충해로 인

17) 위의 각주 3에서 이끌어 쓴 Fabry의 글, 235에서는 고난을 에둘러 표현하는 구약 히브리 낱말로 〈힐라〉(חִילָה), 〈홀리〉(חוֹלִי), 〈오젭〉(עֹזֶב), 〈마크옵〉(מַכְאוֹב), 〈크엡〉(כְּאֵב), 〈닥카〉(דַּכָּא), 〈야곤〉(יָגוֹן),〈아나〉(עָנָה), 〈카압〉(כָּאַב)을 듭니다. 같은 각주에서 이끌어 쓴 Egger-Wenzel/Koenen의 출력본, 8-9에서는 고난을 표현하는 구약 히브리 낱말로 〈엣〉(אֵד), 〈두〉(דּוּה), 〈하와〉(הַוָּה), 〈야가〉(יָגָה), 〈헤벨〉(חֵבֶל), 〈할라〉(חָלָה), 〈홀리〉(חֳלִי), 〈힐〉(חִיל), 〈힐라〉(חִילָה), 〈할할라〉(חַלְחָלָה), 〈할랄〉(חָלַל), 〈야곤〉(יָגוֹן), 〈카압〉(כָּאַב), 〈크엡〉(כְּאֵב.), 〈카아스〉(כַּעַשׂ/כַּעַס), 〈라하츠〉(לָחַץ), 〈라하츠〉(לַחַץ), 〈마아르〉(מָאַר), 〈마크옵〉(מַכְאוֹב), 〈마할라〉(מַחֲלָה), 〈므추카〉(מְצוּקָה), 〈메차르〉(מֵצַר), 〈마르〉(מַר), 〈네가으〉(נֶגַע), 〈나가스〉(נָגַשׂ), 〈아말〉(עָמָל), 〈오니〉(עֳנִי), 〈아찹〉(עָצַב), 〈에쳅〉(עֶצֶב), 〈잇차본〉(עִצָּבוֹן), 〈오체르〉(עֹצֶר), 〈아락〉(עָרַק), 〈추카〉(צוּקָה), 〈치르〉(צִיר), 〈차르〉(צַר),〈차라〉(צָרָה), 〈차라르〉(צָרַר), 〈칼론〉(קָלוֹן), 〈시아흐〉(שִׂיחַ), 〈셰베르〉(שֶׁבֶר), 〈쇼아〉(שׁוֹאָה)를 제시합니다. 한편 J.S.Feinberg, "Pain," W.A.Elwell(ed.). *Evangelical Dictionary of Theology* (Grand Rapids, Mich.; Baker, 2 2001) 882-883 가운데서 882에서는 '아픔'(pain)을 뜻하는 구약 히브리 낱말로 〈헤벨〉과 〈힐〉과 〈할할라〉와 〈크엡〉과 〈마크옵〉과 〈메차르〉와 〈아말〉과 〈치르〉를, '환난'(tribulation)을 뜻하는 구약 히브리 낱말로 〈차르〉와 〈차라〉를, '괴롭히다'(afflict)를 뜻하는 구약 히브리 동사로 〈야가〉와 〈라하츠〉와 〈아나〉와 〈차라르〉와 〈라아으〉(רָעַע)를 듭니다.

한 흉작(암 4:9; 학 2:17), 돌림병(출 9:15 등), 결핍(합 3:17) 따위의 자연 재해에서 비롯된 고난이 있습니다. 그런가 하면 국가 권력에 의한 강제 노역(출 1:11-14; 왕상 12:9-14), 집단 학대(출 3:7, 9; 4:31), 약탈 전쟁(창 14:12; 삿 6:3-6), 정복 전쟁(왕하 16:9; 17:6), 강제 이주(왕하 15:29; 17:6; 24:12, 14; 25:7, 11; 렘 43:6), 권력자 개인에 의한 집단 학살 음모(에 3장) 따위로 사람에게서 비롯된 고난도 있습니다.

(4) 앞에서 보기로 든 고난이 대부분의 경우에 이스라엘 백성이든 이방 백성이든 공동체 전체에 닥치는 고난인 것과는 달리, 개인 사이의 갈등이나 사고나 죽음으로 헤어지는 데서 겪는 고난이나 사랑 때문에 당하는 고난이나 자신이 저지른 잘못으로 받는 처벌 따위는 개인적인 고난입니다.

하나님 백성을 이끌거나 다스리거나 하나님의 말씀을 전할 책임을 맡은 사람이 겪는 괴로움이나 사회·경제·정치적인 억압과 착취와 출신 지역(삿 12:4-6 등)이나 신분(삿 11:2-3)에 따른 차별 대우 따위의 온갖 불의로 겪는 고난은 개인적이면서도 공동체적인 성격을 띱니다.[18]

(5) 많은 경우에는 몸의 아픔이 마음이나 정신의 아픔이 되기도 하고 그 반대의 경우도 있습니다. 가난[19]이나 급작스런 재산의 상실(욥 1:13-17)이나 투옥으로 인한 자유의 제한(창 39:20-21; 42:16-17; 렘 32:2; 38:6) 따위는 한 사람의 전 존재를 괴롭힙니다.

그렇지만 주로 몸으로 겪는 고난으로는 해산(창 35:16; 사 45:10),

---

18) 위의 각주 3에서 이끌어 쓴 Gerstenberger/Schrage의 책 영역판, 22-98에서는 구약성서에 나타나는 고난 경험을 상실과 질병과 폭력과 두려움과 실패의 다섯 가지 큰 범주로 나누어 다룹니다.

19) 강사문 엮음, 『가난 배우기』(서울: 장로회신학대학교출판부, 2006)를 참고하십시오.

생리(창 31:35), 할례(창 34:25), 부상(창 32:25, 31; 신 17:8; 왕상 22:34-35), 성폭행(창 34:2; 삿 19:25-27; 삼하 13:12-32; 애 5:11), 질병(출 15:26; 민 14:12; 신 28:22, 35; 욥 2:7),[20] 장애(레 19:14; 신 27:18), 노화(창 18:12; 27:1; 48:10; 삼상 4:15, 18; 왕상 1:1; 14:4; 15:23; 슥 8:4), 척박한 자연환경이나 천재지변이나 전쟁에서 비롯된 배고픔이나 목마름(창 12:10; 출 15:22-24; 16:2-3; 왕상 8:37-38; 왕하 6:24-29) 따위가 있습니다.

이와는 달리 주로 마음이나 정신으로 겪는 고난도 있습니다. 이성을 향한 사랑 때문에 난 병(아 2:5), 주변 사람들의 비웃음(욥 2:9; 잠 1:26; 17:5), 시기(창 26:14), 다툼(창 13:7; 26:20), 미움(창 26:27), 원한(창 27:41), 멸시(창 16:4-5), 비방(욥 69:20), 저주(삼하 16:7), 음모(시 38:12; 렘 18:18), 모함(삼하 16:1-4; 19:24-30), 속임수(창 27:12, 35), 유혹(창 39:6-18), 의사 불소통(창 11:7), 외로움(시 25:16; 사 49:21; 렘 10:20), 소외(렘 15:17; 욥 30:10), 상심(시 143:4), 절망(애 3:18), 불안과 공포(창 32:7; 50:15; 욥 30:15) 따위가 그런 경우입니다. 또한 한 남편을 둔 여인들의 경쟁(창 16; 21; 29:16-30:24; 삼상 1:6, 11), 불임(창 16:5; 20:17-18; 25:21; 삼상 1:6), 배우자의 죽음(창 23:2; 삼하 11:26; 룻 1:3, 5), 부모의 편애(창 25:28; 37:3-4), 부모의 죽음(창 24:67; 50:3), 형제의 불화(창 27:41), 미련한 아들(잠 17:25), 잃어버린 자식(창 42:38; 44:31; 삼하 12:18; 렘 31:15), 정당한 상속자가 없는 경우(창 15:2) 등이 엄청난 괴로움을 줍니다.

더 나아가서 공동체가 겪는 정신적인 고난으로 불의한 권력자의 등장(잠 29:2), 공공질서의 붕괴(사 3:1-5 등)나 동맹국의 배신(렘 30:14; 애 1:2) 따위를 들 수 있습니다.

---

20) 졸저, 『예언과 목회 [III]』(서울: 한국장로교출판사, 1995), 99-133('구약성경에서 본 사람의 병')을 참고하십시오.

(6) 고난을 겪는 사람은 여러 가지 반응을 보이며 자신의 상황을 표현합니다. 원망하며 울부짖을 뿐만 아니라(창 44:13; 출 15:24; 민 11:1; 16:41)[21] 울음꾼을 불러다가 울게 하기도 합니다(암 5:16; 렘 9:16〔17〕[22]). 옷을 찢고(창 37:28, 33) 재를 머리에 뿌리고 몸맵시를 가꾸지 않고 베옷을 입고 금식하는 따위의 행동을 하거나 의식을 치르기도 합니다(삼하 14:2; 욥 2:12). 무엇보다도 시편을 비롯한 구약의 시문에서 자주 볼 수 있는 탄원에서 고난의 소리를 잘 들을 수 있습니다. 고난을 겪는 사람은 자신이 처한 곤경 상황을 묘사하고 적들의 행태를 묘사하고 말을 인용하기도 하며 하나님께 불평을 쏟아놓기도 하고, 때로는 죄를 고백하고 때로는 무죄를 주장합니다.[23]

(7) 사람만이 고난을 겪는 것이 아닙니다. 동물(창 3:14-15; 렘 14:5-6; 욥 39:2)과 식물(렘 12:4)과 땅(창 3:17-18; 8:21)을 포함하여 창조세계에도 고난이 닥칠 수 있고, 창조주 하나님의 고난도 엿볼 수 있습니다(창 6:6; 호 6:4; 렘 12:7-12; 48:31-39).[24]

---

21) 위의 각주 3에서 이끌어 쓴 김이곤의 책, 『출애굽기의 신학』, 182-192("광야 전승의 고난신학적 의미")를 참고하십시오.

22) [ ] 안의 숫자는 Biblia Hebraica Stuttgartensia와 다른, 개역성경의 장절표기를 말합니다.

23) 이와 관련하여 한글로 쓴 최근의 글로는 김이곤, 『시편 I. 대한기독교서회 창립100주년 기념 성서주석 17』(서울: 대한기독교서회, 2007), 78-133과 이태훈, 『시편 어떻게 읽을 것인가?』(서울: 한국성서유니온, 2006), 33-91('개인 탄식시'), 150-208('이스라엘 탄식시')을 보십시오.

24) 이 주제를 다루는 구약학 분야의 단행본으로는 Terence E. Fretheim, *The Suffering of God. An Old Testament Perspective* (Overtures to Biblical Theology 14) (Philadelphia: Fortress Press, 1984)이 있고, 조직신학자가 최근에 쓴 것으로는 Roland Faber, *Der Selbsteinsatz Gottes: Grundlegung einer Theologie des Leidens und der Veränderlichkeit Gottes* (Studien zur systematischen und spirituellen Theologie 16). Würzburg: Echter, 1995)이 눈에 띕니다. 국내 조직학자의 글로는 박봉랑, "고난 받는 하나님,"

(8) 구약성서에 나타난 고난을 살펴보려고 할 때 보통은 창세기 3장에서 시작하여 시편과 욥기와 이사야를 중심 본문으로 삼는데25) 고난 개념의 아래 81쪽의 분포도26)에서도 드러나듯이 예레미야27)와 잠언과 레위기와 에스겔도 중요한 자리를 차지합니다.28)

「기독교사상」 237 (1978.3) 40-62를, 사전 항목으로는 일본의 가조 기타모리가 주장한 하나님의 아픔의 신학을 다룬 B.R.Ro, "Pain of God Theology," W.A.Elwell (ed.). *Evangelical Dictionary of Theology* (Grand Rapids, Mich.; Baker, 22001) 883-884를 읽어볼 만합니다.

25) 위의 각주 3에서 이끌어 쓴 김이곤의 책, 『구약성서의 고난신학』 에서 중요하게 다룬 고난 본문으로는 창세기 38장, 45장 4-5절, 50장 19-20절, 출애굽기 2장 23절-3장 15절, 4장 24-26절, 32장 31-32절, 사무엘하 7장 14절, 13장, 이사야 53장 6-10절, 예레미야 8장 21절, 호세아 2장 4[2]-25[23]절, 시편 22편을 비롯한 탄원시, 욥기(특히 1:21; 2:10; 7:1; 14:1), 전도서 11장 8절을 찾아볼 수 있습니다.

26) 위의 각주 3에서 이끌어 쓴 Egger-Wenzel/Koenen의 출력본, 8. 이 도표의 숫자는 거기서 고난을 표현한다고 제시한 히브리 낱말들(위의 각주 17에 옮겨 적어두었음)이 구약의 각 책에서 나오는 횟수를 가리킵니다. 따라서 이 글의 3-4쪽에서 제시한 낱말들과 4-6쪽에 서술한 내용과 관련되는 히브리 낱말들까지 다 고려한다면 이 도표의 수치는 훨씬 더 커지겠으나, 전체 흐름에는 큰 차이가 없으리라 예상합니다.

27) 예레미야서의 고난 주제를 처음으로 본격적으로 다룬 글은 P.Welten, "Leiden und Leidenserfahrung im Buch Jeremia," *Zeitschrift für Theologie und Kirche* 74 (1977) 123-150입니다.

28) 구약의 한 책이나 인물이나 개별 본문을 중심으로 고난 문제를 다룬 우리나라 학자들의 글로는 다음 것들이 눈에 띕니다. 김만풍, "하갈의 고난. 창 16:1-16," 「그말씀」 34 (1995.5) 347-350; 김회권, "고난과 연단 속에서 성화되는 야곱," 「기독교사상」 536 (2003.8) 128-138; 김경래, "메시아의 고난 속에 숨겨진 하나님의 섭리 - 창 43:3-15," 「성경연구」 75 (2001.2) 29-41; 김희보, "족장 야곱의 받은 고난의 의의 - 그의 성장과정," 「신학지남」 163 (1973) 25-37; ; 장미자, "다윗의 고난에 대한 신학적 이해," 「그말씀」 136 (2000.10) 10-29; 주승중, "다윗의 고난과 요나단의 변치 않는 우정(삼상 19:1-20:42)," 「그말씀」 137 (2000.11) 43-51; 김병국, "시글락의 용사(삼상 30:6)," 「그말씀」 185 (2004.11) 150-157; 이형원, "고난의 때에 누구를 의지할 것인가(열왕기하 18-20장 주해와 적용)," 「그말씀」 181 (2004.7) 54-56; 구덕관, "고난의 종," 「기독교사상」 121 (1968.6) 136-142; 김경수,

"'고난을 안다'는 것에 대하여 - 이사야서의 '고난 받는 종'과 욥의 고난 비교,"「한영신학대학교교수논문집」6 (2002) 119-138; 김창주, "유대교와 이사야서 53장: 의인의 대속적인 고난을 어떻게 이해할까?"「신학사상」121 (2002) 119-138; 오택현, "종의 고난: 사 50:4-9,"「성경연구」52 (1999.3) 43-53; 송병현, "여호와의 종과 그의 고난과 승리(사 52:13-53:12 주해와 적용),"「그말씀」153 (2002.3) 10-21; 이영미, "이사야에는 고난의 남종만 있는가? 제2이사야에 나타난 고난의 여인 은유 연구,"「헤르메네이아 투데이」24 (2003) 19-27; 임태수, "고난의 종은 개인인가 단체인가,"「세계와 선교」140 (1993) 6-7; 박동현, "너희가 살아나리라(겔 37:1-14 주해와 적용),"「그말씀」153 (2002.3) 22-31; 이태훈, "고난 속에서도 소망을 잃지 않음(시 42편),"「그말씀」219 (2007.9) 14-19; ____, "빛과 진리로 어두운 곳을 밝히심(시 43편),"「그말씀」219 (2007.9) 20-24; ____, "열린 마음으로 생각해야 할 환난(시 44편),"「그말씀」219 (2007.9) 26-33; ____, "위협으로 인한 좌절에서 소망으로 나아감(시 57편),"「그말씀」219 (2007.9) 111-115; ____, "하나님만 의지하여 모든 고난을 극복함(시 56편),"「그말씀」219 (2007.9) 104-109; 배정훈, "고난의 한 복판에 선 민족을 위하여 부르는 노래: 시 80편,"「성경연구」85 (2001.12) 82-95; 이형원, "고난을 통하여 얻을 수 있는 교훈,"「기독교사상」463 (1997.7) 182-190 (시 90편); 장일선, "욥과 현대인의 고난,"「기독교사상」263 (1980.5) 177-184; 은상기, "고난의 비밀(욥1:1-22),"「헤르메네이아 투데이」24 (2003) 97-102; 조영호, "고난 중의 찬송(욥1:1-22),"「헤르메네이아 투데이」24 (2003) 94-96; 민영진, "고난에 관한 두 이해(욥 18-19),"「그말씀」48 (1996.7) 57-62; 하경택, "엘리후의 첫 번째 발언: 고난의 '원인'보다는 고난의 '목적'을 이해하라(욥 30:1-31),"「성경연구」142 (2006.9) 11-22; 김병국, "절망했습니까(욥 42:5-8),"「그말씀」182 (2004.8) 154-163; 채은하, "고난과 절망은 또 다른 시작이다(단 7:1-28),"「성경연구」48 (1998.11) 1-15. 출애굽기의 고난 신학은 위의 각주 3에서 이끌어 쓴 김이곤의 책에서 다룹니다. 삼대 예언서와 예레미야애가의 고난 문제를 다룬 최근 연구로는 각각 Mary E. Mills, *Alterity, Pain and Suffering in Isaiah, Jeremiah and Ezekiel* (Library of Hebrew Bible/Old Testament studies 479)(New York: T. & T. Clark, 2007)과 Pamela Jean Owens, *Suffering from Aleph to Taw: the Imagery of Suffering in the Book of Lamentations* (Ann Arbor: UMI, 1998)가 있습니다. 구약에 나타나는 여성의 고난 문제를 다룬 것으로는 C. Landmann, "References to the Old Testament in Women's Stories of Suffering," *Old Testament Essays* 15,1 (2002) 85-98; Joy K. Bussert, *Violence Against Women and Children: A Critical Look at the Use of Scripture in Select Feminist, Traditional, Liberation, and Womanist Discussions of Suffering and Their Relevance for Battered and Abused Women and Children* (Ann Arbor: UMI, 2002)을 들 수 있습니다.

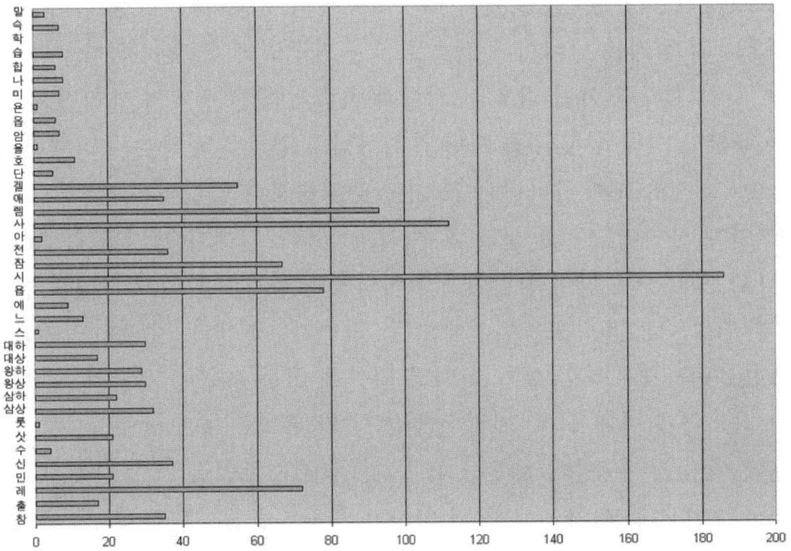

3. 대전제: 삶의 근본 요소인 고난, 하나님 중심의 고난 이해

(1) "인간 세상이 고통으로 가득 차 있다는 사실"[29]에서도 알 수 있듯이, 고난은 삶의 근본 요소 가운데 하나입니다. 욥과 논쟁을 벌이게 된 데만 사람 엘리바스가 그 첫 대화에서 "사람은 고난(〈아말〉 עָמָל)을 타고 태어난다."(욥 5:7)고 말하는데,[30] 이는 무엇보다도 창세기 3장을 떠올리게 합니다.

(2) 하나님이 지으신 모든 것은 본디 하나님 보시기에 매우 좋았으

29) 위의 각주 3에서 이끌어 쓴 박창환의 글, 215.

30) 이와 관련하여 외경 집회서 40장 1절도 읽어볼 만합니다. "인간이면 누구나 고생하기 마련이고 여자의 뱃속에서 태어나는 날부터 만물의 어머니에게로 돌아가는 날까지 아담의 자손들이 지는 멍에는 무겁다"(공동번역개정판).

므로(창 1:31) 첫 창조 세계에는 고난이 없었습니다. 그런데 사람이 피조물의 한계를 넘어서서 스스로 삶을 가꾸려고 한 탓에 하나님과 사람, 사람과 사람 아닌 피조물, 사람과 사람의 좋은 관계가 깨지면서 고난 상황이 시작됩니다. 곧 사람은 하나님의 얼굴을 피하여 두려워하며 숨고(창 3:8, 10), 하나님은 그 어떤 들짐승보다 능갈맞은 뱀(창 3:1)과 여자 사이에, 또 그 둘의 후손 사이에 적대관계가 생기게 하고(창 3:15), 땅이 저주받아 사람에게 가시덤불과 엉겅퀴를 내게 하셨습니다(창 3:17-18).[31] 또 여자에게는 임신과 출산의 수고(〈잇차본〉 עִצָּבוֹן)를 크게 더할 뿐만 아니라 남편을 향한 욕구에 시달리고 남편의 다스림을 받게 하며, 사람은 한평생 땀 흘리는 수고(〈잇차본〉) 가운데 먹고 살 수 있게 하십니다(창 3:16-19). 두려움, 적대관계, 강화된 수고는 사람과 창조세계, 더 나아가서 창조주 하나님까지 고난을 겪게 하는 요소입니다. 이리하여 이미 창세기 3장에 사람의 고난(아래 4), 창조세계의 고난(아래 11), 하나님의 고난(아래 10)이 한데 어우러져 있습니다. 다만 이 셋이 각각 얼마나 드러나게 표현되어 있는가 하는 정도에서 차이가 날 따름입니다.

⑶ 다른 한편으로 창세기 3장은 비록 사람이 잘못을 저지른 탓에 고난 상황이 벌어졌지만 그렇게 하신 이는 창조주 하나님이심을 똑똑히 알려줍니다. 이와 비슷한 흐름에서 이사야 45장 6절후반절-7절과 욥기 2장 10절을 이해할 수 있습니다.

> 나는 야훼, 더는 없다. 빛을 짓고 어둠을 창조한다.
> 평화를 만들고 **나쁜 것**(〈라으〉 רַע)을 창조한다.
> 나는 야훼, 이 모든 것을 만든다. (사 45:6후-7)

31) 로마서 8장 20절에서 피조물이 '굴복하게 하시는 이' 때문에 '허무한 데에 굴복'했다 함이 이를 암시하는 것으로 보입니다.

좋은 것을 우리가 하나님에게서 받으니
나쁜 것(〈라으〉)도 받지 아니하겠소? (욥 2:10)

실제로 욥기 3-28장에 들어 있는 욥과 세 친구의 논쟁에서는 하나님이 고난을 주신다는 주장이 거듭거듭 나옵니다. 그렇지만 욥기 1-2장에서는 사탄이 하나님께 허락 받아 일정한 범위 안에서 사람에게 고난이 닥치게 합니다.

⑷ 하나님이 재난을 내리시는 대상은 개인이기에 앞서 무엇보다도 하나님의 백성 공동체라는 점이 구약성서에 강하게 드러납니다. 일찍이 예언자 아모스는 성읍에 재앙이 미치면 이는 야훼께로부터 온 것임을 알아야 한다고 다음과 같이 말했습니다.

야훼께서 하시지 않았다면
나쁜 것(〈라아〉 רָעָה) 이 성읍에 일어날 수 있으랴? (암 3:6후)

이리하여 이스라엘 백성은 크고 작은 다른 나라 군대가 쳐들어와 자신들을 괴롭혔을 때 이런 국가적인 고난을 정복자의 탓으로 돌리기보다 야훼 하나님이 자기들에게 주신 것으로 생각했습니다. 이를테면 예언자 하박국은

어찌하여 당신은 불신실한 자들을 보고만 계십니까?
악인이 자기보다 의로운 자를 삼키는 데도 잠잠하십니까?
(합 1:13후)

라고 말하면서, 야훼 하나님이 바벨론보다는 그래도 덜 나쁜 유다를

바벨론에게 시달리게 하신다고 불평합니다.

그뿐만 아니라 나중에 나라가 망했을 때도 이스라엘 사람들은 야훼께서 자기들에게 이런 재난을 내리신 것으로 생각했습니다. 이런 점은 무엇보다도 공동체 탄원시에서 잘 드러납니다. 그 한 보기로 시편 74편 1-3절을 들 수 있습니다.

> 1어찌하여, 하나님, 길이 버리십니까?
> 당신의 분기를 당신 목장의 양떼에 뿜어내십니까?
> …(중략) …
> 3 … 온갖 못된 짓을 원수가 성소에서 저질렀나이다.

(5) 이리하여 고난에서 벗어나는 길도 오로지 야훼 하나님께 달렸으므로 고난 가운데 있는 개인도 공동체도 야훼께만 도움을 구해야지 어떤 권력자나 강대국이나 다른 신에게 가지 말아야 함을 구약 곳곳에서 가르칩니다(삿 10:10-16; 왕하 1:2-6; 사 31:1-3; 렘 17:14; 30:12-15; 호 5:13).

4. 잘못의 결과인 고난

(1) 앞서 살펴 본 창세기 3장에서 이미 알 수 있듯이, 사람이 저지른 잘못 때문에 고난이 닥치는 것으로 이해할 수 있는 본문이 구약에는 적지 않습니다. 그렇지만 그렇게 저지른 잘못 때문에 잘못을 저지른 사람 자신에게 고난이 닥치는 경우〔아래 (2)〕와 잘못을 저지르지 않은 다른 사람이 고난을 겪는 경우〔아래 (3)〕는 구별할 필요가 있습니다.

(2) 사람이 못된 짓을 하면 그 결과로 재난이 못된 짓을 한 바로 그 사람에게 닥친다는 내용[32]은 우선 구약 지혜 문헌에서 찾아 볼 수 있습니다. 잠언 26장 27절이 그런 좋은 보기가운데 하나입니다.

> 구덩이를 파는 사람은 스스로 거기에 빠지고,
> 돌을 굴리는 사람은 그 사람에게 그것이 돌아오기 마련이다.[33]

잘못된 행동과 그 때문에 그 행위자에게 닥치는 재난의 관계는 히브리 낱말 〈라아〉(רָעָה)가 한편으로는 사람이 저지르는 '나쁜 행동' 곧 악을 가리키고, 다른 한편으로 그 못된 짓 때문에 닥치는 '나쁜 상황' 곧 재앙을 뜻한다는 점에서도 잘 드러납니다. 이를테면 예레미야 1장 16절과 14절에 나오는 〈라아〉에서 그런 상관관계를 어렵지 않게 알아차릴 수 있습니다.[34]

---

32) 사람의 좋은 행동이나 나쁜 행동은 그 자체가 좋거나 나쁜 영역을 만들어 행위자에게 복이나 재난이 닥치게 한다고 보아 행동과 그 결과의 이런 관련성을 '행위화복관계'(Tun-Ergehen-Zusammenhang) 또는 '운명에 영향을 끼치는 행위 영역'(schicksalwirkende Tatsphäre)이라는 말로 표현하기도 하는데, 이를 둘러싼 논의에 대해서는 Klaus Seybold, "Gericht Gottes I. Altes Testament," *Theologische Realenzyklopädie* XII (1984) 460-466, 여기서는 463-464를 참고하십시오. 이에 대한 간단한 설명은 『해설·관주성경전서. 독일성서공회판』(서울: 대한성서공회, 1997) 부록의 '용어 해설', 64-65에서도 찾아볼 수 있습니다. 고난과 죄의 문제를 다룬 국내 조직신학자의 글로는 이승구, "고난은 죄의 결과인가?" 「목회와 신학」 109 (1998.7) 40-48이 있습니다.

33) 외경 집회서 27장 25-27절에서는 좀 더 똑똑히 표현합니다. "25돌을 위로 던지는 자는 제 머리에 던지는 것이다. 남을 교활하게 공격하는 자는 저도 상처를 받으리라. 26함정을 파는 자는 자신이 거기에 떨어지고 덫을 놓는 자는 자신이 거기에 걸리리라. 27악을 행하는 자는 그 악이 그에게 돌아오리라. 그런데도 그것이 어디서부터 오는지 모르리라"(위의 각주 2에서 말한 천주교 성경).

34) 졸저, 『대한기독교서회창립 100주년 성서주석 23-1 예레미야 I』(서울: 대한기독교서회, 2006), 99.

이런 잘못과 고난의 연관성은 탄원시에서 적들을 하나님이 벌하시기를 바라거나 그렇게 될 것을 확신하는 말에서도 찾아볼 수 있습니다. 그런 확신의 표현은 시편 7편 16〔15〕-17〔16〕절에서 찾아볼 수 있습니다.

[16]함정을 파고 그것을 파내지만 자기가 만든 구덩이에 빠진다.
[17]자기가 꾸민 **재앙**(〈아말〉 עָמָל)이 자기 머리에 돌아가고,
자기가 휘두른 폭행이 자기 정수리에 닥치리라.

문제는 욥의 세 친구들이 그러했던 것처럼 재난에서 거꾸로 죄를 추정해내는 데 있습니다(욥 4:7 등). 이리하여 잘못과 그 결과로 닥친 고난의 긴밀한 연관성을 인정하기 힘든 여러 가지 경우도 구약성서에 나타남을 어렵지 않게 예상할 수 있습니다. 이에 대해서는 아래 6-9에서 따로 다루기로 합니다.

공동체나 개인의 잘못을 지적함과 아울러 앞으로 닥칠 재난을 예고하는 재난 예언에도 죄와 고난의 관련성이 중요한 역할을 합니다. 또한 신명기에서 열왕기하에 이르는 역사 서술에서는 남북왕국의 멸망이 백성과 특히 왕을 비롯한 그 지도층들이 저지른 잘못의 결과임을 똑똑히 보여줍니다(신 30:15-20; 삿 2:6-23; 왕하 17장).[35)]

⑶ 이와는 달리 한 개인이나 공동체가 저지른 잘못으로 다른 사람이나 다른 공동체가 고난을 겪는 경우도 있습니다.

① 이는 우선 다른 사람이나 다른 공동체를 해치는 잘못을 저지르는 데서 드러납니다. 악인들의 박해로 의인이 겪는 고난과 예언자들을 비롯하여 중재자들이 반대자들에게서 겪는 고난도 이런 경우에 속하

35) 위의 각주 3에서 이끌어 쓴 Simundson의 글, 220-221.

지만, 이는 각각 7.(2)와 8.(1)에서 따로 다루기로 합니다. 한 공동체가 다른 공동체를 해치는 대표적인 경우로는 전쟁이나 억압을 들 수 있습니다. 이스라엘은 그 지정학적·지형학적인 위치 때문에 역사적으로 숱한 전쟁과 억압에 시달려 왔고 부분적으로는 이웃 나라들을 쳐들어가 점령함으로써 그들을 괴롭히기도 했습니다.36) 또 통치자가 백성을 괴롭히는 경우도 적지 않습니다. 백성의 가죽을 벗기고 뼈에서 살을 발라내고 살을 먹는다고, 못된 통치자들을 꾸짖는 예언자 미가의 말(미 3:2-3)에서 그 극단적인 보기를 볼 수 있습니다.

② 앞의 경우와 비슷하지만 구별해 볼 수 있는 경우로 한 공동체의 구성원, 특히 지도자가 잘못한 탓에 그 공동체에 속한 다른 구성원들과 그 공동체 전체에 고난의 상황이 닥치기도 합니다. 출애굽기 20장 5절에서 야훼께서는 당신을 미워하는 자들의 3 · 4세대 후손들까지 조상들이 저지른 잘못 때문에 벌하시겠다고 하는데, 여기서 말하는 3·4세대 후손들은 증조부모나 고조부모와 함께 살고 있는 후손을 가리키는 것으로 이해할 만합니다. 실제 여호수아 7장에서 이스라엘이 여리고를 점령할 때 야훼의 명령을 어기고 자기를 위해 전리품을 감춘 아간 때문에 아이로 진격한 이스라엘 백성이 큰 피해를 입었을 뿐만 아니라 아간의 자식들도 목숨을 잃습니다. 또 사무엘하 24장에서 다윗이 인구를 조사하는 잘못을 저지른 결과 이스라엘 전역에 전염병이 돌아 7만 명의 백성이 목숨을 잃었습니다.37)

혈연 공동체나 지역 공동체만큼 결속력이 강하지는 않지만 어떤 특

---

36) 위의 각주 3에서 이끌어 쓴 장영일의 글에서는 이스라엘의 고난을 주로 전쟁의 관점에서 다룹니다.

37) 한 집단을, 권리와 의무를 지니는 개인처럼 볼 수 있다고 주장하는 '집단 인격'(corporate personality) 이론으로 이런 경우들을 설명하는 견해는 받아들이기 힘듭니다. J.W.Rogerson, "Corporate Personality," *Anchor Bible Dictionary* I (1992) 1156-1157을 보라. 사무엘하 24장의 평행 본문인 역대상 21장의 첫머리에서는 사탄이 다윗을 충동했다고 합니다.

별한 계기로 같은 처지에 놓이게 된 사람들의 모임에서 한 사람이 저지른 잘못이 그 전체에게 큰 피해를 입히기도 합니다. 요나서 1장에서 그런 보기를 찾아볼 수 있습니다. 야훼의 명령을 거스르고 다시스로 가는 배를 탄 요나 때문에 바다에 갑자기 풍랑이 일어나 파선할 지경에 이르자, 그 배에 함께 탄 사람들은 "누구 때문에 이 나쁜 일(〈라아〉 רָעָה)이 우리에게 닥쳤는지 제비를 뽑아 알아보자!"고 서로 말합니다(욘 1:7).[38]

⑷ 그렇지만 예레미야 31장 29-30절과 에스겔 18장 2-4절에 이르러 누구나 자기 잘못으로 죽을 뿐이라는 점을 분명히 합니다(신 24:16 도 참고). 다른 한편으로는 야훼께서 당신의 종에게 남이 저지른 잘못으로 닥치는 재난을 대신 겪게 하시기도 합니다. 이에 대해서는 아래 9.⑶에서 따로 다룹니다.

5. 징계의 고난

⑴ 사람은 고난을 통해서 하나님의 법도를 배울 수 있으므로 어려움을 겪는 것도 좋을 수가 있음을 시편 119편 71절의 고백에서 알아차릴 수 있습니다. 67절에서는 시인이 고난을 겪기 전에는 잘못 갔다가 고난을 겪은 뒤에서야 하나님의 말씀을 지키게 되었다고 고백합니다. 이럴 경우에 고난은 잘못을 깨닫고 거기서 돌아서서 하나님의 말씀을 따르게 되는 계기가 됩니다. 이런 고난은 징계[39]의 성격을 띱니다.

38) 한 사람의 잘못으로 공동체에 고난이 닥치는 것과 반대로 한 사람 또는 소수의 의인이 있으므로 그가 속한 공동체 전체에 고난에서 벗어날 수 있다고 이해할 만한 경우도 있습니다(창 18:22-33; 렘 5:1; 겔 22:30-31).

39) 위의 각주 10에서 이끌어 쓴 우리말사전, 3958에서는 징계를 '허물을 나무라

(2) 엘리바스는 욥기 5장 17절에서 고난을, 하나님이 잘못을 저지른 사람을 징계하시는 (〈호키아흐〉, הוֹכִיחַ)[40]수단으로 이해합니다. 33장 19절에서 엘리후는 자리에 누워 아픔(〈마크옵〉 מַכְאוֹב)으로써 사람이 징계를 받는다고 합니다. 이런 징계는 깨닫지 못해서 잘못을 저지른 사람에게 괴로움을 줌으로써 스스로 잘못을 깨닫고 바른 길로 돌아오게 함을 겨냥합니다. 곧 교정을 목표로 삼습니다.

이리하여 이 경우의 고난도 일단은 앞 4의 경우와 마찬가지로 고난을 겪는 주체가 무슨 잘못을 저질렀음을 전제합니다. 그렇지만 여기서는 초점이 지난날 저지른 잘못을 따지는 데 있지 않고, 앞으로 바르게 살아가게 하는 데 있습니다.[41]

(3) 이런 성격의 징계가 구약성서에서는 주로 개인의 문제라기보다는 하나님의 백성이라는 공동체의 문제로 나타납니다. 야훼께서 유다 백성에게 재난을 내리신 까닭은 그들이 잘못된 길에서 돌아와 망하지 않게 하려는 데 있음을 예레미야 5장 3절에서 알 수 있습니다. 그러나 유다 백성은 야훼의 징계를 받아들이지 아니하고(렘 2:30; 7:28 등) 마침내 망하고 맙니다. 이 점에서 하나님이 징계로 내리시는 고난은 앞으로 닥칠 더 큰 재난을 막는 것을 겨냥합니다.[42]

서 경계함'이라고 풀이하고, 239의 '경계(警戒)' 항목에서는 그 둘째 뜻으로 '옳지 않은 일이나 잘못된 일들을 하지 않도록 타일러서 주의하게 함'을 싣고 있습니다.

40) 개역한글판에서는 이 히브리 동사를 문맥에 따라 '징치하다'(시 94:10), '경계하다'(합 1:12), '꾸짖다'(왕하 19:4), '책망하다'(욥 13:10), '견책하다'(잠 19:25), '경책하다'(잠 28:23), '책하다'(시 38:2[1]), '판결하다'(사 2:4), '판단하다'(사 11:4), '변론하다'(욥 15:3), '변백하다'(욥 13:15), '증명하다'(욥 19:5)로도 옮겼습니다.

41) 위의 각주 3에서 이끌어 쓴 Egger-Wenzel/Koenen의 출력물, 3.

42) 이 점은 헬라 시대의 유다 공동체를 향해 외경 마카베오 하권 6장 12-17절에서 좀 더 분명히 밝힙니다. "[12]나는 이 책을 읽는 이들이 이러한 고난에 좌

⑷ 하나님 백성이 잘못을 저질러 겪는 고난을 때로는 순화의 과정으로 보기도 합니다. 이사야 48장 10절에서 그런 보기를 찾아볼 수 있습니다.

자, 내가 너를 녹였는데
　　은을 가지고 하듯이 하지는 아니하였도다.
나는 너를 **고난**(〈오니〉 **עֳנִי**)의 도가니에 넣어 달구었도다.

유다가 바벨론에게 망하고 유다 사람들이 바벨론에 사로잡혀 와 살게 된 것은 분명히 그들이 야훼를 거스르는 잘못을 저질렀기 때문이지만, 이제 야훼께서는 그 때문에 겪은 고난을, 그들에게서 불순물을 없애고 그들을 깨끗하고 이전보다 더 나은 백성으로 만드는 과정으로 삼았다고 말씀하신 것입니다(슥 13:9도 참고).

6. 시험의 고난

⑴ 일찍이 야훼께서 약속하신 바를 이룰 밑바탕이 되는 이삭을 아브람이 야훼께 바치려고 했을 때 그가 겪은 고통은 하나님이 그를 시험하신(〈닛사〉, **נִסָּה**) 데서 비롯된 것입니다(창 22:1). 야훼 하나님은 아브람이 외아들까지도 아끼지 않을 정도로 당신을 경외하는지 확인

절하지 말고, 이 징벌을 우리 민족을 멸망시키려는 것이 아니라 교육시키려는 것으로 여기도록 권고한다. [13]사악한 자들을 오래 버려두시지 않고 바로 벌하시는 것은 그분께서 지극히 인자하시다는 표지다. [14]주님께서는 이와 달리 다른 민족들에게는 그들의 죄가 가득 찰 때까지 벌을 내리시지 않고 인내하며 기다리신다. … (중략) … [16]그러므로 그분께서는 절대로 우리에게서 자비를 거두지 않으신다. 고난으로 당신의 백성을 교육하시는 것이지 저버리시는 것이 아니다"(위의 각주 2에서 말한 천주교 성경).

해 보시려고 했습니다(창 22:12).

욥기 1장 9-11절에서 하나님은 욥이 까닭 없이 하나님을 경외하는지를 알아보자는 사탄의 제안을 받아들여 욥의 몸에는 손대지 말라는 조건을 붙여 사탄이 욥을 괴롭히도록 허락하셨습니다. 2장 1-6절에서는 한 걸음 더 나아가 욥의 생명은 해하지 말라는 조건으로 다시 한 번 허락하셨습니다. 이렇게 욥에게 닥친 고난은 욥이 저지른 잘못의 결과는 아닙니다. 욥의 잘못을 바로잡아 주기 위한 것도 아닙니다. 욥이 참으로 하나님을 경외하는지를 시험해 보기 위한 것입니다. 이리하여 이런 고난은 의인에게 자신의 진정성을 증명하는 계기가 됩니다. 욥기 42장 10-17절에서는 고난을 겪은 뒤 욥의 상황이 고난 겪기 전보다 훨씬 더 좋아졌음을 알려줍니다. 이를 1-2장과 관련시켜 보면, 시험의 성격을 띠는 고난을 잘 견딘 욥은 고난을 겪기 전보다 더 큰 은혜를 하나님께 입었습니다. 곧 시험을 통과한 의인은 더 큰 복을 받습니다.[43]

이와는 달리, 못된 짓을 하는 사람들이 번영하고 하나님의 명령을 따라 참되이 살려는 사람들이 괴로움을 겪는 잘못된 현실이 의인들의 진심을 시험하는 계기가 되기도 합니다(시 37편; 73편; 렘 12:1-3; 전 7:15 등).

⑵ 하나님이 시험하신 상대는 개인만이 아닙니다. 신명기 8장 1-4절에서는 출애굽한 이스라엘 백성이 광야를 거쳐 오는 동안 겪은 고난을 하나님이 그들의 마음을 알아보기 위해 시험하신 것으로 풀이합니다.[44] 사사기 2장 20-23절에서는 야훼께서 가나안 땅에 들어온 이스라

---

43) 외경 지혜서 3장 5절에서는 의인들이 "받은 고통은 후에 받을 큰 축복에 비하면 아무것도 아니다. 하느님께서 그들을 시험하시고 그들이 당신 뜻에 맞는 사람들임을 인정하신 것이다."(공동번역개정판)라고 합니다.

44) 이스라엘 백성이 40년 동안 광야에서 방황하게 된 것 자체는 그들이 가데스에 이르러 가나안 땅을 정탐한 뒤에 낙심하며 야훼를 원망한 잘못을 저질렀기 때문입니다(민 14:26-35).

엘 백성을 시험하려고 이방 민족들을 다 쫓아내지 않고 남겨두셨다고 합니다.[45]

(3) 시험과 비슷하면서도 조금 구별해 볼 경우로 단련[46]이나 시련[47]으로 고난이 닥치기도 합니다. 이방 나라에 사로잡혀 가서 살게 된 다니엘의 세 친구(단 3장)와 다니엘(단 6장)은 각각 목숨을 잃을 수도 있는 어려운 처지에서도 야훼 신앙을 굳게 지킵니다.[48] 이런 고난은 신앙의 진정성을 입증할 뿐만 아니라 그 신앙을 한층 더 굳게 하는 계기가 됩니다.

(4) 이와는 달리 다니엘 7-12장에서는 하나님을 거스르는 이방 통치자가 야훼 신앙을 지키려는 사람들을 박해하는 가운데 하나님 백성의 공동체가 고난을 통해 순화됨을 알 수 있습니다. 그리하여 어려운 가운데서 배교자들은 마침내 영원히 망하고(단 11:30-31; 12:3) 의인들은 용감하게 고난을 견디다가 순교에 이르더라도(단 11:32-33) 부활할 수 있다고 합니다(단 12:2).[49] 이처럼 하나님 백성의 공동체를 순화하

---

45) 위의 각주 3에서 이끌어 쓴 Simundson의 글, 221.

46) 이 경우에는 '벅차고 힘든 일에 부딪혀 그것을 익숙하게 이김'을 뜻합니다(위의 각주 10에서 이끌어 쓴 우리말사전, 919).

47) 같은 사전, 2550에서는 시련을 '① 의지나 사람됨을 시험하여 봄. ② 겪기 어려운 단련. 또는, 그러한 고비'로 풀이합니다.

48) 외경 유딧 8장 25-27절에서 유딧은 아브라함과 이삭과 야곱이 겪은 어려움을 하나님이 그들의 마음을 시험하시려고 주신 불같은 시련으로 이해합니다.

49) 외경 마카베오 하권 7장 9절과 14절에서는 순교자의 입을 통해 부활의 희망을 말합니다. "마지막 숨을 거두며 말하였다. '이 사악한 인간, 당신은 우리를 이승에서 몰아내지만, 온 세상의 임금님께서는 당신의 법을 위하여 죽은 우리를 일으키시어 영원한 생명을 누리게 하실 것이오'"(7절), "그는 죽는 순간이 되자 이렇게 말하였다. '하느님께서는 다시 일으켜 주시리라는 희망을 간직하고, 사람들의 손에 죽는 것이 더 낫소. 그러나 당신은 부활하여 생명을 누릴

는 박해 가운데서 의인들이 겪는 고난은 앞 5.(4)에서 살펴본 순화의 고난과 조금 다릅니다.

7. 박해의 고난

(1) 욥은 자기를 위로하러 온 세 친구들이 자신의 상황을 제대로 이해하지 못하고 자신의 고난을 근거로 죄를 추정하여 여러 가지로 말하기 때문에 괴로움을 겪습니다. 이는 시험으로 닥친 고난에 덧붙여 의인이 주변의 오해 때문에 겪는 고난이라 할 수 있습니다.

그리하여 욥은 친구들을 향하여 "너희는 다 **고통을 주는**(〈아말〉 עָמָל) 위로자들이로다!"(욥 16:2후)라고 하고 "어찌하여 너희가 하나님처럼 나를 몰아대는가?"(욥 19:22전)라고 말하며 반발합니다. 여기서 '몰아대다'로 사역한 히브리 동사 〈라답〉(רָדַף)은 흔히 '박해하다'를 뜻합니다.[50] 물론 욥의 경우에는 하나님이 왜 자신을 괴롭히시는지를 이해하지 못한 데서 오는 괴로움이 더 큽니다.

(2) 한편 "의인의 **고난**(〈라아〉 רָעָה)은 많지만, 그 모든 데서 야훼께서 건져내시도다."라는 시편 34편 20〔19〕절의 고백에서는 악한 무리들에게 둘러싸인 의인이 겪는 고난을 말합니다. 이 경우는 앞 4.(2)에서 살펴본 것처럼 한 개인이나 공동체가 다른 사람이나 공동체를 해치는 잘못을 저질러 다른 사람이나 공동체가 고난을 겪는 경우의 한 가지로도 이해할 수 있습니다.

가망이 없소'"(14절)(위의 각주 2에서 말한 천주교 성경).

50) 욥기 19장 22절의 경우에 <라답>을 표준새번역개정판과 개역개정판에서는 '박해하다'로, 개역한글판과 표준새번역에서는 '핍박하다'로, 공동번역에서는 '구박하다'로 옮겼습니다.

(3) 앞서 다니엘과 그의 세 친구가 겪은 고난과 곧바로 뒤이어 살펴 볼 예언자들에게 닥친 고난도 박해의 성격을 띠지만 그 독특성을 살려 앞 경우는 6에서 이미 다루었고, 뒷 경우는 8에서 따로 다루기로 합니다.

8. 중재의 고난

(1) 한편으로는 주변 사람들에게서 다른 한편으로는 하나님 때문에 의인이 겪는 괴로움은 그 누구보다도 예언자들에게서 더 똑똑히 드러납니다. 엘리야, 미가야, 아모스, 이사야, 예레미야가 그러했습니다.

① 예언자들을 오해한 주변 사람들은 그들을 조롱합니다(사 28:9-10; 렘 17:15; 20:7후 등). 야훼를 거스르고 있던 지도자들과 백성은 예언자들이 자기들을 꾸짖는 것을 싫어하여 그들을 비방하고 모함하고 박해합니다(왕상 18:13; 19:1-2; 22:24-27; 암 7:10-13; 렘 11:19, 21; 15:15; 17:18; 18:18; 20:1-3, 10; 26:8-9, 24; 28:1-4; 29:24-28; 36:26 등). 이리하여 예언자들이 말씀의 일꾼으로 겪는 고난은 앞 4.(3)에서 살펴 본, 못된 사람이 다른 사람을 해치는 잘못의 결과로 잘못 없이 겪는 고난의 성격을 띱니다.

② 그렇지만 다른 한편으로 이 고난은 야훼 하나님의 말씀 때문에 겪는 고난이므로 마침내는 그 말씀을 주신 야훼 하나님의 고난을 드러내는 것으로 이해할 만합니다.[51]

---

51) 위의 각주 18에서 이끌어 쓴 Fretheim의 책, 154-166에서는 예언자들이 그들을 거부하는 백성 때문에, 그 백성과 함께, 그 백성을 위해 고난을 겪었다고 하는데, 이는 107-148에서 하나님이 당신을 거부한 사람들 때문에, 고난을 겪는 사람들과 함께, 그 사람들을 위해 고난을 겪으신다고 한 것과 짝을 이룹니다.

(2) 말씀 때문에 박해를 받는 예언자들은 또한 속으로 직무 수행의 문제(렘 17:16)나 신학적인 문제(욘 4:1-2)를 놓고 갈등을 겪기도 합니다. 그리하여 야훼 하나님께 불평을 쏟아놓으며(렘 20:7-9 등) 죽기를 구하기도 하며(왕상 19:4; 욘 4:3, 8) 욥처럼 생일을 저주하기도 합니다(렘 20:14).

(3) 다른 한편으로 나라와 겨레의 멸망을 예고하는 예언자들 가운데 특히 예레미야는 깨닫지 못하는 백성에게 닥칠 재난을 미리 내다보고 온몸으로 느끼며 괴로워합니다(렘 4:19-21; 8:18-23〔9:1〕; 9:16〔17〕-21〔22〕 등). 이처럼 참 예언자는 스스로 잘못한 것이 없지만 범죄한 백성 때문에 그들보다 앞질러 고난을 겪습니다. 나중에 유다가 망함으로써 그 백성도 고난을 겪게 되었으므로 예레미야를 두고 백성 대신 고난 받았다고 할 수는 없습니다. 그렇지만 이 경우는 공동체가 앞으로 마땅히 받을 고난을 두고 그 고난이 닥치기 전에 먼저 괴로워한 점에서는 그냥 박해로 겪는 고난과 다릅니다. 이렇게 하나님 백성의 공동체에 닥칠 고난을 미리 겪는 예언자는 그 고난이 실제로 닥쳤을 때에는 기꺼이 자신의 특권을 포기하고 그 백성과 함께 고난을 받습니다(렘 40:1-6).

(4) 이런 예언자의 모습에서 범죄한 백성을 벌하면서도 그 때문에 괴로워하시는 야훼 하나님의 심성이 드러납니다(렘 12:7-12; 15:5-9 참고).[52] 이리하여 예언자들은 야훼 하나님과 그의 백성 사이에 선 중재자로서 심각한 고난을 겪습니다. 그 점이 표현된 아주 좋은 보기를 예레미야 8장 19절에서 찾아볼 수 있습니다.

---

52) 아래 '10. 하나님의 고난'을 보십시오.

자, 쉿, 땅 곳곳에(서부터) 딸 내 백성의 부르짖음!
"야훼께서 시온에 계시지 않는가?
　시온 임금이 그 안에 없는가?"
"어찌하여 그들이 신상들로써,
　외국의 헛것들로써 날 성나게 했는가?"

예언자는 한편으로는 곤경 가운데서 울부짖는 백성의 소리를, 다른 한편으로는 잘못을 저지르고도 깨닫지 못하는 그 백성을 두고 한탄하시는 야훼의 소리를 듣습니다. 이처럼 범죄한 백성의 고난과 그 백성을 벌하실 수밖에 없는 하나님의 고난이, 그 둘 사이에 선 의로운 예언자의 전 인격 안에서 중재자의 고난으로 한데 어우러집니다.[53] 이는 '그 땅을 위해' '성을 쌓고' 야훼 '앞 성벽 틈새에 막아서는 자'(겔 22:30)의 고난으로, 일찍이 시내 산기슭에서 금송아지를 만들어 섬긴 이스라엘 백성을 위하여 그들을 멸망시키겠다고 하시는 야훼께 "그들의 죄를 용서해 주신다면! 그것이 아니라면, 저를 당신이 쓰신 책에서 지워버리십시오!"(출 32:32)라고 매달린 모세의 고난으로 거슬러 올라갑니다(시 106:23도 참고).[54]

9. 하나님의 특별한 계획에 따른 고난

⑴ 창세기 50장 20절에서 요셉은 형들에게 "형님들은 저를 해치려고 **나쁜 것**(〈라아〉 רָעָה)을 꾀하셨습니다. 하나님은 그것을 좋은 것

53) 졸저, 『주께서 나를 이기셨으니. 설교를 위한 예레미야서 연구. 개정증보판』(서울: 한국성서학연구소, 2000), 126, 136.

54) 이에 대해서는 졸저, 『예언과 목회 [II]』(서울: 한국장로교출판사, 1993), 153-184('이 땅을 위하여 우리가 할 일은[에스겔 22:22-31])을 보십시오.

으로 꾀하셔서 오늘처럼 숱한 백성을 살리시게 하셨습니다."라고 말합니다. 형들이 아우를 시기하고 미워하여 이집트로 가는 상인들에게 팔아버린 탓에 엄청나게 고생했지만, 요셉은 자기가 겪은 고난을 그저 형들이 저지른 잘못의 결과로만 보지 않고 하나님이 자신을 통해서 숱한 사람들을 살리시려고 세우신 계획의 한 부분으로 이해한다고 말한 것입니다.

요셉의 이런 고난 이해는 17년 전에(창 47:9, 28 참고) 형들 앞에 자기의 정체를 밝히면서 그가 한 말에서 이미 어느 정도 알아차릴 수 있습니다. 창세기 45장 5절 후반절에서 요셉은 형들에게 "생명 보존을 위해서 저를 하나님이 형님들 앞서 보셨습니다."라고 했고, 7절에서는 "하나님이 세상에 형님들의 후손을 두게 하고 또 형님들이 어려움에서 벗어나 살아남게 하시려고 저를 형님들 앞서 보내셨습니다."라고 말합니다.

이리하여 요셉의 고난이 겉보기로는 형들 때문에 닥친 것이지만, 속으로는 심한 가뭄 가운데서 야곱 집안사람들을 비롯하여 당시 이집트 중심 세계에 사는 숱한 사람들의 생명을 보존하시려는 하나님의 뜻을 이루는 과정에서 필요한 고난으로 이해할 수 있습니다.[55)]

이처럼 남을 살리기 위해 겪는 고난은 남에게 도움이 되는 고난인데, 이는 아래 (3)에서 다루는, 남을 대신해서 겪는 고난으로 한 단계 더 높아질 수 있습니다.

(2) 다윗이 왕위에 오르기 전까지 무엇보다도 사울에게서 겪는 고난은 야훼께서 불순종한 사울 대신에 다윗을 이스라엘의 통치자로 뽑으신 데서 비롯된 것으로 이해할 수 있습니다. 곧 하나님이 이스라엘 역사를 이끌어 가시는 과정에서 다윗에게 주신 고난입니다.[56)]

---

55) 졸저, 『예언과 목회 8』(서울: 한국장로교출판사, 2005), 171-198['뭇 백성을 살리시려고(창 45:3-13; 50:15-21)']을 참고하십시오.

(3) 잘못을 저지른 사람들에게 닥칠 고난을 야훼께서 잘못을 저지르지 않은 사람이 대신 받게 하신 것으로 분명히 나타나는 경우는 이사야 53장 4-6절에 나타납니다. 52장 14절과 53장 2-3절에서 묘사하는 바를 보면 엄청난 고난을 겪는 야훼의 종을 두고 '우리'는 욥의 세 친구처럼 그가 저지른 잘못이 하나님께 얻어맞고(〈나가으〉 נָגַע의 수동형) **고난당한다**(〈아나〉 עָנָה의 수동형)고 생각했는데(사 53:4전), 알고 보니 그것이 아니라 '우리'의 허물과 죄악 때문이었으며(사 53:5전), 이는 "야훼께서 우리 모두의 잘못을 그에게 지우셨"기(사 53:6후)[57] 때문이라고 '우리'는 고백합니다. 그 야훼의 종이 '우리' 대신 우리가 저지른 죄의 결과로 닥칠 고난을 다 겪기 때문에 '우리'는 그 고난을 겪지 않게 되었다(사 53:5후)고 합니다.

10. 하나님의 고난

(1) 창세기 3장 8절에서 아담과 그의 아내가 야훼 하나님을 피하는 순간부터 하나님과 사람의 관계에 문제가 생기기 시작했습니다. 그 뒤 몇 가지 사건을 더 거쳐 사람 때문에 하나님이 괴로워하시게 되는 모습이 창세기 6장 5-6절에 나타납니다.

> 5야훼께서는 그 땅에 사람의 **나쁜 것**(〈라아〉 רָעָה)이 많고
> 그의 마음으로 생각하고 꾀하는 바가
> 　늘 **나쁘기**(〈라으〉 רַע)만 한 것을 보셨다.
> 6그리하여 야훼께서는

56) 위의 각주 28에서 이끌어 쓴 장미자의 글, 10-14와 견주어 보십시오.

57) 히브리어 본문에서는 주어 '야훼께서'를 술어동사보다 앞세워 강조합니다.

당신이 땅에 사람을 만드신 것을 뉘우치셨다.
그것이 그의 마음에 **아픔이 되었다**.

사람의 나쁜 것이 많아지고 사람이 늘 나쁘기만 하자, 창조주 하나님은 당신이 사람 만드신 사실을 두고 괴로워하고 아픔을 느끼시게 되었다는 것입니다.

(2) 이러한 하나님의 괴로움은 야훼 하나님의 백성이 야훼를 거스를 때 좀 더 격정적으로 표현됩니다. 이를테면 참 마음으로 하나님께 돌아올 줄 모르는 북왕국 백성과 남왕국 백성의 완고함을 안타까워하며 호세아 6장 4절 전반절에서 "에브라임아, 내가 네게 어떻게 하랴? 유다야, 내가 네게 어떻게 하랴?" 라고 탄식하셨습니다.

(3) 마침내 예레미야 12장 7-8절에 이르러서는 자신의 백성을 내치실 수밖에 없었던 아픔을 쏟아내시는 야훼의 목소리를 들을 수 있습니다.

7 **내**가 **내** 집을 버렸도다. **내** 상속재산을 내쳤도다.
내 마음에 사랑하는 것을 그 원수들의 손에 넘겼도다.
8 **내**게 **내** 상속재산이 숲 속 사자처럼 되었도다.
그것이 **내**게 자기 목소리를 내었도다.
그리하여 **내**가 그것을 미워하였도다.

당신의 백성에게 버림받은 야훼께서 그 백성을 내치셨지만 그 백성을 여전히 '내 상속재산'이라 부르십니다. 그 백성 가운데 두신 성전을 버리셨지만 그것을 여전히 '내 집'이라 부르십니다. 이처럼 하나님을 가리키는 일인칭 주어와 대명접미어가 여러 번 거듭되는 데서 당신을 거스르는 당신의 백성을 벌하실 수밖에 없어서 괴로움을 겪으시는 야훼 하나님의 모습이 강하게 드러납니다. 이처럼 하나님은 범죄한 백성을 벌하실 때 스스로 고통을 느끼십니다.[58] 뒤이어 9-12절에서는 그렇게 버리신 백성이 겪는 고난을 보고 괴로워하시는 야훼의 모습을 엿볼 수 있습니다. 이리하여 야훼 하나님은 자기 백성에게 배반당하여 괴로울 뿐만 아니라 그 백성에게 스스로 재난을 내리실 수밖에 없어서 괴롭고, 재난 가운데 힘들어 하는 백성을 보면서 괴로워하십니다. 이처럼 여기서는 하나님의 고난이 여러 모로 잘 드러내 보여 줍니다.

(4) 이스라엘의 하나님 야훼는 그저 이스라엘의 고난만을 두고 괴로워하시지 않습니다. 예레미야 48장 31-39절에서는 이방 민족 모압이 제 잘못으로 재난을 겪는 모습을 보시고서 울며 탄식하시는 야훼의 모습을 보여줍니다. 이처럼 이방 민족의 고난조차 야훼를 괴롭힙니다.[59]

11. 창조세계의 고난

(1) 앞서 이미 한 번 살펴본 대로 창세기 3장 14-15절에서는 사람을 꾀었기 때문에 뱀은 저주를 받았다고 합니다. 이는 잘못을 저지른 사람에게 고난이 닥치는 경우와 비슷합니다.

58) 위의 각주 3에서 이끌어 쓴 Link-Wieczorek의 글, 72: " … , Gott leide selbst, wenn er strafe."

59) 졸저 Dong Hyun Bak, *Klagender Gott – klagende Menschen. Studien zur Klage im Jeremiabuch* (Beihefte zur Zeitschrift für die alttestamentliche Wissenschaft 193) (Berlin-New York: Walter de Gruyter, 1990) 80-90을 참고하십시오.

(2) 그런가 하면 17-18절에서는 땅은 스스로 잘못한 바가 없는데도, 창조주의 명령을 거스른 사람 때문에 저주를 받아 가시덤불과 엉겅퀴를 내게 되었음을 알려줍니다. 노아 시대에 홍수가 나서 노아와 함께 있었던 소수의 사람과 짐승을 빼고는 온 창조세계가 망가진 것은 사람들이 썩어빠졌기 때문이라고 합니다(창 6:11-21; 8:21).

예레미야 12장 4절에서도 창조세계의 고난을 두고 탄식합니다.

> 어느 때까지 땅이 메마르고
> 들의 채소가 다 말라버려야 합니까?
> 그 안에 사는 자들의 **나쁜 것**(〈라아〉 רָעָה) 때문에
> 집짐승과 새가 사라져버렸습니다.
> … …

이는 한 지역의 동식물과 땅이 거기 사는 사람들의 잘못 때문에 사라지고 망가지고 있음을 두고 한탄하는 말입니다.

이런 경우에 사람과 창조 세계의 공동체성이 전제된 것으로 볼 수 있다면, 이는 공동체의 한 구성원이 저지른 잘못 때문에 공동체 전체에 고난이 닥치는 경우와 견주어볼 만합니다.

12. 나오는 말

(1) 지금까지 구약성서에 나타난 고난의 의미를 여러 가지로 나누어 살펴보았지만, 그것으로 모든 것을 다 설명한 것은 아닙니다. 구약성서에 찾아볼 수 있는 고난 본문의 폭과 깊이 엄청난 만큼 그 본문을 낱낱이 자세히 살펴볼 경우에 고난의 의미를 제대로 설명할 수 없는 경우도

적지 않을 것입니다.[60] 이미 욥기 38-41장에서 야훼께서는 욥이 겪는 고난을 두고 제대로 설명해 주시지 않았습니다. 이리하여 사람이 고난의 뜻을 다 이해하지 못할 경우에는 하나님의 주권에 굴복하며 그 고난을 그저 받아들일 수밖에 없습니다. 그리하면서 깨달은 만큼 여러 가지로 고난에 반응할 수 있습니다.

⑵ 구약성서에 나타난 고난의 의미를 두고 지금까지 살펴본 것을 뭉뚱그려 보면, 사람의 잘못과 관련된 고난과 그렇지 않은 고난의 둘로 크게 나누어 볼 수 있습니다.

그런데 고난의 상당한 부분은 어떤 식으로든 사람이 저지른 잘못과 관련되어 나타납니다. 고난이 잘못을 저지른 당사자에게 닥칠 때, 처벌의 성격을 띠는 것〔위 4.⑵. 11.⑴도 참고〕만은 아니고 때로는 교정을 겨냥하거나 더 큰 고난을 막거나 더 좋게 만들려는 징계의 성격을 지니기도 합니다〔위 5.⑵⑶⑷〕. 고난은 잘못을 저지르지 않은 사람이나 공동체 전체〔위 4.⑶, 7.⑴⑵, 8〕와 창조세계〔위 11.⑵〕에 미치기도 하고, 더 나아가서는 잘못을 저지른 당사자를 살리기 위해 하나님은 다른 사람이 고난을 받게 하시기도 합니다〔위 9.⑶〕. 하나님과 사람 사이에선 중재자들은 백성이 저지른 잘못의 결과로 닥칠 고난을 미리 내다보고 자신의 온 존재로 그 고난을 겪을 뿐만 아니라 그 백성 때문에 괴로워하시는 하나님의 고난까지 맛봅니다(위 8).

사람의 잘못과 아무런 관계없이 닥치는 고난으로는 하나님이 아무개의 진정성을 시험해 보시거나 그의 믿음을 더 굳게 하려고 내리시는 고난(위 6)과 이스라엘 역사를 움직여 가시는 하나님의 계획이나〔위 9.⑵〕 세상의 생명을 살리시려는 특별한 계획 가운데서 내리시는 고난이 있습니다〔위 9.⑴〕.

---

60) 위의 각주 3에서 이끌어 쓴 Simundson의 글, 221에서는 출애굽기 4장 11절을 그런 보기로 듭니다.

(3) 구약성서에서 나타난 고난의 여러 가지 의미는 오늘 하나님의 백성이 상황에 따라 여러 가지로 다른 의미를 지니는 고난 가운데서 살아갈 길을 알려줍니다.

우선 고난이 닥쳤을 때 하나님의 백성은 이것이 자기 개인이나 공동체의 잘못 때문에 닥친 것인지, 다른 사람이나 다른 공동체의 잘못에서 비롯된 것인지, 하나님이 자신이나 자신이 속한 공동체를 시험하거나 단련시키거나 순화하려고 주신 고난인지, 주변의 오해나 박해로 생긴 것인지, 중재자의 자리에서 견뎌내야 할 고난인지, 남을 살리기 위해 기꺼이 지도록 하나님이 지우신 짐인지 곰곰이 따져볼 수 있습니다.

다음으로는 하나님께 고난을 두고 울부짖을 수 있고, 죄를 고백하거나 결백을 주장하거나 불평할 수도 있고, 신뢰를 고백하며 도움을 요청할 수도 있지만 각 경우에 알맞게 자신과 공동체의 삶을 바꾸어 나갈 수 있습니다. 이전의 잘못을 깨닫고 깊이 뉘우쳐 하나님께 돌아오면서 고난을 달게 받을 수도 있고, 이전의 잘못에서 벗어나 더 나은 길로 나아갈 수도 있습니다. 하나님을 섬기는 진정성을 확인하거나 강화하려는 하나님의 뜻에 삶을 맞출 수도 있습니다. 하나님이 이 세상의 생명을 보존하려 하시는 뜻을 받들 수도 있습니다. 하나님이 세우신 또 다른 계획을 이루는 도구로 고난을 달게 받을 수도 있습니다. 특히 하나님과 사람들 사이에 서서 하나님의 뜻을 전하고 실천하며 살아야 할 사람들은 범죄한 사람들이 겪는 고난과 그들을 안타깝게 보시는 하나님의 고난을 한 몸에 지고서 살아살 수 있습니다. 더 나아가서 남을 대신하여 고난을 겪는 놀라운 자리에 설 수도 있습니다.

(4) 고난은 개인의 문제일 뿐만 아니라 공동체의 문제이고, 사람의 문제일 뿐만 아니라 창조세계의 문제이기도 하므로 고난의 문제는 좀 더 넓은 틀에서 볼 필요가 있습니다. 그리하면서 구체적인 상황에 따라

고난의 뜻을 어떻게 이해하고 설명하든지 고난은 일단 하나님의 주권 아래에서 일어나는 현상이므로 고난은 하나님만이 거두어 가실 수 있음을 잊지 말아야 합니다.

여기서 무엇보다도 이사야 65장 17-25절을 새롭게 읽어볼 만합니다. 거기서 말하는 새 창조는 하나님 백성과 하나님의 직접적이고도 깊은 사귐 가운데서 여전히 이 세상 역사 안에서 이루어지는 창조로 예루살렘을 중심하되 사람뿐만 아니라 동물 세계에까지 미치므로, 이 땅의 온갖 고난을 끝내는 창조라 할 수 있습니다.[61] 이러한 새 창조를 약속하신 하나님은 일찍이 당신의 백성에게 내리시기로 한 고난을 두고 스스로 괴로워하시며 자신들이 저지른 잘못의 결과로 고난당하는 백성을 향한 뜨거운 사랑을 예언자를 통해 드러내셨을 뿐만 아니라 이방 백성의 고난도 외면하지 않고 우셨던 하나님이십니다(위 10).[62]

(5) 세상에 고난이 그치지 않는 한, 이처럼 안타까운 마음으로 세상의 고난에 동참하며 새 하늘 새 땅의 창조로 세상의 고난을 끝내기로 하신 하나님을 예수 그리스도의 아버지로 믿고 섬기는 사람들에게는, 오늘 개인과 공동체와 창조세계에 차고 넘치는 고난 가운데서 어떻게 살아가야 할까 하는 문제를 두고 함께 대답을 찾아보고 실천해 나갈 과제가 남아 있습니다.

---

61) Hans-Jürgen Hermisson, "Gott und das Leid. Eine alttestamentliche Summe," *Theologische Literaturzeitung* 128 (2003) 4-18, 여기서는 15-16과 졸고, "내가 새 하늘과 새 땅을 창조하리니(사65:17-25)," 「성서마당」 40 (2000.1) 33-36을 참고하십시오.

62) 여기서 떠오르는 것은 예루살렘을 성을 보고 우신 예수 그리스도의 모습입니다(눅 19:41).

나라를 지키는 믿음
- 이사야 7장 1-9절을 중심으로 -

이 글은 『깊은 말씀, 맑은 가르침. 청훈(淸訓) 강사문 교수 정년퇴임 기념논문집』(서울: 땅에 쓰신 글씨, 2007), 280-302쪽에 실린 것입니다.

차례

1. 들어가는 말
2. 이사야 7장 1-9절 이해
(1) 한글 본문
(2) 한글 번역 문제
(3) 본문의 짜임새와 표현 형식
(4) 본문의 절별 풀이
3. 아하스의 선택과 그 결과(왕하 16-18장)
4. 나라를 지키지 못하는 줄타기 외교정책
5. 나라를 지키지 못하는 군사력
6. 나라를 지키는 믿음의 다른 보기
7. 나가는 말

1. 들어가는 말

2006년 가을에 북한에서 핵실험을 했다고 발표하자 온 나라가 시끄러웠다. 그렇지 않아도 이미 오래 전부터 나라가 어렵다고들 해왔다. 이럴 때 그리스도인들과 기독교회가 무엇을 어떻게 해야 하는가? 이

물음을 두고 구약성서에서는 어떤 답을 찾아낼 수 있을까? 이사야 7장 1-9절과 그와 관련된 구약 본문들을 통해 나라가 전쟁의 위기를 맞은 때에 그리스도인들을 어떻게 해야 하는지를 살펴보기로 한다.

이 글에서는 이사야 7장 1-9절이 실제로 어떤 과정을 거쳐 생겼는가 하는 문제[63]는 다루지 않고 그 최종 히브리어 본문을 오늘 남한의 독자들이 어떤 뜻으로 읽을 수 있을까 하는 관점에서 살펴보기로 한다.

2. 이사야 7장 1-9절 이해

이사야 7장 1-9절이 한 독립 본문을 이룬다는 점은 어렵지 않게 알아차릴 수 있다. 6장이 이른바 이사야의 소명을 알려주는 본문이고, 7장 10절은 새 단락의 시작을 알려주며, 7장 1-9절은 하나로 이어지기 때문이다.

아래에서는 (1) 이사야 7장 1-9절 사역의 각 부분이 개역개정판의 어느 부분에 해당하는지를 알 수 있도록 먼저 본문의 개역개정판 번역과 히브리어 본문의 어순과 분위기를 최대로 살리는 축자 번역을 왼쪽 오른쪽에 나란히 두고, (2) 뒤이어 한글번역의 문제를 다룬다. (3) 다음으로 본문의 짜임새와 표현형식을 살펴본 뒤에 (4) 본문을 절별로 풀이한다.

---

63) 이에 대해서는 무엇보다도 Otto Kaiser, *Das Buch des Propheten Jesaja Kapitel 1-12* (Das Alte Testament Deutsch 17)(Göttingen: Vandenhoeck & Ruprecht, ^{5}1981), 135-149쪽과 Hans Wildberger, *Jesaja Kapitel 1-12* (Biblischer Kommentar Altes Testament X1)(Neukirchen-Vluyn: Neukirchener Verlag, ^{2}1980), 262-284쪽을 보라.

(1) 한글 본문

축자 사역은 히브리어 본문의 강세 부호를 따라 〈아트나흐〉 앞부분과 뒷부분은 각각 전반절과 후반절로, 〈자켑 카톤〉 앞부분과 뒷부분은 각각 상반절과 하반절로 부르기로 한다. 그리하여 한 절을 넷으로 나눌 때는 각 부분을 전상반절, 전하반절, 후상반절, 후하반절이라고 부르고 '전상', '전하', '후상', '후하'로 줄여 쓰기로 한다.

개역개정판	축자 사역
[1]웃시야의 손자요 요담의 아들인	[1전상]유다 왕 아하스 벤 요담 벤
유다의 아하스 왕 때에	웃시야의 날들에
아람의 르신 왕과	아람 왕 르신과
르말리야의 아들 이스라엘의	이스라엘 왕 베가 벤 그말리야가
베가 왕이 올라와서	[1전하]예루살렘과 전쟁하러
예루살렘을 쳤으나	올라왔으나
능히 이기지 못하니라	[1후]그것과 전쟁할 수 없었다.
[2]어떤 사람이 다윗의 집에 알려	[2전상]누군가 다윗의 집에 알렸다.
이르되 아람이 에브라임과	[2전하]"아람이 에브라임에
동맹하였다 하였으므로	자리 잡았다."
왕의 마음과	[2후상]그러자 그의 마음과
그의 백성의 마음이	그의 백성의 마음이 흔들렸다,
숲이 바람에 흔들림 같이	[2후하]숲의 나무들이 바람에
흔들렸더라	흔들리듯.
[3]그 때에 여호와께서	[3전상]그 때에 야훼께서
이사야에게 이르시되	이사야에게 말씀하셨다.

너와 네 아들 스알야숩은
윗못 수도 끝
세탁자의 밭 큰 길에 나가서
아하스를 만나
4그에게 이르기를
너는 삼가며 조용하라
르신과 아람과
르말리야의 아들이
심히 노할지라도
이들은 연기 나는 두 부지깽이
그루터기에 불과하니
두려워하지 말며 낙심하지 말라
5아람과 에브라임과
르말리야의 아들이
악한 꾀로 너를 대적하여
이르기를
6우리가 올라가 유다를 쳐서
그것을 쓰러뜨리고
우리를 위하여 그것을
무너뜨리고
다브엘의 아들을 그 중에 세워
왕으로 삼자 하였으나
7주 여호와의 말씀이

그 일은 서지 못하며
이루어지지 못하리라

"아하스를 만나러 나가라,
3전하너와 네 아들 스알야숩은,
3후상윗못 물길 끝으로,
3후하마전장이의 밭길로!
4전상그리고 그에게 말할지라!
삼가고 조용하라!
두려워하지 말고
네 마음이 약해지지 말라,
4전하이 연기 나는 두 나무 도막 끝
앞에서,
4후르신과 아람과 벤 르말리야의
진노의 뜨거움 가운데서!
5전아람이 너를 거슬러 나쁜 것을
계획했으므로,
5후에브라임 곧 벤 르말리야도!

6전'유다로 올라가서
그것을 겁주고
그것을 우리에게로 무너뜨려
6후그 가운데 왕으로
벤 다브엘을 세우자!'고
말하면서,
7전- 이같이 주 야훼께서
말씀하셨도다.-
7후그런 일이 이루어지지도
벌어지지도 아니하리라.

8 대저 아람의 머리는 다메섹이요	8전 아람의 머리는 다메섹이고,
다메섹의 머리는 르신이며	다메섹의 머리는 르신인데
육십오년 내에	8후 육십 오 년 안에
에브라임이 패망하여 다시는	에브라임이 깨져
나라를 이루지 못할 것이며	백성이 되지 못하며
9 에브라임의 머리는	9전 에브라임의 머리는
사마리아요	사마리아이고,
사마리아의 머리는	사마리아의 머리는
르말리야의 아들이니라	벤 르말리야임이라.
만일 너희가 굳게 믿지 아니하면	9후 너희가 믿지 아니하면
너희는 굳게 서지 못하리라	계속 있지 못하리라."
하시니라	

⑵ 한글 번역 문제

1절에서는 유다 왕과 이스라엘 왕의 이름을 '누구의 아들인 누구의 아들인 아무개'라는 식으로 부른다. 이렇게 번역할 경우에 히브리어 본문에서 맨 처음에 나오는 '아무개'가 맨 뒤로 가서 실제 그 이름의 주인공을 얼른 알아차리기가 쉽지 않다. 그리하여 '아들'을 뜻하는 히브리 낱말 〈벤〉을 그대로 쓰면서 히브리어 본문의 어순을 살려 '아무개 〈벤〉 누구 〈벤〉 누구'식으로 번역하기로 한다. 그리하여 유다 왕의 이름은 '아하스 벤 요담 벤 웃시야'로, 이스라엘 왕의 이름은 '베가 벤 르말리야'로 적는다. 그런데 4절과 5절과 9절에서는 이스라엘의 왕을 그저 '벤 르말리야'라고만 부르고, 6절에서는 아람과 이스라엘이 아하스 대신 유다 왕으로 삼으려 한 사람도 '벤 다브엘'이라고만 밝힌다.

5-7절을 하나로 죽 이어 말이 되도록 옮긴다면, "너를 거슬러 아람이 또 에브라임 곧 벤 르말리야도 '유다로 올라가서 그것을 겁주고 그것을 우리에게로 무너뜨려 그 가운데 왕으로 벤 다브엘을 세우자!'고 말하면서 나쁜 것을 꾀했으므로, - 이같이 주 야훼께서 말씀하셨도다. - 그것이 서지도 이루어지지도 못하리라."가 된다.

9절 후반절에서 '믿다'와 '계속 있다'로 옮긴 히브리 동사는 각각 〈ㅇㅁㄴ〉(אמן)라는 한 뿌리에서 나온 〈헤에민〉(הֶאֱמִין)과 〈네에만〉(נֶאֱמַן)이다. 이런 관련성을 번역에서도 살려보고자 개역개정판에서는 두 동사를 각각 '굳게 믿다'와 '굳게 서다'로, 공동번역에서는 '굳게 믿다'와 '굳건히 서다'로, 표준새번역에서는 '믿음 안에 굳게 서다'와 '굳게 서다'로 풀이하여 옮겼다. 그렇지만 〈헤에민〉 자체는 그저 '믿다'를 뜻할 따름이다.

(3) 본문의 짜임새와 표현 형식

비평판 히브리어 성경에서는 1-6절과 7-9절을 각각 산문과 시문으로 인쇄하여 둘을 서로 구분해 놓았다. 그렇지만 내용을 두고 보면, 1-9절은 야훼께서 이사야에게 하신 말씀이 담긴 3-9절과 그 배경 상황을 알려주는 1-2절의 둘로 크게 나눌 수 있다.

1-2절은 다시 침공 상황을 말하는 1절과 그 소식이 유다 왕궁에 전해졌다고 하는 2절 전반절과 소식을 들은 유다의 반응을 묘사하는 2절 후반절의 세 부분으로 이루어져 있다.

3-9절은 야훼께서 이사야에게 아하스를 만나 당신의 말씀을 전하라는 명령을 알려주는 3절-4절 앞부분과 이사야가 전할 말씀인 4절 나머지 부분-9절의 두 부분으로 다시 크게 나누어진다. 이사야가 전할 야훼

의 말씀은 아하스에게 침착할 것을 요구하는 말씀인 4절, 적들의 말을 인용하면서 그들의 음모를 알리시는 말씀인 5-6절, 그대로 되지 않으리라고 하시는 말씀인 7절 전반절, 그 까닭을 밝히시는 말씀인 7절 후반절-9절 전반절, '너희'에게 권고하는 말씀인 9절 후반절의 다섯 부분으로 이루어진다.

이 가운데서 5-7절 석 절만 떼놓고 보면, 이는 아람과 이스라엘의 잘못을 지적하는 말씀인 5-6절과 그들에게 닥칠 재난을 예고하는 말씀인 7절로 이루어져서 재난 예언의 형식으로 되어 있다.

적들의 음모대로 되지 않겠다는 말씀을 하시기에 앞서 7절 전반절에서는 예언자가 야훼의 심부름꾼으로 야훼의 말씀을 전한다는 사실을 강조하는 말, "이같이 주 야훼께서 말씀하셨다"[64]가 끼어든다.

이사야가 전할 말씀 가운데 아하스에게 직접 해당하는 것은 우선 4절에 나오는 두 개의 긍정명령문('삼가라', '조용하라')과 두 개의 금지명령문('두려워하지 말라', '네 마음이 약해지지 말라')이다.

그 다음으로는 9절 후반절에서 '너희'에게 하신 부정 조건문과 부정 주문으로 이루어진 권고이다. 그 사이에 있는 말씀은 다 적들을 두고 하신 말씀인데, 6절에서 인용하신 적들의 말은 네 가지 '…하자'는 말로 이루어져 있다('올라가자', '겁주자', '무너뜨리자', '왕으로 세우자').

적들의 음모대로 되지 않을 까닭을 밝히는 말씀인 8절-9절 전반절은 "어떤 나라의 머리는 어떤 도시이고 그 도시의 머리는 어떤 왕이라."는 형식을 8절 전반절과 9절 전반절에 나란히 쓰고 그 사이에 에브라임의 멸망을 알리는 말씀을 주는 식으로 아주 인상 깊게 표현한다.

---

64) 졸저, 『예레미야(I). 대한기독교서회 창립100주년 기념성서주석 23-1』(서울: 대한기독교서회, 2006), 106-107쪽을 보라.

⑷ 본문의 절별 풀이

〔**1**〕 1절에서는 뒤이어 말할 사건이 유다 왕 아하스 때에 벌어진 일임을 밝힌다. 아하스는 요담의 아들이고 웃시야의 손자이다. 존 브라잇의 연대표에 따르면 웃시야는 주전 783-742년에, 요담은 주전 742-735년에, 아하스는 주전 735-715년에 유다를 다스렸다. 이사야 7장을 제쳐 놓으면 구약성서에서 아하스에 대한 기록은 열왕기하 15장 38절부터 16장 20절까지, 또 역대하 27장 9절에서 28장 27절까지 나온다. 그런데 이 세 기록 사이에는 서로 잘 들어맞지 않는 내용이 있다.[65)]

유다 왕 아하스 때에 아람 왕 르신과 이스라엘 왕 베가가 전쟁하러 예루살렘으로 올라왔다는 이사야 7장 1절 전반절은 이와 거의 같은 내용의 열왕기하 16장 5절을 떠올리게 하지만, 다른 한편으로는 "야훼께서 유다로 아람 왕 르신과 베가 벤 르말리야를 보내기 시작하셨다"(사역)고 하는 열왕기하 15장 37절을 생각나게 한다. 이렇게 아람과 북왕국 이스라엘이 동맹을 맺고 유다를 쳐들어 온 전쟁을 흔히 시리아 에브라임 전쟁이라고 부르는데, 이와 관련된 구약 성경 본문(왕하 15:29-30, 37; 16:5-9; 사 7:1-17; 8:1-15; 10:27후-34; 17:1-11; 호 5:1-2; 5:8-6:6; 8:7-10)[66)]과 디글랏빌레셀 3세의 비문을 비롯한 앗수르의 몇 가지 기록을 통틀어서 그 전후상황과 경과를 추측해 보면 다음과 같다.[67)]

---

65) Keith W. Whiteman, "Ahaz," *Anchor Bible Dictionary* I (1992), 106-107쪽을 보라.

66) Herbert Donner, *Geschichte des Volkes Israel und seiner Nachbarn in Grundzügen* 2 (Das Alte Testament Deutsch Ergängzungsreihe Band 4/2)(Göttingen: Vandenhoeck & Ruprecht, 1986), 306쪽.

67) 위의 책, 303-316쪽을 따른다. 다만 왕들의 재위 연대는 John Bright, *A History of Israel* (Louisville, Ky.: Westerminster J. Knox Press, ^{4}2000)

디글랏빌레셀 3세(주전 745-727년)가 왕위에 오르면서 앗수르는 본격적으로 남진 정책을 펼친다. 주전 738년에 디글랏빌레셀은 시리아로 쳐들어왔고 그 소용돌이 가운데 아람 왕 르신(주전 740년쯤부터 732년까지)과, 열왕기하 15장 19-20절에서도 알 수 있듯이, 이스라엘 왕 므나헴(주전 745-738년)도 앗수르에 조공을 바치게 된다. 그렇지만 이 두 나라는 앗수르의 손아귀에서 벗어나기 위해 동맹을 맺고 우선 외교를 통해 남왕국 유다도 그 동맹에 가담시키려고 했다. 그런데 앗수르 군대가 734년에 블레셋 지역을 정벌하는 모습을 가까이서 지켜본 유다 왕 아하스로서는 아람과 이스라엘의 요구에 따르고 싶지 않았다. 이런 상황에서 아람과 이스라엘은 733년 초에 이르러서야 연합군을 끌고 예루살렘으로 쳐들어올 수 있었는데, 그 목적은 유다와 본격적인 전쟁을 벌이는 데 있다기보다는 아하스를 왕좌에서 끌어내리고 그 대신 자기들에게 협조할 인물을 왕으로 세워 유다의 군사력을 고스란히 반 앗수르 전선에 투입하는 데 있었던 것으로 보인다. 다급해진 유다 왕 아하스는 마침내 앗수르에게 도움을 요청했고, 앗수르는 곧바로 이에 응하여 군사를 움직인다. 이리하여 아람과 이스라엘 연합군은 예루살렘 포위를 풀고 물러날 수밖에 없었다. 그뿐만 아니라 유다를 돕는다는 명목으로 내려온 앗수르 군대는 북왕국의 갈릴리와 길르앗 지역과 해변 지역을 빼앗고, 732년에는 아람을 멸망시킨다. 북왕국 이스라엘에서는 앗수르에 맞섰던 베가가 앗수르에 우호적인 무리에게 암살되고 호세아가 왕이 되어 앗수르에 더욱더 매이게 된다. 그렇지만 디글랏빌레셀이 죽은 뒤에는 다시 반 앗수르 성향의 무리의 압박을 견디지 못한 호세아는 열왕기하 17장 4절에서도 알 수 있듯이 이집트에 기대어 앗수르의 손에서 벗어나려 하다가 아람이 망한 뒤 십 년 만에 마찬가지로 앗수르 군대의 공격을 받아 북왕국 이스라엘도 망하고 만다.

을 따른다.

이리하여 아람과 이스라엘 동맹군의 관점에서 보면 시리아 에브라임 전쟁은 제대로 싸워보지도 못한 채 끝난 전쟁이고 주전 734-733년에 일어났다기보다는[68] 733년 전반부의 짧은 기간 아래 벌어진 위기 상황으로 이해하는 것이 더 낫다.

다만 열왕기하 15장 37절은 아람과 이스라엘의 반 앗수르 동맹 자체는 733년 이전부터 존재했음을 말하는 것으로 보인다.[69] 이는 아람은 이미 주전 9세기 중반부터 반 앗수르 세력의 중심부에 서 있었다는 사실로 미루어 보더라도 어렵지 않게 이해할 수 있다.[70]

이사야 7장 1절 후반절, "그것과 전쟁할 수 없었다."는 아람과 이스라엘 동맹군이 앗수르의 개입으로 예루살렘에서 물러설 수밖에 없었던 상황을 가리키는 말로 이해할 수 있다. 그렇다면, 1절에서는 실제로 이들의 유다 침공은 실패했다는 점을 처음부터 분명히 알려주는 셈이다.

〔**2**〕 따라서 아람과 이스라엘 동맹군의 움직임 때문에 유다가 조금도 두려워할 필요가 없었음을 알아차릴 수 있다. 그런데 2절에서는 유다가 그러하지 못했음을 알려준다.

전상반절에서 "누군가 다윗의 집에 알렸다."고 할 때 '다윗의 집'은 보통 다윗 왕가나 다윗 왕조를 가리키지만(왕상 12:19, 20, 26; 13:2; 14:8; 왕하 17:21; 사 7:13; 22:22; 렘 21:12; 슥 12:7, 8, 10, 12; 13:1;

68) Henri Cazelles, "Syro-Ephraimite War," *Anchor Bible Dictionary* VI (1992), 282-285쪽, 특히 284쪽을 보라.

69) 에드윈 R. 딜레 저, 한정건 역, 『히브리왕들의 연대기』(서울: 기독교문서선교회, 1992), 85-86쪽에서는 아람과 이스라엘의 유다 침공을 열왕기하 15장 37절과 16장 5절에 각각 요담과 아하스의 재위 기간의 일로 기록한 것을 두 사람이 주전 735/34-732년에 함께 왕으로 유다를 다스렸다는 증거로 이해한다.

70) 위의 글, 283쪽을 보라.

시 122:5; 대상 17:24; 대하 10:19; 21:7) 이 경우에는 다윗 왕궁 곧 유다 왕궁(느 12:37)을 뜻한다.

유다 왕궁에 보고된 내용, "아람이 에브라임에 자리 잡았다."는 아람과 이스라엘의 동맹군이 이스라엘 땅에 모여 유다 침공을 준비하고 있는 상황을 가리킨다. 따라서 이는 1절 전반절에서 말하는 상황을 말하는 것이 아니고 그 이전 상황이다.

그런데 이 소식만 듣고도 온 유다는 불안과 공포에 떤다. "그러자 그의 마음과 그의 백성의 마음이 흔들렸다."라는 2절 후상반절에서 '그'는 1절 첫머리의 아하스를 가리킨다. 유다 왕과 백성이 어쩔 줄 몰라 벌벌 떨고 있는 모습을 2절 후하반절에서는 거센 바람에 흔들리는 숲의 나무들의 모습에 견준다. 여기서 '흔들리다'로 옮긴 히브리 동사 〈누아으〉(נוּעַ)가 출애굽기 20장 8절에서는 야훼께서 시내산에서 모세에게 말씀하실 때 산 위에 나타났던 우레와 번개와 나팔 소리와 연기를 본 이스라엘 백성의 반응을 표현하는 말로 쓰였고, 이사야 6장 4절에서는 이사야가 본 스랍들이 "거룩하다 거룩하다 거룩하다 만군의 야훼! 온 땅이 그의 영광으로 가득하도다"(사역)라고 서로에게 외치는 소리 때문에 성전 문 지방터가 흔들렸다고 할 때 나온다. 또 19장 1절에서는 야훼께서 이집트로 오실 때 이집트의 우상들이 야훼 앞에 흔들리리라고 하고, 24장 20절에서는 야훼께서 심판하러 오실 때 땅이 술 취한 사람처럼 흔들리리라고 하며, 29장 9절에서는 야훼께서 내리시는 재난을 겪을 자들이 술을 마시지 않고도 취하여 흔들리리라고 한다. 이런 경우와는 달리 이사야 7장 2절에서는 아람과 북왕국 이스라엘의 동맹군이 유다 침공을 준비하고 있다는 소식만 듣고도 온 유다가 흔들리고 있다고 한 것이다. 앞에서 말한 바와 같이 이 동사가 쓰이는 것에 견주어 보면, 마땅히 야훼 하나님 앞에서 흔들려야 할 백성이 여기서는 동맹군의 군사력 앞에서 흔들리는 어처구니없는 모습을 보이고 있다.

〔**3**〕 바로 이런 때에 야훼께서 이사야에게 말씀하셨다. 이사야는 이제 불안에 떠는 유다 왕과 백성에게 야훼의 말씀을 전해야 하는데, 야훼께서는 먼저 이사야에게 "아하스를 만나러 나가라!"고 명령하신다. 그런데 혼자 가는 것이 아니고 아들 스알야숩을 데리고 가라 하신다. 여기서 1-6장에서 전혀 말하지 않았던 예언자의 아들이 등장한다. 그런데 그냥 '네 아들'이라고 하지 않고 '네 아들 스알야숩'이라고 아들의 이름을 부르는 데서, 중요한 것은 그가 예언자의 아들이라는 사실이 아니라 그의 이름이 스알야숩이라는 데 있음을 알아차릴 수 있다. 이는 스알야숩이라는 이름의 뜻이 야훼께서 유다 왕에게 전할 말씀의 내용과 관련이 있음을 암시한다. 이 점은 8장 1-4절에서 이사야의 또 다른 아들의 이름인 '마헬살랄하스바스'가 곧바로 유다를 향한 야훼의 뜻을 알리는 말이 된다는 것으로 뒷받침된다.

스알야숩은 '남은 자'를 뜻하는 히브리 명사 〈쉬아르〉(שְׁאַר)와 '그가 돌아오도다', '그가 돌아오리라', '그가 돌아올 수 있다', '그가 돌아와야 하리라'를 뜻하는 히브리 미완료 동사 〈야슙〉(יָשׁוּב)이 한데 어우러진 이름이다. 그리하여 이 이름은 주어가 〈쉬아르〉이고 술어가 〈야슙〉인 히브리 동사문장의 형식을 띠고 있다. 그것도 히브리 동사문장의 일반 어순과는 달리 주어를 술어보다 앞세워 강조하는 형식의 문장이다. 따라서 〈쉬아르 야슙〉(שְׁאַר יָשׁוּב)은 "남은 자만이 돌아오리라(돌아올 수 있다, 돌아와야 하리라)"를 뜻한다. 그런데 1-2절에서 묘사한 배경 상황을 염두에 둔다면 여기서 '돌아오다'는 싸움터에 나갔다가 살아서 돌아옴을 가리키는 말로 이해할 수 있다. 다른 한편으로는 구약성경에서 '돌아오다'가 흔히 야훼를 떠나갔던 백성이 야훼께 돌아오는 것을 뜻한다는 점을 두고 생각하면 여기서도 그런 뜻으로 '돌아오다'도 이해할 수 있다. 아무튼 돌아올 사람을 가리켜 '남은 자'라고 함은 대부분은 돌아오지 못하거나 돌아오지 않음을 전제한다.

〈쉬아르〉는 본디 구약성경의 히브리어 부분에서는 모두 27번 나오는데 이사야서에 13번으로 가장 자주 쓰인다.[71] '남은 자' 사상은, 한 가족이나 민족의 전멸이 더할 나위 없는 불행이므로 소수라도 살아남은 자가 있으면 장래를 바라볼 수 있다고 생각한 옛 사람들의 생각에 비추어 이해할 수 있다.[72] 〈쉬아르〉뿐만 아니라 그와 비슷하거나 같은 뜻을 지닌 여러 다른 명사나 동사가 쓰인 경우를 통틀어 보면, 이스라엘의 '남은 자' 사상은 양면성을 띤다. 곧 한편으로 '남은 자'는 야훼께서 진노하셔서 당신의 백성을 벌하심을 전제하고, 다른 한편으로는 그런 가운데서도 신실하신 하나님은 당신의 백성이 다시 일어설 바탕을 은혜로 남겨두심을 뜻한다.[73]

이리하여 〈쉬아르 야슙〉이라는 이름을 그렇게 돌아오지 못하는 쪽에 초점을 맞추어 이해하면, 이 이름은 유다에 재난이 닥침을 암시하는 이름이 된다. 그렇지만 돌아올 '남은 자'에 초점을 맞추면 이 이름은 재난 가운데서도 구원의 희망이 있음을 암시한다. 이는 창세기 7장 23절에서 하나님이 홍수로 모든 생명을 땅에서 쓸어버리셨지만 노아 일행은 남았다고 한 것과 견주어볼 만하다.[74] '돌아오다'를 회개의 뜻으로 이해할 경우에도 두 가지 가능성이 있다. 돌아오지 않는 대부분의 관점에서 보면 〈쉬아르 야슙〉은 유다 백성의 대부분이 야훼를 배신하리라는 뜻을 지니게 되고, 돌아올 '남은 자'의 관점에서 보면 야훼를 다시 신뢰하는 소수에게서 새 희망의 싹을 볼 수 있으리라는 뜻이 된다. 이는

71) Hans Wildberger, "**שאר** *š'r* **übrig sein**," Ernst Jenni/Claus Westermann (eds.), *Theologisches Handwörterbuch zum Alten Testament* II (München: Chr. Kaiser Verlag/Zürich: Theologischer Verlag, ^{2}1979) 844-855쪽, 여기서는 845쪽.

72) 위의 책, 847쪽.

73) 위의 책, 849쪽.

74) 같은 곳 참고.

열왕기상 19장 10절과 14절에서 야훼의 예언자들이 다 죽임을 당하고 자기 홀로 남았다고 한탄하는 엘리야에게 18절에서 야훼께서 바알에게 아직 무릎 꿇지 않은 칠천 명을 이스라엘에 남겨두었다고 하신 것을 생각나게 한다.[75)]

결국 이처럼 여러 가지 뜻으로 이해할 수 있는 이름을 지닌 예언자의 아들이 예언자와 함께 왕 앞에 나타남으로써, 그 이름에 들어 있는 여러 가지 뜻을 왕이 생각하게 될 것을 예상할 수 있다. 이리하여 예언자 아들의 이름 자체가 하나의 메시지가 되어 그 아이를 보는 사람에게 야훼의 뜻을 전하는 수단으로 쓰인다.

이사야가 스알야숩을 데리고 나가서 아하스를 만날 곳은 '윗못 물길 끝', '마전장이의 밭길'이다. 이곳은 열왕기하 18장 17절에서 아하스의 아들 히스기야 때인 주전 701년에 예루살렘으로 쳐들어온 앗수르 군대의 장수 다르단과 랍사리스와 랍사게가 히스기야에게 항복을 권하려고 소리치기 위해 자리 잡았던 곳이다. '물길'을 뜻하는 히브리 낱말 〈트알라〉(תעלה)는 사람이 만든 물길을 가리킨다. 열왕기하 20장 20절에 보면 히스기야가 못과 물길을 만들었다고 하는데, 적어도 '윗못 물길'은 히스기야 이전에 파 놓았던 것으로 보인다.

'마전장이의 밭'은 예루살렘 남동쪽 엔 로겔 옆에 있는 곳으로 빨랫감을 삶아 여러 번 물에 행구고 밟고 짓이기고 두드려서 깨끗하게 만든 뒤에 이를 널어 말리고 바래는 터를 가리키는 것으로 보인다.[76)]

외적이 쳐들어 왔을 때는 무엇보다도 성 안팎의 급수시설을 잘 정비할 필요가 있다. 역대하 32장 3-4절에서 히스기야는 앗수르 군대가 쓰지 못하도록 예루살렘 성 밖의 모든 물줄기를 막았다. 이사야 7장 3절

75) 위의 책, 850쪽 참고.

76) Ludwig Koehler/Walter Baumgartner (eds.), *Hebräisches und Aramäisches Lexikon zum Alten Testament*. 2 Bände (Leiden/New York/Köln: E.J.Brill, 1995), 437-438쪽

에서 말하는 아하스의 경우에는 아람과 이스라엘 동맹군의 침입에 맞설 수 있도록 예루살렘 성 안의 급수시설을 점검하고 있었던 듯하다. 그 현장으로 이사야와 스알야숩이 가서 야훼의 말씀을 전해야 한다.

〔**4**〕 아하스에게 이사야가 전할 말씀의 첫 마디는 “삼가고 조용하라!”이다. 여기서 ‘삼가라’는 첫 명령은 ‘…하지 않도록 삼가라’(창 24:6; 31:24; 신 12:13 등)고 하는 경우와는 달리 그 다음에 나오는 명령형 ‘조용하라’를 강조하는 역할을 한다. 이 동사의 히브리 동사의 형태를 두고 보면, ‘평온을 유지하라’라는 뜻으로 이해할 수 있다. 글의 흐름으로 볼 때, 이 경우에 조용하라고 하심은 외적이 쳐들어왔다고 하더라도 야훼 하나님을 굳게 믿어 불안에 떨며 당황하지 말라는 뜻으로 이해할 수 있다. 이와 비슷한 경우로 30장 15절 전하반절에서 야훼께서 유다 백성에게 “조용함과 신뢰함에 너희의 힘이 있으리라”(사역)고 말씀하신 것을 들 수 있다. 이리하여 이사야 7장 4절에서 야훼께서 이사야를 통해 아하스에게 ‘조용하라’고 말씀하시는 것은 그저 침착하게 위기에 맞서라는 뜻을 넘어서서 야훼 당신을 굳게 의지하는 가운데 흔들리지 말라는 격려의 뜻을 지닌다.

이런 격려의 뜻은 그 다음에 나오는 두 금지 명령문, “두려워하지 말고 네 마음이 약해지지 말라”에서 똑똑히 드러난다. ‘두려워하지 말라’는 야훼께서 아브람을 비롯하여 여러 개인과 당신의 백성을 격려할 때 하시는 말씀에 나오고 예언시에서는 구원 예언에서 자주 나타난다.[77] ‘두려워하지 말라’와 ‘마음이 약해지다’는 나란히 나오는 점은 신명기 20장 3절은 전쟁 상황을 배경으로 하면서 ‘두려워하지 말라’는 말이 나란히 나오는 것과 비슷하다. 다만 거기서는 격려의 주체가 모세이고 격려 대상이 이스라엘 백성이라는 점에서 야훼께서 아하스 왕을 격려하

77) 박동현, 『예레미야(I). 대한기독교서회 창립100주년 기념성서주석 23-1』(서울: 대한기독교서회, 2006), 91쪽.

시는 이사야 7장 4절과 다를 따름이다. 다른 한편으로 아람 군대가 이스라엘에 자리 잡았다는 소식을 듣고 떨고 있는 아하스 왕에게 "두려워하지 말고 마음이 약해지지 말라"고 말씀하신 점에서는 예레미야 51장 46절에서 야훼께서 바벨론에 사로잡혀 가 살고 있는 유다 백성에게 바벨론이 무너졌다는 소문 때문에 "너희의 마음이 약해지지 말고 너희가 두려워하지 말라"고 하신 말씀과 비슷하다.

아무튼 야훼께서 이사야를 통해 아하스에게 들려주시려고 하는 이 격려의 말씀은 아하스가 아람과 이스라엘 동맹군을 두려워하고 그 때문에 그의 마음이 약해져 있음을 전제한다. 그리할 필요가 없음은 그 다음에 나오는 두 가지 전치사구에서 똑똑히 드러난다. 먼저 4절 전하반절, '이 연기 나는 두 나무 도막 끝 앞에서'는 아람과 이스라엘이 이미 망할 지경에 이르렀다는 사실을 불쏘시개로 쓰는 나무 도막 끝에 빗대어 알려주신다. 이 표현은 아모스 4장 11절에서 북왕국 이스라엘을 가리켜 '불에서 꺼낸 나무 도막'(사역) 같다고 한 말씀을 떠올리게 한다. 이와 비슷한 표현이 스가랴 3장 2절에서는 대제사장 여호수아를 두고 쓰이지만, 그 경우에는 야훼께서 대제사장을 포로살이의 고된 삶에서 벗어나게 하심을 뜻하므로 그 쓰임새가 다르다.

'연기 나는 나무 도막'이라는 비유에 들어 있는 '불 때기' 개념은 그 다음 4절 후반절, '르신과 아람과 벤 르말리야의 진노의 뜨거움 가운데서!'의 '뜨거움'으로 이어진다. 이는 결국 자기들과 동맹하여 앗수르에 맞서자는 권유를 유다가 듣지 않자 아람과 이스라엘이 노여움을 품게 된 것이 유다 침공의 동기라는 점을 알아차리게 한다. '진노의 뜨거움'이라는 표현은 출애굽기 11장 8절에서는 이스라엘 백성을 내보내지 않으려고 하는 이집트 왕을 향한 모세의 노여움을 나타내는 말로, 사무엘상 20장 34절에서는 까닭 없이 다윗을 해치려는 사울을 향한 요나단의 노여움을 나타내는 말로, 역대하 25장 10절에서는 자기들을 용병으로 불렀다가 돌아가게 한 유다 왕 아마샤를 향한 유다 군인들의 노여움을 나타내는 말로 쓰였지만, 신명기 29장 24〔23〕절과 예레미야애가 2장 3절에서는 당신의 백성을 향한 야훼의 노여움을 뜻하는 말로 쓰인다.

〔**5**〕 5-6절에서 야훼께서는 아람과 이스라엘 동맹군의 음모를 알려주신다. 히브리어 본문 5절에서는 먼저 전반절에서 아람만을 주어로 내세워 그가 '너' 곧 유다 왕 아하스를 거슬러 나쁜 것을 계획했다고 한 뒤에 후반절에 이르러서야 '에브라임 곧 벤 르말리야도!'라고 함으로써 유다 침공을 아람이 주도하고 이스라엘이 거기에 가담했음을 알아차리게 한다. 아람과 이스라엘의 동맹이 유다 자체의 점령이 아니라 유다 왕의 교체를 겨냥하고 있음을 이미 '너를 거슬러'의 '너'에서 알아차릴 수 있다.

5절 후반절의 '에브라임'은 본디 요셉의 작은 아들 이름이지만 나중에 북왕국 이스라엘의 중심을 이루는 지파나 그 지파가 살던 지역의 이름이 되었다가 마침내 예언서에서는 북왕국을 가리키는 이름으로 쓰이게 되었다.[78] 아람과 동맹을 맺은 이스라엘 왕의 이름을 뺀 채 그냥 '벤 르말리야'라고만 하는 것은 그를 매우 하찮게 여기는 듯한 느낌을 준다.

〔**6**〕 뒤이어 인용된 적들의 밀에 유나를 부너뜨리자는 말도 들어 있다. 전반절, "유다로 올라가서 그것을 겁주고 그것을 우리에게로 무너뜨리자"에 들어 있는 마지막 동사가 그러하다. 그 동사에 걸리는 전치사구가 '우리에게로'이고, '무너뜨리자' 앞의 동사가 '겁주자'인 데서 유다의 정치상황을 자신들에게 유리하게 바꾸려는 의도가 드러난다.

---

78) 앞의 각주 76에서 이끌어 쓴 사전, 78쪽.

이 점이 6절 후반절, “그 가운데 왕으로 벤 다브엘을 세우자!”에서 똑똑히 드러난다. ‘다브엘’로 음역한 사람 이름 〈탑엘〉(טָבְאֵל) 자체는 ‘하나님은 좋으시다’를 뜻하는 아람말이다. 실제로 에스라 4장 7절을 보면 예루살렘 성의 재건을 방해한 사마리아 지역의 관리 가운데 한 사람의 이름이 다브엘로 나타나기도 한다.

그런데 히브리어 본문 이사야 7장 6절에서는 이 낱말이 문장 끝에 놓이면서 강세의 영향을 받아 〈탑알〉(טָבְאַל)로 읽게 되는데, 그럴 경우에 이 이름은 ‘아무 것에도 좋지 않다’ 곧 ‘도무지 쓸모없음’을 뜻한다. 이런 식으로 히브리어 본문은 아람과 이스라엘 동맹군의 음모를 비웃는 식으로 읽게 한다. 아람과 이스라엘 동맹군의 계획대로 된다 하더라도 그렇게 해서 아하스 대신 유다 왕이 될 인물이 아무짝에도 쓸모없는 존재일 따름임을 느끼게 한다.

〔**7**〕 그렇지만 야훼께서는 그런 무능력한 자가 유다 왕의 자리에 오르도록 그들의 계획이 이루어지게 내버려두시지 않을 뜻을 7절 후반절, “그런 일이 이루어지지도 벌어지지도 아니하리라.”에서 똑똑히 밝히신다. 7절 전반절의 “이같이 주 야훼께서 말씀하셨도다”는, 예언자가 뒤이어 자신이 전하는 말이 야훼께로부터 비롯되었음을 밝히려고 야훼의 말씀을 본격적으로 전하기에 앞세우는 형식의 말인데, 이 말을 야훼의 말씀 한 가운데 다시 한 번 넣음으로써 바로 그 다음에 나오는 말씀의 권위를 다시 한 번 강조하고, 듣는 이들의 주의를 다시 한 번 불러일으킨다.

여기서 ‘이루어지다’로 옮긴 히브리 동사 〈쿰〉(קוּם)은 본디 ‘일어서다’를 뜻한다. 계획한 것이 이루어지다는 뜻으로 이 〈쿰〉이 쓰이는 경우로는 우선 이사야 14장 24절 후반절이 있다. 거기서 야훼께서는 “내가 계획한 대로 그것이 이루어지리라.”(사역)고 하시는데, ‘계획하다’를 뜻하는 동사 〈야아츠〉(יָעַץ)은 7장 5절에서는 아람에게 쓰인 바 있다. 이보다 좀 더 분명히, 46장 10절 후상반절에서는 “내 계획이 이루어지리라.”(사역)고 하신다. 이 경우에는 동사 〈야아츠〉에서 비롯된 명사 〈에차〉(עֵצָה, ‘계획’)가 쓰인다. 또한 7장 7절에서 〈쿰〉과 나란히 나오는 동사 〈하야〉(הָיָה, ‘벌어지다’)가 14장 24절 전반절에도 나온다. 이리하여 7장 7절 후반절을 14장 24절과 관련시켜 읽으면, 이루어질 것은 야훼의 계획이지 아람의 계획이 아니라는 식으로 이해할 수 있다. 이는 “사람의 마음에 숱한 생각이 있으나 야훼의 계획, 그것이 이루어지리라.”는 잠언 19장 21절을 생각나게 한다.

다른 한편으로 이사야 8장 10절 후상반절에서는 야훼께서 민족들에게 “너희가 말해 보아라. 그렇지만 그것이 이루어지지는 아니하리라.”(사역)고 하시고 그 전반절, “너희의 계획(〈에차〉)을 계획하라. 그렇지만 그것이 깨지리라.”(사역)에 〈에차〉와 〈야아츠〉가 있어서 이 8장 10절도 7장 5-7절과 비슷한 흐름에서 읽을 수 있다.

〔**8-9**〕 아람과 이스라엘의 못된 계획이 이루어지지 않을 까닭을 8절-9절 전반절에서 알 수 있다. “아람의 머리는 다메섹이고, 다메섹의 머리는 르신인데”라는 8절 전반절은 아람의 수도가 다메섹이고 그 다메섹의 우두머리가 르신 왕임을 뜻한다. 이와 마찬가지로 9절 전반절, “에브라임의 머리는 사마리아고, 사마리아의 머리는 벤 르말리야임이라.”는 북왕국 이스라엘의 수도가 사마리아고 그 사마리아의 우두머리가 벤 르말리야임을 뜻하는데, 여기서도 왕의 이름 ‘베가’를 쓰지 않음으로써 그를 우습게 다룬다. 결국 8절 전반절과 9절 전반절은 아람이든 이스라엘이든 그 나라의 최고 권력자인 사람 왕일 따름이어서 그 두 나라가 힘을 모아 보았자 큰 힘을 쓰지 못한다는 점을 표현한 것으로 보인다. 주석가들은 흔히 이 8절 전반절과 9절 전반절을 읽다 보면,

"유다의 머리는 예루살렘이고, 예루살렘의 머리는 야훼시라."는 문장이 자연스럽게 떠오를 것이라고 본다. 그렇다면 남왕국 유다만큼은 야훼 하나님이 지키신다는 점을 이 두 전반절에서 암시하고 있다고 할 수 있다.

아람과 이스라엘의 우두머리가 별 것 아님을 말하는 두 전반절 사이인 8절 후반절에서는 북왕국의 멸망을 예고한다. "육십 오 년 안에 에브라임이 깨져 백성이 되지 못하"리라는 것인데, 주전 733년을 기준으로 헤아려 보면, 주전 668년쯤이면 북왕국이 완전히 망하리라는 점을 말하는 것으로 생각할 수 있다. 그런데 북왕국은 실제로 주전 722/1년에 앗수르에게 망하고 그 지도층은 앗수르 땅으로 사로잡혀가고, 다른 지역 사람들이 북왕국 지역에 들어와서 살게 된다. 이 주전 668년이 구체적으로 어떤 사건을 가리키는지는 확실하지 않다. 앗수르의 형편으로 살펴 보면, 이 해에는 앗수르바니팔이 왕위에 오른 해이다.

아무튼 8절 후반절과 9절 전반절을 관련시켜 읽으면, 북왕국이 머지않아 망하여 없어질 것은 그 수도도 통치자도 별 것 아니기 때문이라는 식으로 이해할 수 있다.

이런 흐름에서 9절 후반절의 경고를 이해할 만하다. 따라서 '너희' 남왕국 사람들도 "믿지 아니하면 계속 있지 못하리라." 르신 벤 르말리야를 비롯하여 북왕국 이스라엘의 수도 사마리아에서 우두머리 노릇하던 왕들과 그 백성은 야훼 하나님을 믿지 못하고 아람과 동맹하여 앗수르의 위협에서 벗어나려고 하다가 계속 있지 못하게 될 터인데, 너희 남왕국 유다도 그렇게 되지 아니하려면 믿어야 한다는 것이다. 그리하여 지금까지 '너' 아하스를 대상으로 이사야가 전해야 할 야훼의 말씀이 그 말씀의 마지막에 와서는 '너희' 유다 백성 전체를 겨냥하는 것처럼 들린다. 그런데 바로 아래에서 자세히 살펴보겠지만, 다윗 언약의 흐름에서 볼 때 이 '너희'는 오히려 다윗 왕조를 통틀어 부르는 것으로 이해하는 것이 더 낫다.

"너희가 믿지 아니하면 계속 있지 못하리라."로 옮긴 9절 후반절의 히브리어 문장, 〈임 로 타아미누 키 로 테아메누〉(אִם לֹא תַאֲמִינוּ כִּי לֹא תֵאָמֵנוּ)는 앞서 한글 번역 문제에서 이미 알아본 바와 같이 조건문과 결과문의 술어 동사가 같은 뿌리 〈ㅇㅁㄴ〉(אמן)으로 이어져 있을 뿐만 아니라 각 문장의 첫 두 낱말도 서로 짝을 이루면서(〈임〉 אִם과 〈키〉 כִּי, 또 〈로〉 לֹא와 〈로〉 לֹא) 듣는 사람들에게 아주 깊은 인상을 준다.

〈ㅇㅁㄴ〉(אמן)은 '굳다', '안전하다'를 뜻하는 것으로 알려져 있는데, 그 〈니프알〉형인 〈네에만〉(נֶאֱמַן)은 이 경우에 왕조가 지속됨을 말하고(삼하 7:16; 삼상 25:28; 왕상 11:38), 이사야 7장 9절 후하반절, "너희가 계속 있지 못하리라."의 배경에는 사무엘하 7장 16절에서 야훼께서 나단을 통해 다윗에게 "네 집과 네 나라가 내 앞에서 영원히 계속 있으리라."(사역)하신 말씀이 있는 것으로 보인다.[79] 이리하여 "너희가 계속 있지 못하리라."는 말씀은 다윗의 자손들이 왕위를 이어온 유다 왕가 곧 유다 왕국이 더는 존속하지 못하리라는 뜻으로 이해할 수 있다.

'믿다'로 옮긴 〈ㅇㅁㄴ〉(אמן)의 〈히프일〉형인 〈헤에민〉(הֶאֱמִין)은 드물게 목적격을 지배하고(삿 11:20) 전치사 〈브〉(בְּ)(창 15:6 등)나 〈르〉(לְ)(창 45:26 등)를 붙여 믿음의 상대자나 관점을 표현하는 수가 많지만, 이무런 목직어나 전치사가 없이 홀로 쓰이기도 한다.[80] 창세기 15장 1-6절에서 야훼께서 아브람에게 "두려워하지 말라" 말씀하시고(1절) 놀라운 약속의 말씀을 들려주셨을 때(4-5절) 아브람이 야훼를 믿는 것으로 응답한 것처럼(6절), 이사야 7장 1-9절에서

---

79) Hans Wildberger, "אמן *'mn* **fest, sicher**," 앞의 각주 72에서 이끌어 쓴 사전의 I (^{3}1978), 177-209쪽, 여기서는 186쪽.

80) 위의 책, 188-189쪽.

도 야훼께서 아하스 왕에게 “두려워하지 말라” 말씀하시고(4절) 놀라운 약속의 말씀을 들려주셨으므로(5-9전) 아하스는 믿음으로 응답해야 한다. 그런데 9절 후상반절에서 창세기 15장 6절과는 달리 그 믿음의 상대가 야훼로 명시되어 있지 않다. 이는 여기서 문제가 되는 것은 야훼나 야훼의 말씀에 대한 믿음 자체라기보다는 아하스가 자신을 위기 상황에서 침착하고 신뢰할 만하며 확신을 지닌 사람으로 입증할 수 있느냐 하는 데에 초점을 두었기 때문인 것으로 보인다.[81]

이리하여 본디 나단을 통해 야훼께서 다윗에게 하신 언약의 말씀에서는 무조건적으로 다윗 왕조의 지속성을 보장하시는 뜻으로 하신 말씀이 이사야 7장에서는 아하스의 믿음을 조건으로 하는 경고와 권고의 말씀으로 새롭게 선포된 것으로 보인다.[82]

이런 식으로 야훼께서는 이사야를 통하여 구원과 멸망의 갈림길에서 있는 아하스에게 한편으로는 신앙으로 결단할 것을 다그치시고 다른 한편으로는 불신앙을 택하면 망하게 된다고 경고하려고 하신다. 이 말씀에서 아하스의 믿음은 왕조를 지키는 유일한 길임이 분명해진다.

3. 아하스의 선택과 그 결과(왕하 16-18장)

이사야 7장 1-9절에서는 야훼께서 예언자 이사야더러 아하스에게 당신의 말씀을 전하라는 명령을 내리신 것과 그 전할 말씀의 내용만 나오지, 그 명령을 따라 예언자가 왕에게 실제로 말씀을 전했는가는 나타나지 않는다. 예언서에는 이처럼 선포 명령만 나오는 경우가 적지 않다.

81) 위의 책, 190-191쪽.

82) 위의 책, 186쪽.

아무튼 열왕기하 16장을 보면, 아하스는 스스로 앗수르에 굴복하여 안전을 꾀함으로써 이사야가 전했을 야훼의 말씀을 듣지 않고 앞장서서 앗수르 종교를 이끌어 들여 심지어는 예루살렘 성전에 이방 종교 예식을 거행하게까지 한다. 아하스가 이렇게 앗수르에게 기댐으로써, 당장은 유다가 아람과 이스라엘의 위협에서 벗어난다. 앗수르가 쳐 내려와서 아람과 - 17장에서 알 수 있듯이 - 북왕국을 멸망시켜버렸기 때문이다. 이리하여 아하스는 제 나라는 지킬 수 있었지만, 형제의 나라 북왕국 이스라엘의 멸망을 재촉한 셈이 되었다. 그뿐만이 아니라 이제는 유다도 앗수르에 직접 매이는 처지가 되고, 18장에서 알려주는 바와 같이 아하스의 아들 히스기야 때에는 앗수르의 침공을 받게 된다.

이런 역사를 염두에 두고 이사야 7장 1-9절을 다시 읽으면, 거기에 앗수르는 전혀 언급되어 있지 않으나, 9절 후상반절에서 요구하는 믿음은 아람과 이스라엘 동맹군 때문에 생긴 위협뿐만 아니라 앗수르가 위협하는 상황에서도 중요함을 깨달을 수 있다.

4. 나라를 지키지 못하는 줄타기 외교정책

아하스가 이사야를 통한 야훼의 경고를 무시하고 앗수르에게 도움을 요청했듯이, 유다가 앗수르에게 위협받자 이집트의 도움을 받아 그 위협에서 벗어나려 했다. 이것이 잘못임을 알리는 예언자의 선포와 행동을 이사야 20장과 30장 1-5절과 31장 1-3절에서 찾아볼 수 있다. 20장에서 이사야는 앗수르 군대가 아스돗을 치던 주전 710년대 후반에 3년 동안 벗은 몸과 벗은 발로 다니면서 이집트와 에티오피아의 포로가 앗수르 왕에게 끌려가리라 하면서 유다 백성에게 그들을 의지하지 말라고 경고한다. 그 배경 시기를 정확히 알기는 힘들지만 마찬가지로 주전 8세기 말쯤에 선포된 30장 1-5절에서는 야훼 하나님보다 이집트를 더 의지하는 유다 사람들의 잘못을 꾸짖는다. 31장 1-3절에서는 좀 더 구체적으로 이집트의 군사력을 의지하고 야훼 하나님을 찾지 않는 유다의 잘못을 지적한다.

실제로 유다는 남북의 강대국 사이에서 줄타기 외교를 하면서 자신의 안전을 확보하려고 애써 왔다. 이런 어그러진 모습을 두고 예레미야 2장 18절에서는 어떨 때는 이집트의 강물을 마시려고 그리로 가고 어떨 때는 앗수르의 강물을 마시려고 그리로 간다는 식으로 묘사한다.

5. 나라를 지키지 못하는 군사력

이처럼 강대국의 것이든 자신의 것이든 그 어떤 강력한 군사력이 나라를 지키지 못한다는 점은 호세아 14장 3〔4〕절, 1장 7절, 시편 127편 1절, 잠언 21장 31절에서도 잘 드러난다.

역대하 24장 24절에서는 오히려 많은 병력을 거느리고서도 소수 병력의 적군에게 질 수도 있음을 알려준다.

이리하여 하나님의 백성이 전쟁 상황에서 하나님을 제쳐 놓고 군사력만 의지하는 것을 이사야 2장 7-8절과 미가 5장 10〔9〕-13〔12〕절에서는 심지어 우상 숭배와 같은 흐름에서 다루기도 한다.

6. 나라를 지키는 믿음의 다른 보기

앗수르에 기대어 아람과 이스라엘의 압박에서 벗어나려 하다가 도리어 앗수르에게 시달리게 된 아하스나 이집트의 힘을 빌어 앗수르의 손아귀에서 벗어나려 하다가 이사야를 통해 야훼께서 내리시는 경고의 말씀을 들었던 유다 사람들과는 달리 군사력은 보잘것없지만 야훼 하나님을 굳게 의지하여 외적의 침입에서 나라를 지켜낸 왕들의 이야기도 구약성경에서 찾아볼 수 있다.

역대하 14장 9-15절에서는 백만 명의 에티오피아 군대가 쳐들어 왔을 때 유다 아사가 야훼 하나님께 간절히 기도하자 야훼께서 적군을 물리치게 하신 이야기가 나오고, 20장에서는 모압 자손과 암몬 자손들이 마온 사람들과 함께 유다를 공격해 왔을 때 여호사밧 왕이 온 백성과 더불어 야훼께 간절히 기도하고 찬송하자 야훼께서 적군들을 물리치게 해 주셨다는 내용이 들어 있다. 또 이사야 36-37장과 열왕기하 18-19장에서는 앗수르 왕 산헤립의 군대가 유다로 쳐들어와 예루살렘을 위협했을 때 히스기야 왕이 스스로 간절히 야훼 하나님께 기도하자 야훼께서 앗수르 군대를 단번에 물러가게 하신 일이 적혀 있다.

이와 같은 흐름에서 시편 20편 7〔8〕절과 33편 16-19절에서는 군사력과 무기보다는 야훼 하나님을 의지하여 적군을 물리칠 수 있음을 노래하는 내용을 찾아볼 수 있다.

7. 나가는 말

구약성경에서 야훼 하나님의 백성을 두고 말하는 내용은 일차적으로 새 언약의 백성인 교회 공동체를 향한 가르침으로 읽을 수 있다. 그렇지만 예수 그리스도를 통해 이 땅의 개인들뿐만 아니라 모든 나라 백성도 하나님의 백성이 될 수 있는 길이 열렸으므로, 이스라엘에 대한 구약의 말씀은 오늘 각 나라와 민족에게도 표본의 뜻을 지닐 수 있다.

이리하여 오늘 우리 한반도와 이 땅에 사는 겨레가 외적의 위협아래

놓여 있을 때에 그리스도인들이 이 나라를 지키는 길도 믿음에 있다는 점을 이사야 7장 1-9절을 비롯하여 여러 구약 본문에서 깨달을 수 있다. 이스라엘처럼 강대국들의 틈바구니에서 나라를 지키는 길은 스스로 첨단 무기를 갖추고 군사력을 늘리거나 그 어떤 강대국의 군사력이나 정치력에 기대는 동맹 정책에 있지 않고 이 세상 역사를 움직여나가시는 창조주 하나님을 굳게 믿는 데 있다. 현실 국제 정치의 복잡한 흐름 속에서 효율적으로 펼쳐야 할 외교 정책도 이러한 믿음의 토대 위에서 세우고 실천해 나가야 할 것이다. 오늘 한국의 그리스도인들은 이 점을 똑똑히 알아야 하지 않겠는가?!

구약의 농사 이야기

이 글은 2008년 3월 28일(금) 서울여자기독교청년회관에서 모인 한국기독교생명농업포럼 제2차 총회에서 발표한 원고인데, 줄인 꼴로 「농민과 목회」 통권 제38호(2008년 봄), 227-244쪽에 실려 있습니다.

차례

1. '땅을 갈' 아담 (창 2:5, 7, 15)
2. '땅을 가는 이' 가인 (창 4:1-7)
3. '땅의 사람' 노아 (창 9:20)
4. 씨 뿌려 백 배 거두어들인 이삭 (창 26:12-14)
5. 밀을 포도주 틀에서 타작하는 기드온 (삿 6:11)
6. 소를 앞세워 밭을 갈던 엘리사 (왕상 19:19)
7. 포도밭을 지키려다 목숨을 잃은 나봇 (왕상 21장)
8. 짐승을 먹이며 돌무화과나무를 가꾼 아모스 (암 7:14)
9. 땅을 사랑한 임금 웃시야 (대하 26:10)

존경하는 여러분,

이런 소중한 모임에서 여러분을 만나 뵙게 되어 매우 반갑고 기쁩니다. 이 시간에는 우리가 그동안 읽어 온 구약성서에 나오는 몇 가지 농사 이야기를 함께 찾아 그것이 오늘 우리에게 어떤 뜻을 지니는지 함께 생각해 보려고 합니다. 그렇지만 농사 자체보다는 주로 농사하는 사람들에 초점을 맞추어 말씀드리겠습니다.

1. '땅을 갈' 아담 (창 2: 5, 7, 15)

하나님이 당신의 형상대로 사람을 남자와 여자로 창조하셨다는 창세기 1장 27절과는 달리 창세기 2장 5절과 7절에서는 하나님이 사람 지으신 특별한 동기를 알려줍니다.

개역개정판 성경으로 5절을 읽습니다. "여호와 하나님이 땅에 비를 내리지 아니하셨고 땅(〈아다마〉, אֲדָמָה)을 갈 (〈아밧〉, עָבַד) 사람도 없었으므로 들에는 초목이 아직 없었고 밭에는 채소가 나지 아니하였으며" 이 구절에서 하나님의 관심은 들의 초목과 밭의 채소입니다. 한 마디로 땅[83]의 식물입니다. 땅에는 식물이 있어야 하는데, 아직 그러하지 못하다는 것이지요. 그런데 땅에 식물이 있으려면 두 가지가 필요하다고 합니다. 하나는 하나님이 비를 내리셔야 한다는 것이고, 다른 하나는 땅을 갈 사람이 있어야 한다는 것입니다. 비 내리시는 것은 하나님이 하시면 될 일입니다. 그런데 하나님이 비를 내리시는 것만으로는 땅에 식물이 생기지 않는다는 것입니다. 땅을 갈 사람이 있어야 한다는 것입니다. 여기서 '갈다'로 옮긴 히브리 동사 〈아밧〉은 '일하다', '섬기다'를 뜻하기도 합니다. 그러니까 사람이 하는 일, 섬기는 일의 첫째는 땅을 가는 일이라 할 수 있습니다.[84]

이리하여 7절에서 "여호와 하나님이 땅(〈아다마〉, אֲדָמָה)의 흙으로 사람(〈아담〉, אָדָם)을 지으시고 생기를 그 코에 불어 넣으"셔서 사람이 생명체가 되게 하셨다고 합니다. 흔히 말하는 대로, 이 경우에 '땅'과 '사람'은 히브리말로 같은 뿌리에서 왔습니다. 둘 다 '붉다'를 뜻하는

83) 졸저, 『예언과 목회 7』(서울: 한국장로교출판사, 2005), 183-197쪽('땅에 대한 성서적 이해')도 참고하십시오.

84) 졸저, 『예언과 목회 [1]』(서울: 한국장로교출판사, 1993), 332-338쪽['처음 땅에 대한 두 번째 이야기. 땅을 갈 사람이 있어야지 … (창 2:5)']을 참고하십시오.

낱말에서 비롯되었습니다. 〈아다마〉는 사람이 농사지을 수 있는 붉은 땅을 가리키고, 그 〈아다마〉의 겉에 있는 흙으로 만든 〈아담〉도 붉은 빛을 띱니다.

아무튼 창세기 2장 5절과 7절, 두 구절에 따르면 하나님은 사람을 땅의 식물 때문에 땅의 흙으로 지으셨습니다. 논밭을 갈아 농작물을 심어 가꾸고 거두어들이는 일을 농사라고 한다면, 하나님은 사람을 농사지을 존재로, 땅을 갈 존재로 만드셨다는 말이지요. 사람은 농사꾼으로 지음 받았습니다. 농사꾼은 땅을 가는 사람이기 때문입니다.

그에 어울리게 2장 15절에서는 하나님이 창조하신 첫 사람을 에덴 동산에 두시면서 그가 그 동산을 '갈고'(〈아밧〉) 지키게 하셨다고 합니다. 여기서 에덴 동산은 땅을 대표하는 공간으로 이해할 수 있습니다.

이리하여 첫 사람 아담은 농사꾼으로 에덴 동산에서 살게 되었습니다. 적어도 창세기 2장에 따르면 인류의 조상은 농사꾼이었다 할 수 있습니다. 이 세상 모든 사람은 이 농사꾼의 후손이지요.

2. '땅을 가는 이' 가인 (창 4:1-7)

에덴동산에서 쫓겨난 아담과 하와는 두 아들을 낳습니다. 가인과 아벨입니다. 맏아들 가인을 가리켜 창세기 4장 2절에서는 '농사하는 자'라 합니다. 그 히브리 표현을 직역하면, '땅(〈아다마〉)을 가는(〈아밧〉)이'입니다. 가인의 직업이 농업이었다는 말이지요. 그러니까 가인은 농사꾼, 요즘 말로 농업인이었다는 것이지요. 이 점에서 가인은 창세기 2장 5절에서 하나님이 만드셨다고 하는 사람 〈아담〉의 후예로서 모범적인 인물이라 할 만합니다.

따라서 최초의 농사꾼이 아담이었다면, 가인은 대를 이어 농삿일을 하게 된 사람이라 할 수 있습니다. 가업을 물려받았으니 요즘 말로 한다면 농업 후계자라 할 만합니다.

창세기 4장에서는 불행하게도 이 농사꾼 가인이 양치기 아우 아벨을 죽이는 바람에 농사꾼의 위신이 말이 아니게 되었습니다. 그렇지만 가인이 아벨의 형이라는 점을 두고 보면, 첫 사람 부부에게서 난 첫 사람이 하고 살 일이 농사였다는 점을 지나쳐 볼 수 없습니다. 목축도 중요하지만 농사가 그보다 앞선다는 뜻이 아니겠습니까?

한 가지 여기서 말씀드리고 지나갈 것은 아벨을 두고서 양을 치는 자라고 하지만 4장 20절에서 가인의 후손 가운데 야발을 두고서 '장막에 거주하며 가축을 치는 자의 조상이 되었'다고 하므로, 아벨을 곧바로 목축업의 시조라 하기는 힘들겠다는 점입니다. 결국 아담, 하와, 가인, 아벨은 비록 에덴에서는 쫓겨났으나 여전히 땅을 갈며 살던 가족이었고 그 일을 맏아들인 가인이 이어받아 하고 둘째 아들 아벨은 어버이와 형과 함께 살면서 짐승을 쳤다고 하겠습니다. 그러니까 이 경우에 양치는 일은 독립된 직업 활동이라기보다는 농사를 짓는 가정의 부업 활동으로 이해할 수 있겠지요. 이처럼 사막이 많은 중동 지역에서도 농사가 목축보다 우대받고 있었으리라는 점은 어렵지 않게 짐작할 수 있습니다.

잠시 수천 년의 시간을 뛰어 넘어 오늘 우리가 사는 세상을 보면, 이른바 잘 산다는 나라에서는 목축업이 농업보다 더 대우받고 있지 않는가 하는 생각까지 듭니다. 고기를 먹고 살아야 기름진 생활을 하는 것으로 보는 흐름이 드세기 때문이지요. 몇 해 전부터 미국에서 나는 소고기를 수입하는 문제를 두고 우리 사회가 시끄러운데, 이 또한 그런 흐름과 관계없지 아니합니다.

창세기 4장 3절에서는 "세월이 지난 후에 가인은 땅의 소산으로 제물을 삼아 여호와께 드렸"다고 합니다. 그 히브리 문장을 직역하여 말한다면, 가인은 '땅(〈아다마〉)의 열매 가운데서 얼마를' 하나님께 예물로 가져 온 것입니다. 농산물을 바친다고 하면 오늘 우리는 얼른 추수감사절을 떠올립니다. 예나 지금이나 농사짓는 사람은 비록 자신이 피땀 흘려 가꾼 식물에서 난 열매라 하더라도 하나님의 도움 없이는 그 열매를 얻을 수 없는 줄 알기 때문에 하나님께 감사하며 열매 가운데서 얼마를 바쳐 왔습니다.

그런데 가인의 이야기에서 우리는 농사짓는 자체가 의로움을 보장하지 않음을 깨닫습니다. 곧 농사꾼이라고 해서 무조건 의로운 존재, 곧 하나님이 좋아하시는 존재라고는 할 수 없다는 것입니다. 그 과정이야 어쨌든 결과를 두고 볼 때 아우를 쳐 죽인 것 자체는 결코 잘 한 일은 아니었습니다. 오늘 우리가 흔히 농업을 생명 산업이라고 할 때 농업은 목숨을 살리고 북돋우는 산업임을 말하지 않습니까? 그런데 그렇게 생명을 살리고 키우는 농사일을 하는 사람이라 하더라도 사람을 해치게 될 수 있습니다.

여기서 왜 가인이 아벨을 죽였을까 참 궁금합니다. 창세기 4장 4-6절에서는 그저 하나님이 아벨과 아벨이 바친 예물은 받으시면서 가인과 가인이 바친 예물은 '받지' 아니하셔서 가인이 몹시 화가 나서 낯을 떨구었다고 합니다. 개역성서에서 '받다'로 옮긴 히브리 표현은 본디 '...에게 눈길을 두다', '...을 보다'를 뜻합니다. 그러니까 하나님은 아벨과 아벨이 가져온 예물에는 눈길을 두시면서 가인과 가인이 가져온 예물에는 눈길을 두시지 않았다는 것이지요. 왜 그리하셨을까요?

신약 히브리서 11장 4절에서는 이를 두고서 "믿음으로 아벨은 가인보다 더 나은 제사를 하나님께 드림으로 의로운 자라 하시는 증거를 얻었으니"라고 풀이합니다. 그러니까 가인에게는 믿음이 없었다는 식이지요. 그렇지만 이는 히브리서를 쓴 사람의 새로운 해석으로 창세기 4장 자체의 흐름에서 찾아낼 수 있는 풀이는 아닙니다.

어떤 학자들의 견해에 따르면 하나님이 좋아하시는 예물은 피 없는 곡물보다는 피 있는 동물이라는 점이 여기에 암시되어 있다고 합니다. 이는 특히 레위기에 나오는 제사법을 떠올리게 하는 주장입니다. 그렇지만 앞서 말씀드린 대로 창세기 2장에서 사람을 창조하신 까닭이 짐승을 먹이는 데 있지 않고 땅을 가는 데 두었다는 사실을 생각한다면, 꼭 그렇게 볼 것만도 아닙니다.

또 어떤 학자는 창세기 4장 4절 히브리어 본문에서 아벨은 양의 첫 새끼 곧 맏이를 드렸지만 가인은 그저 땅의 열매 가운데 얼마를 드렸다고 하므로, 가인은 성의 없이 그저 형식을 따라 바쳤을 뿐이고, 바로 그 때문에 하나님이 그와 그의 예물에 눈길을 주시지 않았다고 이해합니다.

그러나 7절에서 하나님이 가인에게 하시는 말씀을 보면 굳이 처음부터 가인을 그렇게 나쁘게 볼 필요는 없습니다. “네가 선을 행하면 어찌 낯을 들지 못하겠느냐 선을 행하지 아니하면 죄가 문에 엎드려 있느니라 죄가 너를 원하나 너는 죄를 다스릴지니라.”는 말씀은 지난날 가인이 저지른 잘못을 따져 그를 벌하시겠다는 말씀이 아닙니다. 앞으로 가인이 어떻게 해야 하는지를 알려주는 말씀입니다. 그러니까 네가 좋게 처신한다면 그리 화낼 것도 낯을 떨굴 것도 없다는 것이지요. 하나님이 누구의 예물에게 눈길을 두시는가 하는 문제는 하나님의 자유에 속하는 문제이므로 그것을 두고서 화를 내거나 낯을 떨굴 것이 아니라 그저 좋게 처신하고 살아가면 된다는 것입니다.

잠시 여기서 저는 오늘 우리의 현실을 생각합니다. 오늘도 하나님이 가인처럼 농사하는 사람들이 정성을 다해 땅을 갈아 거두어 들여 하나님께 바치는 열매에 하나님이 전혀 눈길을 두시지 않는 것이 아닌가 하는 생각이 듭니다. 하나님이 농사꾼들과 농산물에 눈길을 두신다면, 이렇게 농사꾼들이 천대받고 어려움을 겪을 수가 있겠습니까?

다시 가인 이야기로 돌아갑니다. 결국 하나님은 자신과 자신의 예물에 눈길조차 주시지 않는 하나님 앞에서 화를 내고 낯을 떨구는 농사꾼 가인에게, 당신의 조치를 이해할 수 없더라도 끝까지 좋게 처신할 것을 요청하신 셈입니다. 만일 하나님이 받아주시지 않은 것을 두고 화내고 낙심만 하다가는 처신을 그르치고 형제를 죽이는 잘못에 빠질 수 있다는 것입니다. 그리되면 마침내는 더는 땅을 갈 수 없게 땅에서 쫓겨나게 되면 목숨조차 안전을 보장받기 힘들어진다는 것이지요.

가인의 처지에서 보면 이렇게 말씀하시는 하나님은 정말 이해하기 힘듭니다. 그렇지만 오늘 우리 농사꾼들을 가인의 자리에 놓고 보면, 이해하기 힘든 현실 가운데서 화가 나고 낯을 떨굴 상황이 벌어지더라도 그 분노에 사로잡혀 생명을 해하지 말고 끝까지 생명을 지키고 살리는 좋은 일 하기를 포기하지 말라는 하나님의 말씀으로 들을 수 있지 않겠습니까? 하나님이 가인과 가인의 예물에 눈길을 주시지 않았다고 해서 가인을 내치신 것도 아니고 가인을 버리신 것도 아닙니다. 오히려 이 시련과 시험 때문에 가인이 잘못될까봐, 또 가인의 잘못으로 삶의 공동체가 깨질까봐 염려가 되어, 사랑 많은 어버이가 아직 철이 덜 든 자식을 달래면서 부드러운 말로 경고하듯이, 말씀하신 것이 아닐까요? "내가 네게, 또 네가 가져온 예물에 눈길을 주지 않았다고 그렇게 화를 내느냐? 그렇게 낯을 떨구고 있느냐? 내가 너를 저버린 것도 아닌데 ... 혹시라도 이 너의 분노와 낙심이 너를 집어 삼켜 네가 죄의 손아귀에 들어갈까 두렵구나. 죄란 놈은 늘 그렇게 사람을 손아귀에 넣으려고 하지. 그렇더라도 너는 거기에 걸려들어서는 안 되는 거야. 그 유혹을 뿌리쳐야 하는 거야. 너는 계속 잘 처신해야 해! 생명을 살리는 일, 삶을 기름지게 하는 일을 꾸준히 해 나가야지! 네가 계속 그렇게 잘 처신한다면 내가 네 예물에 눈길을 주지 않았다고 해서 그리 속상해 할 필요가 없어. 낯을 떨굴 필요도 없지. 그전처럼 낯을 들고 당당히 지낼 수 있는 거야." 구약성서에서 '선'으로 옮긴 히브리 낱말은 본디 삶의 기름지게 하는 것을 뜻합니다.

이리하여 적어도 가인의 살인 장면이 나오는 8절에 이르기 전의 창세기 4장은 오히려 하나님의 창조 질서를 따라 땅을 가는 일을 하는 사람들을 격려하는 말씀으로 읽을 수 있지 않습니까? 제가 너무 제 맘대로 본문을 이해한 것인가요? 여러분은 어떻게 생각하십니까?

가인의 이야기에서 한 가지 더 흥미로운 것은 더는 땅을 갈 수 없게 된 가인은 창세기 4장 16-22절에서 다른 곳으로 가서 도시를 건설하였고, 그의 후손 가운데서 본격적인 목축업과 음악가와 대장장이의 시조가 나왔다는 점입니다. 놀랍게도 구약성서에서 '성읍' 곧 '도시'를 뜻하는 히브리 낱말 〈이르〉(עִיר)가 바로 이 곳 17절에 처음 나옵니다. 그러니까 잘 처신하여 너를 삼키려는 죄의 손아귀에 빠지지 말라는 하나님의 간곡한 말씀이 있었는데도 자신의 분노와 낙심을 이기지 못하여 아우를 해치고 더는 농사를 지을 수 없게 된 사람 가인이 건설한 것이 도시라는 것입니다. 이렇게 보면 도시 건설은 생명을 가꾸고 살리는 일을 할 수 없게 된 사람이 한 일이라 하겠습니다. 곧 땅을 갈 사람으로 하나님이 지으신 사람이 땅 가는 일을 못하게 되었을 때 할 수 있는 일이 도시를 건설하는 것이라는 말이지요. 그렇다면, 오늘 사람들이 잘 살아보겠다고 땅 가는 일을 버리고 도시로 몰려들게 만드는 상황을 어떻게 생각해야 하겠습니까?

마찬가지로 흥미롭게도 구약성서에서 두 번째로 '성읍'(〈이르〉)이라는 낱말이 나온 곳이 창세기 10장 12절인데, 여기서도 노아에게 저주를 받은 함의 후손 가운데 한 사람이 레센이라는 큰 성읍을 건설했다고 합니다. 이처럼 도시 건설이 농사짓는 것만큼 좋지 않다는 점은 바벨탑 이야기에서도 알 수 있습니다. 창세기 11장 4절에서 세상 곳곳으로 흩어진 노아의 후손들은 "성읍(〈이르〉)과 탑을 건설하여 그 탑 꼭

대기를 하늘에 닿게 하여 우리 이름을 내고 온 지면에 흩어짐을 면하자"고 하면서 성읍과 탑을 건설합니다. 탑은 사람이 건설하는 성읍을 멀리서도 알아차리게 하는 상징물입니다. 성읍(〈이르〉)이라는 말이 구약성서에서 세 번째로 여기에 쓰입니다.

3. '땅의 사람' 노아 (창 9:20)

가인 다음으로 구약성서에서 농사를 지은 사람으로 명백하게 언급된 사람은 노아입니다. 홍수가 끝나고 노아 일가가 방주에서 나온 뒤에 창세기 9장 20절에서는 "노아가 농사를 시작하여 포도나무를 심었"다고 합니다. 그 히브리 본문을 직역하면 "노아, 땅(〈아다마〉)의 사람이 시작하여 포도원을 가꾸었다."가 됩니다. 그렇다고 해서 가인 이후 노아에 이르기까지 농사가 사라진 것은 아닙니다. 이는 홍수가 끝난 뒤 노아가 하나님께 제사 드렸을 때 하나님이 하신 말씀에 암시되어 있습니다. 곧 8장 22절에서 하나님은 "땅이 있을 동안에는 심음과 거둠과 추위와 더위와 여름과 겨울과 낮과 밤이 쉬지 아니하리라"고 하셨습니다. 곧 홍수 이전에도 씨를 뿌리고 식물을 가꾸어 그 열매를 거두어들이는 일은 늘 있어왔던 것이고, 홍수로 중단되었던 농사가 다시 이어지게 하시겠다는 말씀입니다.

그리하여 홍수에서 살아남은 노아를 가리켜 '땅의 사람'이라고 했을 때, 이는 홍수가 나기 이전에 노아가 농사꾼이었음을 알려줍니다. 창세기 5장의 족보를 따르면 노아가 가인의 직계 후손은 아니고 가인의 아우로 늦게 태어난 셋의 후손이지만, 쫓겨나기 이전의 가인이 '땅을 가는 이'였던 것과 마찬가지로 노아는 '땅의 사람'이었습니다. 이리하여 홍수가 끝난 뒤에 노아가 할 일도 다른 것이 아니라 농사였습니다.

다만 이번에는 포도를 가꾸게 된 점이 새롭습니다. 그 점에서 노아를 포도 농사의 시조로 소개하고 있습니다. 사람이 농사지어 가꿀 수 있는 식물로 창세기 2장 5절에서 '초목', '채소', 16절에서 '각종 나무'라고만 하던 것을 9장 20절에서는 '포도원'이라는 한 종류에 한정하여 말합니다. 포도원을 뜻하는 히브리 낱말 〈케렘〉(כֶּרֶם)도 구약성서에서 여기에 처음 나옵니다. 이는 한편으로 이스라엘을 비롯하여 중동 지방의 삶과 종교에서 포도 농사가 얼마나 중요한가를 암시합니다. 나중에 기드온의 아들 요담이 세겜 사람들에게 들려주는 우화에서 포도나무는 "하나님과 사람을 기쁘게 하는 포도주"를 버리고 나무들의 왕이 될 수 없다고 합니다(삿 9:13). 다른 한편으로 노아 때에 이르러 농사가 아주 구체성을 띠게 됨을 알려주는 것으로 이해할 수 있습니다.

다만 이번에도 유감스러운 것은 '땅의 사람' 노아가 포도 농사를 시작했다는 이 말이 그 열매에서 만든 술을 마시고 노아가 부끄러운 모습을 보였을 뿐만 아니라 이를 두고 그의 아들 가운데 하나가 불행을 겪게 되는 일로 끝났다는 점입니다. 이 점에서 노아의 포도농사 이야기에서 우리는 가인의 농사 이야기에서 느꼈던 것과 비슷한 분위기를 느낍니다. 그렇지만 '땅의 사람' 노아가 포도 농사를 시작했다는 사실 자체를 가볍게 볼 것은 아닙니다. 이는 하나님께 새로운 언약의 말씀을 들은 노아가 시작한 일이 무엇보다도 그 전부터 해오던 농사를 한층 더 발전시킨 일이었음을 뜻하기 때문입니다.

4. 씨 뿌려 백 배 거두어들인 이삭 (창 26:12-14)

창세기 11장 27-31절에서 아브람의 아버지 데라가 아들 아브람 부부와 손자 롯을 데리고 고향 갈대아 우르를 떠나 가나안 땅으로 가려고 한 까닭이 무엇인지 창세기에 나타나 있지 않습니다. 유프라테스 강 하류에 자리 잡은 갈대아 우르는 기름진 땅으로 농사지으며 살기에 좋은 곳이었을 것이기 때문입니다. 가뭄이 닥쳤을까요? 아니면 부족간에 갈등이 심해 더는 거기 살 수 없었던 것일까요?

창세기의 흐름을 따라 보면 아브람은 아버지 데라가 북서부 메소포타미아의 성읍 하란에서 세상을 떠난 뒤에 하나님의 부르심을 받아 가나안 땅으로 들어옵니다. 창세기에 적힌 아브라함 이야기를 읽어보면 아브라함이 한 곳에서 집을 짓고 농사를 지은 것으로 보이지는 않습니다. 짐승 떼를 거느리고 이리저리 다니면서 살다가 마침내는 가뭄을 피해 이집트에까지 내려가 나그네로 살다가 다시 가나안 땅으로 올라와 주로 목축을 하며 산 듯합니다.

창세기 26장 첫머리에 보면, 아브라함의 아들 이삭도 가뭄이 닥치자 블레셋 사람들이 살고 있던 그랄로 이주합니다. 그랄에서 이삭이 한 일과 그 결과를 26장 12-14절에서 묘사하는데, 맨 먼저 이삭이 그 땅에 농사하였다고 합니다. 그 히브리어 문장을 직역하면, "그리고 이삭이 그 땅에서 씨를 뿌렸다."가 됩니다. 글의 흐름으로 볼 때 여기서 씨를 뿌린다 함은 농사지었음을 뜻합니다. 실제로 구약 여러 곳에서 씨 뿌린다는 것이 그런 뜻으로 쓰입니다(창 47:23; 출 23:10, 16; 레 19:19; 25:3, 4, 11, 20, 22; 26:16; 신 11:10; 22:9; 삿 6:3 등).

또 여기 나오는 '땅'은 히브리말로 앞서 나온 〈아다마〉(אֲדָמָה)가 아니라 〈에레츠〉(אֶרֶץ)입니다. 이 경우 〈에레츠〉는 농사지을 수 있는 땅을 뜻하는 〈아다마〉와는 달리 한 무리의 사람들이 사는 지역을 가리킵니다. 실제로는 블레셋 사람들이 살던 그랄 땅을 가리킵니다.

아무튼 그 땅에서 이삭이 한 일은 씨를 뿌린 일입니다. 놀랍게도 창세기에서 '씨 뿌리다'는 동사의 주어로 나오는 첫 사람이 바로 이삭입니다. 그렇다고 해서 이삭 이전에는 그 누구도 씨 뿌리지 않았다는 말은 아닙니다. 앞서 알아본 대로 이미 첫 사람 아담과 그의 아들 가인이 땅을 가는 사람들이었고 노아 또한 '땅의 사람'이었으므로 그들로 땅에 씨를 뿌렸을 것이 틀림없습니다.

그렇다 하더라도 '씨 뿌리다'는 동사의 주어로 이삭이 맨 처음 나온다는 것은 매우 뜻 깊습니다. 이삭의 아버지 아브라함도 가뭄을 피해 이집트로 가서 더부살이를 했지만, 아브라함이 이집트에서 땅에 씨를 뿌리고 일했다는 말은 없습니다. 농사지었다는 말은 없습니다.

창세기 26장 12절에서 씨 뿌리는 것은 농사 전체를 대표하는 활동으로 이해할 수 있습니다. 그리하여 개역성경에서도 이를 이삭이 그 땅에 농사하였다고 옮긴 것이 아니겠습니까? 아무튼 이 한 절 자체만 두고 보면 가뭄을 피해 기름지기는 하나 낯선 땅에 살러 들어온 이삭은 그 땅에서 자신이 농사도 지을 수 있는 사람임을 증명한 셈이 됩니다. 그뿐만이 아닙니다. 이삭이 그 땅에 씨를 뿌렸을 뿐만 아니라 그 해에 백배를 얻었습니다. '백 배'라는 말만 두고 보면 예수님이 말씀하신 비유가 머리에 떠오릅니다. 좋은 땅에 떨어진 씨는 자라 삼십 배나 육십 배나 백배의 열매를 맺는다 하셨습니다. 그 비유에서는 씨가 떨어진 땅이 좋아서 놀라운 수확이 있었다면, 여기서는 땅에 씨를 뿌려 가꾼 사람의 노력이 돋보입니다.

그렇지만 이런 놀라운 수확을 그저 이삭이 농사를 잘 한 결과로만 볼 수 없습니다. 창세기 26장 2-3절에서 하나님이 이삭에게 흉년을 피해 이집트로 가지 말고 하나님이 그에게 지시하시는 땅 곧 블레셋 땅 그랄에 머물면 하나님이 그와 함께 하셔서 그에게 복을 주신다고 하셨기 때문입니다. 그러고 보면 이삭이 낯선 땅에서 더부살이하면서 농사지어 백배나 얻은 것은 하나님이 그에게 복을 주셨음을 드러내는 사건이라 할 수 있습니다.

하나님이 이삭에게 복을 주셨다는 말씀은 13절 끝부분에도 나옵니다. 13절을 다시 읽겠습니다. 이삭이 그 땅에서 농사하여 그 해에 백배나 얻었고 여호와께서 복을 주시므로. 뒤이어 나오는 14-15절에서는 그렇게 하나님이 이삭에게 복을 주신 덕택에 그 사람이 창대하고 왕성하여 마침내 거부가 되어 양과 소가 떼를 이루고 종이 심히 많으므로 블레셋 사람이 그를 시기하였다고 합니다. 그러니까 이삭은 하나님 덕분에 농업과 목축업 둘 다에 크게 성공하여 아주 부유하게 되어 토박이들이 그를 시새움할 정도까지 이르렀다는 것입니다.

나라 안팎에서 농업을 천시하고 상공업, 금융업, 서비스업을 통해 돈 버는 흐름이 드센 이즈음에 농사지어 많은 열매를 거두어들이는 것이 농사꾼을 부유하게 하기보다 오히려 더 가난하게 만드는 수가 적지 않습니다. 이리하여 이삭이 씨를 뿌려 큰 부자가 되었다는 창세기 26장을 읽을 때, 농사꾼이 일한 만큼 대접받는 세상이 다시 돌아왔으면 하는 간절한 소원을 품게 됩니다. 더 나아가서 천재지변으로 정든 고향을 떠나 남의 땅에 들어와 사는 사람들도 함께 씨를 뿌리고 가꾸며 삶의 터전을 일구며 토박이와 마찬가지로 인정받고 더불어 살 수 있는 세상을 만들고 싶은 마음도 생깁니다. 이런 세상이야말로 창조주 하나님이 바라시는 아름다운 세상이 아니겠습니까?

5. 밀을 포도주 틀에서 타작하는 기드온 (삿 6:11)

이처럼 이삭은 낯선 땅에서도 농사지어 잘 살게 된 사람이었지만 그를 시기한 블레셋 사람들에게 쫓겨납니다. 그 뒤로 이삭뿐만 아니라 그의 두 아들 에서와 야곱, 또 야곱의 아들들도 땅을 갈기보다는 짐승을 먹이며 살아간 것으로 보입니다. 이 점은 나중에 요셉의 초청을 받아 이집트로 이주한 요셉의 형들에게 이집트 임금이 그들의 생업이 무엇이냐고 물었을 때, 그들이 자기들은 선조 때부터 목자라고 답한 데서도 알 수 있습니다(창 47:3). 히브리어 성경으로 보면 앞서 4장 2절에서 아벨을 두고 '양 치는 자'라고 하던 표현이 여기에 그대로 쓰이고 있습니다.

이와는 달리 이집트 사람들은 씨를 뿌리는 사람들 곧 농사짓는 사람들이었습니다. 이는 이집트에도 가뭄이 닥쳤을 때 요셉이 이집트 백성에게서 땅을 사면서 그들에게 씨앗을 주며 땅에 씨를 뿌리라고 한 데서 드러납니다(창 47:23). 그러니까 히브리어 표현만 두고 본다면, 이집트 사람들은 그랄 땅에서 '씨를 뿌려' 백배나 거두어들인 이삭과 '땅의 사람'이었던 노아와 '땅을 가는 이'였던 가인을 거쳐 '땅을 갈' 존재로 창조된 아담으로까지 이어진다고 할 수 있습니다.

이스라엘 사람들이 농사의 참 맛을 제대로 알게 된 것은 아무래도 그들이 이집트 종살이에서 빠져 나와 사십 년의 광야 길을 거쳐 가나안 땅에 들어온 뒤라 할 수 있습니다. 그런데 가나안 땅에 발을 붙이고 농사지으며 살던 이스라엘 사람들은 하나님 뜻을 저버리고 못된 짓을 합니다. 무엇보다도 가나안 사람들이 섬기던 신들을 섬깁니다(삿 2:11-13, 17, 19; 3:7, 12; 4:1; 6:1, 25-26 등). 오랫동안 거친 들길을 거쳐 기름진 가나안 땅에 들어온 이들의 눈에는 가나안 사람들이 섬기던 바알이나 아스다롯 같은 신들이야말로 농사가 잘 되게 해 줄 것으로 보였기 때문이었습니다. 이스라엘 사람들이 이렇게 그들의 하나님 창조주 야훼를 저버리자 하나님은 그들을 이웃 나라들의 손에 넘겨 고생하게 하십니다.

기드온이 사사로 나서기 전 이스라엘의 상황도 그러했습니다. 사사기 6장 첫머리에 보면 이스라엘 사람들이 하나님 보시기에 못된 짓을 하자 하나님이 그들은 일곱 해 동안 미디안 사람들에게 시달리게 하십니다. 이스라엘 사람들이 힘써 농사지어 놓으면 미디안 사람들이 다른 이웃 부족 사람들을 데리고 나타나서 땅에서 나는 모든 것을 다 망가뜨려 이스라엘 가운데 먹을 것이 남아나지 않았다는 것입니다. 사사기 6장 3절에서도 이스라엘이 '씨를 뿌리면'이라는 한 마디로 이스라엘이 농사짓는 것을 표현합니다. 이는 창세기 26장 12절에서 이삭이 그 땅에 씨를 뿌렸다 함과 마찬가지입니다.

이스라엘 사람들이 열심히 농사짓지만 미디안 사람들을 비롯하여 다른 나라 사람들이 메뚜기 떼처럼 많이 쳐들어와 그 농사를 다 망가뜨려 놓으니 이스라엘 사람들은 굶주릴 수밖에 없었습니다. 이런 상황은 지난날 일본 제국주의자들이 한반도의 곡물을 마구 빼앗아간 역사를 생각나게 합니다. 제 땅에서 생산한 양식을 스스로 먹지 못하여 굶주리게 된 사람들의 억울함과 괴로움을 어찌 말로 다할 수 있겠습니까?

이스라엘 사람들은 하나님께 부르짖습니다. 이들의 부르짖음을 들으신 하나님은 먼저 한 예언자를 그들에게 보내셔서 그들을 꾸짖은 다음에 이스라엘 백성을 미디안 사람들의 손에서 건져낼 일꾼으로 기드온을 뽑으십니다. 그렇게 하나님이 뽑으신 기드온도 처음에는 다른 이스라엘 사람들과 다를 바가 없었습니다.

사사기 6장 11절에 따르면, 하나님이 보내신 천사가 기드온을 찾아갔을 때 기드온은 미디안 사람에게 알리지 아니하려 하여 밀을 포도주 틀에서 타작하고 있었습니다. 평화로운 때라면 마땅히 타작마당에서 타작해야 할 밀을 기드온은 포도주 틀에서 타작하고 있었습니다. 미디안 사람들의 눈에 띄면 정성 다해 농사지어 거두어들인 곡식을 빼앗길 것이기 때문이었습니다. 그 미디안 사람들에 맞서 싸워 내 곡식을 지킬 힘도 용기도 기드온에게는 없었습니다. 이처럼 기드온은 참으로 약한 농사꾼이었습니다. 하나님의 사자는 놀랍게도 이처럼 약하디 약한 농사꾼 기드온을 큰 용사라고 부르면서 하나님이 그와 함께 하신다고 합니다(삿 6:12). 마침내 기드온은 하나님의 영에 사로잡혀 이스라엘 사

람들을 모아 미디안과 싸워 그들을 물리칩니다.[85)]

오늘 우리는 기드온을 그저 믿음의 용사라고만 알고 있습니다. 그렇지만 기드온은 본디 다른 사람들과 마찬가지로 겁 많은 농사꾼이었습니다. 하나님이 그런 사람을 들어 이스라엘을 괴로움에서 건져내는 일꾼으로 부리신 사실에 비추어 보면, 오늘 이른바 식량 주권이 크게 위협받는 나라들에서도 하나님은 약한 농사꾼을 뽑아 괴로움을 겪는 사람들을 살려내시고자 함을 생각할 수 있습니다.

문제가 있긴 있었지만 한 때 블레셋 사람들에게서 이스라엘 사람들을 지켜주었던 사사 삼손의 어머니도 농사짓던 사람이었던 것으로 보입니다. 이는 아이를 낳지 못하던 삼손의 어머니에게 아들이 태어날 것을 예고한 천사가, 삼손의 어머니가 밭에 앉았을 때에 다시 그에게 나타났다고 한 데서 알 수 있습니다(삿 13:9).

6. 소를 앞세워 밭을 갈던 엘리사 (왕상 19:19)

지금으로부터 이천 팔백 수십 여 년 전 엘리야의 뒤를 이어 북왕국 이스라엘에서 예언자로 활동했던 엘리사도 본디는 농사꾼이었습니다. 열왕기상 19장 19절에서는 엘리야가 엘리사를 처음 만났을 때, 엘리사가 열두 겨릿소를 앞세우고 밭을 가는데 그는 열두째 겨릿소와 함께 있었다고 하기 때문입니다.

소 두 마리가 끄는 쟁기를 겨리라고 하는데 열두 겨릿소를 앞세우고 밭을 갈 정도면 엘리사 집안이 농사짓고 있던 땅의 넓이가 상당했음을 짐작할 수 있습니다. 다른 한편으로는 엘리사가 소 스물네 마리를 부릴 정도로 농사에 능숙했고 농사를 열정적으로 하던 젊은이였던 것으로

---

85) 이 책의 아래 300-310쪽에 실린 넷째 마당 셋째 글을 참고하십시오.

보입니다. 이러한 엘리사의 능력과 기질은 엘리야가 하늘에 올릴 때까지 끈질기게 스승을 따르며 스승에게 있었던 영감의 갑절을 요구한 데서도 알아차릴 수 있고(왕하 2:9), 구약성경에 나오는 예언자 가운데서 가장 기적을 많이 일으킨 예언자가 엘리사라는 사실과도 관계가 있어 보입니다.

엘리사가 병들어 세상을 떠날 즈음에 그를 찾아 온 이스라엘 임금 요아스는 엘리사를 "내 아버지여 내 아버지여 이스라엘의 병거와 마병이여" 라고까지 불렀습니다(왕하 13:14).

오늘 우리나라에도 이처럼 건강한 몸과 뜨거운 마음으로 농사를 지으며 나라와 세계를 지킬 하나님의 일꾼들이 필요합니다.

7. 포도밭을 지키려다 목숨을 잃은 나봇 (왕상 21장)[86]

북왕국 임금 아합 때 이스르엘 골짜기에 살던 농부 나봇은 아합의 왕궁 가까이에 좋은 포도밭을 가꾸고 있었습니다. 이 포도밭을 아합은 자신의 채소밭을 삼으려고 나봇에게 더 좋은 땅을 주거나 값을 낫게 돈으로 쳐줄 터이니 그 포도밭을 자기에게 달라고 합니다. 그러나 나봇은 이를 거절합니다. 왜냐 하면 그 포도밭은 조상이 남겨준 유산이었기 때문입니다. 나봇이 이렇게 임금의 요구에 맞설 수 있었던 것은 이스라엘의 전통과 상관있습니다. 이스라엘 사람들은 하나님이 지파별로 집안별로 가나안 땅을 나누어주신 것으로 믿고 있었으므로, 이렇게 받은 땅을 그 누구도 빼앗을 수가 없었습니다. 조상이 하나님께 받아 전해준 포도밭을 나봇은 그저 돈을 벌기 위해서나 권력자의 요구에 밀려 포기

86) 졸저, 『예언과 목회 [1]』(서울: 한국장로교출판사, 1993), 339-346쪽['처음 땅에 대한 세 번째 이야기. 빼앗긴 땅에도 봄은 오는가? (왕상 21:)']을 참고하십시오.

하지 않았습니다. 그렇지만 바로 그 때문에 나봇은 이스라엘의 전통을 존중하지 않는 이방 출신의 왕비 이세벨의 음모와 그에 동조하는 이스라엘 사람들의 손에 목숨을 잃습니다. 하나님은 이 일 때문에 엘리야를 통해 아합의 집안에 재난이 닥칠 것을 예고하셨습니다. 나중에 그 예언은 이루어졌습니다.

나봇의 이야기에서 우리는 이스라엘뿐만 아니라 이 하늘 아래 모든 땅은 본디 하나님의 것이고 사람들은 그저 빌려 쓰고 있을 뿐이라는 사실을 생각합니다. 그런 땅을 힘 있는 사람들이 맘대로 빼앗으려 할 때 이에 맞설 수 있는 용기를 내기가 쉽지 않다는 점도 생각합니다. 오늘도 권력과 경제력에 밀려 땅을 포기하는 농사꾼들이 적지 않습니다. 그 땅을 지키려다가 목숨을 잃는 경우도 없지 않습니다.

8. 짐승을 먹이며 돌무화과나무를 가꾼 아모스 (암 7:14)[87]

엘리사 다음으로 농사를 짓다가 예언자로 부름 받은 사실이 분명히 드러나는 사람이 아모스입니다. 남왕국 사람으로서 하나님의 명령을 받들어 북왕국의 성소가 있는 벧엘에 가서 심판을 선포하는 아모스에게 벧엘의 제사장 아마샤는 그리하지 말고 고향으로 돌아가서 예언하라고 합니다. 이에 아모스는 대꾸합니다. 나는 선지자가 아니며 선지자의 아들도 아니라 나는 목자요 뽕나무를 재배하는 자로서 양 떼를 따를 때에 여호와께서 나를 데려다가 여호와께서 내게 이르시기를 가서 내 백성 이스라엘에게 예언하라 하셨다고 합니다(암 7:14-15).

아모스서의 흐름을 따라 보면 이 말로써 아모스는 처음부터 예언자였던 것도 예언자 수업을 받은 것도 아닌 자신이 예언자로 나서게 된

87) 졸저, 『예언과 목회 7』(서울: 한국장로교출판사, 2005), 167-176쪽('아모스 7:10-17')도 참고하십시오.

것은 하나님 때문이었음을 밝힌 것으로 이해할 수 있습니다. 그리하면서 본디 자신은 목자요 뽕나무를 재배하는 자였다고 합니다. 여기서 목자로 옮긴 히브리 낱말은 소나 양이나 염소를 먹이는 사람을 뜻합니다. 또 뽕나무로 옮긴 히브리 명사는 우리나라에서는 찾아보기 힘든 돌무화과나무를 가리킵니다. 목재로 주로 쓰이는 돌무화과의 열매는 작고 즙은 많으나 일반 무화과 열매보다 덜 달고 벌레가 잘 먹습니다. 그뿐만 아니라 열매가 제대로 익기 직전에 바늘이나 쇠조각으로 흠집을 내어야 벌레 먹지 않고 익을 수 있습니다. 그리하여 열매 하나하나를 그렇게 손질해야 하는데, 여기서 '재배하다'로 옮긴 히브리 동사가 바로 이를 뜻합니다.

이 돌무화과나무는 낮고 평평한 곳 이를테면 이스라엘의 해안평야에서 주로 볼 수 있습니다. 아모스가 살던 드고아 마을은 베들레헴 남쪽 8킬로미터 지점에 있는 해발 825미터의 높은 곳이어서, 아모스에게는 멀리 낮은 평야지대에 돌무화과나무를 가꿀 땅이 따로 있었으리라 짐작할 수 있습니다. 그러니까 고향에서는 주로 목축을 하고 때때로 손이 많이 가는 돌무화과 농사는 다른 곳에서 일꾼들을 부리면서 했던 것으로 보입니다.

따라서 이전에 흔히 생각했던 바와는 달리 아모스는 가난한 농사꾼이라기보다는 제법 여유 있게 살며 목축업과 과수원을 규모 있게 하던 중농 이상의 계층에 속했다고 하겠습니다. 이 점은 아모스 1-2장에서 암시하듯이, 아모스가 나라 안 사정뿐만 아니라 나라 밖의 사정도 잘 알고 있었으리라는 점과도 통합니다. 그러니까 아모스는 비록 시골에 살지만 재력도 상당하고 국내외 정치를 볼 줄 아는 식견도 갖춘 인물이었던 듯합니다.

그렇지만 아모스는 그저 사람만 부리며 떵떵거리고 살지 않았습니다. 직접 몸으로 앞장서서 짐승도 치고 과수 농사도 하면서 자기가 사는 시대의 문제를 두고 깊이 고민했던 것으로 보입니다. 하나님은 이름난 전문 종교인들을 제쳐 놓고 열심히 목축하며 성실히 농사짓는 아모스를 당신의 말씀을 전할 일꾼으로 불러 쓰셨습니다. 이를 두고 어떤 구약학자는 하나님의 긴급조치라고도 했습니다.

오늘 우리 시대의 제법 잘 사는 농사꾼 가운데서도 그저 자신의 삶에 갇혀 만족하지 않고 이 나라안팎의 어려운 상황을 제대로 이해하면서 하나님의 뜻이 이 땅에 이루어지는 데 적극적으로 참여하는 분들이 없지 않으리라 생각합니다. 그런 사람들이 더 많아졌으면 좋겠습니다.

9. 땅을 사랑한 임금 웃시야 (대하 26:10)

아모스와 같은 때 곧 주전 8세기에 남왕국 유다를 다스렸던 임금이 웃시야입니다. 역대하 26장을 보면, 이 웃시야가 나라를 지키기 위해 국방을 튼튼히 했을 뿐만 아니라 농업을 장려했다고 합니다. 10절에 다음과 같은 내용이 있습니다. 또 광야에 망대를 세우고 물 웅덩이를 많이 파고 고원과 평지에 가축을 많이 길렀으며 또 여러 산과 좋은 밭에 농부와 포도원을 다스리는 자들을 두었으니 농사를 좋아함이었더라. 이 구절의 마지막 문장 곧 농사를 좋아함이었더라는 웃시야 임금이 중농정책을 펼친 까닭을 일러줍니다. 그 히브리 문장을 직역하면 "그가 땅을 사랑하고 있었음이라."가 됩니다. 여기서 땅은 〈아다마〉 곧 농사지을 수 있는 땅, 경작지를 가리킵니다. 한 두어 달 전에 새 정부의 장관을 뽑는 과정에서 땅을 사랑해서 여기저기 땅을 많이 사두었다고 말해서 웃음거리가 된 사람이 생각납니다. 그런 사람은 땅이 돈 벌이 수단이 되니까 땅을 사랑한다고 했겠지요. 웃시야의 경우는 아주 다릅니다.

〈아다마〉를 사랑하는 임금! 이런 통치자가 우리에게도 있으면 정말 좋겠습니다.

이제 마무리할 시간이 되었습니다. 지금까지 우리는 구약성경에서 농사와 관련 있는 아홉 사람을 기억했습니다. '땅을 갈' 아담(창 2:5, 7, 15), '땅을 가는 이' 가인(창 4:1-7), '땅의 사람' 노아(창 9:20), 씨 뿌려 백 배 거두어들인 이삭(창 26:12-14), 밀을 포도주 틀에서 타작하던 기드온(삿 6:11), 소를 앞세워 밭을 갈던 엘리사(왕상 19:19), 포도밭을 지키려다 목숨을 잃은 나봇(왕상 21장), 짐승을 먹이며 돌무화과나무를 가꾼 아모스(암 7:14), 땅을 사랑한 임금 웃시야(대하 26:10)이 아홉 사람입니다. 이들의 이야기 가운데에 오늘 농사를 몸소 짓거나 농사를 귀히 여기며 후원하는 사람들뿐만 아니라 농사를 우습게 보는 사람들도 일깨우는 가르침이 적지 않았습니다. 그 가르침 하나하나를 따라 우리 자신과 이 세상 모든 사람들의 삶이 달라지기를 간절히 바라면서 이만 말씀을 맺습니다.

마지막으로 매헌 윤봉길 의사가 1928년 스무 살의 나이로 펴 낸 농민독본 제 3권('농민의 앞날')의 제 4과('농민') 제3절 전반부에 써 놓으신 글을 요즈음 맞춤법에 맞추어 고쳐 쓴 것을 읽어드리고 싶습니다. 이 농민독본은 충청남도 예산군 덕산면에 있는 윤봉길 의사 기념관에서 볼 수 있습니다. 아직 한 번도 보시지 못한 분은 꼭 한 번 가 보시기 바랍니다. 윤봉길 의사를 보통은 그저 독립투사로만 알고 있지만, 사실 윤봉길 의사는 일찍이 농민 운동에 투신하신 분입니다.

> 농사는 천하의 대본이라는 말은 결단코 묵은 문자가 아닙니다. 이것은 억만년을 가고 또 가도 변할 수 없는 대진리입니다. 사람의 먹고 사는 식량품을 비롯하여 의복 주옥의 자료는 말할 것도 없고 상업 공업의 원료까지 하나도 농업 생산에 기대지 않는 것은 없는 만큼 농민은 세상 인류의 생명창고를 그 손에 잡고 있습니다. 우리 조선이 돌연히 상공업으

로 변하여 하루 아침에 농업은 그 자취를 잃어버렸다 하더라도 이 변치 못할 생명창고의 열쇠는 의연히 지구상 농민이 잡고 있는 것입니다. 그러므로 농민의 세상은 무궁무진합니다.

오랜 시간 동안 귀담아 들어주셔서 참 고맙습니다.

성경에서 말하는 부(富)

이 글은 「교회와 신학」 제72호 (2008년 봄), 10-16쪽에 특집 주제, "경제, 어떻게 볼 것인가?"에 맞추어 쓴 글의 초고입니다. 이 글에서는 사역이라고 따로 밝히지 않은 경우에는 성경 본문을 개역개정판에서 이끌어 씁니다. 그리하여 하나님의 이름 '여호와'도 그대로 씁니다.

차례

1. 부의 뜻
2. 부의 힘
3. 부의 주체 ⑴ 사람 ⑵ 그리스도, 하나님
4. 부에 이르는 길

⑴ 부에 이르는 사람의 품성이나 행동

⑵ 부는 하나님께로부터 옴

⑶ 하나님이 좋아하시는 대로 하면 부는 따라옴

⑷ 불안정한 부보다는 하나님을 더 중시해야 함

5. 부가 불러일으키는 문제

⑴ 착각과 자만 ⑵ 냉혹함, 불의함, 폭력성

6. 넓은 뜻의 부

부(富)는 가난의 반대말이므로 성경에서 말하는 부를 알아보려면 가난의 문제도 함께 생각하게 된다. 그렇지만 가난 그 자체만 해도 큰 주제이므로, 이 글에서는 부와 관련된 성경에 적힌 바를 각 본문의 역사적 배경은 거의 고려하지 않고 그저 내용을 따라 분류하여 다루기로 한다. 또 부를 뜻하는 구약 히브리 낱말이나 신약 헬라 낱말이 여럿 있지만 개역개정판의 번역을 중심으로 살펴보기로 한다.

1. 부의 뜻

한글학회에서 엮어 어문각에서 1992년에 펴낸 『우리말큰사전』에서는 부를 '① 넉넉한 재산. 또는 재산이 넉넉한 것. ② 어떤 주체가 가지고 있는 재산의 전체.'라고 풀이한다. 이리하여 부는 경제 개념으로서 한편으로는 재물이 넉넉한 상태를 뜻하고, 다른 한편으로는 그런 넉넉함의 밑바탕이 되는 재물을 가리킨다. 그런데 '넉넉하다' 함은 '① 어떤 표준에 차고도 남음이 있다. ② 마음이 넓고 크다.'를 뜻한다.

재물이나 재산을 두고 말할 때, 넉넉함은 가진 것이 살아가는 데 꼭 있어야 할 것보다 많음을 뜻한다. 이는 "나를 가난하게도 마옵시고 부하게도 마옵시고 오직 필요한 양식으로 나를 먹이시옵소서"(잠 30:8)에서도 알 수 있다. 그 후반절("오직 필요한 양식으로 나를 먹이시옵소서")의 히브리어 문장은 "내게 내 몫의 양식을 맛보게 하소서!"로 직역할 수 있다. 그러니까, 내가 맛볼 수 있는, 내 몫의 양식을 넘어서는 것을 두고 부라고 할 수 있다.

"우리가 세상에 아무 것도 가지고 온 것이 없으매 또한 아무 것도 가지고 가지 못하리니 우리가 먹을 것과 입을 것이 있은즉 족한 줄로 알 것이니라"는 말씀(딤전 6:7-8)을 따르면, 사는 데 필요한 것 이상이 있으면 이는 부라고 할 수 있다.

삶에 필요한 이상으로 가진 것이 많은 것을 가리켜 부라 함은 흉년을 맞이하여 블레셋 땅 그랄에 들어간 이삭이 거기서 "농사하여 그 해에 백배나 얻었고 여호와께서 복을 주시므로" "창대하고 왕성하여 마침내 거부가 되어 양과 소가 떼를 이루고 종이 심히 많으므로 블레셋 사람이 그를 시기"하게 되었다(창 26:12-14)고 하는 데서 잘 드러난다. 여기서 '거부가 되었다'로 옮긴 부분을 히브리어 본문으로 보면 '매우 크게 되었다'를 뜻한다.

갈멜에 사는 나발(삼상 25:2)과 길르앗 사람 바르실래를 가리켜 부자(삼하 19:32)라 한 것과 욥을 두고 '훌륭한 자'(욥 1:3)라 한 것도 히브리말로는 본디 '크다'라는 뜻을 지닌다.

2. 부의 힘

이와 같이 필요 이상으로 가진 것이 많은 사람을 가리켜 히브리말로 '크다'라고 한 데서도 드러나듯이, 부는 사람을 사회에서 인정받게 한다. 그리하여 부에는 친구가 많이 따른다(잠 14:20).

또 "부자의 재물은 그의 견고한 성"(잠 10:15; 18:11)이므로 사람을 지켜준다고도 한다. 그뿐만 아니라 "여호와는 가난하게도 하시고 부하게도 하시며 낮추기도 하시며 높이기도 하시는도다"(삼 2:7)와 "우매한 자가 크게 높은 지위들을 얻고 부자들이 낮은 지위에 앉는도다"(전 10:6)라는 말에서는 부가 사람에게 높은 지위를 보장해 준다는 점을 암시한다. 때로는 부가 사람에게 왕에 견줄 만한 권세를 누리게 하므로 사람을 함부로 대할 수 없게 한다(전 10:20). 더 나아가서 "부자가 가난한 자를 주관"한다(잠 22:7)고 한다.

이처럼 부에는 사람의 지위와 안전을 보장하고 남을 지배할 수 있게 하는 힘이 있다. 다만 그 부의 힘이 하나님께는 통하지 않는다. 엘리후는 하나님을 두고 "고관을 외모로 대하지 아니하시며 가난한 자들 앞에서 부자의 낯을 세워주지 아니하시나니 이는 그들이 다 그의 손으로 지으신 바가 됨이라."(욥 34:19)고 말한다.

더러 "스스로 부한 체하여도 아무 것도 없는 자가 있고 스스로 가난한 체하여도 재물이 많은 자가 있"지만(잠 13:7), 끝없이 부를 추구하다가 마침내 파멸에 이르는 사람들도 있다(전 4:8: 딤전 6:9).

3. 부의 주체

(1) 사람

성경에 나오는 부자의 보기로는 이미 앞에 나온 이삭, 나발, 바르실래, 욥 말고도 아브라함(창 13:1), 야곱(창 30:43), 사울의 아버지 기스(삼상 9:1), 솔로몬(왕상 3:13), 페르시아의 넷째 왕(단 11:2), 아리마대의 요셉(마 28:57), 삭개오(눅 19:2)가 있다. 또 출애굽한 이스라엘 사람들 가운데 '부자'(출 30:15)가 있었고(시 45:12도 참고), 북왕국 이스라엘의 임금 므나헴은 모든 큰 부자에게서 강탈하여 앗수르 왕에게 줄 돈을 마련했다(왕하 15:20).

또한 예수님의 말씀 가운데 부자가 자주 나온다. 부자가 하나님의 나라에 들어가기 어렵다고 하신 말씀(마 19:23-24; 막 10:25) 말고도 어리석은 부자의 비유(눅 12:16)와 부자의 청지기 비유(눅 16:1)와 거지 나사로와 부자의 이야기(눅 16:19-22)도 말씀하셨고, 가난한 과부와는 달리 많이 헌금하는 부자들도 보셨으며(마 12:41-44; 눅 21:1-4) "화 있을진저 너희 부요한 자여 너희는 너희의 위로를 이미 받았도다"(눅 6:24)라고도 하셨는데, 여기서 '부요한 자'들은 25절의 '지금 배부른 자들', '지금 웃는 자들'과 나란히 나온다. 그뿐만 아니라 부한 벗이나 형제나 친척이나 부한 이웃을 초청하지 말라 하셨다(눅 14:12). 더 나아가서 영생의 문제를 가지고 예수께 찾아와 대화를 한 관리를 가리켜 큰 부자였다고 하셨다(마 19:23; 막 10;24; 눅 18:23).

다른 한편으로 성경에서는 예루살렘 성읍의 부(렘 20:5), 하나님의 백성을 약탈한 이방 민족들의 부(슥 11:5), 아하수에로 임금 때의 페르시아의 부(단 11:2), 바벨론의 부(계 18:17)도 언급한다.

⑵ 그리스도, 하나님

요한계시록 5장 12절에서는 “죽임을 당하신 어린 양은 능력과 부와 지혜와 힘과 존귀와 영광과 찬송을 받으시기에 합당하도다” 라고 한다.

고린도후서 8장 9절에서 “우리 주 예수 그리스도의 은혜를 너희가 알거니와 부요하신 이로서 너희를 위하여 가난하게 되심은 그의 가난함으로 말미암아 너희를 부요하게 하려 하심이라”고 하는데, 이 경우에 부는 그저 경제적인 부만을 뜻하지 않는다.

이와 마찬가지로 로마서 10장 12절에서는 “한 분이신 주께서 모든 사람의 주가 되사 그를 부르는 모든 사람에게 부요하시도다” 라고 한다.

“깊도다 하나님의 지혜와 지식의 풍성함이여”로 옮긴 로마서 11장 33절 헬라어 본문은 “하나님의 부와 지혜와 지식의 깊음이여!”로 직역할 수 있다.

4. 부에 이르는 길

⑴ 부에 이르는 사람의 품성이나 행동

“손을 게으르게 놀리는 자는 가난하게 되고 손이 부지런한 자는 부하게 되느니라.”(잠 10:4)는 말씀은 사람이 부지런해야 부유해짐을 가르친다. “연락을 좋아하는 자는 가난하게 되고 술과 기름을 좋아하는 자는 부하게 되지 못하느니라”(잠 21:17)는 말씀은 사람이 절제해야 부에 이를 수 있음을 깨우쳐 준다.

“충성된 자는 복이 많아도 속히 부하고자 하는 자는 형벌을 면하지 못하리라”(잠 28:20)는 말씀은 부유해지려는 데만 마음을 두고 서둘기보다는 성실하게 신뢰를 쌓으며 살아야 부유해질 수 있음을 가르친다.

다른 한편으로 악으로는 부를 이룰 수도 지킬 수도 없다(욥 15:29; 27:19). 그렇지만 거짓과 불의로 부에 이르는 수도 있다(호 12:7-8). 그래도 부자 되기를 애쓰지 말고 사사로운 지혜를 버리라고 하는데(잠 23:4), 이는 잔꾀로 부유해질 수 없음을 뜻한다.

또 “흩어 구제하여도 더욱 부하게 되는 일이 있나니 과도히 아껴도 가난하게 될 뿐이니라”(잠 11:24)는 말씀은 인색해서는 부에 이를 수 없음을 알려준다.

⑵ 부는 하나님께로부터 옴

이삭이 큰 부자가 된 것은 하나님이 복을 주셨기 때문이고(창 26:12-13), 이스라엘이 가나안 땅에서 재물 얻을 능력은 하나님이 주신 것이다(신 8:18).

“부와 귀가 주께로 말미암고 또 주는 만물의 주재가 되사 손에 권세와 능력이 있사오니 모든 사람을 크게 하심과 강하게 하심이 주의 손에 있나이다”(대상 29:12)라는 고백에서는 부가 모든 것을 다스리시는 하나님께로부터 옴을 똑똑히 알 수 있다.

⑶ 하나님이 좋아하시는 대로 하면 부는 따라옴

솔로몬이 자신을 위해 장수나 부나 자기 원수의 생명을 멸하기를 구하기 않고 오직 송사를 듣고 분별하는 지혜를 구하자 하나님은 그에게 그가 구하지 아니한 부까지 주신다(왕상 3:11, 13; 4:21-24; 대하 1:11-12; 9:22). 이와 비슷하게 역대하 32장 27절에서는 "히스기야의 부와 영광이 지극한지라" 라고 하는데, 글의 흐름으로 보아, 이는 히스기야가 하나님을 잘 섬긴 결과로 이해할 수 있다.

이런 보기는 예수께서 "너희는 먼저 그의 나라와 그의 의를 구하라 그리하면 이 모든 것을 너희에게 더하시리라"(마 6:34)하신 말씀을 떠올리게 한다. 또 시편에서는 부와 재물이 여호와를 경외하며 그의 계명을 크게 즐거워하는 자의 집에 있다(시 112:1, 3)고 노래한다.

⑷ 불안정한 부보다는 하나님을 더 중시해야 함

하나님과 재물을 겸하여 섬기지 못한다고(마 6:25) 하신 예수께서는 어리석은 부자의 비유를 "자기를 위하여 재물을 쌓아 두고 하나님께 대하여 부요하지 못한 자가 이와 같으니라"(눅 12:21)는 말씀으로 마무리하셨다. 또 디모데전서 6장 17절에서는 부자들에게 "마음을 높이지 말고 정함이 없는 재물에 소망을 두지 말고 오직 우리에게 모든 것을 후히 주사 누리게 하시는 하나님께" 두도록 명하라 한다.

일찍이 신명기 8장 11-20절에서는 이스라엘이 가나안 땅에 들어가 잘 살게 될 때 그런 부를 이루게 하신 하나님을 잊지 말라고 했다.

"가산이 적어도 여호와를 경외하는 것이 크게 부하고 번뇌하는 것보다 나으니라"(잠 15:16)는 말씀은 부는 불안을 가져다 줄 수 있으므로 하나님을 경외하여 든든히 살아갈 것을 권고한다. 부에서 불안이 비롯됨은 "노동자는 먹는 것이 많든지 적든지 잠을 달게 자거니와 부자는 그 부요함 때문에 자지 못하느니라"(전 5:12)는 말씀에서도 알 수 있다.

5. 부가 불러일으키는 문제

⑴ 착각과 자만

"부자는 자기를 지혜롭게 여기나 가난해도 명철한 자는 자기를 살펴 아느니라"(잠 28:11)는 말씀에서는 부가 착각을 불러일으킴을 일깨워 준다. 신명기 8장 12-17절에서는 이스라엘이 가나안 땅에 들어가 부유하게 되면 교만한 마음이 생겨서 '내 능력과 내 손의 힘으로'(17절) 그리 된 것으로 잘못 생각할 수 있으리라 한다. 이리하여 부자는 자신의 부를 자랑할 것이 아니다(렘 9:23〔22〕). 오히려 부자의 존재 자체가 덧없는 것이므로 부자는 낮아질 줄 알아야 한다(약 1:10-11).

⑵ 냉혹함, 불의함, 폭력성

"가난한 자는 간절한 말로 구하여도 부자는 엄한 말로 대답"한다(잠 18:23). 예언자 나단은 밧세바를 빼앗은 다윗의 죄를 지적하면서 쓴 비유에서 양과 소가 많이 있는 부자는 작은 암양 새끼 한 마리밖에 없는 가난한 사람에게서 그것을 빼앗아 손님을 대접한다(삼하 12:1-4). 가진 것을 나누기는커녕 어렵게 살아가는 이웃의 것까지 빼앗는다. 미가 예언자는 주전 8 세기 유다 사회의 부자들에게 강포가 가득했다고 한다(미 6:12).

부자의 폭력성은 "너희는 도리어 가난한 자를 업신여겼도다 부자는 너희를 억압하며 법정으로 끌고 가지 아니하느냐"고 하는 야고보서 2장 6절 말씀에서도 다룬다. 야고보 5장 1절에서는 "들으라 부한 자들아 너희에게 임할 고생으로 말미암아 울고 통곡하라"고 한 뒤에 6절까지 그들을 꾸짖는다. 그들의 재물은 썩었고 그들의 옷은 좀먹었다(2절). 그들은 말세에 재물을 쌓았고(3절) 밭에서 추수한 품꾼에게 삯을 주지 아니하였으며(4절) 사치하고 방종하여 살륙의 날에 자기 마음을 살찌게 하였고(5절) 의인을 정죄하고 죽였다(6절). 가난한 일꾼들에게 정당한 삯을 주지 아니하면서 자기만을 위해 재물을 쌓았다.

"가난하여도 성실하게 행하는 자는 부유하면서 굽게 행하는 자보다 나으니라"(잠언 28:6)는 말씀은 부는 사람으로 하여금 굽은 길을 가게 할 수 있음을 깨우쳐 준다.

6. 넓은 뜻의 부

고린도후서 6장 10절에서는 그리스도인들이 "근심하는 자 같으나 항상 기뻐하고 가난한 자 같으나 많은 사람을 부요하게 하고 아무 것도 없는 자 같으나 모든 것을 가진 자"로 살아갈 수 있음을 알려준다.

이와 비슷한 흐름에서 요한계시록에서는 서머나 교회를 두고서 "내가 네 환난과 궁핍을 알거니와 실상은 네가 부요한 자니라."(계 2:9)라고 한다. 이는 스스로 부자라고 하지만 실상은 가난하다는 판정을 받은 라오디게아 교회의 상황(계 3:17-18)과 반대된다.

야고보서 2장 5절에서는 믿음의 부를 두고 말한다.

디모데전서 6장 17-18절에서는 부에 희망을 걸기 보다는 우리에게 부를 주시는 하나님께 희망을 걸고, 재물에 부유하기보다 좋은 일 하는 데 부유하라고 권고한다.

참살이에 대한 성경의 가르침

이 글은 「교회와 신학」 제60호 (2005년 봄), 12-18쪽에 특집 주제, "신앙적 '참살이'(well-being), 어떻게 할 것인가?"에 맞추어 쓴 글의 초고입니다. 이 글에서 성경본문은 개역개정판에서 이끌어 씁니다. 그리하여 하나님의 이름 '여호와'도 그대로 씁니다.

차례

1. 들어가는 말
2. 성경에서 말하는 '참'
⑴ 우리말 '참' ⑵ 히브리 낱말 〈에멧〉 ⑶ 헬라 낱말 〈알레테이아〉
3. 성경에서 말하는 '살림살이'
4. 성경에서 말하는 '삶'
⑴ 구약 히브리 낱말 〈하임〉 ⑵ 신약 헬라 낱말 〈조에〉와 〈비오스〉
5. 나오는 말

1. 들어가는 말

대부분의 영한사전에서 '복지', '안녕', '행복' 등으로 옮기는 영어 wellbeing을 대학용 웹스터 사전(*Merriam Webster's Collegiate Dictionary*, 제10판, 1993)에서는 state of being happy, healthy, or prosperous('행복하거나 건강하거나 번영하는 상태')라고 풀이하고 있다. 이 wellbeing의 번역어로 '참살이'라는 새말을 만든 것은 두 가지 점에서 독특하다. 첫째, wellbeing의 첫 구성 요소로 이 경우에 being을 꾸미는 낱말인 well이 형용사로서는 '건강한', '만족스런', '알맞은'을 뜻하는데, 이를 '참'으로 옮겼다. 둘째, 일반적으로 '존재'나 '상태'를 뜻하는 being을 '살이'로 옮겼다. 이리하여, '참살이'는 wellbeing 그 자체가 뜻하는 것보다는 좀 더 본질적이면서도 역동적인 뜻을 지니게 되었다[88].

'참살이'는 '참'과 '살이'를 한데 붙여 만든 낱말이다. '참'은 본디 명사이지만, 여기서는 형용사 역할을 한다. '살이'는, 한글학회에서 펴낸 『우리말큰사전』(서울: 어문각, 1992)의 2138쪽을 따르면, '살림살이'의 준말이다. 이리하여 '참살이'는 '참되게 살림 사는 것'을 뜻한다고 이해할 만하다. 그런데 참되게 살림 사는 것은 참되게 사는 것에서 비롯된다.

이 점을 전제하면서, 이 글에서는 '참'과 '살림살이'과 '삶'에 대해 성경이 가르치는 바가 무엇인지를 간단히 살펴보기로 한다. 명사 '참'을 뜻하는 대표적인 구약 히브리 낱말과 신약 헬라 낱말은 각각 〈에멧〉(אֱמֶת)과 〈알레테이아〉(ἀλήθεια)이다. '살림살이'의 경우에는, 이에 상응하는 구약 히브리 낱말은 찾아보기 힘들고, 신약 헬라 낱말로서는 〈오이코노미아〉(οἰκονομία)를 생각해 볼 수 있다. '삶'을 뜻하는 대표적인 구약 히브리 낱말과 신약 헬라 낱말은 각각 〈하임〉(חַיִּים)과 〈조에〉(ζωή)이다. 이제 이런 여러 낱말이 신구약성경에서 여러 가지 쓰이고 있는 경우 가운데서 '참살이'에 대한 가르침을 찾아보기로 한다.

---

88) 이런 점은 인터넷 포털 사이트 네이버에서 검색한 '참살이' 관련 글 가운데서 sdk라는 아이디를 쓰는 사람이 2004년 8월 16일에 써 놓은 짧은 글에서도 알아차릴 수 있다. 그 글에서 맞춤법 틀린 것을 바로 잡아 옮겨보면 다음과 같다 – "참살이란 모든 것에서부터 자유롭게 살기 위하여 문명의 이기에서 벗어나 조상들의 삶에서 지혜를 찾아 순수한 인간 본연의 모습으로 돌아가서 사는 방법으로 운동을 즐기고 자연식을 찾아 나서며 자연과 더불어 사는 방법을 배우고 있다. 인스턴트에서 벗어나 꾸밈없이 진실히 살아 갈려는 사람들을 보고 참살이 하는 사람들이라고 한다." 인용문에서 강조점은 필자가 붙였다.

2. 성경에서 말하는 '참'

⑴ 『우리말큰사전』의 4018쪽에서는 '참'을 '사실이나 이치에 어긋남이 없는 것'이라고 풀이하고 있다. 그렇지만, 성경에서 말하는 '참'은 이보다 더 특수한 뜻을 지닌다.

⑵ '참'을 뜻하는 히브리 낱말 〈에멧〉은 구약성경에 무려 201번이나 나오는데, 그 뿌리는 '단단하다', '확실하다', '믿을 만하다'를 뜻하는 동사 〈ㅇㅁㄴ〉(אמן)이다. 이 뿌리에서 '한결같다', '지속적이다', '믿다'를 뜻하는 동사 어간(語幹)들과 '진실', '진리', '성실', '참'으로 번역되는 명사들과 기도를 마무리하는 말인 '아멘'이라는 말이 생겨났다. 이것만 보더라도, 성경에서 말하는 참살이는 단단하고 확실하고 믿을만한 살림살이라는 생각이 든다.

구약성경에서 〈에멧〉은 문맥에 따라 여러 가지 뜻으로 쓰인다. 그 가운데서 '참살이'에 대한 구약성경의 가르침을 찾는 데에는 다음 두 가지가 중요하다.

첫째, 〈에멧〉이 다른 명사를 꾸밀 경우에는 '믿을 만함'을 뜻한다. 이를테면, 창세기 24장 48절에서 아브라함의 종이 "나의 주인 아브라함의 하나님 여호와께서 나를 바른 길로 인도"하셨다고 말할 때, '바른 길'이 바로 '〈에멧〉의 길'이다. 이는 '참의 길', '참된 길'로 번역할 수도 있는데, 결국 믿을 수 있는 길을 뜻한다. 여기서 '길'로 옮긴 히브리 낱말 〈데렉〉(דֶּרֶךְ)이 다른 경우에는 흔히 사람이 살아가는 방식을 뜻하기도 한다는 점은 오늘 우리가 추구해야 할 참살이가 어떤 것인지에 대해 시사하는 바가 있다. 곧 참살이는 하나님이 이끄시는 대로 따라가는 살림살이이다.

둘째, 〈에멧〉과 나란히 쓰이는 개념 가운데서는 '정의'나 '공의'가 비교적 자주 나타난다. 이를테면, "여호와여 주의 장막에 유할 자 누구오며 주의 성산에 거할 자 누구오니까?"라는 시편 15편 1절의 물음에 대해 곧바로 2절 첫머리에는 "정직하게 행하며 공의를 일삼으며 그 마음에 진실(〈에멧〉)을 말하"는 자라는 답이 나온다.

또 예레미야 4장 2절에서는 "진실(〈에멧〉)과 공평과 정의로 여호와의 삶을 가리켜 맹세하면"이라고 한다. 이로 보면, 참살이는 공의로운 살림살이이다. 여기서 한 가지 기억할 것은, 구약성경에서 말하는 '정의'나 '공의'는 많은 경우에, 자기가 속한 공동체를 유지하고 존속시킬 수 있도록 자신의 의무를 성실히 수행하는 것을 뜻하는 관계 개념이라는 점이다.

(3) '참'을 뜻하는 헬라 낱말 〈알레테이아〉과 그 형용사형은 신약성경에 각각 109번과 53번 나온다. 그 뿌리가 되는 동사는 본디 '아무에게 무엇을 감추다'를 뜻하는 헬라 동사 앞에 부정접두어 〈아〉를 붙여 생겼다. 이리하여 〈알레테이아〉와 그 형용사형은 무엇을 감추지 않고 있는 그대로 드러내는 것을 표현한다. 신약성경에는 구약 히브리 낱말 〈에멧〉을 주로 〈알레테이아〉로 번역한 칠십인역의 전통을 중시하여, 정의나 공의를 실행하는 것과 〈알레테이아〉를 긴밀히 관련시킨다. 그런데, 개역한글판에서는 〈알레테이아〉를 주로 추상명사 '진리'로 번역함으로써 이런 점을 약화시켰다.

신약성경에서 〈알레테이아〉가 하나님(롬 1:25 등)이나 예수 그리스도(요 14:6 등)나 성령(요 14:17 등)께 속한 것으로 말하지만, 다른 한편으로는 불의의 반대 개념으로 사람의 올바른 행동을 가리키는 말로 쓰인다. 이를테면, 고린도전서 13장 6절에서 사랑은 "불의를 기뻐하지 아니하며 진리(〈알레테이아〉)와 함께 기뻐"한다고 한다. 또 5장 8절에서는 "오직 순전함과 진실함의 누룩 없는 떡으로 하자"고 함으로써 '순전함'이 '진실함'(〈알레테이아〉)과 나란히 나온다. 더 나아가서, 요한복음 8장 32절에서 예수님이 "진리를 알지니 진리가 너희를 자유롭게 하리라" 하셨다.

이런 말씀들이 참살이에 대한 귀한 가르침이 된다. 곧 참살이는 의로운 살림살이요, 순전한 살림살이요, 죄에서 자유하는 살림살이라 할 수 있다.

3. 성경에서 말하는 '살림살이'

『우리말큰사전』의 2135쪽에서는 '살림'을 '한 집안을 이루어 살아가는 일'이라고 한다.

'살림살이'를 뜻하는 히브리 낱말은 구약성경에서 찾기 힘들지만, 창세기 1장 28절과 2장 15절과 시편 8편 6-8절에서는 하나님이 사람에게 온 누리의 살림살이를 맡기셨다는 사실을 깨우쳐준다. 이리하여, 구약성경에서 말하는 '살림살이'는 한 가정이나 한 집단의 살림살이를 넘어서서 하나님이 몸소 지으시고 다스리시는 온 누리를 대상으로 한다. 바로 이 점에서 참살이가 개인·가족·국가·지역의 차원에서 이른바 질 높은 생활을 겨냥하는 삶일 수만은 없음이 분명해진다.

'살림살이'에 상응하는 헬라 낱말 〈오이코노미아〉, 또 그와 같은 뿌리에서 나와서 사람을 가리키는 또 다른 명사 〈오이코노모스〉와 동사 〈오이코노메오〉가 신약성경에는 각각 8번과 10번과 1번 나온다. 〈오이코노미아〉를 개역한글판에서는 '경륜'(엡 1:10; 3:2; 골 1:25; 딤전 1:4), '직분'(눅 16:3,4; 고전 9:17), '보던 일'(눅 16:2)로 번역했다면, 〈오이코노모스〉는 주로 '청지기'로 옮겼다.

이 여러 말씀에서 참살이에 대한 직접적인 교훈은 찾아내기 힘들다.

다만, 〈오이코노미아〉를 경륜으로 옮긴 경우에는 이는 하나님이 온 누리를 관리해 나가시는 바를 뜻하는데, 여기서 사람의 참살이는 결국 온 누리의 주(主)이신 하나님의 참살이에 상응하는 것이어야 함을 생각할 수 있다.

4. 성경에서 말하는 '삶'

⑴ '삶'을 뜻하는 히브리 낱말 〈하임〉은 구약성경에 148번 나오는데, 개역한글판에서는 거의 대부분 '생명'으로 번역하고, 드물게 '생활'(출 1:14 등)이나 '생존'(수 4:14 등)이나 '삶'(민 14:28 등), '생'(삼상 1:11 등), '살기'(욥 10:1)로 옮겼다.

구약성경에서 말하는 삶은 그저 육체적으로 살아 있는 것만을 뜻하지 않고 건강하고 알찬 삶을 뜻한다. 이는 병이 삶을 갉아먹고 삶을 '감소'시킨다고 보는 데서 잘 드러난다. 그리하여 병에서 나아 건강하게 된 것도 〈하임〉의 뿌리가 되는 동사로 표현한다(민 21:8-9 등).

이처럼 건강하고 알찬 삶은 하나님이 허락하신다는 사실을 구약성경에서 거듭거듭 강조한다. 시편 36편 10절에서는 삶의 원천이 하나님께 있다고 고백한다. 그렇지만, 이런 삶은 끊임없이 위협받기 때문에, 늘 새롭게 하나님이 그 삶을 지켜주시겠다고 약속하신다. 이 약속은 계명을 지키라는 권고와 이어진다(신 30:15-20 등).

이런 여러 말씀은 참살이의 본질이 어디에 있는지를 일깨워준다. 곧, 건강하고 알찬 삶이 참살이의 내용이며, 이런 참살이도 하나님만이 보장하시므로, 그 하나님의 뜻을 좇아 사는 것이야말로 참살이에 이르는 지름길임을 깨닫게 한다.

⑵ 신약성경에서 '삶'과 관련된 명사로 가장 자주 쓰이는 헬라 명사는 〈조에〉로 모두 135번 나온다. 개역한글판에서는 〈조에〉를 주로 '생명'이나 '생'으로 옮겼다.

신약성경에서 〈조에〉는, 그저 사람의 물질적인 생활을 표현하는 〈비오스〉(βιός)와는 달리, 구원과 밀접히 관계되면서 한편으로는 죽음에 맞서는 말로, 다른 한편으로는 영원한 생명을 표현할 때 자주 쓰인다. 이를테면, 로마서 6장에서는 '그리스도 예수와 합하여 세례를 받은'(3절) 사람은 '새 생명(〈조에〉) 가운데서' 걸어가게 된다고 한다. 이는 생물학적인 삶에는 달라진 바가 없지만 그리스도인은 세례를 받음으로써 새 삶을 시작하게 됨을 뜻한다.

이렇게 시작된 새 삶은 생물학적인 죽음을 넘어선다. 예수를 믿는 자는 '사망에서 생명으로 옮겼느니라'는 요한복음 5장 24절이 이를 뜻한다. 이리하여, 죄에 사로잡힌 삶은 참 〈조에〉가 아니다. 죄에서 해방된 삶만이 참 〈조에〉이다.

예수님은 〈조에〉(요 11:25; 14:6)로서 〈조에〉를 주시는 분이시다(4:46-53; 11:1-44). 이리하여 사도들이 예수 그리스도에 대해 선포한 말씀은 '생명(〈조에〉)의 말씀'(행 5:20)이다. 이방인들도 회개를 통해 생명(〈조에〉)에 이를 수 있다(행 11:18).

이제 예수를 믿어 참 〈조에〉를 얻게 된 사람들은 '주의 것'(롬 14:8)으로서 '하나님께 종이 되어'(6:22) 자신의 '지체를 의의 병기로 하나님께' 드린다(6:13).

여기에 신약성경에서 말하는 참살이의 근본이 있다. 참살이는 예수 그리스도를 통하여 온갖 죄에서 해방된 존재로 하나님의 뜻을 따라 살아가는 데서 비롯된다.

5. 나오는 말

지금까지 앞에서 살펴본 바를 통틀어 참살이에 대해 성경에서 깨닫는 바를 정리해 보자.

첫째, 온 누리를 지으시고 다스리시는 하나님께로부터 사람의 삶이 비롯된다는 사실을 제쳐놓고는 건강하고 알찬 삶을 내용으로 하는 참살이에 대해 말할 수 없다.

둘째, 예수 그리스도를 믿어 죄에서 해방되지 않고서는 참살이가 제대로 이루어지지 않는다.

셋째, 참살이는 개인·가족·국가·지역의 안전과 번영을 뛰어 넘어 온 누리를 하나님의 뜻에 맞게 관리한다는 큰 틀에서 생각할 문제이다.

넷째, 참살이는 믿을 만하고, 정의로우며 지속적인 살림살이이다. 곧 한편으로는 이웃과 더불어 살아가고, 다른 한편으로는 하나님이 지으셔서 사람들에게 맡기신 피조 세계를 잘 보존하는 살림살이이다.

셋째 마당

구약성경과 한국교회

이스라엘 역사에서 본 오늘 한국교회의 진정한 부흥

1907년 부흥운동의 모티브 (I) - 말씀

느헤미야 8-9장의 백성, 에스라, 레위인들

성경에서 말하는 섬김

성서학에서 생각하는 진보신학

이스라엘 역사에서 본
오늘 한국교회의 진정한 부흥

이 글은 장로회신학대학교 평양부흥 100주년 기념사경회 선택 특강 가운데 하나로 2007년 3월 22일에 광장교회 예배당에서 한 강연의 원고입니다. 이 글에서 성경본문은 개역개정판에서 이끌어 씁니다.

차례

1. 들어가는 말
  (1) 사경회 전체 주제와 특강 제목
  (2) 한자말 부흥(復興)의 뜻
  (3) 개역한글판 성경에 나오는 부흥: 하박국 3장 2절의 부흥
  (4) 구약의 이스라엘과 오늘의 한국교회
  (5) 구약의 이스라엘이 부흥한 적이 있는가?
  (6) 본받지 말아야 할, 구약 이스라엘의 역사
2. 구약의 이스라엘이 부흥하지 못한 까닭
  (1) 하나님의 말씀을 듣지 않은 하나님 백성
  (2) 하나님을 배신한 하나님 백성
  (3) 어려울 때 하나님을 의지하지 않은 하나님 백성
  (4) 약자를 괴롭힌 사회
  (5) 경박하고 거짓된 종교지도자들
  (6) 돌아오기를 거부한 하나님 백성
3. 이스라엘의 부흥과 재건을 위한 노력
  (1) 남북왕국 시대
  (2) 에스라 느헤미야 시대
4. 오늘 한국교회가 부흥하지 못하는 까닭
  (1) 하나님의 말씀을 듣지 않는 한국교회?

(2) 하나님을 배신하는 한국교회?
(3) 어려울 때 하나님을 의지하지 않는 한국교회
(4) 약자를 괴롭히는 한국교회?
(5) 경박하고 거짓된 지도자들?
(6) 돌아오기를 거부하는 한국교회?
5. 오늘 한국교회가 진정으로 부흥하는 길
(1) 교회의 부흥은 하나님이 이루시는 일
(2) 하나님께 돌아가야 할 한국교회
(3) 말씀을 되찾아야 할 한국교회
(4) 어려울 때 하나님만 의지해야 할 한국교회
(5) 말씀에 비추어 공동체의 죄도 회개해야 할 한국교회
(6) 부흥의 총체성과 전면성과 공동체성
6. 나오는 말

1. 들어가는 말

(1) 사경회 전체 주제와 특강 제목

평양부흥 100주년 기념사경회에서 부족한 제가 선택 특강의 한 부분을 맡게 되어 매우 영광스럽습니다. 이번 사경회의 주제는 "우리 시대에도 부흥케 하옵소서 - 말씀, 회개, 부흥, 삶"입니다. 그 큰 틀 안에서 제가 맡은 특강의 제목은 "이스라엘 역사에서 본 오늘 한국교회의 진정한 부흥"입니다. 그러니까 저는 이 시간에 구약성경에 나타난 이스라엘 역사를 통틀어서 오늘 우리 한국교회의 참된 부흥에 교훈이 될 만한 내용을 찾아 여러분에게 말씀드려야 할 숙제를 받은 것입니다. 그동안 강의 준비에 쫓기면서 숙제를 잘 해보려고 애썼습니다만 결과는

그리 신통하지 않습니다.

그리하여 저로서는 오히려 이 문제를 두고 여러분과 함께 둘러앉아 서로 이야기를 나눌 수 있다면 훨씬 더 좋으리라 생각합니다. 오늘 제가 여러분에게 무슨 새로운 내용의 이야기를 할 수 있으리라 생각하지 않습니다. 너무나 뻔한 내용, 또 그동안 제가 이런저런 기회에 되풀이하여 말해 오던 것을 다시 한 번 정리해보려고 할 따름입니다. 그런 만큼 여러분은 그저 편한 마음으로 저와 함께 생각해 보시기를 부탁드립니다.

먼저 한 가지 말씀드릴 것이 있습니다. 늘 그러했듯이 이런 모임에 강사로 초청받는 사람들은 보통 큰 교회 목사님이거나 널리 이름이 알려진 분들입니다. 저도 그런 사람 가운데 하나일 수 있습니다. 그렇지만 이 시간 저는 제가 지난날 성공하지 못한 시골 교회 담임교역자였다는 사실을 깊이 의식하면서 이 자리에 섰습니다.

충청북도 보은군 마로면 임곡리 임곡교회는 제가 1977년 겨울부터 1982년 8월까지 다섯 해 조금 못 되는 기간 동안 제가 맡아 섬겼던 산골교회입니다. 교인이 십 수 명도 되지 않는 이 산골교회에서 처음에는 신학생 전도사로 시작하여 1981년 4월 7일에 목사 안수를 받았습니다. 마지막 두 어 해 동안에는 제가 장신대 전임 강사로 일하느라 실제로는 다른 분이 그 곳에 거주하며 교회를 돌보았지만, 명목상으로 여전히 제가 담임교역자였습니다. 임곡교회를 생각하면 지금도 마음이 뜨거워짐을 느낍니다.

전라남도 나주군 남평면 우산리 우산교회는 1990년 2월 초부터 1993년 1월 말까지 세 해 정도 제가 담임했던 시골교회입니다. 교인이라야 어른이 수십 명 밖에 되지 않았습니다. 우산교회를 생각하면 지금도 마음이 애틋합니다. 제가 학교에서 쓰는 이 찬송가 앞에는 1993년 초에 만든 우산교회 교우들의 명단과 전화번호를 구역별로 적어 놓은 종이가 아직도 붙어 있습니다.

임곡교회이든 우산교회이든 교우들에게는 별로 좋지 못한 교역자였지만, 저로서는 제가 이 두 교회의 담임교역자일 수 있었다는 사실을 지금도 매우 자랑스럽게 생각합니다. 그런 기회를 주신 하나님과 교우들에게 깊이 감사드립니다. 목사라는 직책을 두고 생각한다면 장신대 교수의 자리보다 이 두 교회의 담임 교역자 자리가 제게는 훨씬 더 중요합니다. 평생 그러할 것입니다.

아주 보잘것없는 산골교회나 시골교회 교역자의 눈으로 보는 한국교회는 큰 교회 교역자나 이름난 교계 인사들의 눈으로 보는 한국교회와는 크게 다릅니다. 그분들이 주로 위에서 내려다본다면 산골교회, 시골교회 교역자는 아래에서 올려쳐다 봅니다.

그 동안 제가 우리나라 교회를 두고 말을 하면, 제가 너무 좋지 않게만 생각한다거나 한쪽으로 치우쳤다고 염려하는 말을 선후배 교역자들부터 자주 듣습니다. 그럴 수 있겠지요. 그런 저의 성향은 결국 우리교회 현실을 위에서 보지 않고 아래에서 보는 저의 시각과 관련이 있는 것으로 보입니다. 오늘 말씀드릴 것도 그런 테두리에서 크게 벗어나지 않으므로 여러분들 가운데서도 한국교회를 보는 제 입장이 너무 부정적이고 편파적이라고 느끼실 수 있으리라 예상합니다.

⑵ 한자말 부흥(復興)의 뜻

'부흥'이라는 낱말을 한글학회에서 1992년에 펴낸 『우리말큰사전』에서 찾아보았습니다. "쇠퇴하던 것이 다시 일어나거나 일어나게 함"이라고 풀이해 놓았습니다. 그렇다면 오늘 우리가 한국교회의 부흥을 바란다는 것은 우리 교회가 쇠퇴하고 있음을 전제합니다. 우리 한국교회가 차차 줄어지고 약해져서 그전보다 못하게 되었다는 것이지요. 그리하여 우리 교회가 다시 일어나기를 바라는 간절한 마음을 담아 이런 주제를 이번 사경회에 붙인 것이라 하겠습니다.

(3) 개역성경에 나오는 부흥: 하박국 3장 2절의 부흥

그런데 놀랍게도 개역성경에서 '부흥'이라는 낱말은 단 한 번 하박국 3장 2절 앞부분에 나옵니다. "여호와여 내가 주께 대한 소문을 듣고 놀랐나이다 여호와여 주는 주의 일을 이 수년 내에 부흥하게 하옵소서"가 그 부분입니다.

여기서 '부흥하게 하다'로 옮긴 히브리 동사는 '무엇이 다시 살아나게 하다', '되살리다'를 뜻합니다. 그렇게 다시 살아나게 할 것, 되살릴 것은 주의 일 곧 여호와 하나님의 일입니다. '일'로 옮긴 히브리 낱말은 본디 '행동', '행위'를 뜻합니다. 구체적으로는 여호와께서 당신의 백성을 어려움에서 건져내시기 위해 이 인간 세계의 역사에 개입하여 하시는 행동, 행위를 가리킵니다.

예언자 하박국은 주전 600년쯤에 북쪽의 크고 힘센 나라 바벨론의 군대가 힘없고 작은 조국 유다를 위협하는 어려운 상황에서 여호와 하나님께 기도했습니다. 하나님이 그때까지 당신의 백성을 돕기 위해 여러 기지 구원의 사건을 일으키셨듯이 지금도 가까운 시일 안에 그런 구원의 조치를 해 주시기를 바라면서 "여호와여 주는 주의 일을 이 수년 내에 부흥하게 하옵소서" 라고 기도한 것입니다.

이렇게 보면, 하박국이 곧바로 이스라엘의 부흥을 위해 기도했다고 하기는 힘듭니다. 그렇지만 여호와께서 당신의 행위를 되살리셔야 이스라엘이 위기에서 벗어나 되살아날 수 있으므로, 여호와의 "행위를 되살리소서!" 라는 이 기도야말로 참으로 이스라엘을 되살리는 기도, 이스라엘의 부흥을 위한 기도라 할 수 있습니다.

이리하여 오늘 우리도 우리가 속한 한국교회의 진정한 부흥을 바란다면 너무 성급하게 "하나님, 저희 한국교회를 부흥시켜 주옵소서!"라고 기도할 것이 아니지요. 그보다는 "하나님, 지금까지 한국교회를 살리시려고 여러 가지로 놀라운 행동을 하셨듯이 지금 그러한 당신의 행동을, 행위를 되살리소서!"라고 기도하는 것이 더 낫지 않겠습니까? 이처럼 부흥을 바라는 하박국의 기도에서 우리는, 한국교회의 부흥은 오로지 하나님께 달린 것임을, 하나님이 은혜를 베풀어주셔야만 우리 한국교회가 되살아날 수 있다는 너무나 마땅한 사실을 깨닫습니다. 한국교회의 부흥을 우리가 하나님께 강요할 수는 없습니다.

여기서 며칠 전에 읽었던 구약 외경 유딧 8장의 내용을 소개하고 싶습니다. 주전 150년쯤에 생긴 책이 유딧서입니다.

느부갓네살의 군대가 유다로 쳐들어왔습니다. 유다의 한 산골마을 배툴리아를 에워싼 이들은 그곳의 물길과 샘들을 다 손에 넣었습니다. 그러자 배툴리아 사람들은 지도자 우찌야를 중심으로는 하나님의 도움을 간구하며 방책을 세워보았지만 뾰족한 수가 없었습니다. 백성들은 항복하여 목숨을 구하는 것이 좋겠다고 합니다. 마침내 우찌야는 닷새가 지나도 하나님이 자기들을 돕지 아니하시면 그리하자고 합니다. 이 소식을 들은 여인 유딧은 우찌야를 비롯한 지도층 인사들을 자기 집으로 모셔 오게 해서 말합니다. 그 가운데 8장 15-17절을 2005년에 나온 가톨릭공용번역본에서 한 번 읽어 드리겠습니다.

> 하느님께서는 닷새 안에 우리를 도우실 뜻이 없으시더라도 당신께서 원하시는 때에 우리를 보호하실 수 있는 권능을, 또 적군들 앞에서 우리를 전멸시키실 수 있는 권능을 가지고 계십니다. 주 우리 하느님께서는 사람과 달리 협박할 수 있는 대상이 아니시고, 인간과 달리 부추길 수

있는 대상이 아니십니다. 그러니 하느님에게서 구원이 오기를 고대하면서, 우리를 도와주십사고 그분께 간청합시다. 당신 마음에 드시면 우리의 목소리를 들어 주실 것입니다.

평양 부흥 100주년인 올해 우리 남한 교회 안의 움직임을 보니 1995년이 생각납니다. 여러분 가운데서도 기억하실 분이 있겠지만, 1980년대 후반부터 우리 교계 일부에서는 1995년을 평화통일희년으로 선포하고 여러 가지 행사를 준비해 왔습니다. 해방 후 50주년이 되는 1995년에는 반드시 통일을 향한 큰 진전이 있기를 바랐던 것입니다. 그렇지만 정작 1995년 그 해에 아무 일도 일어나지 않았습니다. 그 뒤로는 아무 일도 없었다는 듯이 조용해져 버렸습니다. 교회 안에서 통일 논의하는 일을 보기가 매우 힘들어졌습니다.

우리 자신을 비롯하여 지금 남한의 그리스도인들과 교회들은 평양 대부흥 100주년을 맞이하여 올해 안에 무슨 큰일을 이루어내어야 한다는 강박감에 사로잡혀 있는 듯이 보입니다. 물론 100주년이 중요한 해이기는 합니다만, 그렇다고 해서 이 100주년에 반드시 무엇을 해 주시도록 우리가 하나님을 강요할 수는 없지 않겠습니까? 하나님이 당신의 행위를 되살리실 때가 2007년이 아니라 2008년일 수도 있고 2013년일 수도 있지요.

그런 만큼 우리로서는 올해도 언제나 그랬듯이 하루하루, 한 달 한 달을 소중하게 생각하며 최선을 다해 살아가며 하나님의 때를 기다리면 되지 않겠습니까? 더 무엇을 할 수 있겠습니까? 2007년에 아무 일이 일어나지 않더라도 그것 때문에 실망하거나 좌절할 필요는 없겠지요. 제가 너무 소극적으로 생각하고 있는 것인가요? 모처럼 온 학교가 열심을 내는 마당에 김 빼는 말씀을 드린 것인가요?

들어가는 말이 너무 길어졌습니다. 이 시간 제목 자체에서 몇 가지 생각해 볼 것이 있습니다.

(4) 구약의 이스라엘과 오늘의 한국교회

먼저 이 시간 제목에는 이스라엘과 관련되는 구약의 내용은 오늘 우리 한국교회에 적용할 수 있다는 전제가 깔려 있습니다. 곧 옛 이스라엘이 여호와 하나님의 백성이었듯이, 오늘 한국교회도 하나님의 백성이라는 사실입니다. 그렇습니다. 이스라엘이 옛 언약의 백성이었다면, 교회는 새 언약 백성의 모임입니다. 한국교회는 그 새 언약 백성의 한 부분입니다.

(5) 구약의 이스라엘이 부흥한 적이 있었는가?

다음으로 생각해 볼 점은 구약의 이스라엘이 참으로 부흥한 적이 있었는가 하는 문제입니다. 이스라엘은 다윗과 솔로몬 시대에 가장 융성했습니다. 그런데 다윗과 솔로몬 시대는 이스라엘 통일왕국이 제대로 꼴을 갖추게 된 시대입니다.

한 나라의 부흥이란 융성하던 나라가 쇠퇴해지다가 다시 일어서게 되는 것을 말합니다. 우리가 잘 아는 대로, 솔로몬 시대가 끝난 뒤에 이스라엘은 남북왕국의 둘로 나누어짐으로써 구약 하나님 백성의 나라는 약해지기 시작합니다. 한 나라가 둘로 나누어졌으니 나누어진 각 나라가 아무리 부흥한들 통일왕국 시절의 세력을 되살릴 수는 없겠지요. 다만 북왕국의 경우에는 주전 8세기 중엽의 여로보암 2세 때가, 남왕국의 경우에는 주전 7세기 후반의 요시야 때가 어느 정도 부흥한 시대라 할 수 있습니다.

열왕기하 14장 23-25절을 보면, 41년이라는 긴 세월에 걸쳐 사마리아에서 북왕국을 다스렸던 여로보암 2세가 북으로는 시리아 지역의 중심 성읍 가운데 하나였던 하맛 어귀에서부터 남쪽으로는 사해에 이르기까지 통치 영역을 넓혔다고 합니다. 또 이 때 나라 안의 경제도 크게 발전한 것으로 보입니다. 그런데 바로 이렇게 나라가 부흥한 때에 내부 사회는 빈부의 격차가 커져 양극화가 깊어지고 경제적 불평등과 착취가 심해져서 불의가 판을 치는 상황에 이르렀습니다. 이런 상황은 무엇보다도 아모스의 예언에서 어렵지 않게 알아차릴 수 있습니다. 이런 여로보암 이세를 가리켜 열왕기하 14장 24절에서는 "여호와 보시기에 악을 행하여 이스라엘에게 범죄하게 한 느밧의 아들 여로보암의 모든 죄에서 떠나지 아니하였"다고 합니다. 그러고 보면 나라 힘이 겉보기로 강해졌다고 해서 그것이 무조건 하나님이 내리신 복의 결과라고 할 수는 없습니다. 하나님을 거스르는 가운데서도 나라가 부흥할 수 있지만 그런 부흥은 진정한 부흥이 아닙니다.

31년 동안 예루살렘에서 남왕국을 다스린 요시야의 경우는 이와 좀 다릅니다. 요시야는 성전을 수리하는 과정에서 발견된 율법책의 내용을 두렵게 받아들였습니다. 그리하여 그 내용을 온 국민에게 알려 온 나라가 하나님을 바르게 섬길 것을 약속하게 했습니다. 그뿐만 아니라 그동안 선조들이 섬기던 우상들을 없애는 등으로 온 나라의 신앙을 새롭게 했습니다. 아울러 앗수르에게 빼앗겼던 북왕국 땅도 되찾으려고 했던 것으로 보입니다. 그런 내용이 열왕기하 22-23장에 나옵니다. 안타깝게도 요시야는 앗수르가 약해진 틈을 타 북쪽으로 쳐 올라오는 이집트의 임금 느고를 막아서다가 목숨을 잃습니다.

역대하 35장 20-22절에서는 요시야가 죽은 까닭을 밝힙니다. 곧 이집트의 임금 느고가 요시야에게 자기가 올라온 것은 유다를 치려는 것이 아니고 하나님의 명령을 따라 메소포타미아 지역을 치려는 것이므로 자기를 막지 말라고 했으나 요시야가 "하나님의 입에서 나온 느고의 말을 듣지 아니하"고(22절) 느고에 맞섰다가 전사했다고 합니다.

아무튼 요시야의 죽음으로 유다왕국 중흥의 꿈도 물거품이 되고 맙니다. 요시야 다음에 유다 임금이 된 여호아하스를 이집트 임금 바로가 이집트로 끌고 가버렸고, 그 대신에 여호야김을 임금으로 삼았습니다. 4년 뒤에 이집트 군대가 바벨론 군대에게 싸워 크게 지자, 유다 땅은 바벨론의 영향 아래 들어가고 바벨론의 손에서 벗어나고자 여러 모로 애쓰다가 마침내는 망하고 말았습니다.

물론 유다가 바벨론에게 망하고 유다 지도층이 바벨론에 사로잡혀 갔다가 페르시아 시대에 다시 유다 땅에 돌아온 뒤로 유다 공동체가 재건된 역사가 있으나 그 규모를 두고 보면 이 포로기 이후 유다 공동체의 재건을 이스라엘의 부흥이라 하기는 어렵습니다. 이 역사는 나중3.(2)에 다시 좀 더 자세히 살펴보겠습니다.

(6) 본받지 말아야 할, 구약 이스라엘의 역사

이처럼 구약성경에서 이스라엘이 제대로 부흥한 기록은 찾아보기가 힘듭니다. 이리하여 오늘 진정한 부흥을 간절히 바라는 우리 한국교회에 교훈이 될 만한 내용을 구약 이스라엘 역사에서 찾으려면, 왜 이스라엘은 부흥하지 못했는가 알아보는 것이 더 낫습니다.

고린도전서 10장에서 바울 선생님은 이스라엘의 선조들이 이집트를 떠나 광야 길을 오는 동안 하나님을 거스른 역사를 말하면서 11절에서 "그들에게 일어난 이런 일은 본보기가 되고 또한 말세를 만난 우리를 깨우치기 위하여 기록되었"다고 합니다. 우리는 '본보기'라는 말을 보통은 좋은 뜻으로 씁니다. 곧 어떤 훌륭한 사람을 본받아 나도 훌륭해지려고 한다고 할 때 아무개를 본보기로 삼는다고 합니다. 그런데 여기서 바울 선생님이 말씀하시는 본보기는 그런 뜻이 아닙니다. 선조들의 실패한 역사를 본받지 말아야 한다는 뜻에서 본보기라는 말을 쓴 것입니다.

이와 통하는 한자말로 반면교사(反面教師)라는 말이 있습니다. 요즘 이 말은 보통 다른 사람이나 사물이 잘못된 것을 보고 가르침을 얻는 것을 뜻합니다. 이리하여 우리는 이스라엘의 제대로 부흥하지 못한 역사를 오늘 진정한 부흥을 바라는 한국 교회의 반면교사로 삼을 수 있습니다.

여러분, 결과를 두고 보면 구약의 이스라엘은 실패했습니다. 그래서 메시아 예수 그리스도께서 이 세상에 오셨습니다. 아무튼 그토록 하나님이 놀라운 은혜를 많이 끊임없이 베풀었지만 한 나라가 둘로 갈라지고 갈라진 두 나라는 차례로 북왕국이 먼저 망하고 뒤이어 남왕국도 망했습니다. 나중에 하나님이 다시 은혜를 베푸셔서 망한 나라 백성을 유다 땅에 불러들여 살게 하셨지만, 그들조차 제대로 하나님을 섬기지 못했습니다. 이리하여 우리는 왜 이스라엘이 그런 실패의 길을 걸었는지를 잘 살펴보고 그 잘못을 저지르지 않으면 부흥할 수 있지 않겠습니까?

그런데 다른 한편으로 구약의 이스라엘이 언제나 실패했다고 할 수는 없습니다. 부분적으로는 성공한 적이 없지는 않았습니다. 앞서 잠시 말씀드린 요시야뿐만 아니라 그에 앞서 히스기야나 포로기 이후에는 에스라와 느헤미야가 있고, 구약의 예언자들이 있었습니다. 이들은 각기 나름대로는 그야말로 가시밭의 백합화처럼 파국으로 치닫는 겨레와 조국을 살리려고 하나님의 뜻을 받들어 정성을 다했습니다. 이스라엘의 역사의 이런 긍정적인 요소도 한국교회가 제대로 부흥하는 길을 찾는 데 교훈이 될 수 있습니다.

썩 어울리지는 않습니다만 여기서 우리는 타산지석(他山之石)이라는 한자말을 생각해 볼 수 있습니다. 이는 다른 사람의 하찮은 말이나 행동일지라도 자기의 학덕의 닦는 데에는 도움이 될 수 있음을 말할 때 쓰는 말입니다. 구약 이스라엘이란 산이 별 쓸모없는 자갈밖에 없는 거친 산이라 하더라도 그 산의 자갈에서조차 우리는 무엇인가를 배울 수 있습니다.

이제 우리는 구약 이스라엘의 역사를 타산지석으로, 반면교사로 삼아 오늘 우리 한국교회가 참으로 부흥할 길을 찾아보십시다.

2. 구약의 이스라엘이 부흥하지 못한 까닭

(1) 하나님의 말씀을 듣지 않은 하나님 백성

스가랴 1장 1-4절 말씀으로 시작하겠습니다.

> [1]다리오 왕 제이년 여덟째 달에 여호와의 말씀이 잇도의 손자 베레갸의 아들 선지자 스가랴에게 임하니라 이르시되 [2]여호와가 너희의 조상들에게 심히 진노하였느니라 [3]그러므로 너는 그들에게 말하기를 만군의 여호와께서 이처럼 이르시되 너희는 내게로 돌아오라 만군의 여호와의 말이니라 그리하면 내가 너희에게로 돌아가리라 만군의 여호와의 말이니라 [4]너희 조상들을 본받지 말라 옛적 선지자들이 그들에게 외쳐 이르되 만군의 여호와께서 이같이 말씀하시기를 너희가 악한 길, 악한 행위를 떠나서 돌아오라 하셨다 하나 그들이 듣지 아니하고 내게 귀를 기울이지 아니하였느니라 여호와의 말이니라

페르시아 임금 다리오 제2년 여덟째 달은 주전 520년 10·11월의 어느 시점입니다. 바벨론에 사로잡혀갔던 유다 사람들이 다시 유다 땅에 돌아와 유다 공동체를 재건하기 시작하여 18년이 흐른 때입니다.

이런 때에 하나님은 스가랴를 통해 유다 사람들에게 “너희는 내게로 돌아오라”고 권고하십니다. 그리하시면서 “너희 조상들을 본받지 말라” 하십니다. 그 히브리어 문장을 직역하면, “너희는 너희 조상들처럼 되지 말라!”가 됩니다. 곧 “너희가 너희 조상들과는 달라야 한다.”는 말씀입니다. 조상들은 하나님이 돌아오라고 권고하신 말씀을 듣지 않았기 때문입니다. 이처럼 이 순간 하나님은 이스라엘의 지난 역사를 한마디로 이스라엘이 하나님의 말씀을 듣지 않은 역사로 뭉뚱그리십니다. 이 말씀으로 하나님은 스가랴 시대까지 진행된 이스라엘 역사를 한마디로 불순종의 역사라고 하신 것입니다.

하나님의 백성이 하나님의 말씀을 듣지 않았다는 표현은 구약성경 특히 예레미야서에 자주 나옵니다(3:13, 25; 7:13; 25:3, 4, 7; 26:5; 29:19; 34:17; 35:14, 15; 37:2; 42:21; 43:4). 이는 유다 멸망 직전후 유다의 상황이 예레미야서에 가장 두드러지게 나타나기 때문인 것으로 보입니다. 곧 남왕국 유다가 부흥하지 못하고 망한 것도 하나님의 백성이 하나님의 말씀을 듣지 않았기 때문이라는 것입니다.

(2) 하나님을 배신한 하나님 백성

하나님의 백성이 하나님의 말씀을 듣지 않는다는 것이 이스라엘의 통치자들과 백성이 하나님을 배신한 현실에서 아주 구체적인 모습으로 나타납니다. 그런 뿌리는 이미 통일 왕국의 세 임금에게서 찾아볼 수 있습니다.

이스라엘의 첫 임금 사울도 처음에는 겸손했습니다. 사무엘이 하나님의 명령을 받들어 미스바에서 온 백성을 불러 모으고 그를 임금으로 뽑았을 때 남보다 큰 키의 몸을 짐보따리들 사이에 감출 정도였습니다.

그러나 몇 번 전쟁에서 이기고 나자 마음이 높아져서 하나님이 사무엘을 통해 경고하신 바를 따르지 않았습니다. 제 멋대로 처신하다가 정신도 희미해지고 그저 다윗을 해치려고만 하다가 마침내는 블레셋 군대와 싸우다가 목숨을 잃고 맙니다.

다윗은 어떠했습니까? 사도행전 13장 22절에 따르면, 하나님이 친히 "내 마음에 맞는 사람이라"고 하셨던 임금이 다윗입니다. 또 이스라엘 역사에서 그래도 통치자의 모범으로 여기는 사람이 다윗이라는 사실은 열왕기상하, 역대상하에서 어렵지 않게 알아차릴 수 있습니다. 실제로 하나님은 다윗이 왕이 되어 땅을 넓히기 위해 전쟁을 할 때마다 다윗이 어디로 가든지 이기게 하셨습니다(삼하 9:13).

그런데 이스라엘의 군대가 마침내 요단 동쪽의 암몬 자손의 나라의 수도를 점령하기에 이르렀을 즈음에 다윗은 왕궁에 남아 있다가 부하 장수의 아내 밧세바를 범하는 잘못을 저지릅니다. 그뿐만 아니라 이를 감추려고 충직한 장수 우리야를 죽이게 하는 무서운 일까지 벌였습니다(삼하 11장). 이 일 때문에 예언자 나단을 통해서 하나님이 엄히 꾸짖으시자 다윗은 뉘우치고 용서 받습니다(삼하 12장).

그렇지만 그 후유증은 심각했습니다. 사무엘상하의 흐름을 보면, 이 사건 이후 다윗과 더불어 다윗 왕국도 내리막길을 달립니다. 밧세바가 낳은 아이가 죽었습니다. 다윗의 큰 아들 암논이 배다른 누이 다말을 범했습니다. 그 때문에 셋째 아들 압살롬이 맏형을 죽이고 달아났다가 반란을 일으키기까지 했습니다. 다윗은 잠시 동안이지만 예루살렘을 떠나 피난하는 신세가 되었습니다(삼하 13-19장). 압살롬이 죽은 뒤에는 넷째 아들 아도니야가 스스로 왕위로 올랐다가 솔로몬에게 목숨을 잃었습니다(왕상 1-2장).

솔로몬도 한결같지 않았습니다. 임금이 되어 처음에는 기브온 산당에 가서 나라를 잘 다스릴 수 있도록 지혜를 달라고 하나님께 간구하여 응답을 받았습니다. 그리하여 나라 안팎으로 지혜로운 통치자로 이름을 떨치고 성전과 왕궁을 짓고 국방을 튼튼히 했습니다(왕상 3-10장). 그렇지만 하나님의 명령을 따르지 않고 이집트 임금의 딸을 비롯하여 여러 다른 나라 여인들을 아내로 삼으면서 그 마음이 하나님을 떠나 온갖 우상을 섬기는 지경에까지 이르렀습니다. 말년에는 여기저기서 반란이 일어났습니다(왕상 11장). 그리하다가 마침내 그 아들 르호보암 때에는 나라가 남북의 두 나라로 나누어집니다(왕상 12장).

그 뒤로 남북왕국에 들어선 임금들도 크게 나을 것이 없었습니다.

북왕국을 세운 여로보암은 처음부터 두 금송아지를 만들어 백성으로 그것들을 섬기게 함으로써 하나님을 노엽게 했습니다. 그 뒤로 북왕국에서는 여덟 차례에 걸쳐 왕위를 두고 피비린내 나는 싸움이 벌어졌습니다. 그런데도 누가 임금이 되든지 이들은 약속이나 한 듯이 하나님을 거스릅니다. 정당하게 권좌에 오르지 못한 임금들은 경쟁이나 하듯이 이방 신들을 섬겼고 이방 종교를 끌어들였습니다.

열왕기상하에서는 북왕국 임금들이 여로보암의 길로 걸어갔다고 거듭거듭 말하다가(왕상 15:26, 34; 16:26 등) 마침내 북왕국 이스라엘 사람 전체가 그리했다고 하면서(왕하 17:22) 건국 초기부터 생긴 잘못이 대대로 이어지고 있었음을 알려줍니다.

이런 안타까운 상황을 두고 호세아 8장 4절에서는 "그들이 왕을 세웠으나 내게서 난 것이 아니며 그들이 지도자들을 세웠으나 내가 모르는 비이며 그들이 또 은, 금으로 자기를 위하여 우상을 만들었나니 결국은 파괴되고 말리라"고 합니다.

북왕국 이스라엘의 임금들과 백성에 견주어 보면 남왕국 유다의 임금들과 백성은 그런 대로 괜찮았다고 할 만 합니다. 실제로 앞서 잠시 언급했던 요시야를 비롯하여 몇 몇 임금들은 제 나름대로는 하나님의 뜻을 헤아려 나라를 바르게 다스리려고 애쓴 흔적이 엿보입니다. 그렇지만 큰 흐름을 보면, 남왕국도 날이 갈수록 하나님을 떠나 다른 것을 의지하다가 망하고 맙니다.

특히 예언자 예레미야(3:7-11)와 에스겔(16:47)은 형제의 나라 북왕국이 망하는 것을 보고도 깨닫지 못하고 멸망의 길로 치닫는 남왕국의 잘못을 지적합니다. 남왕국은 북왕국의 멸망을 반면교사로도 타산지석으로도 삼지 못한 것입니다. 역사에서 배우지 못한 것입니다.

(3) 어려울 때 하나님을 의지하지 않은 하나님 백성

어려움을 겪는 하나님 백성이 그 어려움에서 벗어나려면 마땅히 하나님을 의지해야 합니다. 일찍이 다윗도 힘든 상황이 벌어지면 먼저 하나님께 여쭙기도 하고(삼상 23:2; 삼하 2:1; 5:19, 23) 간구하며(삼하 12:16; 21:1) 하나님을 의지했습니다.

특히 전쟁 상황에서 백성과 함께 하나님을 의지하여 승리를 이끌어낸 이스라엘 왕들이 있습니다. 백만 명의 에티오피아 군대가 유다로 쳐들어왔을 때 유다 임금 아사는 하나님께 간절히 기도했고 하나님은 그들을 물리쳐 주셨습니다(대하 14:9-15). 모압 자손과 암몬 자손과 마온 사람들이 유다에 침입했을 때에도 임금 여호사밧과 온 백성이 하나님께 간절히 기도하자 하나님이 그들을 이기게 하셨습니다(대하 20장). 앗수르 임금 산헤립의 군대가 유다로 쳐들어왔을 때에는 임금 히스기야가 간구하여 하나님이 앗수르 군대를 물러가게 하셨습니다(왕하 18-19장; 사 36-37장).

그런데 역사를 통틀어 보면 이스라엘은 위기 상황에서 대체로 하나님을 의지하기보다는 다른 데서 살 길을 찾으려 했음이 드러납니다. 이스라엘은 남쪽의 이집트, 북쪽의 앗수르나 바벨론이라는 힘센 나라들 사이에 있었을 뿐만 아니라 여러 작은 나라들과 이웃하여 살아야 했습니다. 이런 상황에서 이스라엘은 강대국의 틈바구니에서 살아남기 위해서 줄타기 외교 동맹 정책을 펼치며 나라 안팎의 군사력과 무기를 하나님보다 더 의지할 때가 많았습니다. 앞서 언급한 바와 같이 솔로몬이 여러 이웃 나라 여인을 아내로 삼은 것과 북왕국 오므리 왕조의 아합이 시돈의 여인 이세벨을 아내로 삼은 것도 그런 흐름에서 이해할 수 있습니다.

다른 한편으로 남북왕국이 인척관계를 맺거나(왕하 14:8-14) 힘을 모아 아람(왕상 22장)이나 모압(왕하 3장)과 싸우기도 했지만, 때로는 형제의 나라를 이기려고 이방 나라와 손을 잡기도 했습니다. 곧 유다 임금 아사는 북왕국의 위협에서 벗어나려고 북왕국이 이미 동맹 관계를 맺고 있던 아람 왕 벤하닷을 설득하여 그 동맹을 깨고 유다와 조약을 맺게 했고(왕상 15:19), 북왕국 임금 베가는 아람과 동맹을 맺고 남왕국을 반 앗수르 동맹에 가담시키려고 했습니다. 그렇지만 오히려 남왕국 임금 아하스의 요청을 받아 쳐내려온 앗수르에게 망하고 맙니다(왕하 16-17장).

옛 이스라엘은 이처럼 하나님을 의지하기보다는 때로는 북쪽의 강대국을 의지하고 때로는 남쪽의 강대국을 의지하여 나라를 지키려 했습니다. 이것이 잘못임을 예언자들은 힘써 지적했습니다. 예레미야 2장 18절에서는 남북 강대국 사이를 왔다가다 하는 유다 백성을 가리켜 어찌하여 나일강물을 마시려고 이집드로 가고, 유프라테스 강물을 마시려고 앗수르로 가는 길에 있느냐는 식으로 꾸짖습니다.

이사야 7장 9절에서는 유다 임금 아하스에게, 믿어야 다윗 왕가가 계속 살아남을 수 있으리라고 경고합니다. 그런데 아하스는 동맹을 맺고 유다에 쳐들어온 아람과 이스라엘 군대를 물리치려고 앗수르에게 굴복합니다. 그 결과 아하스는 형제의 나라 북왕국의 멸망을 재촉하였을 뿐만 아니라 유다조차도 앗수르의 손아귀에 들어가게 되는 비극을 불러들입니다.

아하스의 아들 히스기야는 앞서 언급했듯이 앗수르 산헤립의 침공을 믿음의 기도로 물리쳤지만, 곧바로 마음이 높아져서 바벨론 사신들에게 유다 내부를 다 보여줍니다. 이럴 즈음에 유다 안에서는 이집트의 힘을 빌어 앗수르의 손아귀에서 벗어나려는 움직임이 강했던 것으로 보입니다. 이사야 20장과 30장 1-5절과 31장 1-3절 그런 점을 엿볼 수 있습니다.

⑷ 약자를 괴롭힌 사회

이렇게 하나님을 떠난 하나님 백성의 사회는 힘이 하나님처럼 되어 힘 있는 자들이 자신들이 지닌 힘으로써 힘없는 사람들을 마구 내리누르는 불의한 사회가 되었습니다. 이스라엘 사회를 하나로 묶어주던 여호와 신앙이 무너진 상황에서는 그 사회 구성원들은 제각기 자신의 이익을 좇아 다른 사람들 특히 힘없는 사람들을 마구 짓밟습니다.

이런 잘못된 사회의 모습을 예언자들이 끊임없이 지적했습니다. 하나님이 일찍부터 당신의 백성에게 고아, 과부, 나그네처럼 힘없는 사람들을 잘 돌볼 것을 명령하셨고, 특히 다윗 왕가에 하나님의 공의와 정의를 실천하여 하나님 백성을 잘 돌볼 책임을 맡기셨습니다(렘 22:3 등). 그런데 왕들을 비롯하여 고위 정치인들은 자신들의 지위와 권력을 악용하여 백성 특히 서민들을 착취하고 괴롭혔습니다.

미가 3장 1-3절에서는 정의를 아는 것이 이스라엘 통치자들의 본분인데도 이들이 하나님 백성의 가죽을 벗기고 그 뼈에서 살을 뜯어 먹기를 냄비와 솥 가운데 담을 고기처럼 한다고 통렬히 비난합니다. 에스겔

34장에서는 이런 정치 지도자들을 양들을 제대로 먹이기는커녕 잡아먹는 못된 목자들에 견줍니다.

더 나아가서, 에스겔 22장 29절에서는 통치자들뿐만 아니라 '이 땅의 백성'도 일반 민간 지도자들마저 약한 사람들을 못살게 굴었다고 하는데, 이 경우에 '땅의 백성'으로 옮긴 히브리어 표현 〈암 하아레츠〉는 토지를 소유하고 마을에서 상당한 영향력을 행사하는 사람들 곧 지방의 민간 지도자들을 가리키는 것으로 보입니다.

(5) 경박하고 거짓된 종교지도자들

이처럼 구약의 하나님 백성인 이스라엘이 하나님의 말씀을 듣지 않고 하나님을 배신하여 어려울 때에도 하나님을 의지하지 않아 나라가 부흥하기는커녕 망하게 된 것은 임금을 비롯한 정치 지도자들의 잘못이 큽니다. 그렇지만 그 못지않게 종교 지도자들의 잘못도 큽니다.

예레미야 6장 13-14절에서 이를 한탄하는 소리를 들을 수 있습니다. 유다 왕국 백성이 모두 탐욕을 부리는 상황에서 예언자들과 제사장들도 다 거짓을 행했다고 합니다. 그리하여 하나님 백성의 상처를 가볍게 여기면서 평강이 없는데도 평강하다 평강하다고 했다는 것입니다. 온 나라가 병들어 썩어 들어가는데도 아무 문제없으니 안심하라는 식으로 백성을 거짓으로 위로하며 속였다는 말씀입니다. 거짓된 안전 신앙을 퍼뜨려 나라를 망친 것입니다.

이처럼 한심한 상황을 에스겔 13장 10절에서는 조금 달리 표현합니다. 유다의 예언자들이 평강이 없는데도 평강이 있다고 하면서 하나님의 백성을 유혹하며 남이 쌓은 담에 회칠을 한다고 합니다. 22장 28절에서는 이런 예언자들이 불의한 이익을 얻으려고 힘없는 백성을 해치는 고위 관리들을 위해서 회칠했다고 합니다. 불의를 행하는 못된 지도층의 행동을 하나님의 이름으로 정당화하고 합리화했다는 말씀입니다. 에스겔보다 한 백 년 앞서 활동했던 미가는 미가 3장 5절에서 자기 시대의 잘못된 예언자들을 가리켜 '이에 물 것이 있으면 평강을 외치나 그 입에 무엇을 채워 주지 아니하는 자에게는 전쟁을 준비하면서 하나님 백성을 유혹하는 자들'이라고 했습니다.

⑹ 돌아오기를 거부한 하나님 백성

이처럼 하나님을 떠나 서로를 해치는 백성에게 하나님은 끊임없이 예언자들을 보내어 돌아오라고 권하셨는데, 이들은 그 권고를 받아들이지 않았습니다. 오히려 그들을 박해하고 죽이기까지 했습니다. 사정이 이렇게까지 나빠진 데에는 무엇보다도 지도자들의 책임이 크지만 잘못된 지도자들을 아무 생각 없이 뒤쫓은 일반 백성에게도 책임이 있었습니다.

"이 땅에 무섭고 놀라운 일이 있도다 선지자들은 거짓을 예언하며 제사장들은 자기 권력으로 다스리며 내 백성은 그것을 좋게 여기니 마지막에는 너희가 어찌하려느냐"는 예레미야 5장 30-31절 말씀이 이를 알려 줍니다(렘 14:13-16도 참고).

우선 북왕국 백성의 경우에 아모스 4장 4-11절에서 하나님이 여러 가지 재앙을 내려 그들을 당신께로 돌아오게 하려 하셨으나 이들이 끝까지 하나님께 돌아오지 않았다고 합니다. 남왕국 유다의 경우도 이와 다르지 않았습니다(렘 5:3; 15:7; 학 2:17 참고).

말라기 3장 7절을 보면, 심지어 포로기가 지나 다시 고향 땅에 돌아와 살게 된 유다 사람들조차 "내게로 돌아오라"는 하나님의 말씀에

“우리가 어떻게 하여야 돌아가리이까” 하고 대들고, 13-15절에서는 하나님을 섬기는 것이 헛되고 교만한 자가 복되며 악을 행하는 자가 번성하며 하나님을 시험하는 자가 화를 면한다고 하면서 하나님께 대들면서도 “우리가 무슨 말로 주를 대적하였나이까”라고 말합니다.

3. 이스라엘의 부흥과 재건을 위한 노력

(1) 남북왕국 시대

이처럼 이스라엘 역사는 한 마디로 불순종과 배신의 역사라 할 수 있는데, 그런 어두운 역사 가운데서도 나라와 겨레를 되살리려고 노력한 모습이 전혀 없었던 것은 아닙니다.

일찍이 북왕국에서도 단 한 번이기는 하지만 임금 예후는 바알 숭배를 뿌리 뽑으려고 힘썼습니다(왕하 10:18-29).

무엇보다도 남왕국 유다 임금 요시야가 나라를 되살리기 위해 몸부림친 역사는 이미 앞 1.(5)에서 말씀드린 바 있습니다.

(2) 에스라 느헤미야 시대

포로기가 끝난 뒤에는 예언자 학개와 스가랴의 도움을 받아 총독 스룹바벨과 대제사장 여호수아가 성전을 다시 짓는 일을 이끌었고, 그 뒤로는 느헤미야가 불탄 예루살렘 성벽을 다시 쌓게 했고 에스라가 유다 공동체를 신앙적으로 다시 세우려 애썼습니다.

이처럼 이스라엘을 되살리는 일에는 또한 일반 백성도 적극적으로 참여했습니다. 느헤미야 8장 1절에서 이를 알 수 있습니다. 허물어진 예루살렘 성을 다시 쌓은 뒤에 "모든 백성이 일제히 수문 앞 광장에 모여 학사 에스라에게 여호와께서 이스라엘에게 명령하신 모세의 율법책을 가져오기를 청"했다고 합니다.[89]

우리는 흔히 에스라가 율법책을 읽어주고 가르치면서 유다 공동체의 재건에 힘썼다고 말합니다. 그렇지만 이 한 절 말씀은 그런 모임을 열자고 한 사람이 에스라가 아니라 백성이었음을 분명히 합니다. 모든 백성이 일제히, 직역하면 '한 사람처럼' 모였다고 합니다. 마찬가지로 이 단락이 끝나는 12절에서도 주어가 백성입니다. 이처럼 느헤미야 8장 1-12절에서 나오는 백성은 그저 지도층의 지시에 따르기만 한 어중이떠중이가 아닙니다. 오히려 스스로 발 벗고 나서서 지도층을 움직입니다. 에스라는 그저 백성의 요청에 응했을 따름인데, 백성은 에스라가 율법책을 읽을 때 귀 기울여 들었습니다. 그뿐만 아니라, 에스라가 찬송하자 아멘으로 응답하며 여호와께 경배했습니다. 더 나아가서 백성은, 레위 사람들이 율법책을 읽고 해석해주는 바를 듣고 울었으며, 에스라와 느헤미야와 레위 사람들은 이런 백성을 위로하고 격려하기에 바빴습니다.

또한 이 본문에서는 레위 사람들의 역할이 두드러지게 나타납니다. 에스라는 6절까지 중요한 역할을 하고, 7절 이하에서는 레위 사람들이 앞서 에스라가 하던 역할을 떠맡을 뿐만 아니라, 에스라보다 더 많은 일을 합니다. 3절에서 에스라는 율법책을 읽기만 했는데, 7-8절에서 레위 사람들은 율법책을 읽어줄 뿐만 아니라 그 뜻을 해석하여 백성으로 하여금 깨닫게 했습니다.

그뿐만이 아닙니다. 이 모임 이후에 벌어진 회개 장면을 묘사하는 느헤미야 9장 1-2절에서도 일반 백성과 레위인들이 자발적이고 적극

89) 이하 느헤미야 8-9장의 내용과 관련해서는 이 책의 아래 228-235쪽에 실린 넷째 마당 셋째 글도 참고하시기 바랍니다.

적인 참여를 볼 수 있습니다. '그 달' 곧 8장에서 말한 모임이 있은 칠월의 '스무 나흗날에' 이스라엘 자손이 다시 모인 것은 누가 지시하고 명령해서 된 일이 아닙니다. 백성이 스스로 모인 것입니다. 이는 8장 1절에서 모든 백성이 일제히 모였다고 한 바와 마찬가지 상황이 벌어졌음을 뜻합니다. 이들은 누가 시키지도 않았는데 얼마 전에 에스라와 레위 사람들이 읽어준 말씀을 듣고 깨닫고 보니, 요즘 말로 말씀의 은혜를 받고 보니, 가만히 있을 수가 없었던 것입니다. 그리하여 스스로 '금식하며 굵은 베 옷을 입고 티끌을 무릅쓰며 모든 이방 사람들과 절교하고 서서 자기의 죄와 조상들의 허물을 자복'했습니다.

여기서 지나쳐 보지 말아야 할 것은 이들이 자기들의 죄만 자복한 것이 아니라 조상들의 허물도 자복했다는 점입니다. 이들은 자기 시대로부터 거슬러 올라가서 이스라엘 역사를 통틀어 이스라엘이 저지른 잘못을 하나님 앞에서 인정하고 가슴 아프게 여긴 것입니다.

뒤이어 4-38절에서는 레위사람들이 찬송하며 기도한 내용이 길게 나옵니다. 에스라가 기도한 것이 아닙니다. 에스라는 에스라 8장에서 예루살렘에 처음 도착하여 지도층의 이방 혼인 사실을 알게 된 뒤에 충격을 받고 기도한 적이 있습니다. 느헤미야 9장에 나오는 레위인들의 기도 가운데서도 이들이 백성과 마찬가지로 자신들의 죄뿐만 아니라 조상들의 죄를 두고서 회개하는 내용을 찾아볼 수 있습니다. 16절에서 이들은 "우리 조상들이 교만하고 목을 굳게 하여 주의 명령을 듣지 아니하고" 라고 아뢰고 뒤이어 35절에 이르기까지 조상들이 얼마나 자주 하나님을 거슬렀는지를 자세히 말합니다. 지금까지 이어온 이스라엘의 역사가 배신의 역사인 점을 그 구체적인 보기를 낱낱이 들면서 하나님 앞에 인정한 것입니다.

느헤미야 8-9장에서 또 한 가지 지나쳐보지 말아야 할 것이 있습니다. 다름 아니라 백성이 주도해가는 움직임의 중심에 율법책이 있다는 사실입니다. 율법책에 들어 있는 하나님의 말씀이 백성과 지도층을 하나로 묶은 것입니다.

4. 오늘 한국교회가 부흥하지 못하는 까닭

오늘 한국교회가 부흥하지 못하는 원인을 두고 현대사회의 다원화성을 비롯하여 사회학적으로 여러 가지로 찾아보지만, 이스라엘의 역사에 비추어 보면 그 근본 까닭은 한국교회와 하나님 사이를 가로막는 죄에 있다고 생각합니다. 앞에서 말씀드린 바에 비추어 좀 더 구체적으로 말씀드리겠습니다.

(1) 하나님의 말씀을 듣지 않는 한국교회?

우리 한국교회는 말씀을 강조하고 성경공부를 많이 하는 교회입니다. 그런데 중요한 것은 우리 한국교회 지도자들과 평신도들에게 정말 하나님의 말씀을 들을 마음이 있는가 하는 문제입니다. 오늘 이 교회 저 교회에 문제가 생겨 그 이야기를 들어보거나 직접 가보면 이런 생각이 듭니다. 우리 교역자들은 정말 하나님의 말씀을 들으려 하는 것인가요? 우리 장로님들, 권사님들, 집사님들에게 하나님의 말씀을 듣고 싶은 마음이 정말 있기나 한 것인가요?

내 신앙과 신학의 경향에 맞아 내 맘에 드는 말씀만 하나님의 말씀으로 받아들이고 나를 불편하게 하고 내 맘에 들지 않는 말씀은 받아들이지 않는 것이 우리 한국교회의 일반 성향이 아닌지 모르겠습니다. 그리하여 성경공부조차도 그리스도인들을 인도자가 정한 방향으로 끌고 가기 위한 수단으로 쓰이는 경우가 없는지 묻고 싶습니다. 중세 가톨릭 교회가 그러했듯이 개교회, 개교단, 한국교회의 전통이나 권위가 말씀 위에 자리 잡고 하나님이 성경을 통해 말씀하시는 바를 통제하려고 하지는 않는지 돌이켜 보고 싶습니다.

오늘 한국교회 안에 있는 여러 가지 신앙과 신학과 교회의 전통과 교권이 오히려 그리스도인들이 하나님의 말씀을 듣는 데 방해가 되지 않는지 돌이켜 보고 싶습니다.

(2) 하나님을 배신하는 한국교회?

한국교회는 지난 120여년의 역사 가운데서 하나님을 신실히 따라온 것입니까? 세계 선교 역사에서 그와 비슷한 보기를 찾아보기 힘들 정도로 짧은 기간 안에 크게 발전했다는 자만에 빠져 한국교회 자신을 하나님보다 더 높인 것은 아닙니까? 성장과 발전을 하나님으로 잘못 알고 무슨 수를 쓰든지, 그러니까 하나님 뜻에 도저히 맞지 않고 하나님께는 도무지 어울리지 않는 방법을 쓰더라도 교인수와 교회 재정만 늘이고 교회 건물만 크게 하고 일거리만 많이 만들어 해 나가면 된다는 식으로 교회를 움직여 와서 실제로는 하나님을 떠난 것은 아닙니까? 에스겔 시대에 하나님의 영광이 예루살렘 성전을 떠났듯이 지금 한국교회에서 하나님의 영광이 떠나고 있는데도 그것을 전혀 보지 못하고 있지는 않습니까? 옛 언약 백성 이스라엘이 바알을 비롯하여 생산의 신들을 섬겼듯이, 오늘 한국교회도 경제와 명예와 사회적인 지위와 권력을 좇아 하나님을 배신한 것은 아닙니까?

⑶ 어려울 때 하나님을 의지하지 않는 한국교회

구약의 이스라엘은 남북의 강대국과 이웃의 여러 작은 나라들 틈바구니에서 하나님보다는 나라 안팎의 군사력과 무기와 자신들의 외교 정책을 통해 나라를 지키려 했습니다.

그처럼 오늘 한국교회 안에도 복잡한 국제 정세 속에서 한편으로는 여러 강대국들에게 안전을 위협받고 다른 한편으로는 이웃의 작은 나라들에게서조차 도전받는 상황에서 하나님을 의지하기보다는 첨단무기를 갖추고 국방력을 강화하며 강대국과 동맹을 맺어야 안전하다고 생각하는 흐름이 너무 강하지 않습니까?

지난 몇 해 동안 이 땅에서 교회 지도자들과 그리스도인들이 움직인 모습을 한 번 생각해 보십시오. 우리 한국교회 지도자들과 그리스도인들은 진정 군사력과 강대국보다 하나님을 더 믿고 있는 것입니까?

⑷ 약자를 괴롭히는 한국교회?

오늘 우리 한국교회가 사회적 약자들을 위해 하는 일들이 아주 적다고 할 수는 없겠지만 아직은 크게 모자랍니다. 또 사회에서 힘이 없어 여러모로 어려움을 겪는 사람들이 교회 안에서도 마찬가지로 대접받는 경우가 보통이 아닌지 돌이켜 볼 필요가 있습니다.

모든 교역자들이 그러한 것은 아니고 모든 평신도 지도자들이 그러한 것은 아니지만, 교역자들이나 평신도 지도자들 가운데는 교인들이나 일반 평신도들을 마치 종 부리듯이 부리며 거드럭거리며 괴롭히는 분들도 있습니다.

무엇보다도 이주 노동자들과 북한 이탈 동포들과 세계 각지에 흩어져 살다가 들어온 동포들을 아직 우리 교회가 따뜻이 품지 못하고 있다는 느낌을 떨쳐버릴 수가 없습니다.

(5) 경박하고 거짓된 지도자들?

이를 두고서는 굳이 더 말씀드릴 필요가 없겠습니다. 하나님을 섬기는 사람들이 가야할 올바른 길을 가르치기보다는 그저 교인들이 듣기 좋게만 설교하고 복만 빌어주는 교역자들이 적지 않다고 한다면 지나친 말이겠습니까?

한평생 희생적으로 교회와 이웃을 섬겼지만 억울하게 교회에서 내쫓겨 어렵게 지내는 교역자들도 계시지만, 교인들을 그저 자기 욕심을 이루는 도구나 수단으로 알고 마구 부리는 교역자들도 적지 않아 보입니다.

교회와 사회 안에서 권력을 행사하기 위해 이런저런 옳지 않은 모임에 교인들을 마구 동원하는 교역자들도 있습니다. 교역자는 교인들 때문에 있는 존재인데, 교인들이 교역자를 위해 있어야 하는 것처럼 생각하고 처신하는 사람들입니다. 에스겔 34장의 표현대로 한다면, 양을 먹여야 할 사람들이 양을 잡아먹는 이리가 된 것입니다.

또 자신의 비윤리적인 행동으로 교회에 큰 문제를 일으키는 교역자들도 없지 않습니다. 이런 교역자들 때문에 교회들이, 교인들이 지울 수 없이 큰 상처를 입고 신음하고 있습니다. 무엇보다도 교회의 신뢰도가 땅에 떨어지고 마침내는 하나님의 이름이 더럽혀졌습니다.

⑹ 돌아오기를 거부하는 한국교회?

사회에서 교회를 비난하는 소리를 높이면 그저 기독교를 공격하기 위한 처사라 하면서 변명하기에 바쁘고 진정으로 자신들을 돌아보아 잘못을 인정하고 뉘우치고 고치는 모습은 오늘 한국교회에서 찾아보기 힘들지 않습니까? 오늘 우리 한국교회의 가장 큰 잘못은 참회할 줄 모른다는 데 있다고 해야 하지 않을까요? 죄 중에 가장 큰 죄는 죄를 죄로 인정하지 않고 자꾸 궁색하게 변명만 하는 것이 아닐까요?

여기서 구약성경에서는 말하는 돌아옴의 뜻을 한 번 알아볼 필요가 있습니다. 하나님께 돌아오라는 구약성경의 권고를 신약에서는 회개하라는 말로 표현합니다. 개역한글판 구약성경에도 회개라는 말이 나오지 않는 것은 아니지만 아주 드뭅니다(시 7:12; 겔 18:30). '회개하다'를 뜻하는 헬라어 〈메타노에오〉 자체는 마음을 바꾼다는 뜻입니다. 이 낱말이 신약성경의 구체적인 문맥에서는 이보다 더 넓은 뜻으로 쓰입니다. 그 배경에는 '돌아오다'를 뜻하는 구약 히브리 낱말 〈슙〉이 있습니다. 이 말은 우선 말 그대로 어디를 떠났다가 본디 떠났던 곳으로 돌아옴을 뜻합니다. 곧 하나님을 떠났다가 하나님께 돌아온다는 뜻입니다. 이리하여 구약의 '돌아오다'는 한 개인이나 공동체의 존재 전체가 달라진다는 아주 실제적이고 전면적이고 총체적인 느낌을 줍니다.

오늘 우리 한국교회의 구성원된 한 사람 한 사람, 또 전체 교회 공동체는 참으로 하나님께 돌아온 것입니까?

5. 오늘 한국교회가 진정으로 부흥하는 길

한국교회가 진정으로 부흥하는 길은 앞서 4에서 살펴 본, 한국교회가 부흥하지 못하는 까닭을 뒤집어 보면 곧 드러납니다. 다만 몇 가지는 좀 더 구체적으로 생각해 볼 필요가 있습니다.

(1) 교회의 부흥은 하나님이 이루시는 일

맨 먼저 생각해야 할 것은 이 시간 첫머리에 읽은 하박국 3장 2절에서 드러나듯이 우리가 겨냥해야 할 것은 한국교회의 부흥이기에 앞서 하나님 행위의 부흥이라는 점입니다. 하나님이 지금까지 당신의 백성을 위해 해 오신 놀라운 행위들을 우리 시대에도 새롭게 하신다면 그것이 바로 오늘 우리의 부흥이 된다는 말씀입니다. 앞서 말씀드린 대로, 한국교회의 부흥은 오로지 한국교회의 주이신 하나님께 달린 일로 하나님만이 이루실 수 있는 사건이지, 우리 사람들이 이루거나 강제할 수 있는 일이 아닙니다. 우리로서는 하나님이 그런 은혜를 베푸시기를 간절히 바라고 우리가 할 수 있는 대로 준비하면서 기다릴 수밖에 없습니다.

교회의 탄생 사건이라 할 수 있는 오순절 성령 강림 사건에서 성령 강림이 하나님의 선물이었다고 할 수 있다면, 오늘 한국교회의 진정한 부흥도 하나님의 선물일 수밖에 없습니다.

이렇게 부흥을 하나님이 이루시는 사건이라고 한다면 오늘 하나님이 이루실 부흥이 100년 전에 일어난 부흥 운동의 모습 그대로 나타나야 한다고 생각하지는 않습니다. 하나님은 새 시대에 어울리는 새로운 모습의 부흥, 우리가 전혀 예상하지 못한 방식의 부흥을 이루실 수 있기 때문입니다. 중요한 것은 하나님이 부흥을 이루신다는 것이지, 100년 전의 부흥을 그대로 재현하거나 복사하는 것이 아니기 때문입니다.

(2) 하나님께 돌아가야 할 한국교회

오늘 우리가 한국교회의 진정한 부흥을 바란다면 하나님을 믿는다 하면서 하나님을 떠나 살고 있는 개인들이 하나님께 돌아오는 것만 말할 것이 아니라, 그런 개인들이 모여서 이루어진 한국교회 전체가 하나님께 돌아가야 하는 문제도 깊이 생각해야 합니다.

이제 우리는 헛된 자만에서 벗어나 그동안 하나님 아닌 것을 하나님처럼 받들던 데서 돌아서서 하나님께로 돌아가야 합니다. 하나님을 제쳐 놓고 우리 자신들의 프로그램을 앞세워 부흥을 꾀한다는 것은 정말 우스꽝스러운 일이 아닐 수 없습니다. “천부여 의지 없어서 손들고 옵니다.” 라는 마음으로 빈손과 빈 마음으로 하나님께 돌아가야 합니다.

우리 한국교회가 하나님께 돌아가기 위해 실제로 어떻게 해야 하는가 하는 문제는 아래 (5)에서 좀 더 자세히 말씀드리겠습니다.

(3) 말씀을 되찾아야 할 한국교회

이제 더는 사람의 무엇을 얻기 위해 성경을 써먹는 잘못을 저지르지 말아야 합니다. 손해를 입고 어려움이 닥칠 수 있더라도 그것이 하나님의 말씀이면 조금도 더하거나 빼거나 하지 않고 그대로 받아들이고 그 뜻을 받들어 살아가는 그리스도인들과 교회가 되도록 해야 합니다.

⑷ 어려울 때 하나님만 의지해야 할 한국교회

하나님이 오늘 우리 시대에도 이 세상 역사를 이끌어 가신다는 사실을 의심하지 않는다면 불의가 나라 안팎에 성행하더라도 한국교회는 하나님만 의지하며 불의에 맞서 하나님의 뜻이 이 땅에 이루어지는데 참여해야 합니다. 무엇보다도 강대국들의 이해관계가 복잡하게 얽힌 가운데서 이 나라 이 겨레를 지키는 길이 어디에 있는지를 깊이 생각하고 연구하여 실천하는 교회가 되어야 합니다.

⑸ 말씀에 비추어 공동체의 죄도 회개해야 할 한국교회

1907년에 일어난 회개운동은 주로 개인의 죄를 인정하고 뉘우치고 고치는 식으로 일어났습니다. 물론 그런 개인의 변화가 교회 공동체와 사회의 변화로 나아갔습니다만, 아직 선교 초기였던 그 때와 교회 역사가 120년이 넘어선 오늘의 회개는 그 내용과 방식이 달라질 수 있습니다. 특히 교회 공동체 곧 교회 전체의 죄를 회개해야 한다는 점에서 그러합니다.

앞에서도 살펴 본 느헤미야 9장을 보면, 오랜 포로 생활에서 돌아와서 성전도 다시 짓고 예루살렘 성벽도 다시 쌓은 유다 사람들은 에스라와 레위 사람들이 읽어주는 율법 말씀을 듣고 믿음을 새롭게 하면서 무엇보다도 자기들의 죄와 조상들의 허물을 자복했습니다. 그런 분위기에서 레위인들은 이스라엘 역사를 통틀어 보면서 조상들이 지은 죄를 고백했습니다.

이는 구약의 중요한 전통 가운데 하나입니다. 구약성경에서는 죄를 고백하고 회개하는 일이 개인의 문제인 경우가 드물고 대부분 하나님 백성 전체의 문제로 나타납니다. 다윗과 욥의 경우에서 개인이 회개하는 경우를 볼 수 있지만 구약의 대부분, 특히 예언서에서는 이스라엘 백성의 죄를 문제 삼고 있습니다. 에스라 9장에서 에스라가 회개한 것도 에스라 자신의 죄 때문이 아니라 유다 백성의 죄 때문이었습니다.

그렇다면, 오늘 한국교회도 개인 차원을 넘어서서 우리 선배 그리스도인들, 지난 120년을 통틀어 우리 한국교회를 두고 그 죄를 고백하고 회개할 필요가 있습니다. 여기서 제2차 세계대전이 끝난 뒤에 독일 교회가 범죄의 고백문을 정하여 1945년 10월 18/19일에 발표한 사실을 기억해 볼 만합니다. 쉬투트가르트 범죄 고백문이 그것인데, 이 고백문을 발표하는 일을 두고 독일 교회 내부에서조차 반대하는 목소리가 없지는 않았습니다. 그렇지만, 이 범죄 고백문을 발표함으로써 독일 교회와 세계 교회의 관계가 새롭게 열리게 되었습니다. 그 가운데 한 부분만 제가 풀어서 번역해 읽어 드리겠습니다.

> … 바로 우리를 통하여 숱한 민족들과 나라에 끝없는 괴로움이 닥쳤음을 우리는 큰 아픔을 느끼면서 인정합니다. … 나치 폭력정부에 무시무시한 모습으로 나타난 잘못된 영을 거슬러 지난 여러 해 동안 우리가 예수 그리스도의 이름으로 싸워왔습니다만, 더 용감히 고백하지 못하고, 더 신실히 기도하지 못하고, 더 기쁘게 믿지 못하고 더 뜨겁게 사랑하지 못한 우리 스스로를 고발합니다 …

이번 사경회도 그렇습니다만 저는 이런 모임에 참석할 때마다 느끼는 안타까움이 있습니다. 오시는 강사님마다 정말 좋은 말씀 많이 하시고, 참석자는 한결같이 열심히 찬송하고 간절히 기도하고 성경 배웁니다. 그런데, 그런 그리스도인들이 모인 교회 전체의 모습은 거의 달라지지 않고, 한국교회의 부패하고 타락한 모습은 여전합니다. 이를 도대체 어떻게 이해해야 할까요? 이는 결국 구약성경에서 그토록 강조하는 신앙의 공동체성을 우리 한국교회가 제대로 배우지 못한 데서 비롯되지 않았겠습니까? 그저 모든 것이 나 중심으로 돌아가기 때문에 그런 것이 아닐까요?

평양 부흥 100주년 기념사경회를 하고 있는 우리 각 자 먼저 자신의 죄부터 살펴 고백하고 회개함은 당연합니다. 그렇지만 거기에만 머물 수는 없습니다. 우리 각 사람은 각자가 속한 신앙 공동체의 구성원인 만큼 그 신앙 공동체 전체가 저지른 잘못을 두고서도 가슴 아파하며 죄를 고백하며 그 잘못을 고쳐나가는 일에도 힘써야 합니다.

내가 믿는 가정 출신이라면 내 가정이 예수를 믿은 뒤 오늘에 이르기까지 잘못한 것이 없는지도 돌이켜 보면 좋습니다. "나는 오대째, 사대째, 삼대째 예수 믿는 집안에서 태어났어, 우리 친가도 외가도 모두 교역자 집안이야, 우리 집안에 목사, 장로, 권사가 몇 명이야!" 라고 뽐내기만 할 것이 아닙니다. 그렇게 오랜 전통의 기독교 집안에서 그동안 혹시라도 하나님께 잘못한 것이 없는지를 조용히 돌이켜 보고 그런 일이 생각나면 깊이 뉘우치고 고침이 마땅합니다. 그리하여 "우리 집안에 신앙의 전통이 오래도록 하나님이 은혜를 베푸셨지만 우리는 제대로 그 은혜에 응답하지 못했지. 정말 하나님께 죄송스럽고 사람 앞에 부끄러워."라는 식으로 생각하고 말할 수 있으면 좋겠습니다.

또 자기가 다니는 교회의 역사가 오래되고 교세가 대단하다고 자랑만 할 일이 아닙니다. 그 오랜 세월이 흐르는 동아 그렇게 교세가 커지는 동안 이 교회가 하나님께 잘못한 적이 없는지를 곰곰 생각해 보고 잘못이 생각나면 온 교우들이 깊이 뉘우치고 용서를 빌며 바로잡아나가야 하지 않을까요?

우리 장로회신학대학교도 역사가 100년 넘었다고 자랑만 할 것이 아닙니다. 지난 100년 동안 잘못한 것을 인정하고 뉘우치고 고쳐야 할 점은 없을까요? 더 나아가서 우리가 속한 교단, 한국교회가 지난 세월

동안 하나님과 민족 앞에 어떤 잘못을 저질렀는지를 깊이 생각해 보아야 합니다.

이렇게 생각하면 하나님께 돌아가는 일인 회개는 그저 어느 한 순간에 며칠 만에 끝내버릴 수 있는 간단한 일이 아닙니다. 내가 속한 가정과 교회와 학교와 교단과 한국교회가 지난 오랜 세월에 걸쳐 잘못한 일이 무엇인지를 깊이 생각해 보고 꼼꼼하게 따져보아야 하기 때문입니다. 그뿐만 아니라, 그런 잘못을 고백했을 때 감당해야 할 부끄러움과 이런저런 어려움도 달게 받을 각오를 해야 하기 때문입니다. 또 잘못이 너무 오래되어 그 잘못을 바로잡는 데도 시간이 많이 걸리기 때문입니다. 이리하여 우리는 어쩌면 적어도 2007년 한 해 동안만이라도 계속 회개에 힘써야 할 지 모릅니다.

여러분, 우리 한국교회는 지난 120년 동안 어떤 죄를 지었습니까? 우리 머리에 가장 먼저 떠오르는 것은 신사참배를 비롯하여 친일의 죄일 수 있습니다. 우리 한국교회는 진심으로 이 신사참배와 친일의 죄를 공개적으로 제대로 인정하고 겨레 앞에 용서를 빌었습니까? 매우 안타깝게도 한국교회사 책들을 들추어 보면 이제까지 우리 한국교회는 한 번도 친일의 죄를 제대로 정리한 적도 회개한 적도 없음을 알 수 있습니다.

우리 한국교회는 참으로 신사참배의 죄를 회개한 교회로서 더 이상 우상을 섬기고 있지 않는 것입니까? 힘센 나라에 빌붙어 자신들만의 안전과 번영을 꾀하는 못된 버릇을 버린 것입니까?

해방 이후 독재 정권에 알고 모르게 협력한 죄, 정부의 위협이 두려워 불의에 함구했던 죄, 이런 죄들을 두고 우리 교단이, 한국교회가 겨레 앞에 공개적으로 인정한 적도 용서를 빈 적도 없습니다.

통일을 위해 힘써야 하는 사회에서 교회가 앞장서서 대립하고 분열한 죄는 우리가 어떻게 회개해야 할까요? 또 경제절대주의, 실적주의,

성장제일주의에 교회가 굴복한 죄는 또 어떻습니까? 농어산촌교회와 지역사회를 제대로 돌보지 않는 우리 도시교회의 죄는 어떻게 해야 하겠습니까? 여성 교역자들이나 평신도 지도자들의 수고를 제대로 인정하지 않고 그저 남성의 종처럼 부려먹기만 죄는 어떻습니까?

요즈음 사립학교법 개정 문제를 둘러싸고 시끄럽습니다만, 그런 사태가 벌어지기 전에, 기독교 학교를 세워 선교에 힘쓴다 하면서 실제로는 사리사욕을 채우느라 이런저런 못된 짓을 한 그리스도인들을 막지 못한 죄를 우리 교회가 사회 앞에 고백하고 용서를 빌어야 하지 않았습니까? 그런 사립학교를 우리 스스로 올바른 학교로 만들어야 하지 않았습니까? 여러분은 어떻게 생각하십니까?

그렇지만 우리 한국교회가 회개할 죄를 두고 생각할 때 이는 일차적으로 저를 비롯한 교역자들의 죄가 크다는 사실을 인정하지 아니할 수가 없습니다. 앞서 말씀드린 신사참배, 친일, 독재 지지, 분열, 부정, 부패 등의 여러 죄는 교역자들이 앞장서서 저지른 죄들입니다. 대단히 가슴 아픈 것은 오늘에 이르기까지 이런 죄를 지은 교역자들이 스스로 자신의 죄를 고백하고 자숙하는 모습을 보인 적이 거의 없다는 사실입니다.

일제시대에 어떤 양심적인 평신도 아동문학가 한 분은 청소년 시절에 학교 졸업장을 반납했다고 합니다. 자기는 열심히 공부하지 않았기 때문에 졸업장을 받을 자격이 없다고 생각했기 때문이라는 것입니다. 그런데 우리 교역자들 가운데 신사참배한 죄를 고백하며 스스로 교역자의 일을 일정 기간 동안이라도 하지 않으며 애통해 한 분들이 몇 분이나 계셨는지 모르겠습니다. 요즈음도 교회에서 목회자가 잘못한 것이 분명히 드러났을 때, 그 잘못을 솔직히 인정하고 하나님과 사람 앞에 뼈아픈 눈물을 흘리며 스스로를 탓하고 삼가는 모습을 보이는 교역자는 거의 만나 볼 수가 없습니다. 자기의 그릇된 행동을 어떤 식으로

든 변명하고 합리화하고 정당화하려고 할 뿐만 아니라 자기를 지지하는 교인들이나 세력을 동원하여 상처받은 사람들을 괴롭히는 일까지 서슴지 않습니다.

그래서 저는 예배 시간에 "침묵 가운데 주님만이 아시는 나의 죄를 고백하고 용서를 빌도록 합시다!"라는 인도자의 말을 들으면, "뻔히 드러난 죄도 인정하지 않는데…"라는 생각이 듭니다.

여러분, 그렇지만 이 시간 아무래도 제 자신의 죄부터 고백하지 아니할 수 없습니다. 일찍이 제 선생님으로 우리 학교에서 오래 교수로 계셨던 박창환 전 학장님이 입버릇처럼 하시던 말씀이 다시 생각납니다. "한국교회의 문제는 신학교의 문제요, 신학교의 문제는 신학 교수의 문제입니다. 한국 교회에 문제가 많다면, 이는 교역자들에게 문제가 많기 때문이고, 한국 교역자들에게 문제가 많다면, 이는 교수들이 신학교에서 제대로 가르치지 못한 탓이라 할 수밖에 없습니다."

저 스스로 알고 모르는 사이에 괜히 교수라는 권위에 집착하여 수업 시간이나 일상의 만남 가운데서 학생들이나 선후배 교역자들이나 평신도들에게 오만하게 말하고 행동하여 상처를 준 적이 적지 않았을 터인데 이 죄를 두고 진심으로 용서를 빌고 싶습니다.

교수로서 열심히 연구하여 교회와 사회의 발전에 조금이라도 이바지할 만한 좋은 논문을 지난 몇 해 동안 한 편도 발표하지 못한 죄도 있습니다. 제대로 성실히 준비하지 못한 채 허세를 부리면서 임기응변식으로 수업한 죄도 있습니다.

여러 해 전에는 피곤하고 바쁘다는 핑계로 모처럼 용기를 내어 제 연구실 문을 두드린 학생을 다음에 보자고 하면서 그냥 돌려보냈는데 그 사람이 그 뒤로 끝내 나타나지 않았던 적이 있습니다. 그 뒤로 그 이름을 기억하면서 기도하지만 다시 만날 수 없어서 미안한 맘을 늘 품고 있습니다.

그뿐만이 아니지요. 저도 모르게 괜히 서양 교회나 신학만 부풀려 소개하고 우리나라 교회나 신학은 내리깎는 식으로 말하여 학생들과 교역자들에게 신학 사대주의를 심어주고 해외 유학을 통한 출세의 허영심만 키워준 점도 있었습니다.

무엇보다도 큰 죄는 우리 교회 안팎의 불의를 보고서도 권력가들과 잘못된 것을 후원하는 교회 대중이 무서워서 제대로 이를 지적하지 않고 침묵하거나 적당히 둘러대며 피한 것입니다. 이를테면 교단 총회장 선거에 금품이 오가고 향응이 성행한다는 사실을 알면서도 저는 가만히 있었습니다.

또 큰 교회 목회자들의 설교나 목회 방식이나 언행에 분명히 신학적으로나 상식적으로 문제가 있는데도 그저 몇몇 사람들에게 사석에서는 말하지만 공적으로는 아무 소리 하지 못한 죄도 제게 있습니다.

몇 해 전에 겪은 일입니다. 어느 큰 교회 목사님이 우리 학교 어느 과정의 사경회 강사로 오셨습니다. 사경회가 끝난 뒤에 평가할 때 그 과정의 학생 몇 사람이 그 강사님을 두고 아쉬운 점을 밝혔는데 이 말이 그 목사님의 귀에 들어갔나 봅니다. 이 목사님은 노발대발하면서 "내가 장신대에 그렇게 많이 헌금하는데 이제는 끊고 다른 데로 보내야 하겠다."고 했습니다. 참 어처구니가 없지요. 교인들이 정성스레 헌금한 것을 자기 돈 쓰듯이 이리저리 보낸다는 생각 자체가 문제입니다. 그런데, 이처럼 그 목사님이 크게 화를 내고 있다는 소문을 들은 우리 학교 당국에서는 여러 보직 교수님을 그 목사님에게 보내 사과의 뜻을 밝혔다고 합니다. 제가 보기로는 학생들이 그 목사님의 사경회 인도를 두고 불평할 만했습니다. 그러니까 사과를 해야 할 사람은 아쉬움을 토로한 학생들이 아니라 사경회를 책임 있게 인도하지 못한 그 목사님이었습니다. 그러니 그 때 우리 교수들 가운데 누구라도, 아니 저라도 그 목사님께 "당신이 그런 말을 들을 만하니 다음부터 조심하시오." 라고 말했어야 하지 않았겠습니까? 나중에 저는 다른 교역자들도 함께 한 자리에서 그 목사님과 만나 이 사경회 사건을 두고 이야기를 나누었지만 그 목사님에게 바른 말을 하지 못했습니다. 이런 약함을 저는 고백합니다.

또한 여러 해 전부터 제 마음을 크게 짓누르고 있는 문제가 하나 있습니다. 온 나라가 비정규직 노동자의 괴로움을 두고 말만 많이 하고 실제로는 거의 하는 일이 없는 현실을 여러분도 아시리라 생각합니다. 우리 학교 안에서 저 못지않게, 아니 저보다 더 헌신적으로 수고하면서도 전임교수가 아니기 때문에 경제적으로 엄청나게 어려움을 겪는 후배 교수님들을 보면 마음에 찔리는 바가 큽니다. 예수를 알지 못하지만 양심적으로 살아가는 제 친구 법학교수 한 사람은 대학 안의 비정규직 동료 교수님들이 당하는 부당한 대우를 개선하는 데 조금이라도 도움이 되려면, 전임교수들이 봉급을 일정 부분 반납해야 한다는 주장을 하고 있습니다. 그의 주장이 전혀 먹혀 들어가고 있지 않음은 두말할 나위가 없습니다. 저도 오래 전부터 그런 생각을 품고 있었지만, 아직까지는 말도 꺼내보지 못했습니다. 무엇보다도 동료 교수님들 가운데에는 어렵게 사시면서도 남모르게 이곳저곳 어려운 사람들을 돕느라 이미 힘에 겹도록 지출하시는 분들이 많은 줄 알기 때문입니다. 그렇지만, 이런 기회에 그저 한 번 부끄러움을 무릅쓰고 입에 올려 봅니다.

요즈음에는 부교역자로 일하다가 일할 교회를 잃은 뒤 생계가 막연하니 도와달라고 졸업생들 가운데서 연락해 오는 사람들이 더러 있습니다. 주로 전자우편을 통해 알려오는데, 그런 글을 볼 때마다 마음이 찢어질 듯이 아픕니다. 큰 교회 교역자들이 자신들이 받은 사례 일부를 이렇게 어렵게 사는 선후배 동역자들에게 좀 돌려줄 수는 없을까 하는 생각은 이미 수십 년 전부터 해오고 있습니다.

여러분, 생각만 하고 고치지 못하는 저의 이런저런 잘못을 인정하고 고백하는 이 순간에도 앞으로 같은 문제에 부딪쳤을 때 제 태도가 지금과는 달라질 수 있을까 하는 물음에는 자신 있게 대답하기 힘듭니다. 그리하여 스스로를 돌이켜 볼 때 비겁하다는 생각을 버릴 수가 없습니다. 제가 누리고 있는 혜택의 적은 부분이라도 기꺼이 버리는 훈련이 매우 부족하기 때문이지요. 또한 불의한 일을 보고 더는 침묵하지 않고 외치는 것이 제가 해야 할 참 회개라면 이 회개를 하기 위해서 제게는 아직 몇 해가 더 필요할지 모르겠습니다.

이렇게 보더라도 회개는 한 순간에 해치워버릴 수 있는 사건이 아니라 오랜 시간 동안 성령님의 도움을 받아 자기 자신과 싸우면서 자신을 이기고 해내야 할 장기적인 사건이라는 생각이 듭니다. 참으로 염치없는 부탁이지만, 여러분도 저를 비롯하여 우리 교수들이, 교회 지도층에 있는 분들이 참으로 회개할 수 있도록 기도해 주시면 정말 고맙겠습니다.

저는 우리 기독교계 안에서도 "돈이 말을 한다."는 느낌을 오래 전부터 받아 왔습니다.

1977년엔가 제가 학생으로서 신학춘추 기자를 할 때 쓴 기사가 문제가 된 것을 기억합니다. 생활관 아침 기도회 시간에 큰 교회 목회자 몇 분이 우리 학교 테니스장에서 테니스를 치는 점을 꼬집어 칼럼을 썼는데, 이것을 본 당사자들이 학교 당국에 연락을 하자 신문 주간 교수님이 저희 학생 기자들을 불러 야단을 친 것입니다. 큰 교회 목사님들이 협력하지 않으면 학교 운영이 어려운 마당에 그런 기사를 굳이 써야 했느냐 하는 것입니다. 그것 말고도 몇 가지 다른 기사가 문제가 되어 그 때 우리 학생기자들은 임기를 다 채우지 못하고 사임할 수밖에 없었습니다. 지금 생각해도 아직 어린 학생기자가 그 나름대로 정의감을 가지고 실은 기사를 외부에서 문제 삼을 때 교수님들이 그 압력에 쉽게 굴복하기보다는 오히려 그 정당함을 인정하고 문제 삼는 분에게 당당히 학생기자들을 변호해 주실 수는 없었을까 하는 아쉬움이 남습니다. 다른 한편으로 내가 그 때 외부의 압력을 받는 보직 교수님이었더라면 어떻게 했을까 생각해 보기도 합니다.

바로 며칠 전에 어떤 평신도 지도자로부터 들은 이야기도 있습니다. 이 분은 최근에 우리 학교에서 개최한 어떤 행사에 참석했는데, 그 자리에 우리 학교에 엄청난 기부금을 내는 교회의 담임목사님이 오셨다고 합니다. 그 행사에서 어떤 분이 내용을 두고 보면 정당하지만 이 목사님을 몹시 당황하게 하는 질문을 했고, 이 목사님의 얼굴이 붉으락푸르락 했다고 합니다. 그러자 이 모임을 이끌어 갈 책임을 맡았던 교수님이 몹시 당황하면서 사태를 수습하려고 애썼다고 합니다. 그 모습을 보고 이 평신도 지도자는 "장신대도 별 수 없구나." 라는 생각을 했다는 것입니다. 제가 그 자리에 있었더라도 그 교수님처럼 처신했겠지만, 이 경우도 돈이 말한다고 해야 하지 않을까요?

"돈이 말을 한다."는 생각은 신학자들에게도 적용됩니다. 신학교 운영자금이나 학생들의 장학금을 큰 교회에서 얻어낼 뿐만 아니라 제자들의 일터를 소개하자면 교수들이 큰 교회 목사님들과 좋은 관계를 유지할 필요가 있습니다. 그러다 보면 늘 그런 것은 아니지만 때때로 속으로는 부담이 되고 심지어는 아니꼽다는 생각조차 들지만 교수들이 큰 교회 교역자들에게 필요 이상으로 굽신거려야 하기도 합니다. 더 나아가서 신학자들이 무슨 연구를 하고 싶은데 그 연구에 드는 경비가 없으므로 이를 얻어 내기 위해 대형 교회 목회자들에게 협력을 구하는 과정에서 거의 아부에 가까운 행동을 한다는 느낌을 받은 적이 있습니다.

몇 해 전의 일입니다. 연구실에서 수업 준비 하느라 바쁜데 전화가 걸려 왔습니다. 전화를 거신 분은 자신이 그 당시 최근에 은퇴한 아무개 교수의 부인인데 남편이 은퇴한 뒤 세운 무슨 신학연구소의 총무 일을 맡아 본다고 했습니다. 남편 되는 그 교수님은 전공분야에서는 나라 안팎에서 알아주는 분이었습니다. 학계 원로에 속한다고 할 만한 분이었습니다. 이 사모님이 전화로 제게 부탁하신 내용은 다음과 같았습니다. 그 아무개 신학연구소에서 나라 안의 유명 대형 교회 목사님의 설교를 신학적으로 분석하는 세미나를 계속 열고 있는데, 이번에는 어느 교단의 아무개 목사의 설교를 분석할 차례가 되었다는 것이고, 성서신학 특히 구약학자의 입장에서 저더러 그 목사님의 설교 분석을 해 달라는 것이었습니다.

저는 한 마디로 이 부탁을 거절했습니다. 무엇보다도 아직 살아 있는 목회자, 그것도 비교적 젊은 목회자의 설교를 굳이 분석할 필요는 없다고 생각하기 때문이라고 했습니다. 그랬더니 이 분이, "교수님, 무얼 그리 심각하게 생각하십니까? 그냥 오셔서 그 목사님 설교 참 잘 한다고만 하시면 되지 않습니까?" 라고 저를 설득하려고 했습니다. 저는 이 말을 듣고 크게 충격을 받았습니다. 아마도 그 아무개 신학연구소는 이런 식으로 나라 안의 큰 교회 목사님들을 위해서 세미나를 열어주고 그 대가로 그 교회로부터 적지 않은 액수의 후원금을 받는 것으로 보였습니다. 그러니까 신학계에서도 돈이 말을 한다고 할 수 있지 않습니까?

이처럼 기독교계 안에서 돈이 말하게 내버려둔 죄도 우리가 회개할 한국교회의 죄가 아닙니까?

우리 각 개인이 회개할 죄도 그러하지만 우리가 회개해야 할 공동체의 죄, 한국교회 전체의 죄가 어찌 이런 것뿐이겠습니까? 하나하나씩 헤아리면 몇 날 며칠 이야기해도 시간이 모자랄 것입니다. 그 일은 이번 사경회에서 처음 하는 일도 아니고 이미 우리가 그전부터 해오던 것이기도 합니다. 그렇지만 이번 사경회를 계기로 우리 모두 다시 한 번 우리 한국교회 전체를 죄를 곰곰이 생각해 보고 그 여러 죄를 인정하고 고백하고 뉘우치고 용서를 빌며 바로잡아 가는 길을 이전보다 더 본격적으로 앞으로 계속해야 하리라 생각합니다.

그렇다면 우리가 함께 모여 큰 소리로 기도하고 손들고 찬양하며 again 1907을 외칠 뿐만 아니라 각자 홀로 조용한 가운데 기도실에서, 골방에서, 강의실에서, 예배당에 꿇어 엎드려 오늘 우리 한국교회를 향한 하나님의 뜻을 헤아리고 깨달은 대로 우리의 어그러진 공동체를 바로잡기 위해 몸부림치는 일에 더욱더 힘을 모아야 하지 않을까요? 이는 그야말로 피말리는 괴롭고도 힘든 일이라 하지 않을 수가 없습니다.

⑹ 부흥의 총체성과 전면성과 공동체성

여러분, 부흥은 그냥 일어나지 않습니다. 하나님이 당신의 일을 되살리실 때, 그 하나님의 뜻을 깨달은 사람들이 하나님의 말씀에 맞추어 개인과 공동체의 삶을 총체적으로, 전면적으로 바꾸어 나갈 때 일어나는 사건입니다. 그리하여 개인뿐만 아니라 교회 공동체와 민족 공동체와 세계 공동체가 발전하고 성숙하는 방향으로 돌아서는 사건입니다. 특히 하나님의 교회가 "그리스도의 장성한 분량이 충만한 데까지 이르"(엡 4:13)려고 다시 몸부림치는 사건입니다. 제 표현이 좀 거치더라도 용서해 주십시오. 그저 몇 번 요란하게 찬양하고 성경 좀 읽고 통성기도하고 눈물 조금 흘리면서 회개를 끝내버리는 정도로는 그런 부흥을 경험할 수 없습니다. 나날의 삶에서 자신과 공동체의 문제를 두고 진지하게 고민하고 간절히 기도하며 자기에게 닥칠 손해와 부끄러움을 무릅쓰고 잘못을 바로잡아 나가는 가운데 하나님의 부흥을 맛볼 수 있지 않겠습니까?

6. 나오는 말

이스라엘의 역사에서 본 오늘 한국교회의 진정한 부흥 - 제가 받은 숙제를 이제 끝맺으려고 합니다. 제가 그동안 구약성경을 읽고 공부하면서 얻은 결론에 비추어 이 숙제에 답한 내용은 구약성경을 조금이라도 읽어본 사람이라면 어렵지 않게 알아차릴 수 있는 상식에 속합니다. 그런 내용은 이 시간 새삼스레 길게 늘어놓았습니다.

이스라엘은 이 세상 어느 겨레도 누리지 못한 놀랍고도 큰 은혜를 하나님께 입고서도 하나님의 말씀을 듣지 않고 하나님을 배신했습니다. 나라가 어려울 때 하나님을 의지하지 않고 그들 가운데 있는 약자들을 억눌렀습니다. 이런 상황에서도 대부분의 종교지도자들은 경박하고 거짓되이 처신했습니다. 이스라엘은 끝내 하나님께 돌아오기를 거부했습니다. 요시야 왕이나 에스라 느헤미야처럼 힘을 다해 겨레의 부흥과 재건을 위해 헌신한 사람들이 없었던 것은 아니지만 이스라엘 역사를 통틀어 보면 이스라엘은 한 번도 제대로 부흥해 보지 못한 채 사그라졌습니다.

우리 한국교회와 한국사회도 이스라엘 못지않게 하나님께 말로 다 할 수 없이 큰 은혜를 입었습니다. 그런데도 또한 이스라엘 못지않게 하나님을 거슬러 겉으로는 큰소리치지만 속으로는 큰 위기감을 느끼고 있습니다. 하나님과 우리 사이를 가로 막는 죄들이 크기 때문입니다. 이런 상황에서 하나님이 다시 은혜를 베풀지 아니하시면 우리 힘만으로는 다시 살아날 수가 없습니다. 그 은혜를 진심으로 갈구하면서 우리는 우리 나름대로 하나님께 돌아가기를, 말씀을 되찾기를, 하나님만 의지하기를, 한국교회 전체의 죄 고백하고 잘못을 바로잡기를 더욱더 힘쓰지 아니할 수가 없습니다. 이것이 우리 한국교회가 진정으로 부흥하는 길입니다. 오랜 동안 귀 기울여 들어주셔서 매우 고맙습니다.

1907년 부흥운동의 모티브 (I) - 말씀

이 글은 「교육목회」 제29호(2007년 봄), 32-37쪽에 특집 주제, "1907년 대부흥 운동과 부흥운동의 모티브. '말씀, 기도, 회개, 나라사랑' "에 맞추어 쓴 글의 초고입니다.

차례

1. 1907년의 말씀운동
2. 1907년 말씀운동의 본질적인 요소들
(1) 인위성 배제
(2) 통전성
(3) 개별성 고려
(4) 교회공동체성 강화
(5) 사회성과 역사성과 세계성의 문제
3. 이 시대 참 말씀운동에 필요한 몇 가지 실천 원칙

1. 1907년의 말씀운동

1907년 부흥운동은 그리스도인들이 교회에 모여 기도하며 성경을 공부하는 가운데 성령의 개입으로 자신들의 죄를 깨달아 회개하며 새로 경험한 구원의 감격에 북받쳐 전도하며 삶을 새롭게 했을 뿐만 아니라 교회도 크게 한 운동이라 할 수 있다. 이리하여 이 부흥운동은 보기에 따라 기도운동, 말씀운동, 성령운동, 전도운동의 여러 이름으로 부를 만하다.

말씀 운동의 관점에서 이 부흥운동을 생각해 보면, 말씀공부와 설교는 이 부흥운동에 신학적인 밑바탕을 깔아 주었다고 할 수 있다. 무엇보다도 사경회 참석자들은 성령의 강력한 조명을 받아 자신들의 모습이 성경의 가르침에서 크게 벗어나 있음을 깨닫고 그 잘못된 삶을 아주 구체적으로 회개하며 바로잡았기 때문이다.

1907년 부흥운동의 뿌리는 1903년 원산 창전교회에서 모인 선교사들의 기도회까지 거슬러 올라간다(김인수 166).[90] 그렇지만 부흥운동이 본격적으로 시작된 것은 1907년 1월 6일부터 열흘 동안 평양 장대현교회에서 모인 평안남도 도사경회에서였다(김인수 169).

이렇게 붙기 시작한 부흥의 불길이 2월에는 평양의 각급 학교 학생들에게로, 3월에는 12일 동안 열린 장로교회 부인사경회로, 5월에는 장로회신학교 학생들의 특별사경회로 옮아갔고, 뒤이어 길선주과 선교사들이 전국으로 흩어져 다니며 사경회를 인도함으로써 온 나라로 펴졌다.

이리하여 사경회에서 경험하는 성경공부와 기도의 열심이 대부흥운동을 계기로 더욱 고양되었는데, 이는 세계 기독교 역사에서도 보기를 찾기 힘든 한국교회의 특징 가운데 하나가 되었다(한국기독교사연구회 274).

---

90) 문헌 인용은 본문 가운데서 괄호 안에 저자 이름과 책의 쪽수만 적는 방식으로 하기로 한다. 다음 책들을 주로 참고했다. 길진경, 『영계(靈溪) 길선주』(서울: 종로서적, 1975); 김인수, 『한국기독교회사』(서울: 한국장로교출판사, 1994); 서정민, "초기 한국교회 대부흥운동의 이해 – 민족운동과의 관련을 중심으로 –," 이만열 외 7일 지음, 『한국기독교와 민족운동』(서울: 도서출판 보성, 1986), 233-283쪽; 이영헌, 『한국기독교사』(서울: 컨콜디아사, 1978); 임희국, "신앙각성운동을 통한 갱신과 부흥, 토착교회의 형성: 1907년 평양 대각성운동을 중심으로," 장신근 책임편집, 『한국교회의 영적 부흥과 리더십. 제1·2회 소망신학포럼』(서울: 장로회신학대학교출판부, 2006), 435-475쪽; 한국기독교사연구회, 『한국기독교의 역사 I』(서울: 기독교문사, 1989); 황홍렬, "1907년 대부흥운동과 사회개혁, 그리고 그 현재적 의미," 「선교와 신학」 제18집(2006), 75-112쪽.

이 말씀운동의 중심은 사경회였다. 이는 선교사가 들어오기 전에 이미 만주와 일본에서 한국인 성경을 한글로 번역하여 나라 안에 들여온 역사와 밀접한 관계가 있다(한국기독교사연구회 274). 성경공부 중심의 사경회는 1890년대 말부터 장로교회뿐만 아니라 감리교회에서도, 개교회뿐만 아니라 여러 교회 연합으로도, 여러 곳에서 열렸고 이런 사경회에 신도들은 열성적으로 참여했다. 이를테면 1901년 평양에서 열린 여신도 사경회에는 수백 리 이상 떨어진 인근 여러 지역에서도 여신도들이 몇 주일간 먹을 쌀을 짊어지고 참석했고, 1902년 평양에서 열린 남신도 사경회에는 심지어 서울·목포·무안 사람들도 찾아왔다(한국기독교사연구회 274). 1904년에는 한국 교인의 60%가 사경회에 참석했다고 한다(서정민 244). 사경회에서는 주로 성경의 한 책을 골라 공부했지만(임희국 453), 교리나 성경 개론도 가르쳤고, 더 나아가서 생활 관련 계몽 프로그램도 다루었다(서정민 244). 사경회에서는 보통 오전에 성경공부를 한 뒤에 오후에 전도하고 저녁에는 대중부흥집회로 모였고 농한기를 이용하여 참석자들이 합숙했다(서정민 244; 임희국 453, 456-457).

평양 장대현교회에서는 1898년부터 전 교인을 겨냥하여 해마다 4-6번 사경회를 열었을 뿐만 아니라 평양 전 지역의 평신도지도자들을 겨냥한 직원사경회, 부인들을 위한 사경회, 조사들을 위한 여름사경회도 해마다 각각 네 차례, 한 차례, 한 차례씩 열었으며 상인들을 위한 특별사경회도 열었다(임희국 456). 1907년 장대현교회 사경회는 남신도들만 참석한 사경회였는데, 한국인 목사가 없어서 집회 사회는 선교사들이 번갈아 가며 맡았다(길진경 191. 이영헌 110에서는 남자만도 매일 1500명이 되어 여자들은 밖에다 자리를 만들 정도였다고 함). 사창골교회와 산정현교회와 남문밖교회와 서문밖교회의 네 곳에 분산된 여신도들의 집회를 목요일과 금요일과 토요일 사흘 저녁에는 장대현교회 집회에 통합했고(길진경 194), 월요일과 화요일은 다시 여신도들만의 집회가 있었다(길진경 196).

여기서 1907년에 장대현 교회뿐만 아니라 여러 곳에서 모인 사경회의 성경 공부 시간에 성경의 어느 부분을 어떻게 공부했는지, 또 저녁 대중 전도 집회에서는 어떤 성경 본문을 중심으로 어떻게 설교했는지가 궁금해진다. 그렇지만 우리가 구할 수 있는 자료는 매우 제한되어 있다. 이런 저런 사경회나 모임에서 설교자들이나 강사들이 다룬 성경 본문이나 설교 제목은 다음과 같다. 1903년 겨울 원산 선교사들의 성경공부와 기도회에서 하디(R.A.Hardie)는 요한복음 14장 12절, 14절, 15장 7절, 16장을 본문으로 설교했고(이영헌 108), 1906년 8월 평양 선교사들 성경공부에서는 인도자 하디가 요한1서(이영헌 109)를 본문으로 삼았으며, 그 뒤로도 사랑을 강조한 요한1서가 자주 사경회 본문이 되었다(이영헌 118). 길선주 장로는 1907년 평양 장대현교회 사경회 준비 집회 첫 날(수요일)부터 셋째 날 저녁에는 각각 "마음의 문을 열고 성신을 영접하라", "이상한 귀빈과 괴이한 주인", "지옥을 취하랴 천당을 취하랴", "성령 앞에 숨을 자 없다"(행 5:1-11)라는 제목으로 설교 했고, 마지막 사흘 저녁에는 이사야, 로마서, 요한계시록을 설교했으며, 다섯째 날 저녁에는 믿음으로 의롭다 함을 주제로 삼았다(길진경 184-190). 1907년 1월 6일부터 열흘 동안 모인 평양 장대현교회 사경회(이영헌 109-110. 한국기독교사연구회 272에서는 16일에 끝났다고 함)의 12일 토요일 저녁 집회에서는 블레어(W.M.Blair)가 고린도전서 12장 27절을 본문으로 "우리는 모두 그리스도의 몸이요, 그의 지체들이라"라는 내용의 설교를 했고(한국기독교사연구회 270과 이영헌 118; 임희국 442. 김인수 169에서는 14일이라고 함) 이 고린도전서 12장이 대부흥의 불길에서 중요한 역할을 했다고 한다(이영헌 118-119).

말씀운동은 사경회 말고도 개교회에서 체계적인 성경교육을 겨냥하여 마련한 여러 과정의 성경공부반을 통해 퍼져 나갔다. 초신자반뿐만 아니라 성경교사반, 부인반을 주일뿐만 아니라 형편에 따라 토요일이나 수요일 낮에도 개설하였다(임희국 456).

이처럼 1907년의 부흥운동은 나라 안팎의 위기 상황을 배경으로 1900년대로 넘어오면서 시작된 말씀운동이 절정에 이른 때에 일어난 사건으로 볼 수 있다. 부흥운동의 열기는 안타깝게도 2-3년의 짧은 세월이 지나면서 식고 그 불씨를 계속 살리기 위해 애쓴 백만인 구령운동도 본디 기대한 만큼의 성과는 거두지 못했다(임희국 450-452; 김인수 181-185).

2. 1907년 말씀운동의 본질적인 요소들

1907년 말씀운동의 본질적인 요소들을 찾아보기에 앞서 그 이후로 오늘에 이르기까지 한국 교회의 사경회와 성경공부가 어떻게 달라져 왔는지를 살펴볼 필요가 있다.

도시와 지방에 따라 차이가 있지만 1970년대 초까지는 그래도 해마다 한 차례 사경회를 여는 교회가 적지 않았다. 새벽에 모여 설교를 듣고 열심히 기도하고, 오전에 성경의 책 한 권을 공부한 뒤 오후에 나가서 전도하고 저녁에는 대중 전도집회를 하는 사경회의 틀도 어느 정도 유지되었다. 시간대에 따라 하루에 세 번 새벽, 낮, 밤에 모여 새벽 시간은 성경 공부를 주로 하는 낮 시간이나 대중 집회를 하는 저녁 시간보다는 상대적으로 짧게 모였지만, 강사가 설교한다는 점에서는 세 모임 사이에 차이가 없었다는 점도 이전의 사경회와 같았다.

그런데, 해방 후의 사회 혼란과 한국 전쟁의 위기를 거치면서 성경

중심의 사경회는 부흥사 중심의 부흥회(이 이름은 1904년 「신학월보」에 이미 나타남)로 바뀌게 된 것으로 보인다. 때로는 부흥사경회라는 이름을 쓰기도 하지만 실제로는 성경을 자세히 가르치고 배우기보다는 부흥사 개인의 경험담을 늘어놓거나 신유의 은사 등 각종 은사 경험에 더 관심하는 경우가 늘어났다. 그리하여 1907년 말씀 운동에서는 볼 수 없었던 광신적인 경향이 나타나게 되었다. 이는 또한 우후죽순처럼 생겨난 방방곡곡의 기도원에서 연중 계속되는 부흥집회를 열어 전국 각지의 신도들을 불러 모은 것과 맞물리게 된다. 그리하여 부흥회의 부작용으로 교회 안에 잘못된 가르침이 들어와 교회가 갈라지거나 교인들 사이에 싸움이 일어나는 등의 어려움이 생기기도 하면서 부흥회 개최를 주저하는 교회들도 나타나게 되었다. 1980년대 이후 살림살이가 크게 나아지면서 여가 문화가 발달하게 되자 사경회 또는 부흥회 기간도 일주일에서 사나흘로 줄어들고, 더러는 저녁에만 모이는 식으로 달라지기도 했다. 이런 사경회도 이즈음은 몇 해에 한 번 하는 것이 보통이다.

사경회와는 별도로 개교회에서는 소속 교단에서 개발한 교재를 주일마다 교회학교에서 가르치는 것과, 성인들을 대상으로 개교회가 개설한 여러 가지 성경공부반을 통해 교인들에게 성경을 가르쳐 왔다. 성인을 겨냥한 체계적인 성경공부의 교재로 1970년대부터 각 교단에서 만들어낸 교재와 아울러 외국에서 들어온 벧엘 성경공부 교재, 크로스웨이 성경공부 교재, 네비게이터 성경공부 교재 등이 쓰이게 되었고, 최근에는 릭워렌의 책들이 유행하고 있다. 그밖에 십 수 년 전부터 교회마다 유행하고 있는 단기간 성경통독 프로그램과 성경필사 운동도 새로운 말씀운동에 속하는 것으로 볼 수 있다.

그동안 우리 교회 안에서 진행된 이런 말씀 운동의 흐름을 염두에 두고 1907년 부흥운동에 나타난 올바른 말씀운동의 요소를 인위성 배제, 통전성 확보, 개별성 고려, 교회공동체성 유지, 사회성과 역사성과 세계성의 문제라는 다섯 가지 관점에서 살펴보기로 하자.

⑴ 인위성 배제

1907년 부흥운동에서 가장 두드러지게 나타난 것은 성령의 역사다(임희국 457). 성령께서 개별 성경공부 모임이나 사경회에서 참석자들을 사로잡지 아니하셨더라면 설교자들이나 인도자들이 전한 말씀이 아무 쓸 모 없었으리라는 점은 분명하다. 이는 베드로가 고넬료 집에 찾아가 말씀을 전할 때 성령께서 말씀 듣는 모든 사람에게 내렸다는 사도행전 10장 44절을 떠올리게 한다. 1907년의 말씀 운동은 길선주 장로를 비롯하여 당시 사경회나 성경공부를 인도하던 지도자들의 신학 성향이나 기량에 좌우되지 않았다. 성령께서 그들을 통해 그 때 우리 그리스도인들과 교회들에 필요한 말씀을 하게 하셨고 청중들로 하여금 하나님의 뜻을 깨닫게 하셨다.

사경회를 인도하는 선교사들이 처음에는 한국 교회가 지나치게 반일 민족주의 운동에 기우는 것을 막으려고 했을 뿐만 아니라 자신들과 한국인 교회 지도자들 사이에 생긴 갈등과 불화 문제를 설교로 해결하려고 했던 것은 사실이나 성령께서는 그러한 바람을 훨씬 넘어서서 한국교회를 말씀으로 새롭게 하셨다. 이리하여 1907년 말씀 운동에는 그 어떠한 인위성도 찾아볼 수 없다. 사경회 인도자들도 오로지 성령께서 일하시기를 간구하고 기다렸을 따름이다.

이와는 달리 그 뒤로 오늘에 이르기까지 한국 개신교회에서 해 온 말씀운동에는 인위성이 개재되는 경우가 늘어나고 있는 것으로 보인다. 성경공부나 사경회의 인도자들이 자기가 정해 놓은 목적을 이루기 위해서 성경을 자기 좋도록 해석하고 설교하여 가르치는 경우가 많아졌다. 다른 한편으로는 나라 안팎에서 만든 성경공부교재조차도 학습자들에게 정해진 반응을 하도록 강제하는 성향을 띠는 경우가 적지 않았다. 이리하여 성경에서 하나님의 음성을 듣고자 하는 진지한 마음보다는 사람의 뜻과 욕심과 계획을 이루기 위해서 성경을 이용하려는 경향이 강해지고, 그것이 잘못이라는 사실조차도 깨닫지 못하는 지도자들이 적지 않아 보인다. 이처럼 말씀운동에 인위성과 자의성이 크게 작용한다면, 성령께서 자유로이 일하실 수 없다.

⑵ 통전성

1907년 말씀운동은 그저 성경 지식을 늘이는 운동이 아니라 간절히 기도하며 준비하고 간절히 기도하는 가운데 말씀을 가르치고 배우며 말씀에서 배우고 깨달은 대로 뉘우치고 전하며 삶을 고쳐나가는 통전성을 띠고 있었다.

이와는 달리 그 이후의 말씀운동에서는 말씀에서 배우고 깨달은 대로 전하고 실천하는 면이 약화된 것으로 보인다. 특히 말씀에 비추어 드러난 잘못을 솔직히 인정하고 깊이 뉘우치는 모습을 찾아보기가 아주 힘들어졌다.

⑶ 개별성 고려

1907년 말씀운동은 성별, 나이, 신앙의 정도, 직업에 따라 알맞게 나누어 개별적으로 진행되었다. 물론 여신도들의 사경회를 남신도들의 사경회와 나눈 것은 당시 한국 사회의 관습을 고려한 처사인 듯하다.

그렇지만 결과를 두고 볼 때 이렇게 여신도들만을 겨냥한 사경회를 통해서 여성들이 독자적으로 복음의 일꾼이 되어 가정과 교회의 변화에 크게 이바지 한 사실을 부인할 수 없다(한국기독교사연구회, 272).

나이나 신앙의 정도나 직업에 따른 성경공부나 사경회는 그 이후 한국교회의 말씀운동에서도 볼 수 있었지만, 여전도회에서 개최하는 사경회를 뺀다면, 여신도들만을 위한 사경회는 보기 힘들어졌다. 여성의 지도력이 그 어느 때보다 중요하게 된 21세기에서는 여신도들을 위한 사경회를 다시 한 번 발전시켜 볼 만하다.

⑷ 교회공동체성 강화

위에서 알아본 대로 사경회에서 요한일서와 고린도전서 12장이 중요한 자리를 차지한 데서도 드러나듯이, 1907년 말씀운동에서는 기독교 신앙의 공동체성 곧 교회성이 강조되었다.

그 교회성도 개교회를 넘어서서 선교사들과 한국 그리스도인들을 하나로 아우르는, 전체 한국 교회를 염두에 둔 교회성이었다. 말씀운동이 장로교와 감리교라는 교단의 울타리를 넘어서서 일어난 것, 여러 교회가 한데 모여 하는 연합사경회가 잦았다는 것이 그 좋은 보기이다.

이와는 달리 그 이후 한국교회의 말씀운동에서 교단주의, 개교회주의가 강화된다. 초교파 사경회는 두말할 것도 없고 같은 교단 안에서도 연합사경회를 찾아보기가 힘들어졌다.

⑸ 사회성과 역사성과 세계성의 문제

1907년 말씀운동이 당시 사회의 변화에 상당한 영향을 끼친 것은 부인하기 힘들지만(황홍렬 90-108), 운동의 다른 여러 특징에 견주어 볼 때 상대적으로 약하게 드러난 점이 기독교 신앙의 역사성이다. 1907년 이전의 말씀운동에서는 당시 국제 정세에 비추어 그리스도인들이 어떻게 처신해야 할지를 소극적으로 다루었을 따름이다(임희국 455-456 참고). 또한 이제 독노회를 막 조직한 장로교회가 중국과 제주도로 선교사를 보내는 놀라운 면을 보이기는 했으나, 한국을 넘어서서 세계 사회의 고통과 불의를 두고 고민하고 기도하며 이를 제거하기 위해 애쓰는 데에는 아직 관심도 없었고 그럴 여유도 없었다.

이러한 경향은 그 이후 한국 교회의 사경회에서도 심각한 약점으로 남는다. 심한 경우에는 세상이야 어찌되든 그리스도인들은 천국 백성이 되었다는 기쁨에만 취하는 모습을 보이기도 했고, 나라안팎의 불의한 세력이 강자의 논리로 하나님의 뜻을 거스를 때에 교회 지도층 인사들이 개인적으로 집단적으로 또 의식적으로든 무의식적으로든 동조하여 일반인들의 지탄을 받는 데까지 이르기도 했다.

또한 한국교회는 한국 사회를 넘어서서 세계 사회의 문제에는 거의 관심을 두지 않는 속 좁은 교회로 굳어진 듯이 보인다.

3. 이 시대 참 말씀운동에 필요한 몇 가지 실천 원칙

⑴ 참 말씀운동은 말씀에 대한 지도자들의 올바른 인식과 바른 마음가짐 없이는 해나갈 수 없다. 교역자들과 평신도 지도자들은 맘 속 깊이에서부터 말씀을 들으려는 태도를 되찾아야 한다. 성경을 자신의

비전이나 목회 프로그램을 달성하는 수단으로 잘못 쓰려는 유혹에 빠지지 말아야 한다. 말씀운동을 한다는 사람들이 말씀이 현대인들에게 이르는 길목을 막아서서 성령의 역사를 방해하는 무서운 잘못을 저지르지 않도록 매우 조심하여야 한다. 말씀운동에 앞장선 사람들은 그 어떤 신학이나 교재나 원칙에 매이지 말고 하나님이 성경을 통해 이 시대 사람들에게 자유로이 말씀하시도록 그 길만 잘 닦아두면 된다.

구체적으로 무서운 속도로 발달하고 있는 정보통신문명의 여러 수단을 알맞게 활용하는 것도 중요하지만, 그보다는 교역자가 그저 일방적으로 성경 본문을 해석하여 전달하려고만 하는 데서 벗어나서 그리스도인들이 성경 말씀과 직접 맞부딪쳐 씨름하도록 격려하고 그런 계기를 마련해 주는 것이 더 중요하다. 이를테면 소수의 신도들이 한 자리에 둘러앉아 성경본문을 함께 읽으며 성령의 이끄심을 받아 그 뜻을 깨닫기 위해 자유롭게 서로 이야기를 나누는 방식의 성경공부 방식을 여러 가지 모습으로 개발할 필요가 있다. 이런 방식의 성경공부는 이미 1980년대부터 임실제일교회와 수원고등교회를 비롯한 몇몇 교회에서 시도한 바 있다.

⑵ 참 말씀운동은 그 누구보다도 교회 지도층에 속하는 사람들이 앞장서서 말씀에 순종하는 데서 비롯된다. 말씀을 잘 몰라서가 아니라 아는 말씀도 제대로 순종하고 실천할 마음이 모자라는 것, 이것이 2007년 한국교회의 큰 문제 가운데 하나가 아닌가? 말씀의 빛에 비추어서 드러난 자신들의 모자람과 약함과 자신들이 저지른 잘못을 숨김없이 고백하고 그에 따르는 책임을 지지 않고서는 제대로 이루어지지 않는다.

명예와 권세를 탐하며 자만과 안일에 빠진 지도자들이 계속해서 자신들의 죄를 인정하지 않고 교묘하게 성경 구절을 들이대면서 변명하거나 그 잘못을 합리화하는 분위기에서 참된 말씀운동은 일어날 수 없다.

또한 지도층의 잘못으로 한국교회에 속한 개교단이나 한국 교회 전체가 잘못한 바도 솔직히 인정하고 하나님과 세상 앞에 용서를 빌어야 하지 않겠는가? 일반 그리스도인들도 사회가 교회의 잘못을 지적할 때 옹색하게 변명하려고만 할 것이 아니라 적극적으로 말씀의 가르침대로 성령을 굳게 의지하며 고쳐나가는 일에 힘써야 한다.

진실하게 참회할 줄 모르는 죄, 이것이야말로 오늘 우리 한국교회의 참 말씀운동을 가로막는 가장 큰 문제라고 할 수 있지 않을까?

⑶ 참 말씀운동은 균형 잡힌 신앙생활과 교회생활을 겨냥한 운동이어야 한다. 이웃 교회, 이웃 교단, 이웃 나라의 그리스도인들과도 협력하고, 한국뿐만 아니라 세계의 문제에도 민감하게 반응할 줄 알게 하는 말씀운동이어야 한다.

⑷ 이 시대의 참 말씀운동은 돈과 권력이 하나님이 되어 있는 불의한 현실에서 약한 사람들을 보듬어주고 세워주는 방향으로 그리스도인 개인의 삶과 교회의 활동과 사회의 움직임이 달라지도록 나아가야 한다.

느헤미야 8-9장의 백성, 에스라, 레위인들

이 글은 2008년 12월 3일(수) 장로회신학대학교 교수 퇴수회 교수 세미나 시간에 발표한 내용의 초고입니다.

1

느헤미야 8-9장에서 우리는 포로생활에서 돌아온 하나님 **백성**과 **에스라**와 **레위인들**이 **서로 긴밀한 관계를 유지하며 율법을 중심으로 자기들의 공동체를 새롭게 세우려고 애쓴** 내용을 읽을 수 있습니다. 느헤미야 8-9장 최종 본문을 그 짜임새와 흐름을 따라 살펴보면서 그 가운데서 오늘 우리의 교회 공동체를 새롭게 하는 데 도움이 될 가르침을 몇 가지 찾아보려고 합니다.

2

(1) 느헤미야 8-9장에서 알려주는 **여러 사건에서 주도권을 행사한 사람은 백성**이었습니다.

이는 우선 수문 앞 광장 집회가 백성의 요청으로 이루어졌다는 점에서부터 분명해집니다. 에스라가 백성을 불러 모아 율법책을 읽어 준 것이 아닙니다. 8장 1절에서는 밝히지 않지만 느헤미야의 흐름을 따라 보면 주전 445년으로 짐작할 수 있는 해의 7월 1일 곧 당시 유다 사람들에게는 새해 첫 날인 때 모든 **백성**이 일제히 수문 앞 광장에 모여 학사 에스라에게 율법책을 가져오라 청했다고 합니다. 에스라는 이 요청에 따라 율법책을 가지고 나와 백성에게 읽어줍니다.

그 뒤로도 8장에서는 백성이 여러 번 문장의 주어로 나옵니다. 그리하여 에스라와 레위인들의 행동에 백성이 매우 능동적으로 반응했음이 드러납니다. 에스라가 율법책을 읽자(2-3전반절), **백성**이 율법책에 귀를 기울였습니다(3후반절). 에스라가 율법책을 펼치자(5전반절), **백성**이 일어섰습니다(5후반절). 에스라가 하나님을 송축하자(6전반절), **백성**이 손을 들고 아멘 아멘하고 응답하여 하나님께 경배했습니다(6후반절). 레위인들이 율법책을 낭독하고 풀이해주자(7-8절), **백성**이 율법의 말씀을 듣고 다 울었습니다(9절). 느헤미야와 에스라와 레위인들이 위로하고 격려하자(10-11절), **백성**이 그에 따르며 크게 즐거워했습니다(12절). 그뿐만이 아닙니다. 그 **다음날에도 백성**의 족장들과 제사장들과 레위 사람들이 다시 에스라에게 모여 율법의 가르침을 따라 초막절을 지키기로 하자(13-15절), **백성이** 초막을 짓고(16-17절). 에스라가 날마다 율법책을 읽는 가운데 그들 곧 17절에서 말한 **회중이** 절기를 지킵니다(18절).

백성의 이러한 자발성과 능동성과 적극성은 9장 앞부분에서는 한층 더 두드러지게 나타납니다. 1-2절에서는 같은 달 24일에 **이스라엘 자손이** 다시 모여 금식하며 굵은 베옷을 입고 티끌을 무릅쓰며 모든 이방인들과 절교하고 자신들의 죄와 조상들의 허물을 자복했다고 합니다. 이 이스라엘 자손은 8장의 백성을 가리키는 것으로 이해할 수 있습니다. 9장 3절에서는 아예 **그들이** 낮 사 분의 일 동안 제 자리에 서서 율법책을 읽었고 낮 사뷰의 일은 죄를 지복하고 하나님께 경배했다고 합니다. 10장 18-29절에서는 대표자들이 율법의 정신을 살려 새 상황에 맞추어 언약한 내용을 지키기로 백성이 맹세했다고 합니다.

백성이 이처럼 신앙을 새롭게 다지는 데 열정을 품고 나선 것은 물론 에스라와 느헤미야가 본을 보인 것과 관련이 있습니다. 주전 5세기 유다 공동체를 바로 세우는 데 이 두 사람이 앞장서서 온 몸과 마음을 바치는 모습을 본 백성은 크게 감동받았을 것입니다. 새로 짓기 시작한 성전은 이미 두어 세대 전인 주전 515년에 완공되었고(스 1-6장), 느헤미야의 지도 아래 온 유다 사람들이 일치 협력하여 무너진 예루살렘 성벽을 수리하는 일도 얼마 전에 끝났습니다(느 6:15-16). 느헤미야보다 13년 앞서 예루살렘에 온 에스라는 백성과 함께 무엇보다도 이방혼인 문제를 바로잡느라 애썼습니다(스 7-10장).

⑵ 열심 있는 백성의 요청에 따라 **에스라는 지도자의 책임을 성실히 수행**했습니다. 7월 1일에 에스라는 율법책을 가져 와 회중 앞 곧 남자나 여자나 알아들을 만한 모든 사람 앞에서 새벽부터 정오까지 **읽어** 백성이 듣게 했습니다(느 8:2-3). 그 다음날 백성의 대표자들과 제사장들과 레위 사람들이 율법의 말씀을 밝히 알려고 다시 자기에게 모였을 때, 하나님이 초막절을 지키라고 명령하신 사실이 율법에 적힌 것을 - 히브리어 본문의 표현대로 하자면 - **그들과 함께 찾아냈습니다** (8:14). 그리하여 초막절을 지킬 때 첫날부터 끝날까지 **날마다 율법책을 읽어** 주었습니다(8:18).

⑶ 신앙으로 공동체를 새롭게 세우려는 백성과 에스라 사이에서 **레위인들**도 제 몫을 톡톡히 해냈습니다.

7월 1일에 이들은 에스라와 함께 백성에게 율법책을 읽어주었습니다(8:8). 그뿐만 아니라 그 뜻을 해석하여 깨닫게 했습니다(8:7-8). 이를 보통은, 히브리어를 잘 모르는 백성에게 히브리어를 아람말로 풀어 말해 준 것을 뜻한다고 짐작합니다. 율법을 들은 백성이 울자 레위인들은 느헤미야와 에스라와 함께 그들을 위로하고 격려하기도 했습니다(8:11). 다음날에는 백성의 족장들과 제사장들과 함께 율법의 말씀을 밝히 알려고 에스라에게 가서 초막절에 관한 율법 규정을 함께 찾아냈습니다(8:13). 그 달 24일에 다시 모였을 때는 하나님을 송축하고

(9:5) 한편으로는 그때까지 하나님이 이스라엘에게 베풀어주신 놀라운 은혜를 기억하고 다른 한편으로는 **조상들의 죄와 자신들의 잘못을 하나님께 고백하면서 새로운 시작을 향한 결의를 다지며 언약을 세우는 기도를 인도**했습니다(9:6-38). 놀랍게도 9장에는 에스라도 느헤미야도 전혀 나타나지 않고 금식하며 회개하러 모인 이스라엘 자손 앞에서 레위인들이 찬송과 기도를 이끌어갑니다.

⑷ **백성과 에스라와 레위인들을 하나로 묶은 것은** 두말 할 나위 없이 **율법책에 기록된 율법**입니다. 이 점은 8장에서 너무나 뚜렷이 드러납니다. 7월 1일에 백성은 에스라에게 **율법책**을 가져오기를 청했고(8:1), 그 청에 따라 에스라는 **율법책**을 가져와 백성에게 읽어 주었으며(8:2), 백성은 그 **율법책**에 귀를 기울였습니다(8:3). 에스라가 백성 앞에서 **율법책**을 펼 때 백성은 일어섰고(8:5), 레위 사람들도 **율법책**을 낭독하고 그 뜻을 해석하여 **율법**을 깨닫게 했습니다(8:7-8). 그러자 백성은 **율법**의 말씀을 듣고 울었지만(8:9), 지도자들에게 위로와 격려의 말을 듣고 그 **읽어 들려 준 말**을 밝히 알아 크게 즐거워했습니다(8:12). 그 다음날 백성의 대표자들과 제사장들과 레위 사람들은 **율법**의 말씀을 밝히 알려고 에스라에게 모였고(8:13) **율법**에 기록된 대로(8:14) 초막절을 지켰습니다. 에스라는 절기 첫날부터 끝 날까지 날마다 **율법책**을 낭독했습니다(8:18).

같은 달 24일에 이스라엘 자손이 모여 금식하며 죄를 고백할 때도 그들은 낮 사분의 일에 **율법책**을 낭독했습니다(9:3). 레위 사람들이 인도한 기도에서도 하나님이 시내 산에서 **율법** 주셨는데(9:13-14) 그 **율법**을 등지고(9:26) 하나님을 거스른 조상들이 다시 **율법**을 복종하게 하시려고 하나님이 경계하셨음을 기억하고(9:29) 왕들과 방백들과 제사장들과 조상들이 **율법**을 지키지 아니하였다고(9:34) 고백합니다.

이렇게 백성과 에스라와 레위인들을 하나로 묶어 공동체를 신앙으로 새롭게 세우게 한 율법책에는 아마도 오늘 우리가 아는 오경의 핵심이 들어 있었으리라 짐작합니다. 그보다 더 중요한 것은 율법이라고 옮긴 히브리 명사 〈**토라**〉가 본디는 '**길잡이**', '**가르침**', '**교훈**'을 뜻한다는 점입니다. 이스라엘을 당신의 백성으로 삼으신 하나님이 이 백성이 당신을 어떻게 섬겨야 하는지 그 길을 가리켜 주려고 주신 말씀이 〈토라〉입니다.

3

(1) 오늘의 교회는 세속 사회로부터 한편으로는 교회의 어그러진 모습 때문에 엄청나게 비난받지만 다른 한편으로는 참 진리와 구원의 공동체가 되어 달라고 진지하게 요청받고 있습니다.

우리나라 교회를 두고 보면 겨레와 마찬가지로 말할 수 없이 큰 어려움을 겪었던 일제시대를 구약 이스라엘의 포로기에 견주어 볼 만합니다. 그렇다면 1945년 해방 이후로 한국교회는 재건기에 접어들었다고 할 수 있습니다. 한국 전쟁을 거치면서 부서진 예배당들을 우선 남한에서만이라도 새로 세웠고 그 뒤로 교세가 크게 나아졌습니다.

그렇지만 속을 들여다보면 우리는 **여전히 교회 공동체를 신앙으로 새롭게 세워야 할 상황에 처해 있지 않은가** 하는 생각도 듭니다. 북한을 생각하면 더욱더 그러합니다. 이런 상황에서 느헤미야 8-9장의 내용은 오늘 우리에게도 다음 몇 가지 큰 가르침을 줍니다.

(2) 무너졌던 신앙 공동체를 다시 세울 때 그 **토대**는 무엇보다도 하나님의 〈토라〉입니다. 느헤미야 8-9장을 비롯하여 시편 1편, 19편, 119편 등에 나오는 〈토라〉를 오늘 우리 사정에 맞추어 생각한다면 **말씀, 성경**이라 할 만합니다.

우리 한국교회는 선교초기부터 성경을 중심하여 발전해 온 교회입니다. 이 전통은 지금까지 이어져오고 있습니다. 그렇지만 그 전통이 지금은 껍질만 남은 것이 아닌지, 우리 교회가 정말 하나님의 뜻을 성경에서 발견하고 따르고자 했는가 다시 한 번 돌이켜 보고 싶습니다. 혹시라도 성경을 사람 좋은 대로 마구 써먹는 일이 점점 더 많아지고 있지 않는가 하는 두려운 생각을 금할 수 없습니다.

(3) 바로 이 점에서 또한 느헤미야 8-9장의 백성처럼 오늘 **한국의 그리스도인들**도 말씀에 목말라 우리 교회 지도자들에게 **사람의 가르침, 사람의 〈토라〉가 아닌 하나님의 가르침, 하나님의 〈토라〉를 읽어 달라**고 요구하고 있습니다. 이런 평신도들은 그저 교회 지도자들이 가르쳐야 할 대상이 아닙니다. 스스로 열심히 말씀을 듣고 그 말씀에 능동적으로 적극적으로 반응할 줄 아는 사람들입니다. 이들이야말로 신앙 공동체를 새롭게 세울 주인공들이라 할 수 있습니다. 오늘 우리 한국교회는 이런 하나님의 **백성을 새롭게 발견하여 그들을 귀히 여기고** 앞에서 잘 이끌고 뒤에서 잘 밀어주어야 하리라 생각합니다.

(4) 백성이 요구한 것은 〈토라〉 해석에 앞서 〈토라〉 자체를 읽어달라는 것이었고, 그 요구를 따라 에스라와 레위 사람들이 무엇보다도 힘쓴 것은 〈토라〉를 읽어주는 일이었습니다. 이처럼 오늘 우리 **신학자들을 비롯하여 교역자들**도 **성경을 제대로 읽어주는 데**에 이전보다 더 정성을 쏟아야 하리라 생각합니다. 여기서 우리는 신학자들을 비롯하여 우리 교회 지도자들이 오히려 평신도들과 하나님 사이를 가로 막고 서서 평신도들이 하나님의 말씀을 듣지 못하게 하고 있지는 않은가 돌이켜 볼 필요가 있습니다.

그렇지만 〈토라〉를 잘 알아듣지 못하는 사람을 위해서 레위인들이 그 뜻을 해석해 주었듯이, 교회 지도자들에게는 또한 어려운 성경을 바르게 풀어 일러줄 책임이 있음이 분명합니다. 다만 그 **목적은 성경에 적힌 하나님의 뜻을 드러나게 하는 데 있지** 그와는 다른 교회 지도자들의 뜻을 이루는 데 있지 않음을 잊을 수 없습니다.

(5) 에스라와 백성 사이에 서서 에스라를 돕는 레위 사람들이 있었던 것처럼 오늘 교역 현장에서도 최고 책임자의 자리에 있는 **교역자와 일반 평신도 사이에서 그 교역자를 도와 말씀을 깨닫게 하는 사람들**이 꼭 필요합니다. 오늘 이런 레위 사람들의 자리에 서 있는 사람들로는 한편으로 최고 책임자의 자리에 있는 교역자를 돕는 교역자들을, 다른 한편으로는 어느 정도 신학적인 소양을 갖추고 그런 훈련을 받은 평신도 지도자들을 생각해 볼 수 있습니다.

(6) 에스라와 레위인들은 율법을 백성에게 읽고 풀이해줄 뿐만 아니라 하나님을 찬양했습니다. 특히 레위인들은 한결같이 은혜를 베푸신 하나님을 끊임없이 배신한 이스라엘의 죄를 고백하여 공동체를 새롭게 할 것을 다짐하며 약속하는 기도를 인도했습니다.

좀 어색하기는 합니다만, 오늘 교회음악가들과 교회학교 교사들을 비롯한 평신도 교회 지도자들은 느헤미야 8-9장의 레위인들에, 신학자들을 비롯한 교역자들은 에스라에 견줄 만합니다. 아무튼 교회 지도자들은 말씀을 바르게 읽고 풀이해 주는 일뿐만 아니라 하나님을 찬양하고, 지난날 교회가 저지른 잘못을 고백하며 새로운 삶을 다짐하고 기도하(고 실천하)는 일도 이끌어 감으로써 교회 공동체를 신앙으로 올바르게 세워갈 수 있습니다.

4

오늘 교회가 위기에 처했다 하더라도 우리 그리스도인들이 각자 서 있는 자리에서 오늘의 '하나님 백성', 오늘의 '에스라', 오늘의 '레위인들'로서 우리 모두를 한데 묶어 주는 하나님 말씀을 중심으로 아름다운 동반협력관계(partnership)[91]를 이루며 우리의 교회 공동체를 신앙으로 새롭게 세워나가기로 굳게 다짐하고 실천하기를 간절히 바라면서 이만 그치겠습니다.

---

91) 이 책의 아래 295-299쪽을 참고하십시오.

성경에서 말하는 섬김

이 글은 대한예수교장로회총회 주제연구위원회 편집, 『섬겨야 합니다. 제93회 총회 주제해설』(서울: 한국장로교출판사, 2008), 9-19쪽에 실린 글의 초고입니다. 이 글에서 성경은 개역개정판을 기준으로 삼고, 헬라어나 히브리어를 우리말로 소리 나는 대로 적은 것은 〈 〉 안에 적어 넣고, 사전에 나오는 기본꼴로 적습니다.

차례

1. 들어가는 말
2. 신약성경에서 말하는 섬김

(1) 신약 헬라 낱말 〈디아코네오〉와 〈둘류오〉의 뜻과 쓰임새

(2) 섬긴 사람들

① 섬김의 본을 보이신 예수님　② 예수님을 섬기는 사람들

(3) 섬김의 내용

(4) 섬김의 가르침

① 자랑할 수 없는 섬김

② 명예욕과 권력욕을 버리고 목숨까지 내놓아야 할 섬김

③ 서로 섬기는 그리스도인들　④ 어려운 사람들을 보살피는 섬김

(5) 교회 안에서 교회 밖으로 나아가는 섬김

3. 구약성경에서 말하는 섬김

(1) 구약 히브리 동사 〈아밧〉의 뜻　(2) 사람 섬김　(3) 하나님 섬김

(4) 섬김의 가르침

① 하나님을 섬기는 백성　② 예언자들의 섬김

③ 통치자들의 섬김　④ 하나님 백성 서로의 섬김

(5) 온 누리로 나아가야 할 섬김의 길

4. 나가는 말

1. 들어가는 말

(1) 이십여 년 전부터 우리 한국 교회에서도 〈디아코니아〉라는 신약성경 헬라 낱말이 교회의 사회봉사라는 특별한 뜻을 지니는 말로 널리 쓰이고 있는데, 이 〈디아코니아〉는 '섬김'이라는 순 우리말로 옮길 수 있다. 1992년에 한글학회에서 펴낸 『우리말큰사전』에서는 '섬기다'를 '윗사람이나 웃어른을 모시고 받들다'와 '일에 손을 거들어 주다'의 두 가지로 풀이한다.

이번 총회의 주제인 '섬겨야 합니다'에서 말하는 '섬기다'는 이 두 풀이 가운데 처음 것, 그것도 억지로가 아니라 기꺼이 그렇게 하는 것을 뜻한다. 그러니까 이 주제에서는 예수 그리스도의 아버지 하나님을 섬기는 사람들이 하나님 때문에, 또 예수 그리스도의 교회가 예수님 때문에 다른 사람들을 어떻게 잘 모시고 받들 수 있을까를 문제 삼는 것으로 보인다.

(2) 이리하여 '섬겨야 합니다'라는 주제에 따라 성경에서 말하는 섬김을 알아보려면 사람 섬김에 초점을 맞출 필요가 있다.

그렇지만 하나님 섬김과 사람 섬김은 따로 떼놓고 생각할 수 없다. 또 섬김을 말하는 신구약 본문을 찾아보면 하나님 섬김을 주로 다루고 사람 섬김은 그에 뒤따르는 주제로 나타난다.

또 사람 심김의 경우에도 주로 하나님을 섬기는 사람들이 서로 섬기는 문제가 중심이 된다. 그에 견주어 보면 하나님을 섬기는 사람들이 하나님 백성의 울타리 밖에 있는 사람들을 어떻게 섬기느냐 하는 문제를 다루는 본문은 그리 많지 않다.

이리하여 이 글에서는 '섬김'의 범위를 교회의 사회봉사를 주로 가리키는 〈디아코니아〉보다 더 넓게 잡기로 한다.

⑶ 성경에서 말하는 '섬김'을 알아보려면 무엇보다도 우리말 성경 개역개정판에서 '섬기다'로 옮긴 신약 헬라어 동사나 구약 히브리어 동사, 또 그런 동사에서 비롯된 명사와 형용사가 어떤 본문에서 어떤 뜻으로 쓰이고 있는지를 살펴볼 필요가 있다. 그렇지만 그런 낱말이 들어 있지 않더라도 그 내용이 실제로 섬김과 관련되는 본문들도 함께 읽어 보아야 한다.

⑷ 개역개정판에서 '섬기다'로 옮긴 신약 헬라어 동사 가운데 가장 중요한 것으로는 〈디아코네오〉와 〈둘류오〉가 있고, 구약 히브리어 동사로는 〈아밧〉이 있다.

그렇지만 이 세 동사와 각 동사에서 비롯된 명사가 언제나 '섬기다', '섬김', '섬기는 자'로 번역되는 것은 아니다. 개역개정판에서는 문맥에 따라 조금씩 다른 말로 번역해 놓기도 했다.

이를테면 〈디아코네오〉는 '수종들다'(막 1:13, 31; 눅 12:37; 17:8; 22:27 등), '준비하다'(눅 10:40), '일을 하다'(요 12:2), '일삼다'(행 6:2), '공양하다'(마 25:44), '돕다'(행 19:22), '봉사하다'(벧전 4:10, 11)로도 옮겨 놓았다. 그 명사형 〈디아코니아〉도 '직무'(행 1:17; 21:19; 고후 9:12, 13), '직분'(롬 11:13; 고전 12:5; 고후 3:9; 4:1; 5:18; 6:3; 골 1:25; 4:17; 딤전 1:12), '사역'(행 6:4), '사명'(행 20:24), '일'(딤후 4:11), '구제'(행 6:1), '부조'(행 11:29; 12:25), '봉사'(엡 4:12), '섬긴 바'(벧전 1:12)의 여러 가지로 번역했다. 또 다른 명사형인 〈디아코노스〉는 '사역자'(고전 3:5), '일꾼'(롬 16:1; 고후 3:6; 6:4; 11:15, 23; 엡 3:7; 6:21; 골 1:7, 23; 딤전 4:6)으로 번역되어 있다.

〈둘류오〉의 경우에는 '섬기다'로만 옮기지 않고 '종노릇하다'(롬 6:6; 갈 4:8, 9, 25; 5:13; 딛 3:3)와 '수고하다'(빌 2:22)로도 번역해 놓았다.

2. 신약성경에서 말하는 섬김

(1) 신약 헬라 낱말 〈디아코네오〉와 〈둘류오〉의 뜻과 쓰임새

〈디아코네오〉는 본디 밥상머리에서 시중드는 것을 뜻하는데(눅 17:8; 22:27 등), 그 뜻이 '보살피다', '생계를 돌봐주다'로 넓어지고(마 25:44; 막 1:13; 15:41; 눅 8:3; 빌 1:13 등), 마침내는 일반적으로 '섬기다'를 뜻하는 말로 쓰이게 된다.

남을 아주 개별적으로 섬긴다는 뜻을 지니는 〈디아코네오〉와는 달리, 〈둘류오〉는 종이 주인에게 예속되어 있는 관계를 염두에 둔 낱말이다. 그렇지만 때때로 사람이 예수 그리스도를 섬긴다 할 때(행 20:19; 롬 12:11; 14:18; 16:18; 고후 4:5; 엡 6:7; 골 3:24) 쓴다. 이는 절대 주권을 지니신 하나님에 대한 절대 의존의 관계를 밑바탕으로 하여 하나님 섬김을 말하는 구약성경의 전통을 이어받아 절대 주권을 지니신 예수 그리스도에 대한 순종과 헌신과 의존의 관계를 표현하는 것으로 이해할 수 있다.

단 한 번(갈 5:13) 그리스도인들이 서로 섬김을 말할 때도 〈둘류오〉를 쓴다.

(2) 섬긴 사람들

① 섬김의 본을 보이신 예수님

신약에서 가르치는 모든 섬김의 모범은 예수님이시다. 예수님의 모든 활동과 죽으심을 포함한 전 생애는 동사 '섬기다'(〈디아코네오〉)

로 간추릴 수 있다(막 10:45 등). 예수님 몸소 당신을 가리켜 밥상머리에서 사람들의 시중을 드는 '섬기는 자'(〈디아코네오〉의 분사형)라고 하셨다(눅 22: 27). 부활하신 뒤에 갈릴리 바다로 제자들을 찾아가신 예수님은 그들을 위해 조반을 지어 놓으시기도 했다(요 2:10-12).

'섬기다'라는 말은 안 나오지만, 예수께서 제자들의 발을 씻으신 것과 그리하면서 하신 말씀(요 13:1-20)을 흔히 예수께서 섬김의 모범을 보이셨다고 풀이한다. 그렇지만 이 본문에서는 그런 점을 뛰어넘어 그리스도의 죽음을 통해 죄인들이 깨끗해져 그리스도와 관계를 맺게 되고 그 그리스도를 따르는 사람들이 서로의 죄를 용서함으로써 아름다운 관계를 계속 유지할 수 있음을 가르치시려 한 것으로 이해할 만하다.

② 예수님을 섬기는 사람들

이 예수님을 따르는 사람은 그를 '섬기는 자'(〈디아코노스〉, 요 12:26)이다.

'악귀를 쫓아내심과 병 고침을 받은 어떤 여자들 곧 일곱 귀신이 나간 자 막달라인이라 하는 마리아와 헤롯의 청지기 구사의 아내 요안나와 수산나와 다른 여러 여자가 함께 자기들의 소유로' 예수님 일행을 섬겼다(눅 8:3). 마르다는 동생 마리아가 예수님의 발치에서 말씀을 듣는 동안 예수님을 식사 준비로 섬기느라 마음이 분주했다(눅 11:40). '예수께서 갈릴리에 계실 때에 따르며 섬기던' 여인들은 예수께서 십자가 위에서 숨을 거두실 때 멀리서 바라보고 있었다(막 15: 40-41).

예수께서 승천하신 뒤에는 바울과 아볼로가 '섬기는 자'('사역자' - 고전 3:5, '일꾼' - 고후 3:6)이었고, 디모데는 '그리스도 예수의 '일꾼'(〈디아코노스〉)이었다(딤전 4:6).

그리스도인들은 열심을 품고 주를 '섬겨야 한다'(〈둘류오〉, '종노릇하다', 롬 12:11; 14:18; 16:18; 골 3:24도 참고). 바울은 자신이 주를 섬겼다(〈둘류오〉)고 한다(행 20:19).

예수님을 본받아 예수님의 제자들 가운데서 크고자 하는 사람은 '섬기는 자'(〈디아코노스〉 - 마 23:11; 막 10:43, 〈디아코네오〉의 분사 - 눅 22:26)가 되어야 하고, 으뜸이고자 하는 사람은 뭇사람을 '섬기는 자'(〈디아코노스〉 - 막 9:35), 모든 사람의 종(〈둘로스〉 - 막 10:44)이 되어야 한다.

이리하여 바울은 고린도의 그리스도인들을 섬기는(고후 11:8) '하나님의 일꾼(〈디아코노스〉)'(고후 6:4)이 되었고, 복음의 '일꾼'이 되었다(엡 3:7; 골 1:23). 에바브라와 두기고는 골로새의 그리스도인들을 위한 그리스도의 신실한 '일꾼'이었고(골 1:7; 4:7), 디모데는 그리스도의 복음을 전하는 하나님의 '일꾼'이었다(살전 3:2).

그런가 하면 '그리스도의 일꾼(〈디아코노스〉)'(고후 11:23)이 아니면서도 '의의 일꾼(〈디아코노스〉)'으로 가장하는 '사탄의 일꾼(〈디아코노스〉)'도 있다(고후 11:15).

⑶ 섬김의 내용

① 사도들의 직무를 가리켜 섬김(〈디아코니아〉)이라고도 한다('직무' - 행 1:17, '사역' - 행 6:4, '사명' - 행 20:24). 이 섬김은 다른 사람들이 믿음에 이르게 하는 섬김이요(고전 3:5), 새 언약을 위한 섬김이요(고후 3:6), 화목하게 하는 섬김이다('직분' - 고후 5:18).

이리하여 바울을 비롯하여 초대교회 지도자들은 한편으로는 예수 그리스도를 섬기고 다른 한편으로는 교회 공동체를 섬기는 사람들로서 그들의 섬김은 양면성을 띤다(고후 3-6장, 11-12장).

바울은 자신이 사도로 섬길 때 무엇보다도 복음 선포를 근본적이고 중심된 활동으로 여겼다(롬 11:13; 고후 5:18; 엡 3:7; 골 1:23, 25 등). 이렇게 섬기는 바울을 디모데와 에라스도를 비롯하여 여러 사람이 섬겼다('돕다' - 행 19:22).

② 다른 한편으로 교회 공동체 안에서 어려운 사람들을 돌보는 일('구제' - 행 6:1, '섬기는 일' - 롬 12:7, '섬기기' - 고전 16:15 등)이나 개교회를 넘어서서 다른 어려운 교회를 돕는 일('부조' - 행 11:29; 12:25, '섬기는 일' - 롬 15:25, 31; 고후 8:4; 9:1)도 섬김(〈디아코니아〉)이라 한다.

③ 이처럼 초기 기독교 공동체에서 볼 수 있는 섬김에는 무엇보다도 말씀 선포에 초점을 둔 사도들의 섬김(행 1:17, 25; 6:4; 20:24; 21:19)과 교회 공동체 안의 가난한 사람들을 돌보는 섬김(행 6:1, 2) 두 가지가 두드러지게 나타난다.

처음에는 사도들이 이 두 가지를 다 맡아 하다가 그리스도인들의 수가 많아지면서 일이 복잡해지자 사도들은 '기도하는 일과 말씀 사역(〈디아코니아〉)'(행 6:4)에 힘쓰기로 하고 가난한 사람들을 섬기는 것은 스데반을 비롯한 일곱 사람에게 맡겼다. 이리하여 사도들은 말씀을 섬기는 일 곧 말씀을 전하고 증언하는 일(행 1:22; 20:24 등)에 주력한다. 그런데 이 일을 섬김이라고 함으로써 교회 공동체를 이끌어 갈 사람들은 언제나 예수님의 모범을 따라야 함을 분명히 한다. 베드로전서 1장 12절에서는 선포의 섬김을, 4장 11절에서는 구제의 섬김을, 4장 10절에서는 이 둘을 한데 묶어 말하는 것으로 보인다.

④ 더 나아가서 교회 공동체의 모든 직무를 가리켜 섬김(〈디아코니아〉)이라고 한다('직분' - 고전 12:5. 히 6:10; 계 2:19도 참고).

교회 공동체 안의 이런 여러 가지 상황을 배경으로 마침내 교회 공동체 안에서 선포와 구제의 일을 맡은 섬기는 자(〈디아코노스〉, '집사'- 빌 1:1; 딤전 3:8, 12, 13)라는 직제가 생겨났는데, 그 가운데는 여성 집사도 있었던 것으로 보인다(롬 16:1).

사도행전 6장에서는 사도들이 뽑아서 안수하고 세운 일곱 사람을 드러나게 '집사'라고 부르지 않았다. 이는 이들이 사도들의 지도를 받아 가난한 사람들을 돌보는 일을 주로 하면서도 어느 정도 공동체의 지도자 역할을 맡아했기 때문인 듯하다.

⑷ 섬김의 가르침

① 자랑할 수 없는 섬김

믿음 더해주기를 구하는 제자들에게 예수께서 들려주신 비유인 누가복음 17장 7-10절에서는 온종일 밭일을 하고 돌아왔더라도 주인의 밥상 시중을 들고도 아무것도 내세우지 않는 종처럼 그리스도의 사람들이 주님을 섬김이 마땅하다고 하신다.

② 명예욕과 권력욕을 버리고 목숨까지 내놓아야 할 섬김

'섬김을 받으려 함이 아니라 도리어 섬기려 하고 자기 목숨을 많은 사람의 대속물로 주려' 예수께서 오셨다는 마가복음 10장 45절 말씀은 앞 35-42절(눅 22:24-25 참고)에서 이방 권력자들처럼 명예와 권력을 추구한 제자들의 속마음과 대조된다.

이리하여 예수님을 본받아 섬기는 삶을 살려는 사람들은 무엇보다도 명예와 권력을 구하는 마음부터 버려야 함을 깨달을 수 있다.

그뿐만 아니라 예수님의 이 말씀에서 참으로 섬기려는 자는 자기 목숨까지 내놓을 각오를 해야 함도 깨닫는다. "사람이 나를 섬기려면 나를 따르라 나 있는 곳에 나를 섬기는 자도 거기 있으리니"라고 요한복음 12장 26절에서 예수께서 하신 말씀도 이러한 흐름에서 이해할 만하다. 곧 예수님의 제자들은 죽기까지 예수님의 모범을 좇아야 한다는 것이다.

③ 서로 섬기는 그리스도인들

선생, 아버지, 지도자의 명예를 얻으려 하지 말아야 함을 가르치는 마태복음 23장 8-12절에서는 그 권고의 근거로 크고 높아지는 길이 오히려 섬기는 데 있음을 드는데(막 10:43-44; 눅 22:26-27 참고), 이런 말씀은 결국 그리스도인들의 공동체에서는 모든 구성원이 서로 형제자매로 동등한 자리를 차지함을 암시한다. 이는 바로 자유를 위해 부르심을 입은 형제들은 오직 사랑으로 서로 종노릇하라(갈 5:13)는 바울의 권고에서도 똑똑히 드러난다.

또한 교회의 지도자들은 교인들에게 주님처럼 행세할 것이 아니라 교인들의 기쁨을 돕는 자가 되고(고후 1:24) 교인들의 본이 됨으로써(벧전 5:3) 그리스도께서 보이신 섬김의 본을 따를 수 있다.

다른 한편으로 디모데전서 6장 2절에서는 그리스도인들이 서로 어떻게 대해야 하는지를 다루면서 사회 신분 관계에서 종의 자리에 있는 사람들이 상전을 "형제라고 가볍게 여기지 말고 더 잘 '섬기게 하라'(〈둘류오〉) 이는 유익을 받는 자들이 믿는 자요 사랑을 받는 자임이라"고 한다. 같은 주 예수 그리스도를 믿는다는 점에서는 종이나 상전이나 형제라 할 수 있지만 그렇다고 해서 종이 상전을 소홀히 대할 것이 아니라 오히려 예수 믿지 않는 상전보다 더 잘 섬겨야 함을 뜻한다.

이는 종의 섬김으로 득을 보는 사람이 같은 형제 그리스도인이기 때문이다. 이처럼 여기서는 그리스도인 사이에 사회 신분의 차이가 나는 경우에 낮은 지위에 있는 사람이 높은 지위에 있는 사람을 어떻게 섬겨야 하는가 하는 문제를 다룬다.

④ 어려운 사람들을 보살피는 섬김

마지막 심판 장면을 배경으로 내세운 마태복음 25장 44-45절에서는 감옥에 갇혀 어려움을 겪는 사람을 잘 섬기는 것이 바로 예수님을 섬기는 것이라는 식으로 말함으로써, 예수님을 섬기려는 사람은 보잘것없는 사람들을 섬겨야 함을 일깨워준다.

(5) 교회 안에서 교회 밖으로 나아가는 섬김

이처럼 〈디아코네오〉와 그에서 비롯된 명사나 형용사가 나오는 본문을 중심으로 보면 신약에서 말하는 섬김은 그리스도의 섬김을 본받아 그리스도인들이 살아야 할 삶의 모습을 말하는데, 그 실제 내용은 주로 교회 공동체 안에 국한되어 나타난다. 무엇보다도 교역자들은 말씀을 섬기는 자들로서 복음을 바르게 전하고 가르치는 데 정통해야 하고, 평신도 지도자들은 식탁에서 섬기는 자들로서 교회 공동체 안에서 어렵게 살아가는 사람들을 잘 보살펴야 한다. 더 나아가서 다른 교회 공동체가 어려움에 처했을 때 돕는 섬김도 소홀히 할 수 없다.

또한 교역자들은 예수께서 제자들을 섬겼듯이 평신도들을 섬기고, 평신도 지도자들은 복음을 위하여 교역자들을 섬기며, 교우들은 서로를 잘 섬겨 믿음 안의 형제자매라고 해서 서로를 소홀히 대하지 않아야 한다.

그렇지만 '자기 목숨을 많은 사람의 대속물로 주'신 예수께서 가신 섬김의 길은 교회 공동체의 울타리를 넘어서서 이 세상 모든 사람에게 열린 길이므로, 오늘 그리스도의 교회와 그리스도인들도 그 길을 따라 교회 밖의 많은 사람들을 살리기 위해 목숨까지 내놓을 각오를 하며 그들을 섬김이 마땅하다 할 것이다. 또한 그런 섬김에서는 초기 교회에서 그러했던 것처럼 말씀의 섬김과 식탁의 섬김이 한데 어우러져야 할 것이다.

3. 구약성경에서 말하는 섬김

⑴ 구약 히브리 동사 〈아밧〉의 뜻

흔히 '섬기다'로 옮기는 구약 히브리 동사 〈아밧〉은 본디 '땅을 갈다'(창 2:5, 15; 3:23; 4:2, 12 등), '일하다'(출 5:18; 20:9 등)를 뜻한다. 이렇게 일하는 것, 특히 땅을 가는 일은 사람의 본질에 속한다.

⑵ 사람 섬김

그런데 그 일이 사람을 상대로 할 때는 누구를 '섬기다'(〈아밧〉)는 뜻을 지닌다. 이를테면 아들은 아버지를 섬기는 것이 좋다(말 3:17). 그런데 〈아밧〉은 흔히 백성이 왕(왕상 12:4 등)이나 다른 나라 왕(삿 3:14; 렘 27:8 등)이나 백성(출 1:13 등)을 섬기는 경우를 가리키면서 원하지 않는 주종관계에서 자유를 잃고 억지로 남을 위해 일하는 것을 뜻하기도 한다. 이 경우에 그렇게 '섬기는 사람'은 그를 부리는 사람에게 '종'(〈에벳〉)이 된다. 이런 주종관계가 형제관계에서는 더더욱 바람직하지 않다(창 9:25 등).

구약성경에서 '섬기다'를 뜻하는 다른 히브리어 표현으로 '... 앞에 서다'(〈아맛 리프네 ... 〉)가 있는데, 이는 아랫사람이 윗사람을 잘 모시려고 그 윗사람 앞에 서서 명령을 받드는 몸가짐을 묘사한다. 모세 앞에 여호수아(신 1:38)가, 솔로몬 왕 앞에 신하들(왕상 10:8)이, 엘리사 앞에 수넴 여인(왕하 4:12)과 아람의 장수 나아만(왕하 5:15)이, 바벨론 사람들 앞에 유다 총독 그다랴(렘 40:10)가, 바벨론 왕 느부갓네살 앞에 다니엘과 그의 친구들이 그렇게 서 있었다.

이런 동작은 위 2.⑴ 첫머리에서 밝혔듯이, '섬기다'를 뜻하는 신약성경 헬라 동사 〈디아코네오〉가 본디는 밥상머리에서 시중드는 몸가짐을 묘사했다는 점과 통한다.

⑶ 하나님 섬김

사람이 사람을 섬기는 것은 상황에 따라 좋을 수도 있고 나쁠 수도 있지만, 하나님을 섬기는 것은 언제나 좋을 수밖에 없음을 구약성경 전체에서 말한다. 문맥에 따라서 하나님을 섬긴다는 말이 단 한 번 정한 곳에서 하나님께 제물을 드리는 것을 뜻하기도 하지만(출 3:12; 삼하 15:8 등) 보통은 하나님께 정한 곳과 정한 때에 순서를 갖추어 거듭 예배하는 것(민 8:11 등)이나 하나님을 삶의 주로 모시고 그 뜻을 따라 나날을 살아가는 것(수 24:14-15 등)이나 그 둘 다를 뜻한다(신 6:13; 10:12; 삼상 12:20, 24 등).

이스라엘은 여호와 하나님만 섬기고 다른 신들을 섬기지 말아야 했다(출 20:5; 신 4:19 등). 그렇지만 이스라엘은 하나님이 주신 땅에서 하나님을 섬기지 않고 이방 신들을 섬긴 탓에 이방 땅에서 이방인들을 섬기게 된다(렘 5:19). 다른 한편으로 나중에는 애굽 사람들도 여호와께 제물을 드리며 섬길 것이며('경배하다' - 사 19:21), 하나님이 이방의 여러 백성으로 하여금 여호와를 섬기게(습 3:9) 하시겠다고 한다.

다른 한편으로 엘리야나 예레미야 같은 예언자가 하나님을 섬기는 것을 '하나님 앞에 서다'라는 식으로도 표현한다(왕상 18:15; 렘 15:19; 18:20).

⑷ 섬김의 가르침

① 하나님을 섬기는 백성

하나님을 섬기는 백성은 정한 때에 정한 곳에서 하나님께 예배하는 일과 아울러 일상생활에서 하나님의 주권을 인정하고 하나님의 뜻을 받들어 살아감으로써 자신의 전 존재로 하나님을 섬겨야 한다.

② 예언자들의 섬김

특히 하나님의 말씀을 맡아 전할 책임이 있는 사람들은 언제나 하나님 앞에서 하나님의 명령을 잘 받들 수 있도록 깨어 서 있어야 한다. 또한 이들은 무엇보다도 하나님의 말씀으로 공동체의 상황을 잘 살펴보고 잘못된 것은 바로잡고 공동체의 구원을 위해 하나님께 필사적으로 기도함으로써 하나님 백성을 섬겨야 한다(겔 22:30 등).

③ 통치자들의 섬김

하나님 백성의 왕이 백성을 '섬기는 자'(〈에벳〉)가 되어 그들을 섬기면(〈아밧〉), 백성도 왕을 '섬기는 자'(〈에벳〉)가 될 것이다(왕상

12:7). 무엇보다도 왕은 '정의와 공의를 행하여 탈취 당한 자를 압박하는 자의 손에서 건지고 이방인과 고아와 과부를 압제하거나 학대하지' 않음으로써(렘 22:3) 백성을 섬겨야 했던 사람이다.

이스라엘의 통치자들은 하나님의 뜻을 받들어 또한 공동체 구성원 한 사람 한 사람의 형편에 맞게 백성을 잘 보살핌으로써 백성을 섬겨야 했다(겔 34:1-4, 15-16 등).

④ 하나님 백성 서로의 섬김

하나님 백성은 하나님께 예배만 잘 할 것이 아니라 나날의 삶에서 특히 힘없는 사람들을 잘 돌보며 정의롭게 삶으로써 서로를 잘 섬겨야 한다(암 5:21-24; 렘 7:1-15; 사 1:10-17 등). 안식년(레 25:1-7 등)과 희년 제도(레 25:8-55), 구제 십일조 제도(신 14:28-29; 26:12-15)도 이런 흐름에서 이해할 수 있다. 이밖에도 잠언에서 장려하는 구제(잠 11:24-25; 21:26 등)도 하나님 백성이 서로 섬기는 한 가지 방식으로 볼 수 있다. 전도서 11장 1절을 더러, 자선을 베풀면 나중에 보상이 있다는 뜻으로 풀이하기도 하는데, 그럴 경우에 이 구절도 같은 흐름에서 읽을 수 있다.

(5) 온 누리로 나아가야 할 섬김의 길

구약성경에서 이스라엘의 통치자나 백성이 이방 사람들을 섬겨야 한다고 명시한 기록은 찾아볼 수 없다. 그렇지만 아브라함이나 그의 자손들을 통해 땅의 모든 족속이 복을 얻으리라 하신 말씀(창 12:3; 18:18; 22:18; 26:4; 28:14; 렘 4:2)에 비추어 볼 때 이스라엘은 이방 사람들을 잘 섬겨야 한다.

자연재해나 정치 경제 문화적인 박해 같은 인위적인 상황 때문에 정든 고향을 떠나 이스라엘 땅에 들어와 빌붙어 사는 이방 나그네를 억누르지 말라는 말씀(출 22:21 등), 사라의 여종이었다가 아브라함에게 아들 이스마엘을 낳아준 하갈을 하나님이 지켜주신 이야기(창 16장, 21장), 이방 나라 모압이 제 잘못으로 겪는 괴로움에 가슴아파하며 울부짖는 이스라엘의 하나님 여호와의 모습을 볼 수 있는 예언서 본문(렘 48:31-39)에서 이스라엘이 온 누리를 섬겨야 하는 백성임을 생각해 볼 수 있다.

4. 나가는 말

성령께서 이끄시는 대로 하나님을 믿고 예수 그리스도를 구주로 고백하며 따르는 사람들은 하나님을 섬기며 예수 그리스도를 섬기는 사람으로 또한 다른 사람들과 사회와 세상을 섬기며 살아간다. 이렇게 볼 때 섬김은 아직 불의한 세상 가운데서 교회 공동체의 구성원으로 살아가는 그리스도인의 전 존재를 규정하는 말로 이해할 수 있다. 이런 섬김의 삶을 살려는 사람은 섬김의 본을 보이신 예수님의 가르침을 따라 명예와 권력을 좇는 데서 벗어날 뿐만 아니라 자신의 목숨까지 버린다.

이런 섬김의 삶은 그저 영적으로만 생각할 것이 아니다. 신약성경 헬라 낱말 〈디아코네오〉('섬기다')와 구약성경 히브리 표현 〈아맛 리프네 … 〉(' … 앞에 서다')가 본디 뜻하는 것처럼 남의 밥상머리에서 시중들거나 남의 앞에 서서 그 사람의 명령을 받들 준비를 하는 것처럼 우선 몸으로 섬기는 것부터 실천해 보면 좋다.

그리하면서 하나님을 섬기면 섬길수록 믿음의 공동체에 속한 동료 그리스도인들, 특히 어려움을 겪는 그리스도인들을 더 잘 섬기며 교회

울타리 바깥의 사람들, 그 가운데서도 힘이 없는 사람들과 사회와 세상도 더 잘 섬기게 됨을 경험해 볼 수 있다. 그리할 때 교역자와 평신도가 더는 윗사람과 아랫사람의 관계가 아니라 오직 한 분 주님이신 예수님 앞에서 좋은 동역자로서 함께 섬김의 직무를 수행하되, 말씀의 섬김과 그 밖의 섬김을 나누어 맡는다. 그리스도인들과 교회 공동체는 이렇게 섬김으로써, 하나님의 나라가 이 땅에 임하여 온전한 구원이 이루어지는 데에 동참하는 놀라운 영광을 누린다.

성서학에서 생각하는 진보신학

이 글은 한신대학교 신학연구소에서 "진보신학, 무엇이 진보인가?"라는 주제로 주최하여 2008년 1월 28일(월)에 배재대학교 학술지원센터에서 모인 심포지움의 성서학 분야 토론자로 참여하려고 준비한 글입니다. 그 내용은 또한 줄인 꼴로 「기독교사상」 통권 제592호(2008.4), 82-92쪽에 "진보 성서학의 실천과제"라는 제목 아래 실려 있습니다.

차례

1. 우리말 사전에서 말하는 진보의 뜻 1.1. 진보와 발전 1.2. 진보와 보수
2. 진보신학의 당위성 2.1. 진보신학 2.2. 신학의 본질
3. 진보신학의 기준
   3.1. 신학적 기준 3.2. 신학에서 보는 역사와 사회의 진보
4. 진보신학의 배경상황 이해
   4.1. 시간과 공간에 따른 상황 4.2. 상식선에서 이해하는 상황
   4.3. 퇴보하는 역사와 사회 4.4. 진보신학이 반성할 점들
5. 진보 신학의 미래 의제 몇 가지
   5.1. 통일과 화해 5.2. 중재와 화해
   5.3. 경제 정의, 문화 정의 5.4. 파트너십
   5.5. 시민의 의식과 역량
6. 진보성서학의 실천 과제
   6.1. 역사성 강조 6.2. 하나님 중심성 강조
   6.3. 공동체성 강조 6.4. 약자 우선성 강조
   6.5. 다양성 강조 6.6. 전인 변화 강화
   6.7. 현장성 강화 6.8. 다른 분야와 협력 강화
   6.9. 표현의 대중성 강화
7. 나오는 말

1. 우리말 사전에서 말하는 진보의 뜻

1.1. 진보와 발전

⑴ 진보란 무엇을 뜻합니까? 1992년 한글학회에서 펴낸 『우리말 큰사전』에서는 '진보'를 '발전되어 앞으로 나아감'이라고 풀이합니다.

⑵ 그러면 '발전'은 무엇입니까? '더 잘 되거나 나아지거나 활발해지거나 하는 일'이라고 풀이합니다.

1.2. 진보와 보수

⑴ 이런 점에서는 '진보'는 '보수'와 맞섭니다. '보수'는 '보전하여 지킴', '묵은 그대로 지킴'을 뜻하기 때문입니다.

⑵ 사전에서도 '진보주의'와 '보수주의'를 맞세웁니다. '현상대로의 유지를 위하여 전통, 역사, 관습, 사회조직 따위를 굳게 지키는 주의'가 '보수주의'라면, '진보주의'는 '개혁을 통한 발진을 꾀하는 주의'라고 정의합니다.

⑶ 우리 사회에서 그동안 보수가 주로 개인의 행복에 관심을 두어왔다면, 상대적으로 진보는 자신을 넘어서서 사회와 역사의 발전에 관심을 기울여왔다고 할 수 있습니다. 바로 이 점 때문에 우리 사회에서는 보수는 자본주의, 진보는 사회주의라고 말해 오지 않았습니까? 따

라서 진보를 한다고 하면서 자신을 넘어서지 못하고 진보를 자신의 입지를 세우고 굳히는 수단으로 쓴다면 이는 더는 진보라 하기 힘듭니다. 또 보수라 하지만 자신을 넘어서서 사회와 역사에 관심을 가지는 경향이 이전보다 크게 늘어나 있기도 합니다.

⑷ 그런데 가만히 생각해 보면 '진보'가 언제나 '보수'를 배척하는 것만은 아닙니다. '진보'는 보전하여 지킬 것은 보전하고 지키면서, 더 잘 되거나 나아지거나 활발해지도록 앞으로 나아가기 때문입니다. 다만 묵은 것을 그대로만 지키지는 않습니다. 이리하여 제대로 하는 '진보'는 '보수'의 좋은 면을 받아들이고 품습니다. 참된 '보수'를 토대로 한다고까지 할 만합니다. 오늘 우리가 상생을 부르짖는다면 보수와 진보의 대립과 배척보다는 포용과 통합이 필요하지 않습니까?

2. 진보신학의 당위성

2.1. 아무튼 '진보'란 말을 '신학' 앞에 붙여 '진보신학'이라고 할 때, 이는 신학은 나날이 잘 되고 나아지고 활발해져서 앞으로 나아가야 한다는 점을 전제합니다. 이는 다시 신학은 가만히 서 있거나 뒤로 물러갈 수 없고 앞으로 나아가야 한다는 점을 전제합니다. 이 세상 모습이 달라지는 만큼 신학도 달라져야 한다는 말입니다. 달라지되 좋게 달라져야 한다는 말입니다. 사회 발전에 발맞추어 신학도 발전해야 한다는 말이지요. 흔히 하는 말로 바꾼다면 달라진 새 시대의 요구에 신학이 제대로 반응할 수 있어야 한다는 말입니다.

2.2. 이는 신학의 본질에 속하는 문제이기도 합니다.

(1) 신학의 주체인 하나님은 인간 역사의 발전에 맞추어 늘 알맞게 당신의 뜻을 알려오셨다고 할 수 있기 때문입니다. 하나님은 어제나 오늘이나 내일이나 한결같으시지만 당신이 지으신 이 세상을 다스리실 때는 늘 진보적이셨다고 할 만합니다.

(2) 이러한 신학의 진보성은 이미 성서에서 찾아볼 수 있습니다.

놀랍게도 '진보'라는 낱말 자체는 한글 성경에 잘 나오지 않습니다. 개역 한글판성경에서는 '진보'라는 말이 세 번 나옵니다. 이는 헬라 명사 〈프로코페〉의 번역으로 빌립보 1장 12절과 25절과 디모데전서 4장 15절에서 찾아볼 수 있습니다. 그런데, 개역 개정판에서는 이 가운데 빌립보서 1장 25절만 남겨두고 다른 구절에서는 〈프로코페〉를 다른 낱말로 번역했습니다. 그리하여 빌립보 1장 12절에서 바울은 "내가 당한 일이 도리어 복음 전파에 진전(〈프로코페〉)이 된 줄을 너희가 알기를 원하노라"고 하고, 25절에서는 '너희 믿음의 진보(〈프로코페〉)'를 말합니다. 디모데전서 4장 15절에서는 디모데에게 "너의 성숙함(〈프로코페〉)을 모든 사람에게 나타나게 하라"고 합니다. 표준새번역과 공동번역과 두 해 전에 가톨릭교회에서 펴낸 공용번역본에서는 '진보'라는 말을 아예 찾아볼 수 없게 되었습니다.

이처럼 '진보'라는 한글 낱말만 두고 말한다면, 기껏해야 개역한글판 성경에 나오는 세 구절을 중심으로 믿음의 진보요, 복음 전파의 진보요, 교회 지도자의 진보만 말할 수 있을 따름입니다.

(3) 이리하여 신학의 진보성이 성서에 근거한다고 할 때, 이는 낱말 뜻의 문제가 아니라 내용의 문제로 이해해야 함이 분명합니다. 신학의

진보성은 무엇보다도 성서와 신학의 역사성과 단단히 얽혀 있습니다. 이 문제는 아래에서 따로 다시 다루기로 하겠습니다.

3. 진보신학의 기준

3.1. 문제는 신학의 진보성을 따질 때 그 기준이 무엇이냐 하는 데 있습니다. 신학이 잘 되고 나아지고 활발해져서 앞으로 나아간다 함은 무엇을 뜻합니까? 신학이 잘 된다, 나아진다, 앞으로 나아간다고 판가름하는 기준은 무엇입니까? 신학의 신학다운 모습이 더 잘 드러날 때 신학이 잘 된다, 나아진다, 앞으로 나아간다고 할 수 있지 않겠습니까?

3.2. 이는 다시 신학이 생각하는 역사의 진보가 무엇이냐 하는 문제로 이어집니다.

⑴ 신학에서는 역사의 진보를 그저 역사 철학의 문제로만 볼 수 없습니다. 또 진보 사회를 그저 이념의 문제로만 볼 수도 없습니다. 신학에는 신학 나름대로 역사를 보는 눈이 있습니다. 그 근본은 성서에 있습니다. 성서에서 제시하는 역사, 성서에서 말하는 역사의 진보, 성서에서 말하는 진보 사회, 이런 것들이 우리가 신학의 진보, 진보 신학을 논하는 밑바탕이 되어야 합니다.

⑵ 성서에서 말하는 역사의 진보를 두고서 조직신학에서 여러 가지 이야기를 할 수 있습니다. 성서학을 전공하고 있는 제 처지에서는 아주 단순하게 생각합니다. 역사가 하나님이 온 누리를 지으실 때 생각하셨던 바가 이루어지는 방향으로 나아갈 때, 그를 두고 역사가 진보한다고

할 수 있습니다. 사회가 하나님이 바라시는 바로 나아갈 때, 그를 사회를 가리켜 진보 사회라 할 수 있습니다.

(3) 성서의 흐름을 따라 우리 역사가 나아가야 할 바는 한 마디로 하나님의 다스림이 온전히 실현되는 역사입니다. 달리는 하나님의 나라라 할 수 있습니다. 이 세상 역사와 사회의 진보를 하나님의 다스리심, 하나님의 나라에 비추어 가늠해보는 흐름은 특히 20세기 이후에 강해지고 있습니다.

그런데 하나님의 다스림은 하나님이 주체인 다스림이므로 사람이 맘대로 하지 못합니다. 그런 만큼 하나님이 다스리는 공간인 하나님의 나라는 사람이 이룰 수 있는 것은 아닙니다. 그리하여 하나님의 다스림에 비추어 인간 역사와 사회의 진보를 말한다고 할 때 우리 사람이 생각한 것을 하나님의 다스림이나 하나님의 나라와 같이 볼 수는 없습니다.

그렇지만 하나님이 온 누리를 다스리시는 원칙은 성서에서 찾아볼 수 있습니다. 하나님은 무엇보다도 문제가 많은 이스라엘을 비롯하여 온 인류와 온 누리를 그저 사랑으로 보살피고 돕고 바른 길로 이끌어 살리시면서 온 누리를 다스려 오셨습니다. 이러한 사랑의 정신에 비추어 이제 우리는 우리의 역사와 사회의 잘못된 상황을 따져 보고 바르게 나아갈 길을 찾을 수 있습니다. 이런 방식으로 우리는 하나님의 나라가 이 땅에 임하는 데 동참할 수 있습니다.

(4) 신약성서에서는 하나님의 다스림, 하나님의 나라를 두고 여러 가지로 말합니다. 진보신학의 기준을 찾는 데에 도움이 될 만한 구절로는 로마서 14장 17절이 있습니다. "하나님의 나라는 먹는 것과 마시는 것이 아니라 성령 안의 정의와 평화와 기쁨입니다."로 직역할 수 있는

이 구절에서 '정의'와 '평화'와 '기쁨'을 하나님 나라의 속성으로 듭니다. 그렇지만 이 또한 아주 추상적인 개념들입니다. 하나님의 다스림이나 하나님 나라를 신약에서 이처럼 추상적이거나 교리적으로 다루는 것과는 달리 구약성서의 여러 본문에서는 좀 더 실제적이고 구체적인 내용을 읽을 수 있습니다. 이를테면 구약의 여러 메시아 예언이나 새 세상을 약속하는 예언이 그러합니다.

세상 끝에 온 누리를 평화로 다스릴 통치자로 하나님이 보내시겠다고 한 메시아가 다스리는 나라가 어떠한 나라인지를 알려주는 예언 가운데서 대표적인 본문으로 볼 수 있는 이사야 11장 1-9절에서는 무엇보다도 공동체 안에서 약한 사람들을 지키고 붙들어주는 정의가 이루어지고 동물세계를 포함하여 온 누리가 사이좋게 지내며 평화를 누리고 하나님 백성이 하나님과 깊이 사귀며 사는 세상으로 묘사합니다.

또한 새 하늘과 새 땅의 창조를 말하는 이사야 65장 17-25절에서는 앞서 11장 1-9절에 나오는 내용뿐만 아니라 울음과 사고가 사라지고 사람들이 수고한 대로 누릴 수 있는 세상, 부모 자식이 오래 함께 살 수 있는 세상이 새 하늘 새 땅의 모습이라 합니다. 이런 사회는 성서가 말하는 진보 사회라 할 수 있습니다.

4. 진보신학의 배경상황 이해

4.1. 시간과 공간에 따른 상황

(1) 이런 세상을 향하여 역사가 진보하는 것이 신학에서 말하는 진보라 한다면, 신학의 진보성도 이런 점에 맞추어 생각해 볼 수 있습니다. 이런 관점에서 성서학의 진보성과 진보 성서학의 미래 의제를 따져

보려면, 무엇보다도 지난날 우리가 살아온 세상의 상황, 오늘 우리가 사는 세상의 상황, 앞으로 우리가 살아야 할 세상의 상황이 어떠한지를 먼저 생각해 보지 않을 수가 없습니다.

(2) 여기서 말하는 세상은 한편으로 교회를 포함하고, 다른 한편으로는 나라 안과 나라 밖으로 나누어 볼 수 있습니다. 물론 세상과 교회, 나라 안과 나라 밖은 서로 긴밀히 얽혀 있습니다.

4.2. 상식선에서 이해하는 상황

이처럼 지난날과 오늘과 앞날의 세상을 생각해 보는 일은 무엇보다도 역사학이나 사회학에서 잘 할 수 있습니다.

(1) 그저 상식선에서 말해 본다면, 지난 2000년 동안 세상은 기독교 문화를 바탕으로 한 서양 세계와 대체적으로 타 종교가 강한 동양 세계로 나누어져 있었다가, 1900년대 후반부터 기독교가 급격히 쇠퇴하면서 서양에서도 다 종교 경향이 강해져 오늘에 이르고 있다고 할 수 있습니다. 박해받는 종교로 시작했던 종교가 서양 세속 사회를 장악하면서부터 부패와 타락의 길을 걷다가 종교 개혁을 계기로 잠시 새로운 바람이 불었으나 개신교도 마찬가지로 부패하고 타락하여 20세기에 들어서서는 두 차례의 세계 대전을 겪으며 기독교의 영향력은 크게 떨어졌습니다. 20세기 말 현실 사회주의 국가의 붕괴와 더불어 정치적으로 미국 중심으로 세계가 재편되었지만 다른 한편으로는 다국적 자본이 세계의 경제뿐만 아니라 정치, 문화, 사회, 교육 등 모든 면을 장악하게 되었습니다.

⑵ 나라 안 사정을 현대사에 국한하여 살펴보면, 해방 이후 좌우 이념 대립의 소용돌이 가운데 한국 전쟁과 분단을 거쳐 남한의 경우 군사독재 정권의 수립과 몰락, 환경과 인권을 무시한 수출 주도의 경제 성장에 뒤따른 사회 경제 정치의 불의, 국가 경제 부도 사태와 그 회복, 이후 사회의 극단적인 양극화와 심각한 실업난에 이르러 있습니다.

이런 가운데서 초기에는 개화 문명을 도입하고 민족 운동에 앞장서는 등 다소 주도적인 역할을 하던 개신교가 1990년대에서는 그 성장이 멈추었을 뿐만 아니라 특히 수년전부터는 독선적이고 물량주의와 패권주의로 치닫는 개신교를 비난하고 공격하는 흐름이 매우 강해지고 있습니다.

4.3. 퇴보하는 역사와 사회

⑴ 이런 나라 안팎의 상황은 결코 성서에서 창조와 역사의 주 하나님이 바라시는 상황이 아닙니다. 이런 국내 사회와 국제 사회는 결코 진보 사회가 아닙니다. 오히려 퇴보 사회라 할 만합니다.

⑵ 최근 나라안팎의 상황은 개인, 단체, 국가의 모든 차원에서 강자와 약자, 부자와 가난한 자의 차이가 날로 커지면서 강자 중심의 독재체제가 강화되고 있습니다. 이런 잘못된 상황을 '지도력'이라는 말로 곱게 덧칠하는데, 약자들은 그 속내를 알아차리지 못하고 그 잘난 지도자들의 덕을 보려고 각 자가 힘써 지키고 펼쳐가야 할 권리와 능력을 기꺼이 강자들에게 넘겨주는 수가 적지 않습니다.

4.4. 진보신학이 반성할 점들

사태가 이 지경에 이르게 된 데에는 나라안팎의 진보신학에도 책임이 없지 않습니다. 이리하여 진보신학의 미래 의제를 이야기하자면 지금까지 진보신학이 잘못해 왔거나 미처 해 오지 못한 바가 무엇인지를 돌이켜 필요가 있습니다. 이 문제는 진보신학을 포함하여 우리 사회 진보진영 전체의 문제이기도 합니다.

(1) 진보나 진보신학 자체가 목적일 수는 없는데, 진보진영이 정권을 잡은 뒤 언제부터인가 생기게 된 안일과 자만 때문에 진보신학이 엄청나게 달라지는 상황 변화에 민감하게 반응하지 못한 것은 아닌가요? 특히 보수와 진보의 대결 구도를 거의 그대로 유지함으로써 사회 각 분야에 깊이 뿌리박힌 갈등을 해소하고 통합하는 데에 그리 큰 관심을 두지 못한 것은 아닙니까? 그동안 사회와 역사에 대한 관심은 진보신학의 독점물이라고 생각했는데, 오히려 보수신학과 보수 교회쪽에서도 여기에 관심을 가지고 실천해 오는 것을 제대로 모르거나 아예 무시하고 있지는 않았는가요?

(2) 다른 한편으로는 진보진영이 정권을 잡게 되자 진보신학도 어떤 점에서 현실 권력과 타협하면서 진보성을 상당히 포기하게 된 것은 아닙니까? 진보성에 일관성이 모자라지 않았는가 하는 말입니다. 아울러 진보신학의 신뢰성이 떨어진 것은 아닙니까?

(3) 진보신학이 지나치게 관념화되면서 신학 대중이나 교회 대중의 현실을 제대로 담아내지 못하지 않았는가? 곧 대중성 확보에 그리 성공하지 못한 것이 아닌가 하는 말입니다.

5. 진보신학의 미래 의제 몇 가지

이렇게 역사와 사회가 퇴보하는 때에 진보신학이 최근의 달라진 상황을 염두에 두며 특히 힘써야 할 것을 몇 가지 생각해 볼 필요가 있습니다.

김용복 선생님이 지금까지 한국의 진보신학이 민중신학과 종교신학과 여성신학과 생태신학의 분야에서 일구어 놓은 성과를 생명신학의 틀 안에서 한층 더 발전시켜야 한다고 하신 것에 이어서 우선 다음 다섯 가지를 생각해 볼 수 있습니다.

5.1. 나라 안을 두고 보면 1980년대의 어려운 상황에서 진보신학 일각에서 제기했던 남북의 통일과 화해 문제를 다시 좀 더 새로운 방식으로 다룰 때가 되었습니다.

5.2. 그런데 이 통일과 화해의 문제는 국제적 차원으로 확대할 필요가 있습니다. 이른바 제일세계와 제삼세계, 또는 지난날의 식민 국가들과 피식민 국가들 사이에 우리가 들어서서 그 둘을 하나로 이어주는 중재자와 화해자의 역할이 우리 겨레에게 주어진 만큼, 이 중재와 화해의 문제도 새로운 진보신학의 의제로 삼을 수 있습니다.

5.3. 다음으로 경제와 문화가 거의 하나님의 자리를 차지하게 된 시대인 만큼 경제 정의의 문제와 문화 정의의 문제도 진보신학의 의제가 될 수 있습니다.

5.4. 더 나아가서 '리더십' 지상주의에 맞서서 '파트너십'의 주제를 발굴하여, 한편으로는 나라 안의 여러 계층이, 다른 한편으로는 국제

사회의 연대 활동에서 참다운 파트너십을 길러내는 문제도 진보신학에서 다루면 좋겠습니다.

5.5. 이는 시민 한 사람 한 사람이 자신을 소중히 여기며 역사와 사회를 바르게 보며 자주적으로 살아가는 능력을 갖추도록 하는 것과 깊이 관련됩니다. 곧 시민 각 사람의 의식과 역량을 개발하는 데 진보신학이 그 어느 때보다 깊은 관심을 가질 때가 되었습니다.

6. 진보성서학의 실천 과제

이렇게 역사와 사회가 퇴보하는 때에 기독교 신학의 한 분야인 성서학이 진보해야 한다고 할 때 이를 실제로 어떻게 할 것인지는 다음 몇 가지로 간추려 볼 수 있습니다. 이 가운데 대부분은 이미 그전부터 성서학에 요청되어 오던 것들입니다만, 오늘의 위기 상황의 정도가 심각한 만큼 이전보다 더 강조하거나 강화해야 할 것으로 보입니다.

6.1. 역사성 강조

(1) 첫째, 성서학(을 비롯하여 신학)은 이전보다 더 역사성에 관심을 두고, 하나님이 이 역사 안에서 당신의 나라를 이루시는 데 참여하는 학문이 되어야 한다는 원칙을 다시 한 번 분명히 해야 합니다.

성서학자들이 성서를 통해 오늘 퇴보하는 사회와 역사를 바로잡고자 하시는 하나님의 뜻을 올바르게 드러내지 않고, 그저 죽은 글자만 붙들고 논쟁을 벌인다면 이는 직무 유기라 하지 않을 수 없습니다. 아직도 우리 한국 그리스도인들에게는 역사의식이 크게 부족합니다.

⑵ 그동안 성서학에서는 특히 역사비평학 방법론을 써서 성서와 신학의 역사성을 되살려내려고 해왔습니다. 그런데 그 방법론의 장단점에 맞추어 성서학을 연구하기보다는 그저 소개하기에 바빴을 뿐만 아니라 방법론 자체에 매여 성서 본문 자체를 잃어버리곤 했습니다. 다른 한편으로는 너무 어려운 말로 연구하다보니 일반 그리스도인들은 말할 것도 없고 교역자들에게까지 외면받기도 했습니다. 이는 단순히 나라 안만의 문제가 아니라 서양 교회를 비롯하여 세계 교회의 문제이기도 합니다. 최종본문을 중심한 수사학적 연구, 공시적 연구가 급격하게 늘어난 것도 이런 흐름에서 이해할 수 있습니다.

⑶ 그렇다고 해서 역사비평학에서 잘 드러낼 수 있는 성서의 역사성을 포기할 수는 없습니다. 교회와 그리스도인들이 역사성을 무시할수록 성서학에서는 이 역사성을 강조해야 합니다.

성서 안의 다양한 역사 상황에서 창조와 역사의 주 하나님이 어떻게 역사를 진보하게 하셨는지를 이전보다 더 잘 밝혀내야 합니다. 공시적으로만 성서를 읽을 것이 아니라 통시적으로도 성서를 읽을 수 있게 잘 안내해야 합니다.

한국 교회에서는 처음부터 지금까지 성서를 주로 공시적으로만 읽어 왔습니다. 그것이 한국 교회 부흥의 원동력이 되었다고 할 수도 있습니다만, 그 때문에 성서와 신학의 역사성이 소홀해지면서 숱한 문제가 생기게 되었습니다. 성서의 역사성을 제대로 이해해 보지도 못한 상황에서 다시 성서를 평면적으로 공시적으로 실존적으로만 읽고 풀이하고 가르친다면 한국 교회와 사회의 역사는 진보하기 힘듭니다.

6.2. 하나님 중심성 강화

⑴ 둘째, 여기서 성서학을 비롯하여 신학이 무엇보다도 사람의 뜻에 좌우되지 않고 오늘 이 시대를 향해 말씀하시는 하나님의 음성을 듣는 데 온 힘을 다해야 함을 생각합니다. 돈, 명예, 권력, 사람을 하나님처럼 받드는 시대와 사회에서 성서학을 비롯하여 신학은 오직 창조와 역사의 주 만을 섬겨야 함을 똑똑히 말해야 합니다. 특히 새 대통령을 비롯하여 나라 안팎의 숱한 사람들이 경제지상주의를 부르짖는 것처럼 보이는 이 때에 성서학을 비롯하여 신학은 경제가 하나님일 수 없음을 분명히 해야 합니다. 하나님을 하나님으로 받들고 섬기지 않을 때 어떤 사람이나 제도가 하나님 자리에 들어서서 사람과 세상을 망칩니다. 따라서 성서학에서는 하나님 아닌 모든 것은 그저 상대적인 가치를 지닐 뿐이라는 점을 똑똑히 밝혀야 합니다. 하나님을 하나님 자리에 잘 모실 때, 사회와 역사는 제대로 진보할 수 있습니다.

⑵ 구체적으로 이는 성서학에서 어떤 이념이나 방법론을 본문보다 앞세워 본문을 제멋대로 풀이하지 말아야 함을 말합니다. 성서학과 신학에서 말하는 진보는 그 어떤 철학이나 역사학이나 사회학에서 말하는 진보와는 다릅니다. 성서 본문은 어느 시대 어느 장소에서 어떤 사람들의 이해관계를 정당화하는 근거로 쓰일 수 없음을 성서학과 신학에서는 확실히 해야 합니다.

⑶ 여기서는 무엇보다도 성서 본문을 사심 없이 정직하게 읽고 듣는 훈련을 많이 할 필요성을 느낍니다. 그냥 눈으로만 읽고 치울 것이 아니라 소리 내어 성서 본문을 읽고 그것을 귀담아 듣거나 성서 본문에 나오는 인물들에 맞추어 본문을 여러 사람이 나누어 읽는 것 좋습니다.

6.3. 공동체성 강조

(1) 셋째, 다원화가 극단적인 개별화의 모습으로 나타나는 상황에서 성서에서 말하는 구원은 개인 구원을 넘어서서 인류 공동체의 구원임을 밝히면서 성서학의 공동체성을 강조해야 합니다.

(2) 특히 시야가 좁은 한국의 그리스도인들이 세계 사회, 더 나아가서 온 누리를 잘 돌볼 책임이 있음을 깨닫게 가르쳐야 합니다.

이 점은 우리 한국교회의 큰 약점 가운데 하나입니다. 세계화 시대를 산다고 하면서도 한국의 교회와 그리스도인들은 그저 자기가 속한 작은 공동체 안에 갇혀서 그 울타리를 벗어날 줄 모르는 수가 많습니다. 세계의 평화를 생각하면서 성서를 읽고 연구하고 가르치며 배우는 사람이 몇이나 됩니까?

(3) 성서학의 공동체성은 성서에 기록된 내용이 공동체의 고백을 반영하고 있다는 점에서도 중요합니다. 그렇게 공동체를 통해 기록된 성서는 또한 공동체가 함께 그 뜻을 밝혀내고 공동체의 변화를 추구합니다.

이는 성서학 연구방법 자체도 공동체성을 띠어야 함을 뜻합니다. 따라서 몇몇 전문 학자들이나 교역자들이 성서 해석을 독점하기보다는 일반 대중과 더불어 성서의 뜻을 밝혀 나가는 식으로 성서학 연구의 방법도 바꿀 필요가 있습니다.

6.4. 약자 우선성 강조

(1) 넷째, 이렇게 공동체의 구원을 겨냥하는 성서학을 비롯한 신학은 무엇보다도 공동체 안의 약자들에게 그 어느 때보다 더 부지런히 관심을 두어야 합니다. 앞서 말씀드린 대로 성서의 메시아 예언과 복음서에서 이 점이 분명히 드러납니다.

(2) 한 열흘 전 원로 신약학자 한 분으로부터 들은 이야기가 생각납니다. 그리스도에게서 비롯된 교회가 이미 처음부터 강자 중심으로 되어가기 시작했다는 증거는 야고보서 1장 마지막 절만 보아도 잘 알 수 있다고 하면서, 오죽하면 “하나님 아버지 앞에서 정결하고 더러움이 없는 경건은 곧 고아와 과부를 그 환난 중에 돌보고 또 자기를 지켜 세속에 물들지 아니하는 그것이니라.”라고 했을까 말씀하셨습니다.

(3) 경제지상주의의 원칙에 따라 효율과 실적을 중시하는 흐름이 세어질수록 성서학을 비롯하여 신학에서는 그런 것보다 사람이, 생명이 중요함을 강조합니다. 이리하여 성서학에서는 사회적 약자에 관심을 두는 성서 본문들의 뜻을 이전보다 더 똑똑히 알려야 합니다.

6.5. 다양성 강조

(1) 다섯째, 2000년대의 세상은 이른바 다원화 사회이므로, 성서학을 비롯하여 신학은 세상의 다양한 요구와 상황에 알맞게 반응하면서 세상을 이끌어갈 수 있도록 폭을 넓히고 깊이를 더할 수 있어야 합니다. 여기에는 여러 가지 다른 상황에서 여러 가지로 전해진 하나님의

뜻이 담겨 있는 신구약성서의 다양성을 잘 연구함으로써 도움을 받을 수 있습니다.

⑵ 구체적으로 성서학에서는 오늘 학자들이나 교역자들이나 일반 사람들이 각자 자기 맘에 맞는 본문만 뽑아 한데 엮어 그것만이 진리라고 우기는 잘못을 저지르지 않도록 조심해야 합니다. 성서 안에는 때로 서로 어긋나는 여러 가지 내용이 들어 있습니다. 그런 만큼 각 역사적인 상황에 따라 하나님이 바라시는 바가 무엇인지를 제대로 이해하고 그것이 오늘 이 시대의 다양한 현실에 어떤 가르침이 될지를 잘 밝혀내야 합니다.

⑶ 현대 사회에서 일어나는 모든 문제를 풀 해답을 곧바로 성서에서 이끌어 내기는 힘들겠지만, 인간 역사와 사회가 하나님이 바라시는 방향으로 나아가는 데 지침이 될 원리는 얼마든지 성서에서 찾아낼 수 있습니다.

6.6. 전인 변화 강화

⑴ 여섯째, 성서학을 비롯하여 신학은 역사의 발전, 진보 사회의 형성을 막는 잘못된 흐름이 인간의 탐욕과 죄성에서 비롯된다는 점을 다시 한 번 똑똑히 밝히면서 그 누구보다도 그리스도인들이 이러한 탐욕과 죄성에서 벗어나 하나님의 사람들로서 하나님이 지으시고 다스리시는 세상이 하나님 뜻에 맞게 좋아지게 살아가도록 가르쳐야 합니다. 성서학을 비롯하여 신학은 그것을 배우고 익히는 사람 자체를 변화시킬 수 있어야 합니다.

(2) 성서학을 비롯하여 신학을 공부하는 것이 개인의 출세나 명예나 권력이나 부를 잡는 수단이 되어서는 곤란합니다. 성서학을 비롯하여 신학 공부를 통해서 세속 가치관과는 정반대로 자신을 희생하여 교회와 세상을 살리는 사람들이 많이 일어나게 해야 합니다. 성서학의 진보성은 성서를 읽고 연구하고 가르치는 사람이 날로 그 전보다 나아지는 데서도 나타나야 합니다.

(3) 이 점에서 20세기 말부터 구약학, 신약학의 새 분야로 구약윤리, 신약윤리가 나타난 점에 주목할 만합니다. 성서학에서는 그저 본문이 지난날 무엇을 뜻했느냐를 밝히는 것만으로 끝날 수 없습니다. 본문의 역사적 문맥에서 찾아낸 뜻에 들어 있는 삶의 원리가 오늘 이 곳 각 그리스도인들의 삶에서 어떻게 작용할 수 있는지도 생각하지 아니할 수 없습니다. 여기서는 아래에서 따로 다룰 다른 분야와 협력하는 문제가 대두됩니다.

6.7. 현장성 강화

(1) 일곱째, 성서학을 비롯하여 신학은 이전보다 더 현장성 있는 학문이 되어야 합니다. 한편으로 나라 안의 어려운 상황을 몸으로 느끼고 깨달을 뿐만 아니라 복잡한 국제 정치 경제 문화 사회 상황도 직접 간접으로 경험하면서 성서를 읽고 풀이하며 신학을 할 수 있어야 합니다.

(2) 구체적으로 성서학에서는 성서를 그저 총괄하여 연구할 뿐만 아니라 오늘 이 시대에서 중요한 주제를 중심하되 그 문제가 일어나고 있는 곳에 직접 가보고 그 당사자들과 이야기를 나누고 삶을 나누면서 그

삶의 터전에서 성서를 어떻게 읽고 이해하고 따라야 하는지를 함께 고민하고 찾아내고 실천하는 과정을 중시해야 합니다. 바로 이 점에서 성서학 연구에도 현장 방문과 현장 실습을 많이 도입할 필요가 있습니다.

(3) 1980년대 제가 베를린에서 공부할 때 구약학 과목 가운데 '베를린 현실에서 본 구약주석'이라는 과목이 있었습니다. 이 과목에서는 당시 베를린 사회에서 크게 문제가 되는 망명자, 실업, 여성 등의 문제를 두고 강의실에서 각 주제와 관련된 신학 외의 자료들을 알아보거나 그 방면의 전문가들을 초청하여 이야기를 듣고 그와 관련되는 구약 본문을 공부한 뒤에 현장에 찾아가 부딪쳐 보면서 이런 상황에서 구약 성서가 무슨 의미가 있는지를 서로 이야기하며 그렇게 구약성서를 읽은 그리스도인들이 실제로 무슨 일을 해야 하는지를 의논하여 실천하는 식으로 수업이 진행되었습니다.

저도 1990년 후반에 여러 차례 '구약 성서와 우리의 현실'이라는 특별한 세미나를 이끌어 본 적이 있습니다. 이주 노동자, 여성, 장애인, 농촌, 노인, 노숙자, 문화 운동이라는 주제를 정해 놓고 각 주제에 관련되는 사회과학적 자료를 함께 읽고 각 분야 실무자들에게서 겪은 바를 듣고 주말에 관련 현장에 찾아가서 당사자들을 만나 대화하거나 실무를 함께 하면서 우리 시대에 구약성서가 무슨 뜻을 지니는지 함께 고민했는데, 이 과정에서 학생들이 엄청나게 감동을 받고 심지어 진로를 결정하는 데 이 세미나가 큰 역할을 하기도 했습니다.

6.8. 다른 분야와 협력 강화

(1) 여덟째, 성서학이 하나님 나라가 이루어지는 데 참여하려면 우

선 신약학과 구약학이 이전보다 더 긴밀히 관계를 맺을 뿐만 아니라 신학의 다른 분야들, 더 나아가서 신학 외의 여러 다른 분야 학문과도 깊은 관계를 맺고 협력하여 연구해 나가야 합니다.

(2) 구약학의 경우만 두고 보더라도, 그 하위 분야인 구약언어학은 성서 고전어학을 거쳐 일반 언어학으로 이어지고, 구약지리는 성서지리를 거쳐 일반 지리학으로 이어집니다. 구약 역사와 고고학은 성서 역사와 고고학을 거쳐 일반 역사학과 고고학으로 이어지고, 이른바 고대 근동연구, 저로서는 구약주변세계연구라고 하는 분야는 신약배경사를 거쳐 고대 중동학으로 이어집니다. 구약해석학은 신약해석학과 조직신학을 거쳐 일반 해석학으로 나아가고, 구약윤리는 신약윤리와 기독교윤리를 거쳐 일반 윤리학으로 나아갑니다. 구약해석사는 신약해석사와 교리사와 교회사를 거쳐 일반 역사로 이어집니다. 그밖에도 성서주석방법론에서는 사회학, 경제학, 법학, 심리학, 인류학 따위의 인문사회과학뿐만 아니라 자연과학까지 대화의 상대로 삼기도 합니다.

6.9. 표현의 대중성 강화

(1) 아홉째, 역사와 사회가 하나님의 관점에서 바르게 진보하려면, 성서학(을 비롯하여 신학)을 전문가들이 독점하기보다는 누구라도 쉽게 이해할 수 있고 접할 수 있게 대중성을 확보해야 합니다. 진보신학의 고담준론이 교회 대중이나 일반인에게는 어렵기만 해서는 안 된다는 말입니다.

유대교 문헌에서 유명한 랍비가 율법을 풀이할 때 모세가 뒷자리에 앉아 들었는데 그 랍비의 이야기를 모세가 도무지 이해할 수 없었다는 이야기가 나옵니다. 이와 비슷한 이야기가 현대 가톨릭 신학자 칼 라너를 두고도 전해 내려옵니다. 박만 교수가 펴낸 현대신학 이야기 4쪽에 적힌 것을 기독교사상 지난해 8월호 40쪽에서 왕대일 교수가 '신학의 위기, 신학의 기회, 신학의 미래'라는 글의 첫머리에서 인용한 바 있습니다. 오늘 저를 포함하여 진보신학을 논하는 전문가들도 바로 이런 잘못을 저지르고 있지 않은지 돌이켜 볼 필요가 있습니다.

(2) 구체적으로는 무엇보다도 추상적인 개념으로 표현하기보다는 실체적인 말로 표현하는 데 힘쓰면 좋겠습니다. 표현 방식을 개념화에서 실체화로 바꾸어야 한다는 말입니다.

(3) 성서학(을 비롯한 신학)에서 그저 기계적으로 이른바 선진 성서학을 번역할 것이 아니라 한편으로는 오늘 한국 교회와 사회의 문화 전통과 상황에 어울리는 말로 바꾸어 소개하고 다른 한편으로는 우리 상황에서 우러나는 성서학을 하도록 힘써야 합니다.

구약학의 경우를 두고 말한다면, 히브리어 문법 용어나 히브리 낱말의 한글 음역조차 아직 통일되어 있지 않는 상황에서 대중성 있게 구약학을 하기란 정말 어렵습니다. 히브리 문법서도 그저 서양 책을 번역하기만 할 것이 아니라 우리말 문법의 특성을 염두에 두면서 우리에게 맞는 방식으로 새롭게 만들 필요가 있습니다.

이처럼 아직도 서양 학자들의 최근 연구 결과를 소개하기에만 바쁜 성서학계의 현실은 참으로 답답합니다. 여기에는 아래에서 말씀드릴 현장성의 문제가 중요합니다.

(4) 더 나아가서 성서학자들이 우리말과 우리글을 제대로 알지 못할 뿐만 아니라 잘못 쓰는 경우가 적지 않다는 점도 잊지 말아야 합니다.

성서학자들과 교역자들이 한글을 서양 글 쓰듯이 쓰고 우리말을 서양 말 하듯이 하고 있는데 어떻게 학생들과 일반 그리스도인들과 시민들이 성서의 가르침을 제대로 이해할 수 있겠습니까? 이런 상황에서 성서학의 진보는 바라기 힘듭니다.

신학자들 가운데서는 신학의 세계화에 직면하여 '영어로 신학하기'를 강조하는 분들이 더러 계십니다. 그 못지않게 중요한 것, 아니 그보다 더 중요한 것이 '한글로 제대로 신학하기'가 아니겠습니까? 우리의 성서학이 참으로 진보하자면, 우리말 우리글을 바르게 쓰면서 성서학하기 운동을 벌여야 합니다.

7. 나오는 말

성서학은 본디 하나님이 지난날 성서를 통해 하신 말씀을 바르게 이해하고 오늘도 그 성서의 말씀을 통해 말씀하시는 하나님의 음성을 제대로 듣게 하는 임무를 띤 신학의 한 분야입니다. 이러한 성서학의 진보성은 성서학이 그 본연의 임무에 충실할 때 확보됩니다. 이는 구체적으로 역사성과 하나님 중심성과 공동체성과 약자 우선성과 다양성을 강조하고, 전인변화와 현장성과 다른 분야와 협력하는 것과 표현의 대중성을 강화하는 방식으로 이루어질 수 있습니다.

참고 문헌

양권석, "위기의 시대와 신학," 「기독교사상」 통권 제584호 (2007.8), 30-39; 왕대일, "신학의 위기, 신학의 기회, 신학의 미래,"

「기독교사상」 통권 제584호(2007.8), 40-51; 우택주, "교회와 신학의 화해를 촉구한다," 「기독교사상」 통권 제584호(2007.8), 52-61; 정강길, "미래에서 온 기독교와 한국교회의 미래," 「기독교사상」 통권 제584호(2007.8), 62-77; D.C.Duling, "Kingdom of God, Kingdom of Heaven," *Anchor Bible Dictionary* IV(1992), 49-69; G.Gerleman, "חיה ḥjh leben," E.Jenni/Cl.Werstermann (eds.), *Theologisches Handwörterbuch zum Alten Testament* I (München: Chr. Kaiser / Zürich: Theologischer Verlag, [3]1978), 549-557; E.Haag/H.Merklein/M.Knapp/O.Engels, "Herrschaft Gottes /Reich Gottes," *Lexikon für Theologie und Kirche* vol.5 (Freiburg/Basel/Rom/Wien: Herder, 1996), 26-38; Kl.Koch/Fr.Avemarie/J.Schröter/Chr.Schwöbel, "Reich Gottes," *Religion in Geschichte und Gegenwart*. 4. ed. vol.7 (Tübingen: Mohr Siebeck, 1004), 202-218; L.Schottroff, "ζώ, leben, ζωή Leben," H.Balz/Schneider (eds.), *Exegetisches Wörterbuch zum Neuen Testament* II (Stuttgart/Berlin/ Köln/Mainz: W.Kohlhammer, 1981), 262-271; H.Spieckermann/W.Pratscher/P.Steinacker, "Reich Gottes," *Evangelisches Kirchenlexikon*. 3. ed. vol.3(Göttingen: Vandenhoeck & Ruprecht, 1992), 1526-1536; Å.V.Ström/E.Zenger/L.Jacobs/A.Lindemann/R.Mau/M.Beintker/Chr.Walter, "Herrschaft Gottes/Reich Gottes," *Theo -logisches Real -enzyklopädie* XV(1986) 172-244.

넷째 마당

설교를 위한 구약 본문 풀이

레 19:13-14("네 하나님을 경외하라")
민 11:24-30("다 선지자가 되게 하시기를")
삿 6:11-14("이 너의 힘으로")
왕상 18:21-40("여호와 그는 하나님이시로다")
시 122편("여호와의 지파들이")
렘 23:25-32("내가 꿈을 꾸었다")
렘 31:7-14("크게 기뻐하리라")
렘 48: 26-39("모압을 위하여")

레위기 19장 13-14절
(“네 하나님을 경외하라”)

이 글은 「성서마당」 신창간 제11호(2006.11), 31-40쪽(‘설교를 위한 성서연구/구약’)에 실린 글의 초고입니다. 이 글에서 개역개정판 본문은 굵은 글씨로 옮겨 씀으로써 굵게 쓰지 않은 사역 부분과 구별하여 적습니다. 또 비평판 히브리어 성경에 들어 있는 액센트 기호를 중심으로 한 절을 둘로 나눌 때, 그 앞부분과 뒷부분을 각각 전반절과 후반절이라고 부르고 ‘전’과 ‘후’로 줄여 쓰기로 한다. 전반절이나 후반절을 각각 다시 두 부분으로 나눌 때는, 그 앞부분을 전상반절이나 후상반절로, 그 뒷부분을 전하반절이나 후하반절이라 부르고 ‘전상’이나 ‘후상’, ‘전하’나 ‘후하’로 줄여 씁니다.

차례

1. 들어가는 말
2. 본문의 자리, 짜임새, 흐름
3. 본문의 청중, 특징, 중심내용
4. 본문으로 설교할 때 생각할 점

1. 들어가는 말

성경을 사랑하고 열심히 읽는 그리스도인들이 레위기 19장을 중요하게 여긴다면, 이는 **“너희는 거룩하라 이는 나 여호와 너희 하나님이 거룩함이니라”**라는 말씀이 들어 있는 2절과 **“네 이웃 사랑하기를 네 자신과 같이 사랑하라”**는 말씀이 나오는 18절 때문인 듯하다.

그런데, 13절과 32절에 나오는 **“네 하나님을 경외하라”**는 말씀이

이 장의 특성을 잘 드러내어 주고 있다는 점은 지나쳐보기가 쉽다. 이제 13-14절을 중심으로 레위기 19장에서 가르치는 하나님 경외를 알아보기로 하자.

2. 본문의 자리, 짜임새, 흐름

⑴ 1절이 2-37절을 이끌어 들이듯이, 2절 앞부분인 **"너는 이스라엘 자손의 온 회중에게 말하여 이르라"**는 명령은 그 뒤부터 37절까지 나오는 말씀의 도입부이다. 이렇게 모세가 야훼의 명령을 따라 이스라엘 자손의 온 회중에게 말해야 할 내용의 주제는 2절 뒷부분에 나온다. 곧 이 주제는 거룩하신 하나님의 백성된 이스라엘은 거룩해야 한다는 말씀에 제시되어 있고, 3-36절에서는 그 거룩한 삶의 구체적인 내용을 여러 가지로 다루며, 37절은 그 전체를 마무리한다. 3-36절은 다시 그 내용과 형식에 따라 15개의 작은 단락으로 나눌 수 있다(3-4, 5-8, 9-10, 11-12, 13-14, 15-16, 17-18, 19-22, 23-25, 26-28, 29-30, 31, 32, 33-34, 35-36절). 13-14절은 이 가운데에서 다섯째 단락이다.

⑵ 13-14절 히브리어 본문은 ① **"네 이웃을 억압하지 말**라", ② "그리고 **착취하지 말**라", ③ **"품꾼의 삯을 아침까지 밤새도록 네게 두지 말**라", ④ "청각장애인을 **저주하지 말**라", ⑤ "그리고 시각장애인 **앞에 장애물을 놓지 말**라", ⑥ "그리고 **네 하나님을 경외하라"**, ⑦ **"나는 여호와이니라"**의 일곱 마디 말씀으로 이루어져 있다.

⑶ 그런데 순전히 형식적인 면에서 보면, 접속사 '그리고'가 한편으로는 ①과 ②를, 다른 한편으로는 ④-⑥을 이어주고 있으므로, 본문은

①-②와 ③과 ④-⑥과 ⑦의 네 부분으로 나누어진다. 그렇지만, 각 말씀의 표현 형식을 두고 보면, 이 일곱 마디 말씀 가운데 ①-⑤는 무엇을 하지 말라는 형식 곧 금지 명령 형식의 말씀이고, ⑥은 무엇을 하라는 형식 곧 긍정 명령 형식의 말씀이며, 마지막 ⑦은 ①-⑥의 명령을 내리시는 근거를 밝히는 말씀으로 읽을 수 있다.

3. 본문의 청중, 특징, 중심 내용

⑴ 다섯 가지 금지 명령을 듣고 따라야 할 사람은 ① 이웃을 억압할 수 있는 힘을 지닌 사람, ② 착취할 수 있는 지위에 있는 사람, ③ 삯을 주고 품꾼을 부릴 수 있는 여유가 있는 사람, ④ 청각장애인이 아닌 사람, ⑤ 시각장애인이 아닌 사람이다. 이런 식으로 본문에서는 일반적으로(①), 경제적으로(②-③), 신체적으로(④-⑤) 이웃보다 강한 사람을 겨냥하고 있다.

이렇게 강한 사람이 하지 말아야 할 행동은 ① 억압하는 것, ② 착취하는 것, ③ 삯을 제 때에 주지 않는 것, ④ 저주하는 것, ⑤ 장애물을 놓는 것이다. 이 다섯 가지 행동은 한결같이 약자를 괴롭히는 행동이다.

이렇게 괴롭힘을 당하는 약자로 ①에서는 ‘이웃’ 일반을, ②-③에서는 경제적인 약자를, ④-⑤에서는 장애인을 들고 있다.

⑵ 본문에서 가장 두드러지는 것은 사람에게 하지 말아야 할 행동을 가르치는 ①-⑤에 이어 ⑥에서 하나님 경외를 명령하는 점이다. 이런 점은 19장에서 **“네 하나님을 경외하라”**는 말씀이 나오는 또 다른 구절인 32절(“너는 센 머리 앞에서 일어서고 노인의 얼굴을 공경하며 네

하나님을 경외하라 나는 여호와이니라")에서도 나타난다.

이렇게 사람에 대한 행동과 하나님 경외가 긴밀히 이어져 있는 것은 13-14절을 뺀 3-36절의 다른 부분에서 제시하는 거룩한 삶의 내용과도 잘 맞아떨어진다. 3-36절에는 한편으로 이스라엘 백성이 하나님과 관련하여 지켜야 할 바를(3전하, 4전, 5-8, 12, 19앞부분, 21-22, 24, 26-28, 30, 31절), 다른 한편으로는 사람(3전상, 9-10, 11, 15-16, 17-18, 20, 29, 32, 33-34, 35-36절), 심지어 동식물이나 땅과 관련하여 행할 바(19, 23-25절)를 가르치고 있기 때문이다. 이 가운데서 3, 11-12, 29-30절에서는 사람을 어떻게 대할 것인지를 가르치는 말씀과 하나님께 어떻게 해야 하는가를 가르치는 말씀이 나란히 나온다. 또 20-22, 23-25절에서는 사람이나 땅을 두고 하시는 명령이 하나님께 해야 할 행동을 알려주는 명령과 얽혀 있다.

그런데 "**네 하나님을 경외하라**"는 이 한 마디 말씀을 레위기 19장에서 이스라엘 백성이 하나님과 관련하여 지켜야 할 바를 가르치는 단락에 넣지 않고, 사람을 어떻게 대할 것인지를 가르치는 말씀, 그것도 나보다 힘이 없는 사람을 어떻게 대할 것인지를 가르치는 두 군데 말씀에 두고 있다는 사실은 아주 특별한 의미를 지닌다.

⑶ 약자를 괴롭히지 말고 하나님을 경외하라는 권고의 근거로 든 마지막 말씀, "**나는 여호와이니라**"는 야훼께서 자신이 누구이신지를 알리는 어구 가운데 하나인데, 레위기 19장에는 14절 말고도 일곱 번 더 나온다(12, 16, 18, 27, 28, 30, 32절). 또한 이것이 좀 더 확장된 어구인 "**나는 너희의 하나님 여호와이니라**"가 레위기 19장에 일곱 번이나 나오는데(3, 4, 10, 25, 31, 34, 36절), 이는 2절 후반절에 들어 있는 '**나 여호와 너희 하나님**'과 잘 이어진다.

출애굽기 6장 2-8절을 따르면 이스라엘의 하나님은 당신의 이름이 여호와임을 출애굽 사건과 관련하여 알리셨다. 이 점은 레위기 19장 34절과 36절에도 암시되어 있다.

하나님 당신이 야훼이시라고 하는 말씀이 레위기 19장에 이처럼 자주 나오는 것은 출애굽기 20장 2절과 신명기 5장 6절에서 '열 가지 말씀'(출 34:28; 신 4:13; 10:4)을 주시기에 앞서 **"나는 너를 애굽 땅, 종 되었던 집에서 인도하여 낸 네 하나님 여호와니라"**고 야훼께서 말씀하신 것을 떠올리게 한다.

레위기 13-14절의 흐름에서 14절 끝에 나오는 **"나는 여호와이니라"**를 읽으면, 이집트 땅에서 힘 있는 이집트 사람들에게 괴롭힘을 당하며 살던 힘없는 백성 이스라엘을 야훼께서 그 종살이에서 건져내셨으므로, 그렇게 하나님의 백성된 사람들의 공동체 안에서는 힘 있는 사람이 힘없는 사람을 괴롭히지 않아야 하나님을 제대로 경외하는 것이라는 식으로 이해할 수 있다.

(4) 이리하여 본문에서는 나보다 힘이 없는 사람을 괴롭히지 않아야 구원의 하나님을 제대로 경외한다고 할 수 있다는 점을 가르친다.

4. 본문으로 설교할 때 생각할 점

(1) 레위기 19장 13-14절을 본문으로 설교할 때 가장 중요한 점은 오늘 그리스도인들이 너무나 잘 알고 있는 개념이자 주제인 '하나님 경외'가 문맥에 따라서는 일반적으로 알고 있는 바와는 전혀 다른 관점에서 다루어질 수 있다는 것이다.

'하나님 경외'라는 말을 들으면 사람들은 사람이 하나님을 두려워하고 잘 섬기는 것, 곧 하나님께 정성을 다해 예배하고 열심히 기도하며 안식일을 비롯한 여러 절기를 잘 지키는 것을 떠올리기 마련이다. 더 나아가서 자신에게 가장 소중한 것마저 아낌없이 하나님께 내놓을 수 있는 삶의 태도를 생각한다. 아브라함에게서 그 보기를 찾을 수 있다. 창세기 22장 12절에서 하나님의 사자는 아브라함에게 "**네가 네 아들 네 독자까지도 내게 아끼지 아니하였으니 내가 이제야 네가 하나님을 경외하는 줄을 아노라**"고 말한다. 아브라함은 외아들을 제물로 바치라는 하나님의 명령을 따라 이삭을 죽이려고 했던 것인데, 이런 아브라함을 보고 아브라함이 하나님을 경외한다고 한 것이다. "**여호와를 경외함이 지식의 근본이거늘**"이라고 하는 잠언 1장 7절의 말씀도 사람이 무엇보다도 하나님을 먼저 생각하고 섬겨야 함을 가르친다.

그런데, 레위기 19장 14절과 32절에서는 이런 말씀들과는 달리 하나님 백성에 속한 사람이 자기보다 약한 사람을 괴롭히지 말아야 함을 가르치면서 "**네 하나님을 경외하라**"고 한다. 이는 창세기 20장 11절에서 아브라함이 그랄 왕 아비멜렉에게 "**이 곳에서는 하나님을 두려워함이 없으니 내 아내로 말미암아 사람들이 나를 죽일까 생각하였**"다고 말한 바와 통한다. 또 출애굽기 1장 21절에서 "**산파들이 하나님을 두려워하여 애굽 왕의 명령을 어기고**" 히브리 "**남자 아기들을 살**"렸다고 한 바와도 통한다.

이처럼 하나님 경외가 약자 보호로 나타난다는 가르침은 돈의 힘, 무기의 힘, 외모의 힘, 건강의 힘, 사회적 신분의 힘, 지위의 힘, 명예의 힘, 가정 배경의 힘, 출신 학교의 힘, 인간관계의 힘 등 온갖 힘이 하나님이 되어 힘 있는 사람이나 단체나 나라가 힘없는 사람이나 단체나 나라를 괴롭히고 있는 오늘의 현실에서 매우 중요한 뜻을 지닌다.

(2) 힘없는 사람을 괴롭히지 않는 데서 하나님 경외가 드러난다는 레위기 19장 13-14절의 가르침은 이웃을 대하는 문제를 두고 성경의

다른 부분에서 가르치는 바에 견주어 보면 매우 상식적이고도 소박한 최소한의 요구를 담고 있다.

거룩하신 하나님의 백성된 사람들이 살아야 할 거룩한 삶의 내용 가운데 사람들을 어떻데 대해야 하는가 하는 문제도 바로 '이웃 사랑'이란 말로 뭉뚱그려 대답할 수 있다. 이 글의 첫머리에서 이미 말한 바와 같이 레위기 19장 18절에서 바로 그 말씀을 읽을 수 있다. 예수님은 여기서 더 나아가서 마태복음 5장 44절에서 원수를 사랑하라고 말씀하셨다.

또 사회적 약자를 괴롭히지 않는 것은 두말할 나위 없고 그보다 더 적극적이고 능동적으로 사회적 약자를 잘 보살피고 돌보라는 말씀도 성경 곳곳에 나온다. 레위기 19장 안에서도 그런 가르침을 찾을 수 있다. **"너희가 너희 땅에서 곡식을 거둘 때에 너는 밭 모퉁이까지 다 거두지 말고 네 떨어진 이삭도 줍지 말며 네 포도원의 열매를 다 따지 말며 네 포도원에 떨어진 열매도 줍지 말고 가난한 사람과 거류민을 위하여 버려 두라 나는 너희의 하나님 여호와이니라**"는 9-10절 말씀이 그러하다. 신약성경에서는 **"하나님 아버지 앞에서 정결하고 더러움이 없는 경건은 곧 고아와 과부를 그 환난중에서 돌보고 또 자기를 지켜 세속에 물들지 아니하는 그것이니라**"는 야고보서 1장 27절이 대표적인 말씀으로 꼽힌다.

오늘 그리스도인들의 삶과 교회의 활동에서 이처럼 '원수 사랑', '이웃 사랑', '약자 존중'이라는 큰 말을 너무 자주 하다 보니, 레위기 19장 13-14절의 가르침처럼 소극적으로 약자를 괴롭히지 말라는 말씀은 우리가 잘 실천하고 있는 너무나 지키기 쉬운 가르침으로 생각하기가 쉽다. 그렇지만 과연 그것이 그러한가 곰곰이 돌이켜 볼 필요가 있다. 왜냐하면 무엇보다도 그리스도인들 가운데서도, 또 교회 공동체 안에서도 힘 있는 사람들이 크게 대접받고 힘없는 사람들은 괄시당하는 수가 적지 않고, 교회 안에서는 사랑을 외치는 그리스도인들이 정작 자신들의 삶의 터전에서는 힘으로써 다른 사람들을 괴롭히고도 자신들이 그렇게 하고 있음을 전혀 알아차리지 못하고 있는 수도 있기 때문이다. 달리 말한다면, 교회 바깥에 널리 퍼져 있는 '힘의 논리'가 그리스도인들의 일상 생활과 교회 생활에서도 그대로 통하고 있지 않은가 하는 생각을 금할 수 없다. 하나님은 "**세상의 약한 것들을 택하사 강한 것들을 부끄럽게 하려 하**"신다고 사도 바울이 고린도전 1장 27절에서 한 말을 즐겨 입에 담으면서도 여전히 스스로 강한 자가 되어서 약한 자들 위에서 드러나게 또는 은근히 으스대는 그리스도인들이 없지 않다. 다른 한편으로 힘없는 사람들을 괴롭히지 말아야 한다는 말을 그저 좌파의 논리와 주장이라고 몰아붙이는 경우도 드물지 않아 보인다.

(3) 이리하여 하나님을 경외한다고 자부하는 오늘 그리스도인들이 나날의 삶에서 자기보다 힘이 없는 이웃을 자기도 모르게 괴롭히고 있는 일이 없는지를 레위기 19장 13-14절에 들어 있는 첫 다섯 마디 말씀에 비추어 구체적으로 따져보는 것이 또한 매우 중요하다.

첫째, "**이웃을 억압하지 말**라"는 말씀에서 '억압'은 내가 가진 힘으로써 나보다 약한 사람의 자유를 부당하게 제한함을 뜻한다. 오늘 그리스도인들 가운데에도 다른 사람의 자유를 침해하는 것을 아무렇지 않게 생각하는 사람들이 있다. 내게 무슨 힘이 있다고 해서 그 힘으로써 남을 힘들게 한 적이 없는지, 다른 사람을 내 하고 싶은 대로 움직이려고 억지를 부리며 남들을 억누른 적은 없는지, 그 누구인가 나보다 힘없는 사람이 내게 짓눌려 괴로워하고 있지는 않은지 돌이켜 볼 필요가 있다.

둘째, "**착취하지 말**라"는 말씀에서 '착취'는 마땅히 남에게 돌아갈 몫을 빼앗음을 뜻한다. 최소의 경비로 최대의 효과를 얻으려 하는 경제

원칙이 중요한 오늘의 상황에서도 그리스도인들과 교회는 다른 사람에게 마땅히 돌아가야 할 몫에는 손대지 말아야 하지 않겠는가?

셋째, "**품꾼의 삯을 아침까지 밤새도록 네게 두지 말**라"는 말씀은 경제적으로 내게 메일 수밖에 없는 사람에게 일을 시켰으면 그 사람의 처지를 생각하며 제 때에 삯을 주라는 말씀이다. 여기서 말하는 품꾼은 그 날 벌어서 그 날 먹고 살아가는 딱한 사람을 가리킨다. 그런 품꾼을 부리는 사람에게는 그 사람의 하루 품삯이 하찮은 것이겠지만, 그 품꾼에게는 자신과 가족의 생계가 달려 있는 만큼 아주 소중하다. 품꾼은 저녁에는 품삯을 받을 수 있으리라는 기대를 하며 하루 종일 땀 흘려 일한다. 그런데 그렇게 기다렸던 품삯을 받지 못하면, 당장 저녁부터 온 가족이 굶어야 할지도 모른다. 이처럼 경제적으로 힘이 없는 사람은 어쩔 수 없이 돈을 가지고 있는 사람에게 메이게 된다. 그리하여 왜 품삯을 안 주느냐고 따지고 싶지만, 그렇게 하다가는 모처럼 얻은 일자리마저 놓치게 되리라는 생각 때문에 울분을 속으로 삼키기도 한다. 열심히 일했으므로 삯을 받을 권리가 있지만, 그 정당한 권리조차 주장할 수 없는 것이 경제적 약자의 비애이다. 결국 마땅히 받을 품삯을 받는 것조차도 주인이 베푸는 은혜처럼 고마워하며 기다려야 하는 것이 가난한 품꾼의 딱한 처지이다. 그런데도 하나님을 경외한다 하면서 이런 사정을 헤아리지 못하고 삯을 제 때에 주지 않는 일이 그리스도인들에게나 교회에서도 일어나고 있지 않는가? 장학금을 주거나 선교후원비를 보낼 때에도 받는 사람의 처지를 생각한다면 약속한 시일을 넘겨 주거나 보내는 일은 할 수 없다.

넷째, "청각장애인**을 저주하지 말**라"는 말씀과 다섯째, "시각장애인 **앞에 장애물을 두지 말**라"는 말씀은 오늘 그리스도인들이 장애인들을 비장애인들과 마찬가지로 존중해야 함을 일깨워준다. 정신지체장애인이나 치매 노인이나 우리말을 알아듣지 못하는 외국인 노동자들에게 막말을 하는 일은 없는가? 여기서 오늘 장애인들에게 조금이라도 힘이 되려고 애쓰는 그리스도인들과 교회 공동체들이 특별히 관심을 두고 해야 할 일이 하나 있다. 다름 아니라 장애인 신학생들이나 교역자들을 적극적으로 청빙하는 일이다. 장애인 교역자들도 비장애인 교역자들과 마찬가지로 하나님께 부름 받아 하나님의 일을 하는 사람들이다. 우리 교회들이 어려움을 무릅쓰고 장애인 교역자를 청빙한다면 이는 하나님을 매우 기쁘시게 하는 일이 된다. 장애인 교역자를 비장애인 교역자와 마찬가지로 존중하고 청빙하는 교회가 나날이 많아지기를 간절히 바란다. 이것이야말로 하나님을 경외한다고 하고 경외하라고 가르치는 그리스도인들과 교회가 마땅히 해야 할 일이 아닌가?[92)]

92) 레위기 19장 13-14절을 본문으로 삼고 "네 하나님을 경외하라"는 제목으로 필자가 한번은 한국구약학회 제71차 모임 개회예배(2006.9.28)에서, 또 주님의 교회 주일예배(2006.10.22)에서 한 설교의 원고를 참고하십시오. 이 두 설교의 원고는 〈박동현의 이야기방〉(http://dhpark.net)의 '설교원고게시판'에 78번과 79번으로, 또 장로회신학대학교 교수 홈페이지(http://acha.pcts.ac.kr/pctl/)-구약학-박동현의 자료실에 41번과 45번으로 올려놓았습니다.

민수기 11장 24-30절
(“다 선지자가 되게 하시기를”)

이 글은 「교회와 신학」 제61호(2005년 여름), 94-102쪽(‘설교와 목회현장을 위한 성경연구 - 구약’)에 특집 주제, “기독교 리더십, 어떻게 볼 것인가?”에 맞추어 써낸 글의 초고입니다. 이 글에서 성경 본문은 개역개정판에서 이끌어 씁니다.

차례

1. 들어가는 말
2. 민수기 11장에서 24-30절이 차지하는 자리
3. 본문 한글 번역의 문제
4. 단락별 풀이
⑴ 모세가 한 일(24절)
⑵ 하나님이 하신 일(25절 전반절)
⑶ 칠십 장로에게 일어난 일(25절 후반절)
⑷ 엘닷과 메닷에게 일어난 일(26-27절)
⑸ 여호수아와 모세의 대화(28-29절)
⑹ 함께 돌아오는 지도자들(30절)
5. 본문의 가르침
6. 덧붙이는 말:
지도력(指導力, leadership)과 동반력(同伴力, partnership)

1. 들어가는 말

신명기 34장 10절에서는 "그 후에는 이스라엘에 모세와 같은 선지자가 일어나지 못하였나니" 라고 한다. 여기서 '선지자'라는 말 대신에 '지도자'라는 말을 넣어 읽더라도 큰 무리가 없어 보인다. 이런 모세의 지도력(leadership)에 대해서 생각해 볼 수 있는 구약 본문이 여럿 있지만, 이 글에서는 민수기 11장, 그것도 24-30절에 집중해 보려고 한다.

2. 민수기 11장에서 24-30절이 차지하는 자리

하나님이 보내신 모세가 이끄는 대로 애굽 종살이에서 벗어난 이스라엘 백성은 시내 광야에 이르러 하나님과 언약을 맺고 여러 가지 율법을 받은 뒤 다시 광야 길로 나선다. 민수기 11장은 이렇게 다시 광야길로 나선 이스라엘 백성이 곧바로 겪은 몇 가지 사건에 대한 기록이다.

11장은 1-3절과 4-35절의 두 부분으로 크게 나눌 수 있다. 1-3절에서는 이스라엘 백성이 여호와를 원망하다가 여호와의 불이 이스라엘 진영 끝을 사르는 일이 일어나자 모세에게 부르짖고 모세가 기도하여 그 불이 꺼진 사건을 짧게 묘사한다. 4-35절에서는 고기를 먹을 수 없다고 원망하는 이스라엘 백성에게 하나님이 메추라기를 보내주신 뒤에 그들을 벌하신 사건을 길게 묘사한다.

그런데, 4-35절에는 메추라기 이야기에다가, 모세를 돕도록 하나님이 장로 일흔 명을 뽑게 하신 이야기가 뒤섞여 있다.

고기를 먹지 못해 힘이 떨어졌다고 불평하는 이스라엘 백성의 말(4-7, 10절)을 들은 모세가 하나님께 이스라엘 백성이 자신에게는 지기 힘든 짐이라고 하면서(11-12절) "나 혼자는 이 모든 백성을 감당할 수 없나이다"(14절)라고 아뢴다.

그러자, 하나님은 "네가 알기로 백성의 장로와 지도자가 될 만한 자 칠십 명을 모아 내게 데리고 와 회막에 이르러 거기서 너와 함께 서게 하"면(16절) "내가 강림하여 거기서 너와 말하고 네게 임한 영을 그들에게도 임하게 하리니 그들이 너와 함께 백성의 짐을 담당하고 너 혼자 담당하지 아니하리라"(15절)고 말씀하신다. 백성이 고기를 실컷 먹게 해 주시겠다는 말씀도 들려주신다(17-20, 23절).

뒤이어 이 글에서 본문으로 삼은 24-30절에서는 한편으로 모세가 하나님이 명령하신 대로 일흔 명의 장로를 회막 둘레 하나님 앞에 세우자 하나님의 영이 그들에게 임한 장면(24-25절)과 그냥 이스라엘 진영에 남아 있던 두 사람에게도 하나님의 영이 임하여 그들이 예언한 일을 두고 여호수아와 모세가 대화하는 장면(26-30절)을 묘사한다.

11장의 끝 부분(31-35절)에서는 하나님이 메추라기를 보내시고 백성을 벌하신 내용이 들어 있다.

이리하여 11장 24-30절은 메추라기 사건과 관련하여 하나님이 칠십 명의 장로를 세우신 사건의 결말 부분이라 할 수 있다.

3. 본문 한글 번역의 문제

(1) 개역개정판 24절의 '백성의 장로 칠십인'은 이 때 이스라엘 가운데 장로가 일흔 명밖에 없었다는 식으로 오해될 수 있으므로, 그 히브리어 표현을 따라 '백성의 장로들 가운데서 칠십인'으로 옮기는 것이 더 정확하다.

(2) 개역개정판 25절에서 “그에게 임한 영을 칠십 장로에게도 임하게 하시니”로 옮긴 히브리어 문장은 “그의 위에 있는 영에서 얼마를 가져다가 칠십 장로 위에 두시니”로 직역할 수 있다. 공동번역에서는 “그에게 내리셨던 영을 칠십 장로들에게도 나누어주셨다.”로 풀어 옮겼다.

(3) 같은 절에서 개역개정판이 “영이 임하신 때에”로 옮긴 히브리어 표현은 “영이 내려앉으신 때”로 직역할 수 있다.

(4) 25절에서 ‘예언을 하다’로, 26절과 27절에서 ‘예언하다’로 옮긴 히브리 동사는 ‘예언 상태에 들어가다’로 옮기는 것이 더 낫다. ‘예언하다’는 우리말은 곧바로 예언한 결과로 나타나는 예언에 관심을 두게 하지만, 여기서는 그보다는 예언하는 과정으로 황홀경(ecstasy)에 빠지는 상태를 표현하고 있기 때문이다(삼상 10:5-6,10; 19:20-24 참고). 공동번역에서는 한결같이 ‘입신하다’로 옮겼다.

(5) 개역개정판 29절에서 “여호와께서 그의 영을 그의 모든 백성에게 주사 다 선지자가 되게 하시기를 원하노라”로 옮긴 히브리어 문장은 “여호와께서 자기의 영을 주셔서 자기의 백성 전체가 선지자이기를 바라노라.”로 바꾸어 옮김직 하다.

4. 단락별 풀이

본문은 11장 4-35절의 한 부분이므로, 적어도 4-23절은 염두에 두면서 글의 흐름을 따라 본문을 풀이해 보기로 한다.

위 2에서 이미 다룬 바 있지만, 본문의 배경이 되는 상황을 다시 한 번 기억할 필요가 있다.

모세는 "양육하는 아버지가 젖 먹는 아이를 품듯" 이스라엘 백성을 "품에 품고" 하나님이 "그들의 열조에게 맹세하신 땅으로" 가는 것, 곧 이스라엘을 사랑과 정성으로 가나안 땅으로 데리고 가는 것이 자기가 할 일이라고 이해했다(12절).

그런데, 본문에서 모세는, 다시 나선 광야 길의 첫 단계에서 백성이 고기가 없다고 크게 불평하며 울부짖자(4-5, 10, 13절), 이 일은 너무 어려워서 자기 혼자 해 낼 수는 없다는 생각을 하기에 이르렀다(14절). 모세의 지도력에 위기가 닥친 것이다.

이런 위기를 맞아 더는 임무를 수행할 수 없다 하며 죽기를 구하는(15절) 모세에게 하나님은 그가 홀로 짐 지지 않도록 그 짐을 나누어 질 일흔 명을 뽑아 오라고 하신다(16-17절).

본문은 모세가 그 명령대로 했을 때 일어난 사건을 묘사한다.

⑴ 모세가 한 일(24절)

모세는 한편으로 백성이 고기를 먹게 해 주시겠다고 하신 하나님의 말씀(18-20절)을 백성에게 전하고, 다른 한편으로 하나님이 하라 하신 대로 장로 칠십 인을 모아 장막 둘레에 세웠다.

앞에서 하나님은 모세에게 "네가 알기로 백성의 장로와 지도자가 될 만 한 자 칠십 명을 모아 내게 데리고 와 회막에 이르러 거기서 너와 함께 서게 하라"(16절)고 명령하셨다.

모세는 백성 가운데서 어른 노릇을 할 사람을 일흔 명 뽑아 하나님이 자기와 만나주시는 곳인 회막 둘레에 서 있게 한 것이다.

⑵ 하나님이 하신 일(25절 전반절)

그러자 하나님은 구름 가운데서 내려오셔서 모세에게 말씀하신다. 무슨 말씀을 하셨는지에 대해서는 본문에 아무런 말이 없다. 그리고는 모세 위에 있는 영에서 얼마를 가져다가 그 일흔 사람 위에 두셨다. 모세 위에 영이 있다 함은 하나님이 모세에게 맡기신 일을 모세가 잘 할 있도록 하나님이 힘을 주시고 도우시고 계심을 뜻한다. 모세의 지도력은 모세의 특별한 자질이나 능력이나 믿음에 있다기보다는 하나님이 당신의 영으로써 모세를 다스리고 이끌어 주신 데서 비롯된다.

그런데, 그처럼 하나님이 모세와 맺고 유지하고 계시던 특별한 관계를 이제는 모세가 백성 가운데서 뽑은 일흔 명의 사람들과도 맺으신다. 그리하여, 이 장로들도 모세처럼 하나님의 영의 도움을 받아 백성을 이끌 책임을 함께 지게 된다.

⑶ 칠십 장로에게 일어난 일(25절 후반절)

이렇게 영이 칠십 장로에게 내려앉자, 이들은 예언자들이 예언할 때 하듯이, 황홀경에 빠져든다.

25절 끝에 '다시는 하지 아니하였더라' 하는 말은 그 이후로는 칠십 장로가 다시 보통 사람처럼 되어버렸음을 뜻하지는 않는다. 그보다는, 그들이 잠시지만 황홀경에 빠져들었다는 사실 자체에서, 하나님이 지금까지 모세에게 그리하셨듯이, 지금부터는 이 칠십 장로도 영으로써 이끄시면서, 그들로 하여금 백성을 이끌어 가는 일을 하게 하신다는 사실을 누구나 알아차릴 수 있게 해 주셨음이 드러난다.

⑷ 엘닷과 메닷에게 일어난 일(26-27절)

칠십 장로 말고도 모세가 회막에 데리고 가려고 뽑아 놓은 사람이 둘 더 있었던 것으로 보인다. 칠십 장로와는 달리 이 두 사람은 이름까지 나온다. 엘닷과 메닷이 그 둘인데, 어떤 까닭이 있었는지 모르나, 두 사람은 미처 회막 둘레에 가지 않고 그냥 이스라엘이 진친 곳에 머물러 있었던 것으로 보인다.

그런데 이 두 사람에게도 회막 둘레에 서 있었던 장로들과 마찬가지로 영이 내려앉았고, 그 결과 이 둘도 황홀경에 빠진 모습을 보이게 된다. 이것을 누가 보고 모세에게 보고했다.

⑸ 여호수아와 모세의 대화(28-29절)

이 보고를 받고 모세 가까이에서 그를 모시고 따르던 여호수아가 염려하여 모세에게 그들을 말리라고 말한다(28절).

여호수아로서는 이제까지 오로지 모세에게만 지도자의 자리를 허락하셨던 하나님이 회막 둘레에 모인 장로들에게도 허락하신다는 표로 이들이 예언하는 것이 언짢았던 것으로 보인다. 그런데, 회막 둘레에 나오지도 않은 두 사람이 이스라엘 진영 한 가운데서 마찬가지로 예언한다는 것은 문제라고 생각한 듯하다.

그리하여 모세더러 엘닷과 메닷이 그리하지 못하도록 통제해야 하지 않겠느냐는 식으로 말한 것이다. 여호수아로서는, 회막 둘레도 아니고 보통의 이스라엘 사람들이 있는 진 중에서조차 예언하는 일이 벌어진다면, 큰 혼란이 일어나리라고 생각했음 직하다.

모세는 이런 여호수아를 오히려 꾸짖듯이 그에게 대답한다. "네가 나를 두고 시기하느냐"는 말은 여호수아가 앞에서 말한 동기가 모세가 이스라엘의 최고 지도자로서 지니고 있는 권위가 손상되지 않을까 염려하는 마음에서 비롯되었을 수 있다는 점을 암시한다.

그렇지만 모세는 그런 데에는 아무런 관심이 없음을 그 다음 말에서 알 수 있다. 하나님이 당신의 영을 이스라엘 백성 전체에게 주신다면, 그리하여 모두 다 예언자라면 얼마나 좋겠는가 하는 식으로 답한다. 여기서 아무개가 예언자이다 또는 예언자가 된다 함은 그 아무개가 앞날의 일을 말할 수 있거나 말할 능력을 받음을 뜻한다기보다는, 하나님의 뜻을 잘 이해하여 하나님과 긴밀한 관계를 맺고 있다 또는 맺게 됨을 뜻한다고 보는 것이 낫다.

(6) 함께 돌아오는 지도자들(30절)

칠십 장로가 잠시 황홀경에 들었던 모습도 사라지자, 모세는 그들과 함께 이스라엘 진영으로 돌아온다. 영이 그들에게 내려앉고 그들이 예언하기 전까지는 여전히 모세만이 이스라엘의 지도자였지만, 그 사건이 벌어진 뒤로는 모세뿐만 아니라 그들도 이스라엘의 지도자로 인정받게 된 것이다. 이제 모세는 그들과 함께, 백성을 다스리고 이끄는 사람이 된 것이다.

5. 본문의 가르침

오늘 기독교 지도력이란 관점에서 본문을 읽으면 적어도 다음 두 가지 가르침을 받을 수 있다.

첫째, 기독교의 지도력은 기독교를 온 누리 구원의 통로로 삼고 성령을 통해 이끌어 가시는 하나님께로부터 비롯된다. 기독교의 영향력과 기독교 지도자들이나 기독교인들의 인격과 삶도 중요하지만, 그런 것만으로는 지도력을 발휘할 수 없다. 그들을 다스리고 이끌어 가시는 성령이 기독교 지도력의 근원이다.

둘째, 기독교의 지도력은 기독교가 이 세상의 지도력을 독점하는 데에 있지 않다. 궁극적으로는 이 세상 모든 사람들이 하나님의 영을 받아 하나님과 깊이 교제하며 하나님의 뜻을 따라 살게 하는 데 기독교 지도력의 목적이 있다.

이처럼 기독교가 올바른 지도력을 발휘하려면, 기독교 안의 지도자들부터 이 두 가지 가르침을 따라 살아야 한다.

6. 덧붙이는 말: 지도력(指導力,leadership)과 동반력(同伴力, partnership)

"여호와께서 그의 영을 그의 모든 백성에게 주사 다 선지자가 되게 하시기를 원하노라"(29절)이라는 모세의 말이 지니는 뜻을 생각하면서, 2004년 11월 2일 장로회신학대학교 신학대학원 목회연구과정 과목인 '구약본문해설 2' 수업 시간에 읽었던 글을 덧붙입니다.

요즈음 정치 경제 사회 문화 교육 여러 분야에서 지도력에 대한 이야기를 많이 하고 있습니다. 이를테면, 지난 대통령 선거 이후 대통령의 지도력에 대한 말이 많습니다. 우리 기독교계 안에서도 명망 있는 목회자들이 은퇴하여 그에 걸맞는 후임자를 청빙할 때 지도력을 많이 따집니다. … (중략) …

한 사회나 단체가 잘 되려면 훌륭한 지도력을 갖춘 인물을 지도자로 모셔야 함은 두말할 나위가 없습니다. 그렇지만, 지도자가 훌륭하다고 해서 모든 문제가 다 풀리는 것은 아닙니다. 좋은 지도자를 모시자면, 좋은 지도자를 알아볼 수 있는 사람들이 있어야 합니다. 그뿐만 아니라 좋은 지도자의 지도를 잘 따르고 뒷받침할 수 있는 사람들이 있어야 합니다. 그래서 더러는 훌륭한 지도력이 제대로 효과를 나타내려면, 훌륭한 피지도력(followership)이 있어야 한다고도 합니다. 좋은 지도자를 모셔놓았으니, 지도자 당신이 모든 것을 알아서 하라고 하면서 그의 지도를 받는 사람들은 아무 일도 하지 않는다든지, 심지어는 못된 일을 한다면, 그 좋은 지도력은 제 힘을 쓸 수 없다는 뜻이겠지요.

그런데, 지도력 이야기를 들을 때마다 제게는 한 가지 아쉬운 생각이 듭니다. 지금 우리 시대는 지도력 못지않게 동반력(同伴力, partnership)이 중요하지 않을까 하는 생각입니다. 영어 표현 파트너십을 동반력이라고 번역해 놓고 보니 조금 이상하기도 합니다. 영어의 명사 뒤에 붙는 ship은 상태, 신분, 직업, 재직 기간, 기술, 수완 등을 나타낸다고 합니다(『동아 프라임 영한사전』〔서울: 동아출판사, 1990〕, 2311쪽). 그러고 보면, 파트너십은 파트너의 상태, 신분, 기술, 수완을 가리킨다고 하겠습니다. 파트너란 상대방과 같은 자리에 서서 상대방과 더불어 일하며 살아가는 사람을 가리킵니다. 한잣말로 동반자(同伴者)라고 할 수 있습니다. 리더십을 보통 지도력이라고 하므로, 그에 맞추어 파트너십을 동반력이라고 해 보았을 따름입니다.

지도력은 지도자와 피지도자의 관계를 전제합니다. 또 우리나라 사람들의 사고방식을 따르면, 지도자는 윗사람이고 피지도자는 아랫사람입니다. 지도자는 매사를 결정하고 지시하고 명령하고, 피지도자는 지도자가 한 결정과 내리는 지시와 명령을 따릅니다.

이와는 달리 동반력은 대등한 관계를 전제합니다. 매사를 함께 결정하고 함께 해 나갑니다. 파트너십과 비슷한 말로 펠로우십(fellowship), 프렌드십(friendship)을 생각해 볼 수 있습니다. 동료로서, 동무로서 함께 일하며 살아가는 관계, 능력을 가리키는 영어가 아닙니까? 흔히 펠로우십은 동료 의식, 프렌드십은 우정으로 옮깁니다. 그렇지만, 리더십을 지도력으로, 파트너십을 동반력으로 옮기는 흐름을 따라 이 두 낱말로 무리하게 새로 우리말로 옮긴다면, 펠로우십은 동료력, 프렌드십은 친구력이라고까지 해 볼 수 있겠습니다.

성경을 읽는 우리는 모세, 다윗, 바울 등의 인물들을 가리켜 성경에서 말하는 훌륭한 지도자라고 합니다. 그렇지만, 성경이 늘 지도력에 관해서만 말하는 것은 아닙니다. 성경은 지도력과 아울러 동반력에 대해서도 가르칩니다.

우선 창세기 2장 뒷부분 나타나는 남녀 관계가 그러합니다. 이를 흔히 남성 우위를 주장하는 근거로 인용하지만, 실제 거기 쓰이는 '돕는 배필'이라는 히브리어 표현은 그러하지 않습니다. 오히려 동반 협력 관계를 뜻합니다.

요한복음 15장 15절에서 예수님은 제자들에게 "너희를 내가 친구라 하였다"고 말씀하셨습니다. 이 말씀을 오늘 우리는 우리 자신을 포함하여 모든 그리스도인들을 향한 말씀으로 듣습니다. 그뿐만이 아닙니다.

고린도전서 3장 9절에서 사도 바울도 "우리는 하나님의 동역자들"이라고 했습니다. 신약 성경 전체의 정신에 따른다면, 이 '우리'는 오늘 모든 그리스도인들에게 확대 적용할 수 있습니다. 이리하여, 오늘 그리스도인들은, 교역자 평신도 나눌 것 없이, 각자 예수님의 친구요, 하나님의 동역자입니다. 예수님과 그리스도인 사이에 파트너십이 이루어진 것이고, 하나님과 그리스도인 사이에 펠로우십이 생긴 셈입니다. 물론 그렇다고 해서 우리가 예수님과 대등한 존재가 되고 하나님과 대등한 지위에 오른 것은 아닙니다. 예수님은 여전히 우리의 주님이시오, 하나님은 여전히 우리의 창조주시므로, 그 예수님 앞에서 우리는 종이요, 그 하나님 앞에서 우리는 여전히 피조물입니다. 그렇지만, 예수님을 구주로 믿고 하나님의 백성이 되어 주님의 뜻을 따라 일하며 살아갈 때, 우리는 감히 예수님의 파트너이며 하나님의 동역자라 할 수 있습니다.

사정이 이러하다면, 우리 그리스도인들의 모임에서 지도력만 중요하게 여길 것이 아니라 동반력도 소중하게 생각해야 하지 않겠습니까?

지도력을 강조하다보면, 지도자의 실수와 오만과 독주를 견제하기가 힘들어집니다. 그 결과 그 '똑똑하고 잘난' 지도자 때문에 오히려 그의 지도를 받던 사람들이 어려움을 겪는 수가 생깁니다. 그 지도자가 지도하던 공동체가 망가지는 일어 벌어질 수 있습니다. 이런 경우를 우리는 우리 사회와 교회가 지난날 오래 겪은 쓰라린 경험에서 너무나 잘 알고 있지 않습니까?

따라서 좋은 지도력이 제대로 효과를 나타내기 위해서는, 이 지도력에 상응하는 동반력이 있어야 합니다. 지도력을 뒷받침만 하는 것이 아니라 지도력을 견제하고 검증하고 보충하면서 협력하는 동반력이 필요합니다.

21세기 사회와 교회는 너무 복잡하고 발전했기 때문에, 그전처럼 한 두 사람 훌륭한 지도자, 이른바 카리스마가 있는 지도자만으로 제대로 움직여갈 수 없습니다. 좋은 지도자만 모셔 놓으면, 모든 문제가 해결된다는 식으로 생각하고 자신들의 할 일은 제대로 하지 않는 사람이 대부분이라면, 또 반대로 모든 문제의 근원을 그저 부족한 지도력, 못난 지도자 때문이라고만 하고 한탄하는 사람이 대부분이라면, 그런 사회와 교회는 희망이 없습니다. 좋은 지도력은 좋은 동반력에서 비롯됩니다. 우리 사회와 교회에 훌륭한 지도자를 키워내는 것도 중요하지만,

우리 사회 구성원 한 사람 한 사람이, 우리 그리스도인 한 사람 한 사람을 훌륭한 동반력을 지닌 사람으로 키워내는 것이 더 중요하다고 생각할 만하지 않습니까? 못난 사람은 잘되면 그것을 제 공으로 돌리고, 못되면 조상 탓을 한다고 합니다.

제가 그동안 성경을 읽으면서 깨닫는 것은 우리 그리스도인 한 사람 한 사람이 하나님 앞에서 훌륭한 동반력을 지닌 인격으로 스스로를 갈고 닦고 키우는 것이 참으로 중요하다는 점입니다. 나 홀로 훌륭한 지도자가 되려고 한다든지, 나 아닌 그 어떤 사람이 나 대신 훌륭한 지도자가 되어주면 나는 그 그늘 밑에서 편하게 살고 싶다고 하는 것은 결코 우리 한 사람 한 사람을 온 천하보다 더 귀하게 창조하신 하나님의 뜻이 아니라는 사실을 날이 갈수록 뼈저리게 느끼게 됩니다. 이 점에서 우리 자신과 우리 교회가 크게 반성하고 분발하면 좋겠습니다.

사사기 6장 11-14절 (“이 너의 힘으로”)

이 글은 장로회신학대학교 신학대학원 신학과 2004학년도 제1학기 사경회 둘쨋날(3월 25일) 저녁집회에서 한 설교 내용을 줄여 「성서마당」 제66호 (2004.5), 20-24쪽(‘설교를 위한 성서연구/구약’)에 써낸 글의 초고입니다. 줄이기 전의 원고는 ‘박동현의 이야기방’(http://dhpark.net)의 ‘설교원고 71번’에서 찾아볼 수 있습니다. 성경 본문은 개역개정판에서 이끌어 씁니다.

삿 6:11-14를 중심으로 6-7장을 새롭게 읽어보자. 먼저 6장 1-24절을 찬찬히 살펴 본 뒤, 거기에 들어 있는 중심 교훈에서 출발하여, 그와 관련되는 내용과 가르침을 6장 나머지 부분과 7장에서 확인해 보기로 한다. 이 두 장의 흐름으로 보면, 6장 14절에서 하나님이 기드온에게 “너는 가서 이 너의 힘으로 이스라엘을 미디안의 손에서 구원하라”라고 하신 말씀이 중요한 뜻을 지닌다. 그리하여 ‘이 너의 힘으로’를 뽑아내어, 그대로 설교 제목으로 삼을 만하다.

1

기드온이 살 때 이스라엘의 상황이 어떠했는지를 6장 1-10절에서 알 수 있다. 이스라엘 백성이 하나님 보시기에 나쁜 짓을 하자, 하나님은 이방 족속 미디안으로 하여금 이스라엘 백성을 괴롭히게 하셨다. 미디안 사람들이 이웃의 다른 여러 족속과 더불어 이스라엘에 쳐들어와 이스라엘 백성이 힘들여 농사지어 놓은 것들과 키워 놓은 가축들을 빼앗아가곤 했다. 그리하여, 이스라엘 백성은 살기가 너무 힘들어 하나님께 울부짖는다. 이에 하나님은 한 예언자를 보내셔서 왜 이런 재앙이 닥쳤는지를 알려주신다. 하나님이 이스라엘 백성을 애굽에서 이끌어 내어 가나안 땅에 들어와 살게 하시면서 가나안의 이방 신들을 두려워하지 말라고 말씀하셨는데, 이스라엘 백성은 그 말씀을 듣지 않았다는 것이다.

11절에서 여호와의 사자가 기드온에게 나타난다. 이 때 기드온은 힘들여 농사지은 밀을 미디안 사람들에게 빼앗기지 않으려고 밀타작 마당이 아닌 포도즙 짜는 곳에서 남몰래 숨어 밀을 타작하고 있었다. 이런 기드온을 하나님의 사자는 '큰 용사'라고 부른 다. 이는 한편으로 기드온이 앞으로 해야 할 일이 무엇인지를 암시하고, 다른 한편으로는 기드온을 격려하는 뜻을 담고 있다. 뒤이어 나오는 말, "여호와께서 너와 함께 계시도다"도 같은 뜻으로 이해할 수 있다.

그런데, 이 말을 들은 기드온은 13절에서 시큰둥한 반응을 보인다. 바로 앞에서 여호와의 사자가 기드온에게 "여호와께서 너와 함께 계시도다"고 한 말을 그대로 받아 기드온은 "여호와께서 우리와 함께 계신다면"이라고 한다. 그리한 뒤 지난날 조상들을 애굽에서 건져내주신 하나님이 지금은 이스라엘을 돌보시지 않고 어려운 가운데 그냥 내버려두신다고 불평하듯 말한다.

기드온의 이런 부정적인 반응에 아랑곳하지 않고 14절에서 하나님은 기드온에게 명령을 내리신다 - "여호와께서 그를 향하여 이르시되 너는 가서 이 너의 힘으로 이스라엘을 미디안의 손에서 구원하라 내가 너를 보낸 것이 아니냐 하시니라". 14절 앞부분을 히브리 본문의 짜임새를 살려 달리 번역하면, "이 너의 힘으로 가라! 그리고 이스라엘을 미디안의 손아귀에서 건져내라!" 정도로 할 수 있다.

하나님은 격려와 위로의 말을 받아들이지 못하는 기드온에게 '이 너의 힘으로' 가서 이스라엘을 미디안의 손아귀에서 건져내라고 명령하신다. 미디안 사람들의 눈을 피하느라 숨어서 밀타작하고, 또 여호와께서 너와 함께 계신다고 하나님의 사자가 일러주어도 오히려 빈정대듯이 대꾸하는 기드온에게, 도대체 무슨 힘이 있다고 "이 너의 힘으로 가라"고 하나님은 말씀하셨는가? 그렇지만 이 또한 기드온을 격려하는 말씀으로 읽을 수 있다. 그러니까, "기드온아, 그래도 네게 있는 힘, 네가 가진 힘, 네가 할 수 있는 것을 가지고 나서 보아라. 나머지는 내가 다 이루어줄 테니, 아무 걱정 말고 너는 네 힘껏 하기만 하면 된다"라는 하나님의 심정이 이렇게 표현된 것으로 이해할 만하다.

"내가 너를 보낸 것이 아니냐"는 "내가 너를 보내노라"는 뜻을 강하게 드러내는 표현이다. 하나님은 이렇게 기드온을 이스라엘의 구원자로 불러 보내신다.

내가 너를 보낸다는 하나님의 말씀을 물리치기 어려워진 기드온은 15절에서 먼저 "내가 무엇으로 이스라엘을 구원하리이까?"라고 하나님께 여쭌다. 앞에서 하나님이 '이 네 힘으로' 가서 이스라엘을 구원하라고 하시자, "하나님이 말씀하시는 '그 제 힘'이 도대체 무엇입니까? 그런 힘이 어찌 제게 있단 말입니까?"라는 식으로 되물은 것이다. 그리고는 자신의 출신 집안과 자기 자신이 보잘것없다고 아뢰는데, 이 말은 오히려 외적의 침략과 억압에 직면한 기드온이 자신이 무능함을 얼마나 깊이 느끼고 있었는지를 드러내 보여준다.

기드온이 이렇게 소극적으로 반응하는 데도 16절에서 하나님은 오히려 약속과 격려의 말씀을 기드온에게 들려주신다 - "여호와께서 그에게 이르시되 내가 반드시 너와 함께 하리니 네가 미디안 사람 치기를 한 사람을 치듯 하리라 하시니라." 이미 앞서 12절에서 여호와의 사자가 기드온에게 "여호와께서 너와 함께 계시도다"라고 말한 적이 있지만, 히브리 본문을 보면, 여기서는 그보다도 훨씬 강하게 표현되어 있다. 그 문장의 뜻을 따라 풀어 옮긴다면, "다른 이가 아니라 바로 내가 너와 함께 활동하리라, 일하리라, 움직이리라"고까지 이해할 수 있는 표현이다.

뒤이어 하나님은 바로 그 때문에 기드온이 미디안 사람들을 아주 쉽게 거뜬히 이길 수 있으리라 하신다. 승리를 보장해 주시겠다는 말씀이다.

더 이상 하나님의 부르심을 거스를 수 없게 된 기드온은 17절과 18절 앞부분에서 자기를 이스라엘의 구원자로 부르시는 이에 대한 확신을 뒷받침할 표징을 구한다. 예물을 드릴 테니 표징을 보여달라는 기드온의 요구를 18절 뒷부분에서 하나님이 들어 주신다. 19-21절에서는 기드온이 준비한 고기와 국과 떡, 무교병을 하나님의 사자가 시키는 대로 바위 위에 놓자, 여호와의 사자는 그것들의 끝에 지팡이를 내밀었고, 그 순간 불이 나와 그것들을 다 태운다. 그리고 여호와의 사자를 더는 볼 수 없었다.

이에 놀란 기드온은 22절에서 두려움을 드러낸다. "기드온이 그가 여호와의 사자인 줄을 알았다"는 것으로 보면, 이때까지 기드온은 상대방이 누구인지 확실히 알지 못했던 것으로 보인다. 뒤이어 기드온이 놀라서 내뱉은 말의 밑바닥에는 하나님을 대신하는 하나님의 사자라도 그를 직접 눈으로 본 사람은 목숨을 잃는다는 생각이 깔려 있다.

23절에서 하나님은 기드온을 안심시키신다. 여기서 "너는 안심하라"로 옮긴 히브리 표현을 직역하면 "너에게 평화(히브리말로 〈샬롬〉)가 있도다." 정도가 된다. 그러니까 네게 아무런 해가 닥치지 않고 괜찮으리니 염려하지 말라는 뜻으로 이렇게 말씀하신 것이다.

24절에서 기드온은 하나님께 제단을 쌓고 그 제단에 여호와살롬이라는 이름을 붙인다. 여호와 살롬은 "여호와는 평화이시도다"를 뜻한다. 제단을 이렇게 부른 것은 앞서 "너는 안심하라", 곧 "너에게 평화가 있도다"고 한 것과 관련 있다.

이처럼 사사기 6장 1-24절에서는, 하나님이 자기를 이스라엘의 구원자로 보내려고 부르시자 놀라 당황하고 어쩔 줄 몰라 하며 물러서려고만 하는 기드온과 그를 계속 격려하시고 그가 구하는 표징을 보여주셔서 마침내 그를 당신의 일꾼으로 삼으신 하나님 사이에 벌어진 일을 보여준다. 이 전체 과정을 이끌어 가시는 이는 하나님이시고 기드온은 그 하나님께 이끌리어 간다.

2

사사기 6장 1-24절에서 무엇보다도 두드러지는 것은 하나님이 약한 기드온을 이스라엘의 구원자로 부르셨다는 사실이다. 기드온을 흔히 믿음의 용사라고 하지만(히 11:32 참고), 앞서 살펴본 대로, 본문에서 묘사하는 기드온은 겁이 많고 믿음이 모자라는 사람이다.

미디안 사람들을 두려워하여 숨어서 타작하다가 여호와의 천사가 나타나 "큰 용사여 여호와께서 너와 함께 계시도다"하면서 말을 걸어오자, 기드온은 오히려 하나님께 불평과 원망을 쏟아 놓았다. 하나님이 그를 이스라엘의 구원자로 보내시므로 힘껏 나서라 하셨지만, 기드온은 자신의 무능함을 깊이 의식하여 그 부르심을 받아들이지 못했다.

하나님이 함께 하셔서 적을 너끈히 물리치게 되리라 하셨지만, 기드온은 하나님께 표징을 구했다. 자신의 구한 표징을 하나님이 보여주시자, 기드온은 그때서야 자신이 하나님의 사자를 본 줄 깨닫고 목숨을 잃을까 불안해했다. 이런 기드온을 하나님이 안심시키시자 기드온은 여호와를 위해 제단을 쌓았다.

그 뒤에 이어지는 이야기에서도 기드온은 한동안 그리 신통한 모습을 보이지 않는다.

6장 25-26절에 보면, 바로 그 날 밤, 그러니까 기드온이 여호와살롬이라는 이름의 제단을 쌓은 그 날 밤에 기드온은 자기 아버지에게 있는 우상들을 쳐부수고 그 나무로 산성 꼭대기에서 번제를 드리라는 명령을 하나님께 받는다.

그 명령을 기드온이 따르기는 했으나, 27절에 보면 가문과 성읍 사람들을 두려워하여 그 일을 감히 낮에 행하지 못하고 밤에 했다. 다음 날 아침에 이 일이 드러나 마을 사람들이 그 범인을 찾아 죽이려 하자, 기드온의 아버지가 나서서 아들을 변호해 주어야 했다.

33-35절에서는 기드온이 하나님의 영에 사로잡혀 군대를 모은 과정을 알 수 있다. 33절에서는 침략군들이 이스르엘 골짜기에 나타나 진을 친 모습을 보여준다. 그런 위협적인 상황에서, 여호와의 영이 기드온에게 임하셨고 이에 기드온이 나팔을 불자 우선 기드온의 출신 가문인 아비에셀 가문 사람들이 기드온을 뒤따른다. 뒤이어 기드온은 심부름꾼들을 자기 출신 지파와 이웃 지파들에게로 보내어 사람들을 모은다.

그렇게 모인 사람들의 수가, 나중에 7장을 보면, 삼만 이천이다. 이 만큼의 군사라도 모아 이끌고 있는 기드온의 모습은 바로 앞까지 그가 보여주었던 모습과는 크게 다르다. 이제 기드온은 제법 지도자다운 모습을 갖춘 셈이다.

그런데 이러한 변화의 원동력은 기드온 자신에게 있었던 것이 아니라 그에게 임한 여호와의 영에 있음을 지나쳐 볼 수 없다. 34절 앞부분이 이를 알려준다 - "여호와의 영이 기드온에게 임하니." 이 부분을 히브리 본문에서 직역하면, "여호와의 영이 기드온을 옷 입혔다."가 된다. 기드온은 성령의 두루마기를 입은 셈이다. 이는 하나님의 영이 기드온을 사로잡았음을 뜻한다.

이처럼 하나님의 영에 사로잡혀 상당한 수의 군사를 모아놓고서도,

기드온은 36-40절에서 머뭇거린다. 그리하여 정말 내가 내 손으로 이스라엘을 구해낼 사람이 틀림없다는 사실을 하나님이 특별한 증거를 보여 확인시켜 주시기를 하나님께 요청한다. 기드온은 하나님의 부르심을 따라 나선 마당에서조차 다시 하나님께 두 번씩이나 증거를 구했다. 요구한 증거를 확인하고서야 기드온은 7장에서 적군과 싸우려고 진을 친다. 자신을 이스라엘의 구원자로 보내시는 하나님의 뜻을 이제는 더 이상 거스를 수 없게 된 것이다.

3

이처럼 삿 6장에서 기드온을 부르신 하나님은 약한 사람을 불러 크게 쓰시는 하나님이시다. 여기서 하나님이 이스라엘의 구원자로 불러 보내신 인물은 믿음의 용사 기드온이 아니라 겁 많고 소심하고 우유부단한 기드온이었다. 이리하여 여기서 우리가 만나 뵙는 하나님은, 잘 준비된, 믿음이 강한 자를 불러 쓰시는 하나님이 아니다. 아무런 준비도 되어 있지 않고 믿음도 약한 자를 불러 쓰시는 하나님이다. 사사기 6장을 이렇게 읽으면, 고린도전서 1장 26-29절 말씀이 생각난다.

바로 이 점이 오늘 그리스도인들에게도 큰 격려와 위로의 말씀이 된다. 물론 우리는 우리 나름대로 하나님이 잘 쓰실 수 있도록 열심히 우리 자신을 다듬어야 하겠지만, 잘 준비되고 믿음 좋은 사람만 하나님이 불러 쓰신다면, 그렇게 잘 준비되고 믿음 좋은 사람이라는 평가를 받을 사람이 우리 가운데 얼마나 될까? 또 그렇게 평가받아 하나님께 부름받는다면, 그만 내가 잘 나서, 내가 준비를 잘 해서, 내 믿음이 좋아서 하나님이 나를 부르셨다고 은근히 뽐내고 싶은 마음이 생기지 않을까? 하나님의 부르심은 더 이상 은혜의 사건이 아니라 내 노력을 보상해 주고 내 공적에 걸맞는 마땅한 댓가로 떨어지고 말지 않을까? 또한 부르심을 따라 일하며 살아갈 때, 그저 내가 힘쓴 것, 내가 준비한 것, 내가 믿는 것에 계속 기대려 하지 않을까?

이와는 거꾸로, 나 나름대로 하노라고 했지만, 잘 믿어보려고 애쓰노라고 했지만, 여전히 준비가 잘 안 되고 믿음도 형편없는데, 그런 나를 하나님이 당신의 일꾼으로 부르셨음을 깨달을 때, 그 부르심이야말로 감격적이고 감동적인 사건이 아닐 수 없다. 하나님의 큰 은혜라 하지 아니할 수 없다. 그리하여 오로지 감사하며 그 하나님만 의지하며 나아가기를 거듭 거듭 다짐하며 겸손히 주님을 따라 나아가지 않을까? 아니, 우리 가운데 그 누가, 이 세상에 어느 누구가 나야말로 하나님이 나를 부르시지 않을 수 없을 만큼 잘 준비되고 믿음이 좋은 사람이라고 감히 나설 수 있을까?

4

이렇게 연약한 기드온을 불러 이스라엘의 구원자로 쓰시는 하나님은 또한 사람의 힘을 의지하지 말고 하나님만 의지하여 구원을 이룰 것을 기드온에게 가르치셨다. 그 내용을 7장에서 읽을 수 있다.

적들과 싸우겠다고 자기에게 모여든 사람들을 거느리고 미디안 진영 맞은쪽에 진을 친 기드온에게 2-3절 전반절에서 하나님이 우선 "너를 따르는 백성이 너무 많다"고 하신다. "메뚜기의 많은 수와 같고 그들의 낙타의 수가 많아 해변의 모래가 많음 같"은(12절) 적군에 견주어 볼 때 삼만 이천(3절)은 그야말로 아주 적은 수이다. 그런데도 하나님은 이를 '너무 많다'고 하신다.

그리하면서, 그렇게 많은 군사가 싸우러 나가면, 그 싸움에서 이기게 해 주시지 않겠다고 하신다. 그렇게 말씀하시는 까닭이 중요하다 - "너희 32000명이 나가 싸워 이기면, 너희가 강해서 1당 100, 1당 1000

으로 잘 싸워서 이겼다고 뽐내지 않겠느냐? 우리 힘으로 적들을 물리쳤다고 자랑하지 않겠느냐? 그것은 내 뜻이 아니니라. 이 싸움은 내가 이기게 해 줄 싸움이니라 ...” 앞 6장 14절에서 기드온에게 “이 너의 힘으로 가서 구원하라”고 하신 말씀은 낙심하고 좌절하여 자기는 아무 일도 하지 않고 두 손 동개고 앉아 있으면서 그저 하나님이 알아서 다 해 주시기를 바라는 기드온을 격려하는 말씀이라면, 이제 싸움터에 나와 있는 기드온에게 “내 손이 나를 구원하였다”고 오해하는 일이 없도록 하시겠다는 말씀은, 싸움터의 승리는 근본적으로 하나님께로부터 비롯됨을 잊지 말라는 뜻을 지닌다.

이리하여 모인 32000명 가운데 싸움터에 나오긴 했으나 속으로는 두려워 떨고 있는 사람들 22000명이 돌아가고 10000명만 남는다. 이 순간 하나님은 기드온뿐만 아니라 기드온을 따라 나온 사람들에게까지 하나님 당신에 대해 굳센 믿음을 품기 바라신 것으로 보인다.

하나님의 부르심에 대해 기드온이 거듭 거듭 표징을 요구했다면, 이제 하나님은 다시 한 번 기드온에게 철저히 하나님만을 의지할 것을 요구하신다. 4절에서 “백성이 아직도 많다”고 하신 것이다. 그리하시면서 이 10000명 가운데 누구를 데리고 갈지를 하나님이 몸소 알려주시겠다고 하신다.

그 두 번째 선별과정에서 남은 군사의 수가 300명이다. 이제 이 300명으로 기드온은 하나님이 이루시는 구원의 역사에 참여하게 된다. 7장 나머지 내용에서 이를 알 수 있다.

그 과정을 통틀어 보면, 사실 전쟁은 하나님이 미리 다 이겨 놓으시고, 기드온과 그의 300명 군사는 그저 하나님이 이루어놓으신 승리의 열매만 줍는다. 하나님은 당신이 몸소 이루시는 승리에 기드온과 300명의 이스라엘 사람이 약간의 전술을 쓰면서 참여할 수 있게 해 주신다. 기드온 일행은 하나님의 승리를 목격하는 영광을 누린다.

하나님은 홀로서도 넉넉히 미디안을 물리쳐 주실 수도 있었는데, 굳이 기드온과 300명의 이스라엘 사람들을 그 승리의 과정에 불러들이신다. 하나님은 기드온과 그 300명의 군사가 하나님만 의지하고 나아갈 때, 그들의 보잘것없는 힘을 이스라엘 구원이라는 큰일에 쓰신 것이다.

하나님은 예나 지금이나 보잘것없는 사람들을 불러 하나님만 의지하게 하심으로써 그들의 약한 힘을 크게 쓰신다. 따라서 오늘 우리가 대단한 사람이 되지 못하고 우리와 함께 하나님을 위해 나서는 사람들의 수가 적고 그 힘이 변변찮더라도 낙심하거나 의기소침하여 기죽을 필요가 없다. 우리가 약하면 약할수록 하나님은 강하게 쓰시고, 우리의 적은 힘을 통해 하나님은 크게 일하시기 때문이다.

고린도후서 12장 9절에서 바울이 고백한 바처럼, 우리가 약해야 하나님의 능력이 우리에게 머문다. 스스로 강하다고 생각하는 사람에게는 하나님의 능력이 작용할 여지가 적다.

우리가 믿고 따르는 하나님, 오늘도 우리에게 말씀하시는 하나님이 살아 계셔서 이 세상을 다스리시니, 또 그 하나님이 보잘것없는 우리의 적은 힘을 크게 쓰시니, 우리는 매일 매일 그 하나님만 굳게 의지하면서, 하나님의 뜻이 이 땅에 이루어지는데 동참할 수 있다.

우리가 할 수 있는 대로, 조금씩이라도 어제보다 오늘이 조금이라도 더 나아지도록 우리 자신과 우리가 속한 가정, 학교, 교회, 교단, 지역사회, 세계를 하나님 뜻에 맞추어 더 낫게 만들어 갈 수 있다.

그런 뜻을 지닌 사람들을 찾아 서로 격려하고 서로 위해 기도하며 힘을 모아 하나님의 일을 해나갈 수 있다.

5

사사기 6-7장에서 오늘의 그리스도인들은 또한 "너희의 이스라엘을 구원하도록 내 너희를 보내노라"는 하나님의 음성을 듣는다. 하나님은 오늘 우리더러 '우리의' 이스라엘을 구원하도록 우리를 보내신다. 우리의 '이스라엘'은 새 언약 백성인 교회 공동체이다.

그런데 그 교회는 하나님을 거스르다 이런저런 어려움을 겪고 있는 교회이다. 한 마디로 교회답지 못한 교회, 세속의 물결에 휩쓸려 막 떠내려가고 있는 교회이다. 세상의 빛이 되어야 할 교회가 오히려 세상의 어둠이 되어버리지는 않았는가? 교회가 세상을 바로잡아 가야 할 텐데, 세상이 교회를 바로잡아 주려는 지경에 이르지는 않았는가?

하나님은 우리더러 이런 교회부터 죄의 억압에서 건져내라고 말씀하신다. 이리하여 온 누리를 살리시려는 주님의 부르심에 응답하는 우리들은 교회를 교회답지 못하게 하는 온갖 위협과 박해에서 우리의 신앙 공동체를 건져내라는 주님의 부르심에도 응답하지 아니할 수 없다.

6

'이 너의 힘으로' - 하나님은 굳이 '이 우리의 힘으로' 교회 구원의 큰 일을 이루시려고 한다. 그리하여 그 길로 우리를 부르신다. 오직 하나님만 굳게 의지하라고 격려하신다. 이제 모든 그리스도인들은 그 부르심을 따라 하나님을 끝까지 굳게 의지하여 하나님이 이루시는 놀라운 구원의 역사에 동참하기로 굳게 다짐하고 용감하게 나아갈 수 있다.

열왕기상 18장 21-40절
("여호와 그는 하나님이시로다")

이 글은 김종렬 엮음, 『교회력에 따른 2005 예배와 강단』(서울: 목회교육연구원, 2004), 738-743쪽에 실린 10월 31일 종교개혁주일 원고의 앞부분〔'I. 본문의 상황과 내용(본문해설)'〕의 초고입니다. 뒷부분〔'II. 오늘의 상황과 본문 적용(설교구성)'〕은 호남신학대학교 홍지훈 교수님이 쓰셨습니다. 이 글에서는 개역성경을 따라 하나님의 이름을 '여호와'로 씁니다.

차례

1. 본문의 상황과 배경
2. 본문의 구조와 내용
3. 설교 구성을 위한 제안

1. 본문의 상황과 배경

여호와와 바알 가운데 누가 참 하나님인가 하는 문제를 두고 예언자 엘리야가 갈멜 산에서 홀로 바알 예언자 450명과 다투어 이들을 물리친 이야기가 담긴 본문은 주전 9세기 중반의 북왕국 이스라엘을 무대로 삼고 있다. 하나님 백성의 나라 이스라엘은 사울과 다윗과 솔로몬이 차례로 왕으로 다스린 통일 왕국을 거쳐 주전 10세기 후반에 북왕국 이스라엘과 남왕국 유다의 둘로 나누어진다. 북왕국을 세운 여로보암은 북왕국 사람들이 여호와께 예배하러 남왕국의 수도 예루살렘으로 가지 않게 하려고 남북왕국의 경계선에 있던 벧엘과 북쪽 맨 끝의 단에 금송아지를 만들어 두고 성소로 삼았다. 이것을 열왕기상하에서는 북왕국의 원죄처럼 여겨 북왕국 역대 통치자들의 잘못을 지적할 때마다 그들이 여로보암을 따랐다고 한다(왕상 15:26, 34; 16:26, 31; 22:52; 왕하 3:1; 13:2, 11; 14:24; 15:9, 18, 24, 28).

엘리야가 살던 때에 북왕국 왕이었던 아합은 북왕국에서 두 번째로 정변을 일으켜 왕권을 잡아 새 왕조를 세웠을 뿐만 아니라 사마리아를 새 도읍지로 건설한 오므리(왕상 16:16-28)의 아들이다. 아합은 이스라엘 북쪽 지중해안의 도시 국가 시돈의 왕가 출신인 이세벨을 왕비로 맞아들이면서 수도 사마리아에 바알 사당과 제단을 만들고 아세라 목상을 만들어 둔다. 이로써 아합은 북서쪽의 이웃나라와 인척관계를 맺어 한편으로는 정치적인 안정을, 다른 한편으로는 교역을 통한 경제적인 부흥을 꾀한 것으로 보인다.

그렇지만, 그렇게 한 결과로 이스라엘 땅에는 가나안 우상 숭배가 국가 정책의 차원에서 본격적으로 행해지게 되었고(왕상 16:31-33), 여호와 숭배자들은 박해 받게 되었다(왕상 18:4). 열왕기상 18장 19절에서 '이세벨의 상에서 먹는 바알의 선지자가 사백오십 명과 아세라의 선지자 사백 명'이라고 한 점만 보더라도 이방 종교가 급속히 퍼져나가게 된 사실을 어렵지 않게 짐작할 수 있다.

바알 종교는 가나안 토속 신앙으로서 필요할 때 비를 내리는 등으로 많은 생산을 보장해주는 신으로 바알을 섬기는 종교였는데, 지역마다 그 나름대로 섬기던 바알이 따로 있었다. 세겜의 바알브릿(삿 8:33; 9:4), 브올의 바알(민 25:3-5), 에그론의 바알세붑(왕하 1:2), 시돈의 바알(왕상 16:31)이 그런 보기이다.

바알이라는 히브리 낱말은 본디 '주인', '임자', '남편'을 뜻한다. 구약성경에서 가나안 사람들이 섬기던 신을 가리키는 말로 쓰이는 바알은 이미 민수기 22장 41절에 나오고 사사기에는 여러 번(2:11,13; 3:7

등) 나온다. 한편 아세라는 페니키아 지역에 뿌리를 둔 다산과 식물의 여신으로 이스라엘에 들어와서는 바알의 짝으로 통했다(삿 3:7; 왕상 18:19 등).

이스라엘의 바알 숭배는, 이스라엘을 애굽의 종살이에서 건져내어 광야를 거쳐 가나안 땅에 들어오게 하신 이는 여호와 하나님이지만, 가나안에 들어와 많은 생산을 보장받으면서 살려면 그 여호와보다는 가나안의 신들을 섬겨야 하리라는 생각에서 비롯된 것으로 보인다.

또한 아합은 사마리아 왕권을 강화하는 과정에서 나봇의 경우에 잘 드러나듯이(왕상 21장), 조상 대대로 내려오던 관습을 깨뜨리며 무고한 시민을 죽이고 재산을 빼앗는 등 못된 짓을 한다.

2. 본문의 구조와 내용

본문은 신명기 정신을 따라 이스라엘 왕정기의 역사를 기록한 열왕기상하 곳곳에 들어 있는 예언자 관련 이야기의 한 부분을 차지한다. 이런 본문은 예언자가 선포한 예언을 주로 모아 둔 예언서, 곧 이사야, 예레미야 등과는 그 문학 형식이 다르다. 곧 예언자가 말한 바를 알리기보다는 예언자가 겪은 바에 대한 내용이 중심을 이룬다. 예언자의 말은 사건의 한 부분을 이룰 따름이다.

18장 21-40절은 엘리야가 갈멜 산에 모인 이스라엘 백성에게 한 첫 말이 담긴 21-22절, 백성 앞에서 예언자들끼리 ‘시합’하자고 제안하는 23-24절, 바알의 선지자들에게 먼저 응답을 구하라 하여 이들이 그리했지만 아무런 결과가 없었음을 알려주는 25-29절, 백성 앞에서 하나님의 응답을 받아내고 그에 대한 백성의 반응과 엘리야가 바알 선지자를 처치한 장면을 묘사하는 30-40절의 네 부분으로 나눌 수 있다.

본문의 흐름을 이끌어 가는 것은 21-22절, 23-24절, 25절, 27절, 30절, 33절, 34절, 36-37절에 들어 있는 엘리야의 말이다.

엘리야는 백성들에게 결단을 촉구하고, 시합을 제안하고, 온종일 애써도 응답받지 못하는 바알 선지자들을 조롱하고, 백성을 불러, 자기가 마련한 제물 위에 물을 세 번씩이라 부으라 하고, 하나님께 기도하였다. 그뿐만 아니라 엘리야가 여호와의 제단을 새로 세우고 제물을 벌여 놓고 응답받을 준비하는 장면도 30-35절에서 자세히 묘사한다.

이와는 달리 바알 예언자들의 말은 단 한 번 26절에 바알에게 기도하는 말만 나오고, 그 대신에 응답을 얻기 위해 몸부림치는 모습을 26절, 28-29절에서 간단히 묘사한다.

갈멜 산에 모인 이스라엘 백성은 엘리야가 결단을 촉구하는 말에 처음 21절에서는 아무 대답도 하지 않다가, 엘리야가 시합을 제안하자 24절에서 그 제안에 동의하고, 마침내 하나님의 응답으로 불이 엘리야의 제물 위에 내리자 39절에서 "여호와 그는 하나님이시로다 여호와 그는 하나님이시로다"라고 소리친다.

이리하여 본문에서는 혼자이지만 여호와가 참 하나님이심을 드러내기 위해서 적극적으로 나서서 분명히 말하고 용감하게 행동하여 단번에 하나님의 응답을 받는 엘리야의 모습과 450명이나 되고 온종일 힘썼으면서도 무능한 것으로 드러나 마침내 목숨을 잃는 바알 예언자들의 모습을 극명하게 대조시킨다.

이 두 쪽 사이에 어정쩡하게 서 있던 이스라엘 백성은 사태의 추이를 따라 점점 엘리야 쪽으로 다가서다가 마지막에는 여호와가 참 하나님이심을 고백하는 무리가 된다.

이런 방식으로 본문에서는 이방 종교가 엘리야 당시에 왕가의 후원을 받으면서 큰 세력을 떨쳐 일반 백성들에게도 큰 호응을 받고 있었지만, 그 종교의 지도자 수백 명이 여호와 하나님의 참된 일꾼 한 사람 곧 예언자 엘리야를 이겨내지 못함을 똑똑히 보여주고, 마침내 어리석은 백성도 이를 통해 여호와가 참 하나님이심을 깨닫고 고백하게 한다.

그 고백 "여호와 그가 하나님이시로다"를 히브리 문장으로 읽으면, 이는 "여호와 다른 이 아닌 그 이야말로 참 하나님이십니다." 라는 강한 뜻을 띤다. 이 말로 이스라엘 백성은, 앞서 21절에서 엘리야가 당시 이스라엘 백성에게 결단을 촉구하며 "너희가 어느 때까지 둘 사이에서 머뭇머뭇 하려느냐 여호와가 만일 하나님이면 그를 따르고 바알이 만일 하나님이면 그를 따를지니라"라고 한 말에 이제서야 제대로 응답한 셈이다.

본문에서 중요한 것은 엘리야의 위대함이라기보다는 엘리야를 통해 당신이야말로 이스라엘의 참 하나님이심을 드러내시는 하나님이시고, 그런 하나님에 대한 신앙을 이스라엘 백성이 새롭게 회복해야 한다는 사실이다.

3. 설교 구성을 위한 제안

설교자는 본문을 근거로 엘리야라는 위대한 인물에 대한 일화를 옛날 이야기처럼 들려주기보다는 앞서 언급한 바처럼 북왕국 이스라엘의 역사라는 큰 틀에서 본문이 차지하는 자리를 먼저 청중에게 간단히 밝힐 필요가 있다. 그리해야, 위에서 언급한 대로 본문이 본디 말하고자 하는 바가 무엇인지를 제대로 전달할 수 있다.

설교자가 청중의 결단을 촉구하려면, "어느 때까지 머뭇머뭇 하려느냐"를 제목으로 삼을 수 있고, 청중의 고백을 유도하려면 "여호와 그는 하나님이시로다"를 제목으로 삼으면 좋다.

설교에서 다룰 중요한 내용으로 다음 몇 가지를 생각해 볼 수 있다.

첫째, 조상 적부터 하나님이 베푸신 놀라운 구원의 사건들을 경험한 이스라엘 백성이 쉽게 이방 종교에 기울어졌듯이, 오늘 예수 그리스도를 통해 엄청난 은혜를 경험한 그리스도인들의 공동체인 교회도 올바른 믿음의 길에서 벗어나기가 쉽다. 이 점에서 설교자는 "두렵고 떨림으로 너희 구원을 이루라"는 말씀이 들어 있는 빌립보서 2장 12절처럼 신약 성경에서 구원받은 성도들이 늘 스스로를 삼가고 조심해야 함을 가르치는 말씀들을 곁들여 인용하면 좋다.

둘째, 많은 생산을 보장받으려 하다 보면, 이 세상을 지으시고 다스리시는 하나님보다 우선 눈앞에 이익을 보장해 주는 잘못된 생각이나 움직임이나 지도자나 모임을 하나님처럼 좇고 섬기는 잘못을 저지르게 된다. 이스라엘의 바알 숭배를 오늘의 상황에 맞게 바꾸어 말한다면, 생산제일주의, 경제제일주의, 성공제일주의라 할 수 있다. 개인, 가정, 교회, 나라 할 것없이 살아가기가 팍팍해지면 경제를 살려야 한다고들 하지만, 그 경제의 주이신 하나님을 제쳐 놓고 경제만 추구하는 것은 현대판 바알 숭배라 하지 아니할 수 없다. 여기서도 설교자는 "너희가 하나님과 재물을 겸하여 섬기지 못하느니라"는 말씀이 들어 있는 마태복음 6장 24절이나 그같은 내용의 신약 말씀도 언급할 수 있다.

셋째, 엘리야 한 사람과 맞섰던 바알 예언자들의 수가 450이었듯이, 잘못된 흐름에 편승하여 자신을 이익을 도모하는 종교인들의 수가 오늘에도 하나님의 참된 일꾼들의 수보다 훨씬 더 많을 수 있다. 그런 만큼, 일반 그리스도인들은 많은 수가 있다고 해서 무조건 그 쪽으로 따르기보다는 실제로 어느 쪽이 하나님을 바르게 섬기고 있는가를 따져보고 알아차릴 수 있어야 한다. 여기서 설교자는 한편으로 거짓 예언자들의 문제를 제기하는 여러 구약 본문(렘 23:9-40; 겔 13장 등)과 연결시켜 말할 수 있고, 다른 한편으로는 빌립보서 3장 18-19절에서 바울이, 땅의 일을 생각하며 그리스도 십자가의 원수로 행한다고 한탄하며 지적하는 인물들이 오늘 교회 안에 있을 수 있다는 점도 청중들에게 상기시킬 수 있다.

넷째, 혼자라 할지라도 바르게 하나님을 섬기면 무서운 세력으로 위협하는, 거짓된 사람들을 넉넉히 물리치도록 하나님이 도우신다.

한 가지 조심할 것이 있다. 다름 아니라, 엘리야가 바알 예언자들을 기손 시내에서 다 죽이는 내용이 본문 끝에 나오는데, 이것을 오늘 그대로 적용할 수는 없다는 점이다. 이는 당시 이스라엘이라는 특수한 상황과 관련이 있으므로, 시대적인 제한성을 띠기 때문이다.

시 122편 (“여호와의 지파들이”)

이 글은 「교회와 신학」 제67호(2006년 겨울), 76-84쪽(‘설교를 위한 성경연구’)에 특집 주제, “셀 목회, 무엇이 문제인가?”에 맞추어 써낸 글의 초고입니다.

차례

1. 들어가는 말
2. 본문과 한글 번역의 문제
(1) 본문
(2) 한글 번역의 문제
3. 본문의 짜임새와 흐름
4. 본문의 표현 형식과 중심 낱말
5. 단락별 풀이
(1) 표제: 〔다윗의 시 곧 성전에 올라가는 노래〕
(2) 순례 떠날 때의 기쁨 회상(1절)
(3) 예루살렘 도착 인사(2절)
(4) 예루살렘 찬양(3-5절)
(5) 축복의 기원(6-9절)
6. 설교를 준비할 때 생각할 본문의 가르침

1. 들어가는 말

시편 122편에서는 옛 이스라엘에서 예배하러 예루살렘으로 모여드는 하나님 백성의 모습을 엿볼 수 있다. 그 백성을 가리켜 4절에서는 ‘지파들 곧 여호와의 지파들’이라고 한다. 이제 이 구절에서 ‘여호와의 지파들'이라는 표현을 따서 시 122편 연구의 제목으로 삼고, 이 시편이 오늘 그리스도의 교회에 주는 가르침에 함께 귀 기울여 보기로 한다.

2. 본문과 한글 번역의 문제

(1) 본문

아래에서는 왼쪽에 개역개정판 번역을 옮겨 적고 오른쪽에는 우리말로는 다소 어색하더라도 히브리어 본문의 어순과 분위기를 최대로 살리면서 직역에 가깝게 사역(私譯)한 것을 적기로 한다.

〔다윗의 시	1올라감의 노래, 다윗에게
곧 성전에 올라가는 노래〕	
1사람이 내게 말하기를	나 기뻤네,
여호와의 집에	사람들이 내게 말할 때에
올라가자 할 때에	"야훼의 집으로 우리가
내가 기뻐하였도다	가리라."라고!
2예루살렘아 우리 발이	2우리 발이 서 있게 되었구나,
네 성문 안에 섰도다	네 성문들에, 예루살렘아!
3예루살렘아 너는 잘 짜여진	3예루살렘아, 건설되었구나,
성읍과 같이 건설되었도다	짜임새 있는 성읍처럼!
4지파들 곧 여호와의 지파들이	4그리로 올라왔네,
여호와의 이름에 감사하려고	지파들, 야훼의 지파들이
이스라엘의 전례대로	이스라엘의 법도를 따라
그리로 올라가는도다	야훼의 이름을 찬양하러!

5 거기에 심판의 보좌를 두셨으니	5 거기에 자리 잡았음이라,
곧 다윗의 집의 보좌로다	판결 보좌, 다윗 집의 보좌가!
6 예루살렘을 위하여	6 너희는 예루살렘의
평안을 구하라	평안을 구하라!
예루살렘을 사랑하는 자는	"널 사랑하는 자들은
형통하리로다	형통할지라!
7 네 성 안에는 평안이 있고	7 네 성벽 안에 평안 있을지라!
네 궁중에는	네 궁성에
형통함이 있을지어다	형통 있을지라!"
8 내가 내 형제와 친구를 위하여	8 내 형제들과 벗들을 위해
이제 말하리니	나 꼭 말하리,
네 가운데에 평안이 있을지어다	"네 안에 평안 있기를!"
9 여호와 우리 하나님의 집을 위하여	9 우리 하나님 야훼의 집을 위해
내가 너를 위하여	나 구하리,
복을 구하리로다	"네게 복 있기를!"

⑵ 한글 번역의 문제

개역개정판에서는 개역한글판과 마찬가지로 첫머리 표제('다윗의 시 곧 성전에 올라가는 노래')는 1절 안에 넣지 않고 따로 빼내어 괄호 안에 적었다. 또 히브리어 본문에서는 이 표제에서 '시'와 '성전에'에 해당하는 낱말이 없다. '올라감'으로 옮긴 히브리 낱말은 복수형으로 되어 있다. '다윗에게'로 옮긴 히브리 낱말은 '다윗을 위해'나 '다윗의'로도 옮길 수 있다.

1절 개역개정판에서 “여호와의 집에 올라가자”로 옮긴 히브리어 문장에서는 ‘여호와의 집’을 술어동사보다 앞세워 강조한다. 또 ‘올라가자’로 옮긴 히브리 동사는 본디 ‘우리가 가려고 한다’, ‘우리가 가겠다’를 뜻한다.

히브리어 본문에서는 예루살렘이 2절에서는 맨 뒤에, 3절에서는 맨 앞에 나온다.

2절과 6-9절에서 예루살렘을 부르는 대명사인 ‘너’는 히브리어 본문에서 여성형이다. 이 점을 한글 번역에서는 살릴 길이 없다.

4절의 ‘그리로’가 히브리어 본문에서는 5절의 ‘거기서’와 마찬가지로 4절 첫머리에 오면서 강조된다.

6절 후반절-7절의 세 문장을 6절 전반절에서 말하는 것처럼 ‘너희’가 예루살렘의 평안을 빌어야 하는 말로 보는 것이 나으므로, 따옴표 안에 넣어 번역할 수 있다.

3. 본문의 짜임새와 흐름

(1) 표제를 제쳐놓고 본다면, 시 122편은 시인이 예루살렘으로 순례 나설 때의 기쁨을 회상하는 1절, 예루살렘에 막 다다라 건네는 인사말인 2절, 예루살렘을 찬양하는 말인 3-5절, 예루살렘의 복을 빌라고 요청하는 말인 6-9절의 네 부분으로 이루어져 있다.

3-5절은 다시 예루살렘의 겉모습을 보고 시인이 느끼는 바를 노래하는 3절과 예루살렘이 이스라엘의 삶에서 지니는 뜻을 생각하게 하는 4-5절의 둘로 나누어지고, 4-5절은 예루살렘이 이스라엘 온 백성의 예배중심지임을 말하는 4절과 정치중심지임을 말하는 5절로 이루어진다.

6-9절은 시인이 다시 동료 순례자들에게 예루살렘을 위해 복 빌라고 요청하는 6-7절과 시인이 직접 예루살렘의 복을 비는 8-9절의 둘로 나누어진다.

앞서 한글번역의 문제에서 다루었듯이, 6절 후반절과 7절은 동료 순례자들이 예루살렘을 위해 복을 빌 때 해야 할 말로 이해할 수 있는데, 이는 순례객들과 예루살렘 성벽과 궁성 각각을 두고 복을 비는 말인 6절 후반절과 7절 전반절과 7절 후반절의 세 부분으로 이루어진다.

(2) 순례의 시간을 두고 본문을 읽으면, 시 122편은 출발 직전의 상황을 말하는 1절에서 시작하여 예루살렘에 도착한 때의 감격을 노래하는 2절과 예루살렘 성을 돌아보면서 느끼고 생각하는 바를 말하는 3-5절을 거쳐 순례를 마치고 돌아가면서 기원하는 6-9절로 나아가는 마음으로 읽을 수 있다.

(3) 위 사역에서 드러내려고 한 것처럼, 히브리어 본문에서는 4절과 5절, 8절과 9절이 각각 서로 짝을 이룬다는 사실을 어렵지 않게 알아차릴 수 있다.

4. 본문의 표현 형식과 중심 낱말

(1) 이 시편에서 두드러지게 나타나는 것은 인용문이다. 1절의 "야훼의 집으로 우리가 가리라."(사역)은 시인이 살던 마을 사람들이 하던 말이고, 6절 후반절-7절("널 사랑하는 자들은 형통할지라! 네 성벽 안에 평안 있을지라! 형통 있을지라!"- 사역)는 시인의 권고를 받아 예루살렘에 복을 빌어야 할 동료 순례자들이 할 말이며, 8절의 "네 안에

평안 있기를!”(사역)과 9절의 “네게 복 있기를!”(사역)은 시인 스스로 하려는 말이다.

또한 시인은 2-3절, 6-9절에서 예루살렘이 마치 사람이나 되는 듯이 ‘너’라고 부르면서 그 예루살렘에게 직접 말을 건다.

⑵ 이 시편의 중심에는 예루살렘이 있다. 이 사실은 예루살렘이라는 이름이 세 번(2, 3, 6절)에 나올 뿐만 아니라 예루살렘을 가리키는 여성 ‘너’가 여섯 번(2, 6, 7전, 7후, 8, 9절)이나 쓰이고, 4절의 ‘그리로’와 5절의 ‘거기에’도 실제로는 예루살렘을 가리키는 말이라는 점에서 똑똑히 드러난다.

‘평안’이 3번(6, 7, 8절), ‘형통’이 1번(7절), ‘형통하다’가 1번(6절) 나오는데, 히브리어로는 각각 〈샬롬〉과 〈샬르와〉와 〈샬라〉이어서, 세 낱말이 서로 관련되어 있다. 이 〈샬롬〉은 사람의 삶이 개인적으로나 공동체적으로나, 또 육체적으로나 정신적으로나, 정치 사회 문화 교육 종교 그 어느 면에서도 이지러짐이나 모자람이 없이 온전한 상태를 뜻한다.

또한 예루살렘 성전을 가리키는 표현인 ‘야훼의 집’(사역)이 첫 절과 마지막 절에 나옴으로써 이스라엘 성전 중심 신앙을 인상 깊게 표현한다. 다른 한편으로 1절의 “야훼의 집으로 우리가 가리라.”(사역)와 4절의 “지파들 곧 여호와의 지파들이 … 그리로 올라가는도다”가 짝을 이루면서 예루살렘 순례를 표현한다.

이리하여 본문의 주제가 예루살렘의 평안을 바라는 사람들의 성전 순례임을 어렵지 않게 알아차릴 수 있다.

더 나아가서, 본문 1절과 8-9절의 ‘나’는 자신을 1-2절과 마지막 절의 ‘우리’에 속하는 존재임을 느끼면서, 6절의 ‘너희’를 8절에서는 ‘내 형제들’(사역)과 ‘내 벗들’(사역)로 여기는 것으로 보인다.

5. 단락별 풀이

⑴ 표제: 〔다윗의 시 곧 성전에 올라가는 노래〕

'성전에 올라가는 노래'로 옮긴 히브리어 표현은 시 120-134편의 열다섯 개의 시편에 붙어 있다. 그 뜻을 두고 여러 가지로 풀이하지만, 이스라엘 백성의 예루살렘 순례와 관련되는 노래를 가리키는 말로 보는 것이 무난하다. 그렇지만 이 열다섯 개 시편의 내용과 형식은 다양하며, 그 가운데서 순례시의 성격이 가장 두드러지게 나타나는 것이 바로 시 122편이다.

⑵ 순례 떠날 때의 기쁨 회상(1절)

"야훼의 집으로 우리가 가리라."(사역)는 사람들의 말을 듣고서 시인이 기뻐했다는 첫 마디 말에서 예루살렘 순례가 옛 이스라엘 사람에게 얼마나 중요했던가를 알 수 있다.

출애굽기 23장 17절에 따르면 이스라엘의 모든 남자는 한 해에 세 번 야훼께 보여야 했다. 이는 곧 예루살렘 순례를 암시하는데, 그 길이 옛 이스라엘 사람들에게는 어려운 경우가 많아 실제 순례의 기회를 잡기가 그리 쉽지 않았다. 이런 상황에서 시인은 이웃 사람들로부터 순례여행에 동참하도록 초청을 받은 것이다.

'기뻐하다'로 옮긴 히브리 동사 〈샤마흐〉는 구약성경에서 흔히 야훼 앞에서 예배하는 사람들이 겪는 감정을 표현한다(삼상 11:15; 왕하 11:20 등). 이런 기쁨은 예배자가 야훼 하나님께 선택받고 은혜 입은 백성의 한 사람으로서 예배 가운데 야훼 앞에서 누리는 공동체적인 기쁨이다. 이제 시인은 순례 동행에 초청받은 것만으로 이미 그 예배의 기쁨을 앞서 맛보았음을 회상한다.

⑶ 예루살렘 도착 인사(2절)

동료 순례자들과 기쁨으로 지나온 험한 길을 뒤로 하고 이제 시인은 예루살렘 성 문에 들어선 감회를 노래한다. 시인은 오랫동안 헤어져 있던 사람을 마침내 만나 인사하듯이, 예루살렘의 이름을 부르면서 예루살렘에게 말을 건넨다.

히브리어 본문에서는 먼저 “우리 발이 네 성문 안에 섰도다”라고 한 다음에 호격 ‘예루살렘아!’가 나온다. 이런 식으로 시인은 예루살렘 도착 사실 자체의 감격을 강조하는 듯하다.

⑷ 예루살렘 찬양(3-5절)

성문을 지나 성안에 들어선 순례자 시인의 눈에 들어온 것은 예루살렘의 아름다운 모습이다.

다시 한 번 예루살렘의 이름을 부른 시인은 예루살렘이 “잘 짜여진 성읍과 같이 건설되었도다.”라고 노래한다. 튼튼히 세워 놓은 성벽, 규모 있게 또 질서와 조화를 이루며 서 있는 성 안의 여러 건물들을 보면서 시인은 예루살렘을 칭송한다.

예루살렘의 모습이 실제로 아름답기도 했겠지만, 야훼 하나님이 건설하신 성(시 102:16; 51:18), 야훼 하나님이 계시는 성(시 48:1, 4

등)이 예루살렘이므로, 그 성읍은 시인에게 이 세상의 그 어느 성읍보다 아름다운 성읍으로 다가온다.

이 예루살렘이 이스라엘 사람들에게 얼마나 중요한가 생각하는 시인은 4-5절에서 이를 두 가지로 노래한다.

먼저 4절에서 시인은 예루살렘이 예배중심지임을 기억한다. 여기서 시인은 순례자들을 가리켜 '지파들 곧 여호와의 지파들'이라고 부른다. 구약성경 히브리어에서 '지파'라는 낱말은 보통 이스라엘이나 레위나 에브라임 등의 사람 이름과 함께 쓰인다. 그런데 여기서는 하나님의 이름 야훼를 붙여 씀으로써, 순례자들이 각자의 출신 지파, 혈통에 상관없이 야훼 이름 아래 하나로 모인 백성, 야훼께 속한 사람들이라는 점을 분명히 한다.

순례자들이 예루살렘에 모인 목적은 야훼의 이름을 찬양하는 데 있다. 야훼의 이름은 야훼의 현재, 임재를 뜻한다. 또, 개역개정판에서 '감사하다'로 옮긴 히브리 동사 〈호다〉는 '감사하다'는 뜻뿐만 아니라 '찬송하다'와 '고백하다'는 뜻도 지닌다. 이 세 가지 뜻 가운데 순례의 목적을 가장 잘 드러내 주는 것은 '찬송하다'이다. 야곱의 넷째 아들 이름인 '유다'를 창세기 29장 35절에서 야훼 찬송과 관련시켜 풀이하는 것도 이런 점에서 이해할 수 있다.

결국 순례자들이 예루살렘 성전에서 하는 예배는 야훼께서 이스라엘과 온 누리의 하나님으로 다스리심을 고백하고 야훼께서 이스라엘에 베푸신 갖가지 은혜를 기억하고 감사하며 그 야훼를 찬송하고 찬양하는 행위이다. 그런데 이처럼 야훼를 찬양하려고 순례하는 것은 '이스라엘의 전례'를 따름이다. 야훼께서 정해주신 법도를 따른 것이다.

다음으로 5절에서 시인은 야훼께서 예루살렘을 이스라엘 통치의 중심지를 삼으셨음을 기억한다. 야훼께서 '거기에' 곧 예루살렘에 '심판의 보좌' 곧 '다윗의 집의 보좌'를 두셨다!

보좌는 왕이 앉는 자리로 왕권을 상징한다. '심판'으로 옮긴 히브리 낱말 〈미쉬팟〉은 본디 '판가름하다'는 뜻의 동사에서 비롯되었는데, 여기서는 하나님의 뜻을 따라 하나님 백성의 공동체 안에 일어나는 여러 가지 다툼을 올바르게 판가름함을 가리킨다.

이리하여 이스라엘의 왕은 제 맘대로 백성을 부려먹을 수 있는 사람이 아니고 야훼의 뜻을 따라 하나님의 정의를 이루어야 할 책임을 진다. 그 일을 야훼께서는 '다윗의 집' 곧 다윗 왕조에 맡기셨다. 그리하여 야훼 하나님의 의로우신 다스림은 다윗 왕가를 통해서 예루살렘을 중심으로 이루어진다는 사실을 순례자 시인은 여기서 노래한다.

⑸ 축복의 기원(6-9절)

감격과 감동 가운데 예루살렘을 칭송하던 시인에게 이제 남은 일은 이토록 중요한 예루살렘을 위해 복을 비는 일이다. 먼저 시인은 6-7절에서 동료 순례자들에게 "예루살렘을 위하여 평안을 구하라!"고 권고한다.

앞서 본문의 표현 형식과 중심 낱말에서 살펴 본 바와 같이, 여기서 '평안'으로 옮긴 히브리 낱말 〈샬롬〉은 인간 실존의 모든 영역에서 누리는 구원과 완전함과 건전함의 상태를 가리키면서 현재와 미래의 안녕과 번영과 평화의 모든 것을 뭉뚱그리는 말이다. 야훼의 성전이 있고 다윗 왕가가 자리잡고 있는 예루살렘에 필요한 것은 바로 이 〈샬롬〉이요, 이 〈샬롬〉은 야훼만이 주시므로, 야훼께 예루살렘의 〈샬롬〉을 요청해야 한다.

그렇게 예루살렘의 〈샬롬〉을 구하는 사람들도 시인처럼 예루살렘을 여성 '너'로 부르며 예루살렘에게 말을 건네는 방식으로 복을 빌 수 있다. “널 사랑하는 자들은 형통할지라!”(사역)는 말에서는 예루살렘 사랑 그 자체가 바로 자신이 잘 되는 길임을 알려준다. 그렇게 예루살렘을 사랑하는 사람들은 예루살렘을 외적으로부터 지켜주는 성벽 안에 〈샬롬〉이 있고, 다윗 왕가가 자리 잡은 예루살렘 궁성 안에 형통이 있기를 빌지 아니할 수 없다.

이제 노래의 마지막 부분에서 시인은 스스로 예루살렘에게 복을 빈다. “네 안에 평안 있기를!”(사역)이라고 8절에서 말하려는 것은 ‘내 형제들과 벗들을 위해’(사역)서다. 예루살렘 안에 〈샬롬〉이 있어야 내 형제들과 벗들이, 곧 동료 순례자들도 〈샬롬〉을 누릴 수 있기 때문이다.

9절에서 시인이 “네게 복 있기를!”라고 구하는 것은 ‘우리 하나님 야훼의 집을 위해’(사역)서다. 예루살렘은 이스라엘의 하나님 야훼의 성전이 있는 곳이므로, 그 곳에는 늘 ‘복’이 있어야 한다. 여기서 ‘복’으로 옮긴 히브리 낱말은 본디 ‘좋은 것’을 뜻하는데, 이는 사람의 삶을 기름지게 하는 것을 가리킨다.

이 시편의 첫머리에서 “야훼의 집으로 우리가 가리라.”(사역)라고 말하는 ‘우리’ 가운데 한 사람이 되어 순례의 길에 나섰던 시인이 이 시편의 마지막의 “우리 하나님 야훼의 집을 위해 나 구하리”(사역)의 ‘우리.’로 다시 돌아왔다.

6. 설교를 준비할 때 생각할 본문의 가르침

(1) 새 언약의 백성에 들게 된 그리스도인들에게 예루살렘이 더는 이스라엘 땅의 수도만을 뜻하지 않는다. 그보다는 오히려 참으로 예수 그리스도의 아버지 야훼 하나님이 계셔서 다스리시며 그를 예배하는

사람들의 예배를 받으시는 곳이 오늘의 예루살렘이다. 이 예루살렘은 본문 8절에서 나오는 '형제들'과 '벗들'의 사귐 곧 교회 공동체의 사귐 가운데서 찾을 수 있다.

⑵ 이 '형제들'과 '벗들'은 참된 야훼를 예배하는 사람들로 소속 지파에 따라 구별되는 사람들이 아니라 '여호와의 지파들' 곧 한 하나님의 백성으로 서로 사이에 있는 모든 인간적인 차이를 넘어서서 하나가 된다. 이 점이 오늘 교회의 예배를 비롯한 모든 활동에 아주 중요하다.

⑶ 이런 하나님 백성의 예배는 하나님의 법도를 따라 오로지 하나님의 이름을 고백하고 하나님께 감사하고 하나님을 찬양하는 데 목적을 두어야 한다(마 18:19 참고). 만일 하나님의 이름을 들먹이면서 어떤 개인이나 무리를 높이는 데 더 마음을 쓴다면 이는 바른 예배, 바른 교회가 아니다.

⑷ 예루살렘이 또한 하나님의 정의를 이루는 왕가가 자리하는 곳이었듯이, 오늘 그리스도의 교회도 그리스도인들이 그 안에서 하나님의 정의를 맛볼 수 있는 곳이 되어야 한다. 교회 밖의 정의를 부르짖기에 앞서 교회 안의 정의가 이루어져야 하지 않을까?

예레미야 23장 25-32절
(“내가 꿈을 꾸었다”)

이 글은 「교회와 신학」 제73호(2008년 여름), 70-77쪽(‘설교를 위한 성경연구 - 구약’)에 특집 주제, “이단 어떻게 대처할 것인가?”에 맞추어 써낸 글의 초고입니다.

차례

1. 들어가는 말
2. 한글 본문과 한글 번역의 문제
(1) 한글 본문 (2) 한글 번역의 문제
3. 본문의 형식과 흐름과 짜임새
4. 본문의 표현 형식과 중심 낱말
5. 단락별 본문 풀이
(1) 한심스런 꿈 예언자들(25-27절)
(2) 능력 있는 ‘나의 말’(28-29절)
(3) 하나님이 치실 거짓 예언자들(30-32절)
6. 설교를 준비할 때 생각할 본문의 가르침

1. 들어가는 말

예레미야 23장 9-40절은, 그 첫머리 9절 앞부분에서 알려주듯이, 예언자들에 대한 말씀 모음이다. 그 가운데서 25-32절은 잘못된 예언자들의 문제를 다루는 9-32절의 마지막 부분으로서 자기들이 꾼 꿈을 밑바탕으로 예언하는 예언자들을 문제 삼는다. 그리하여 이들이 25절에서 “내가 꿈을 꾸었다”고 하는 말을 그대로 따서 본문 연구의 제목으로 삼고, 이 본문이 오늘 이단에 대처할 길을 찾는 그리스도의 교회에 주는 가르침에 함께 귀 기울여 보기로 한다.

2. 한글 본문과 한글 번역의 문제

(1) 한글 본문

아래에서는 왼쪽에 개역개정판 번역을 옮겨 적고 오른쪽에는 우리말로는 다소 어색하더라도 히브리어 본문의 어순과 분위기를 최대로 살리면서 직역에 가깝게 사역(私譯)한 것을 적기로 한다.

[25]내 이름으로 거짓을 예언하는	[25]내 이름으로 거짓을 예언하는
선지자들의 말에	예언자들이
내가 꿈을 꾸었다 꿈을 꾸었다고	“내가 꿈꾸었다, 내가 꿈꾸었다.”
말하는 것을 내가 들었노라	라고 말하는 것을 내가 들었도다.
[26]거짓을 예언하는 선지자들이	[26]언제까지 그런 일이,
언제까지 이 마음을 품겠느냐	거짓을 예언하고
그들은 그 마음의 간교한 것을	자기 마음의 속임을 예언하는
예언하느니라	예언자들의 마음에 있을까?
[27]그들이 서로 꿈꾼 것을 말하니	[27]자기들의 조상들이 바알 때문에
그 생각인즉	내 이름을 잊어버린 것처럼
그들의 조상들이 바알로 말미암아	자기들이 서로 이야기하는
내 이름을 잊어버린 것 같이	자기들의 꿈들로써
내 백성으로 내 이름을	내 백성이 내 이름을

잊게 하려 함이로다
28여호와의 말씀이니라
꿈을 꾼 선지자는
꿈을 말할 것이요
내 말을 받은 자는 성실함으로
내 말을 말할 것이라
겨가 어찌 알곡과 같겠느냐
29여호와의 말씀이니라
내 말이 불같지 아니하냐
바위를 쳐서 부스러뜨리는
방망이 같지 아니하냐
30여호와의 말씀이라
그러므로 보라 서로 내 말을
도둑질하는
선지자들을 내가 치리라

31여호와의 말씀이니라
보라 그들이 혀를 놀려
여호와가 말씀하셨다 하는
선지자들을 내가 치리라
32여호와의 말씀이니라
보라 거짓 꿈을 예언하여 이르며
거짓과 헛된 자만으로
내 백성을 미혹하게 하는 자를
내가 치리라

잊게 하려는 자들!
28자기에게 꿈이 있는 예언자는
꿈을 이야기하고,
자기에게 내 말이 있는 자는
내 말을 참되이 말하려므나!
겨가 알곡에게 무엇이겠느냐?
- 야훼의 발언 -
29이처럼 내 말이 불같지
아니하냐? - 야훼의 발언 -
또 바위를 부서뜨리는
방망이 같지 아니하냐?
30그러므로 자, 내가
그 예언자들에게 맞서리라.
- 야훼의 발언 -
서로에게서 내 말을
훔치는 자들!
31자, 내가 그 예언자들에게
맞서리라. - 야훼의 발언 -
자신들의 혀를 가지고서
"발언"이라고 발언하는 자들!
32자, 내가 거짓의 꿈들을
예언하는 자들에게 맞서리라.
- 야훼의 발언 -
그것들을 이야기하여 내 백성을
자신들의 거짓들과 허풍으로
그르치는데

내가 그들을 보내지 아니하였으며	나는 그들을 보낸 적도
명령하지 아니하였나니	그들에게 명령한 적도 없으니
그들은 이 백성에게	그들은 이 백성에게
아무 유익이 없느니라	도무지 쓸모없도다.
여호와의 말씀이니라	- 야훼의 발언 -

⑵ 한글 번역의 문제

① 히브리어 본문 26절은 제대로 이해하기도 번역하기도 쉽지 않다. 사역에서는 문장의 주어로 '그런 일이'를 보충해 넣었다.

② 27절 사역에서는 한글 문장의 흐름을 조금 더 부드럽게 하려고 히브리어 본문의 전반절("자기들이 서로 이야기하는 자기들의 꿈들로써 내 백성이 내 이름을 잊게 하려는 자들")과 후반절("자기들의 조상들이 바알 때문에 내 이름을 잊어버린 것처럼")의 순서를 바꾸어 옮겼다.

③ 개역개정판에서 '말하다'(27전, 28전)나 '이르다'(32전)로 옮긴 히브리 동사 〈십페르〉는 28절 후반절에서 '말하다'로 옮긴 히브리 동사 〈딥베르〉와 다르고 31절 후반절에서 '말씀하다'로 옮긴 히브리 동사 〈나암〉과도 다르다. 이 세 동사를 서로 구별하려고 사역에서 〈십페르〉는 '이야기하다'로, 〈나암〉은 '발언하다'로 옮겼다.

④ 개역개정판 28절 첫머리의 "여호와의 말씀이니라"에 해당하는 히브리 표현 〈느움 아도나이〉(사역: '야훼의 발언')가 히브리어 본문에서는 28절 끝에 있다. 이 표현이 히브리어 본문 29절과 30절과 31절에서는 사역에서 보듯이 전반절 끝에 있고, 32절에서는 전반절 가운데

와 절의 끝에 나온다. 개역개정판에서는 30절에서만 "여호와의 말씀이라"고 번역하여 다른 경우와 구별했지만 히브리어 본문에서는 모두 〈느움 아도나이〉로 되어 있다.

⑤ 개역개정판 30절과 31절과 32절, 각 절 첫머리에서 '보라 … 내가'로 옮긴 히브리 낱말 〈히느니〉를 사역에서는 '자, 내가'로 바꾸었다. '보라'로 옮긴 히브리 낱말 〈힌네〉는 '보다'를 뜻하는 동사의 명령형이 아니고 뒤이어 중요한 내용의 말씀이 나온다는 사실에 주의를 기울이게 하는 말이기 때문이다.

⑥ 개역개정판 30절과 31절과 32절에서 '내가 치리라'로 옮기고, '맞서다'로 사역한 부분을 히브리어 본문으로 보면, 동사가 없고 '아무개 맞은쪽에', '아무개에 맞서', '아무개에게 좋지 않도록', '아무개를 거슬러'를 뜻하는 전치사 〈알〉이 있을 따름이다.

⑦ 31절 후반절의 '여호와가'는 히브리어 본문에는 없다.

⑧ 32절 후반절의 '아무 유익이 없느니라'(사역: '도무지 쓸모없도다.')는 말하고자 하는 바를 강조하려고 뿌리가 같은 동사의 두 가지 꼴을 나란히 쓴 히브리어 문장의 특성을 살린 번역이다.

3. 본문의 형식과 흐름과 짜임새

⑴ 본문은 자기들이 꾼 꿈을 근거로 예언하는 자들을 두고 '나' 여호와 하나님이 하시는 말씀이다. 이 점은 "여호와의 말씀이〔니〕라"(28, 29, 30, 31, 32전, 32후)는 말이 중간에 여러 번 끼어드는 데서 한층 더 두드러진다. 그런데 본문에 나오는 '나' 하나님의 말씀은 한편으로 수사의문문(26, 28후, 29절)을, 다른 한편으로 "보라 … 내가"(30, 31, 32절)라는 형식을 써서 상당히 격정적인 느낌을 준다.

(2) 25-32절은 잘못된 예언자들이 하는 말을 하나님이 들으셨다고 하면서 그 예언자들의 말과 행태를 두고 한탄하심을 느끼게 하는 25-27절, 사람의 꿈에 근거한 잘못된 예언은 참된 예언자가 전하는 하나님의 말씀과 도무지 견줄 수 없음을 말하는 28-29절, 잘못된 예언자들을 치시겠다는 뜻을 거듭 밝히면서 그들의 잘못을 여러 가지 다른 방식으로 지적하는 30-32절의 세 부분으로 이루어져 있다.

(3) 25-27절은 하나님이 잘못된 예언자들이 하는 말을 들으셨다고 하는 25절과 그들의 잘못된 상황이 지속되고 있음을 안타까워하시는 하나님의 탄식인 26-27절의 둘로 나누어 볼 수 있다. 27절에서 26절의 ‘예언자들’을 다시 설명하고 있음이 히브리어 본문에서 잘 드러난다.

(4) 28-29절은 꿈의 예언자와 말씀의 예언자를 대비시키는 28절 전반절과 하나님의 말씀의 능력을 강조하는 28절 후반절-29절의 두 부분으로 나눌 수 있다.

4. 본문의 표현 형식과 중심 낱말

(1) 본문에서 가장 자주 나오는 낱말은 ‘발언’(〈느움〉, 28, 29, 30, 31전, 31후, 32전, 32후)인데, 이는 모두 하나님께 쓰인다. 이 낱말이 실제로는 ‘말씀’(〈다바르〉, 28, 28, 29절)과 같은 뜻을 지닌다. 이처럼 본문에서는 하나님의 말씀이라는 주제가 중요하다.

(2) 다음으로 ‘선지자’(25, 26, 28, 30, 31절) 곧 ‘예언자’와 ‘예언하다’(26, 26, 32절)가 많이 나온다는 점에서 본문의 관심이 예언자에게

있음을 알 수 있다. 예언자의 예언 활동을 나타내는 말로는 '말하다'(〈딥베르〉)와 '발언하다'(〈나암〉)와 '이야기하다'(〈십페르〉)도 쓰인다. 위 2⑵③을 보라. 더 나아가서 예언자의 예언 활동은 본디 하나님의 '이름'(25, 27, 27절)으로 '백성'(27, 32전, 32후)을 상대자로 한다는 사실도 여러 번 말한다.

⑶ 그런데 본문에서는 '꿈'(27, 28, 32절)과 '꿈꾸다'(25절에 2번)와 '거짓'(25, 26, 32절)이라는 낱말을 여러 번 씀으로써 잘못된 예언자와 잘못된 예언을 문제 삼는다.

5. 단락별 풀이

⑴ 한심스런 꿈 예언자들(25-27절)

하나님은 당신의 이름으로 거짓을 예언하는 예언자들이 하는 말을 들으셨다. 하나님의 이름으로 예언하는 사람은 마땅히 하나님의 말씀을 전해야 한다. 그런데 25절에 나오는 예언자들은 "내가 꿈을 꾸었다."고 한다. 같은 말을 두 번씩이나 하는 것은 이들이 꿈 꾼 것을 스스로 대견스럽게 생각하며 자랑하는 듯한 느낌을 준다.

이들에게 중요한 것은 하나님이 들려주시는 말씀이 아니라, 자신이 꾸는 꿈이다. 이들은 하나님의 말씀에 귀 기울이기보다는 자신이 꿈꾸는 데 더 힘쓴다. 요셉(창 41:25)이나 다니엘(단 2:28; 4:9-10)에게서 알 수 있듯이, 때때로 하나님이 꿈을 통해 당신의 뜻을 알리시기도 한다. 여기서 말하는 꿈은 그런 것이 아니라 꿈꾸는 사람의 마음에서 비롯된다. 이를 가리켜 26절 후반절에서는 '그 마음의 간교한 것'(사역:

'자기 마음의 속임')이라고 한다. 그리하여 그런 꿈을 가지고 하는 예언은 거짓이고, 자신의 꿈을 근거로 예언하는 사람은 '거짓을 예언하는 선지자'다.

26절의 '언제까지'는 이런 거짓 예언이 한 번에 그치지 않고 이어지고 있음을 암시한다. 이런 상황을 하나님은 매우 안타까워하신다.

27절에서는 이렇게 거짓으로 예언하는 사람들이 무엇을 꾀하는지를 알 수 있다. 이들은 자기들의 꿈 이야기를 가지고 '내 백성' 곧 하나님의 백성이 하나님을 잊어버리게 하려고 한다! 하나님의 말씀 대신 자기들의 꿈 이야기를 늘어놓으니, 그들의 말을 듣는 백성이 하나님보다는 그 꿈 이야기에 빠져 하나님을 잊어버리게 된다는 것이다.

그런데 이런 일은 이미 그전에도 있었다. 이스라엘이 가나안 땅에 들어와 자리 잡았을 때 살던 선조들은 바알에 빠져서 하나님을 잊어버렸던 것이다. 그 후손답게 이제는 예언자들이 자신들의 꿈 이야기로써 백성이 하나님을 잊어버리게 하려 한다. 백성이 예언자들 자신에게 매이게 하려 한다.

⑵ 능력 있는 '나의 말'(28-29절)

이런 예언자들을 노여워하시는 하나님은 28절 전반절에서 "자기에게 꿈이 있는 예언자는 꿈을 이야기하고 자기에게 내 말이 있는 자는 내 말을 참되이 말하려므나!"(사역)라고 빈정대듯이 말씀하신다. 각자 자기가 지니고 있는 것을 말해 보라는 말씀이다. 사람은 결국 자기에게 있는 것을 가지고 말할 수밖에 없지 않는가! 그렇지만 '자기에게 내 말이 있는 자'야말로 참 예언자고, '자기에게 꿈이 있는 예언자'는 참 예언자일 수 없다.

뒤이어 말씀하신 "겨가 어찌 알곡과 같겠느냐"(사역: "겨가 알곡에게 무엇이겠느냐?")에서는 거짓 예언자가 예언한답시고 내뱉은 꿈 이야기는 알맹이가 없는 '겨'와 같고, 참 예언자가 '성실하게'(사역: '참되이') 전하는 하나님의 말씀이야말로 '알곡'과 같음을 일깨워주신다. '겨'를 어떻게 '알곡'과 견줄 수 있으랴!

29절에서 하나님은 당신의 말씀이 불과 같고 바위를 부서뜨리는 방망이 같다고 하심으로써 참 예언자가 전하는 하나님 말씀의 능력을 알려주신다. 이 경우에 불과 방망이는 겉보기로 대단하지만 실상은 잘못된 것을 무너뜨리는 말씀의 능력을 상징한다.

⑶ 하나님이 치실 거짓 예언자들(30-32절)

이제 하나님은 잘못된 예언자들이 활동하는 것을 그냥 내버려두실 수 없음을 거듭 말씀하시는데, 그 말씀 가운데 이들의 잘못된 모습을 다시 여러 가지 다른 방식으로 지적하신다.

30절에서는 이들을 가리켜 서로에게서 '내 말을 도둑질하는' 자들이라 하신다. 이는 제대로 하나님께 받은 말씀이 아닌데도 남이 하는 예언이 더 나아보이면 그것을 제가 받은 계시라고 예언하는 것을 가리키는 듯하다.

31절에서는 하나님 이름을 함부로 들먹이며 제 맘대로 예언하는 모습을 그려볼 수 있다.

32절에서는 이들을 가리켜 거짓된 꿈 이야기로 하나님의 백성을 잘못 이끌어 그르치는 자들이라고 하시면서, 이들은 하나님과 아무런 상관없이 제 맘대로 활동하므로 하나님의 백성에게 아무 쓸모없는 존재라고 하신다.

6. 설교를 준비할 때 생각할 본문의 가르침

잘못된 예언자들을 문제 삼는 예레미야 23장 25-32절은 평신도보다는 교역자들을 대상으로 하는 설교에 알맞다. 그렇지만 평신도들이 잘못된 지도자들에게 속지 않는 길을 알려주는 설교의 본문으로 삼을 수도 있다.

(1) 어느 시대이든 하나님 백성의 공동체인 교회를 어지럽히고 아직 성숙하지 못한 그리스도인들을 혼란에 빠뜨리는 이단들이 있다. 이들의 움직임은 이른바 지도층에 속하는 사람들에게서 비롯된다. 곧 종교 지도자들이 하나님의 이름을 들먹이며 말하지만 실제로는 자신의 경험을 하나님의 말씀이라고 하며 말하는 데서 이단이 시작된다.

(2) 이런 거짓 지도자들은 하나님 백성이 하나님을 잊어버리고 자신들에게 매이도록 사람들의 귀에 솔깃한 ‘꿈’ 이야기들을 늘어놓음으로써 어리석은 사람들의 마음을 사로잡는다. 드러나게 이단에 속하지 않았다 하더라도 강단에서 하나님의 말씀을 성실히 전하기보다 자기 ‘꿈’ 이야기를 주로 하는 교역자들은 이단에 가깝다고 해야 하지 않을까?

(3) 때로는 그들의 세력이 엄청나 바위같이 단단할지 몰라도 그들이 전하는 ‘꿈’ 메시지는 알맹이 없는 ‘겨’와 같고, 참된 지도자들이 성실히 전하는, ‘알곡’ 같은 하나님의 말씀은 그 말씀을 거슬러 하나님께 맞서는 모든 것을 부서뜨린다(히 5:12-13; 고후 10:4-5 참고).

예레미야 31장 7-14절 ("크게 기뻐하리라")

이 글은 김종렬 엮음, 『교회력에 따른 2009 예배와 강단』 (서울: 목회교육연구원, 2008), 203-209쪽에 실린 1월 4일 성탄절 후 둘째 주일 원고의 앞부분〔'I. 본문의 상황과 내용(본문해설)'〕의 초고입니다. 뒷부분〔'II. 오늘의 상황과 본문 적용(설교구성)'〕은 원일교회 이양덕 목사님이 쓰셨습니다. 이 글에서는 성경본문을 개역개정판에서 이끌어 씁니다.

차례

1. 본문의 역사적 상황과 문학형식
(1) 본문의 역사적 상황
(2) 본문의 문학형식
2. 본문의 석의와 해석
(1) 본문 석의
(2) 본문 해석
3. 본문의 신학적 메시지와 설교주제: 설교 구성을 위한 제안

1. 본문의 역사적 상황과 문학형식

(1) 본문의 역사적 상황

예레미야 30-31장은 하나님이 북왕국 이스라엘을 회복시켜 주시리라는 말씀을 중심으로 곳곳에서 그 회복의 약속이 남왕국 유다에게로

넓혀져 있는, 구원 예언의 모음으로 읽을 수 있다. 도입부인 30장 1-4절을 제쳐 놓으면 형식과 내용에 따라 열일곱 단락(30:5-7, 8-9, 10-11, 12-17, 18-22, 30:23-31:1, 31:2-6, 7-9, 10-14, 15-17, 18-20, 21-22, 23-26, 27-30, 31-34, 35-37, 38-40)으로 나눌 수 있는데, 31장 7-14절은 그 여덟째와 아홉째 단락으로 중간에 자리 잡고 있다.

31장 7-14절은 남왕국 유다의 요시야(주전 640-609년)가 성전 수리 과정에서 손에 넣게 된 율법 두루마리의 가르침을 따라 한편으로는 나라의 신앙을 새롭게 하고 다른 한편으로는 백여 년 전에 앗시리아에게 망해버린 북왕국 이스라엘 땅을 되찾으려고 애쓸 즈음에 앗시리아에 사로잡혀 가 있는 북왕국 이스라엘 백성을 염두에 두고 선포한 말씀인 7-9절과 뒤이어 남북이 다시 하나로 회복되리라는 뜻의 예언인 10-14절의 두 부분으로 이루어져 있다.

이 때 유다 백성은 다윗 왕국의 영광을 되찾을 수 있으리라는 희망을 품게 된 것으로 보인다.

(2) 본문의 문학형식

본문은 시문으로 된 예언이다. 7-9절은 예언자가 하나님의 말씀을 전할 때 앞세우는 심부름꾼의 말투("여호와께서 이와 같이 말씀하시니라")로 시작하여 누군지 확실하지 않은 '너희'더러 야곱을 위해 기뻐하고 외치고 전파하며 찬양하며 말하라 한 다음에 '너희'가 여호와께 할 기도를 알려준다. 8-9절에서는 이 기도에 응답이라도 하시듯이 여호와께서 사로잡혀 간 북왕국 사람들을 모아들이리라고 말씀하실 뿐만 아니라 그리할 때 그들이 보일 반응을 묘사하면서 그들과 여호와의 관계를 확인해 주신다.

이처럼 7절에서는 실제로 어떤 사람에게 무엇을 하라고 하는 명령이라기보다는 하나님이 이루실 구원의 일을 실감나게 표현하기 위해 명령의 형식을 빌어 쓴다. 이른바 수사(修辭) 명령의 형식을 취하고 있다.

10-14절도 이방 사람들에게 여호와의 말씀을 듣고 전파하라는 수사 명령으로 시작한다. 전파할 말씀의 내용은 8-9절보다 더 자세하다. 북왕국을 비롯하여 이스라엘 백성 전체를 하나님이 모아들여 지키시고 그들을 즐겁게, 만족하게 하시리라 한다. 이에 하나님 백성은 즐거워하고 기뻐하고 만족하여 춤과 찬송으로 반응하리라 하신다. 이 단락은 "여호와의 말씀이니라"는 말로 끝난다.

이처럼 7-14절은 하나님이 당신의 백성을 고난 상황에서 벗어나게 하셔서 그들이 회복의 기쁨을 누릴 것을 알려주는 구원 예언의 형식을 띠고 있다.

2. 본문의 석의와 해석

(1) 본문 석의

개역개정판이 7절에서 "너희는 여러 민족의 앞에 서서 야곱을 위하여 기뻐 외치라 너희는 전파하며 찬양하며 말하라"로 옮긴 히브리어 본문은 "너희는 야곱을 위하여 기뻐 외치라! 너희는 민족들의 으뜸을 위해 즐겁게 소리치라!"로 옮기는 것이 더 낫다.

7-9절이 누구의 회복을 선포하는 예언인지 첫머리에서는 알아차리기가 쉽지 않다. 7절에 나오는 '야곱'과 '민족들의 으뜸'(위 사역)은 보통 이스라엘 백성 전체를 가리키기 때문이다. 그렇지만 9절에 나오는

'에브라임'이라는 이름에서, 이 예언은 백여 년 전에 망해버린 북왕국 백성을 위한 예언이라는 점이 드러난다. 요셉의 작은 아들에게서 비롯된 에브라임 지파는 북왕국의 중심을 이루고 있었기 때문이다.

이리하여 7절에서 '너희'가 할 기도에 나오는 '이스라엘의 남은 자'는 앗시리아로 사로잡혀 간 북왕국 백성(왕하 17:6)을 가리키는 것으로 보인다. 이들을 '주의 백성' 곧 '당신의 백성'으로 부르게 함으로써 망해버린 북왕국 백성을 향한 여호와 하나님의 사랑을 깊이 느끼게 한다.

이는 9절 끝에서 "나는 이스라엘의 아버지요 에브라임은 나의 장자니라"고 말씀하신 데서 더욱 분명해진다. 여호와께서 이스라엘의 아버지시라는 표현은 3장 4절에 이미 나온 바 있고, 에브라임을 여호와 하나님의 아들이라고 하는 것은 31장 20절에서도 다시 한 번 강조한다.

7절의 기도는 이미 하나님이 이루시기로 한 구원을 재촉하는 역할을 한다. 8절에서 하나님은 앗시리아뿐만 아니라 이리저리 흩어진 북왕국 사람들을 모아 고향에 돌아오게 하실 텐데, 심지어 장애인이나 임산부나 출산부처럼 약한 사람들까지 돌아오게 하겠다고 하신다. 이처럼 하나님이 약속하시는 회복은 전면적이다. 9절에서는 이 놀라운 회복의 은혜를 겪는 사람들이 감사와 기쁨의 눈물을 흘리며 돌아와 하나님의 인도를 받게 되리라 하신다.

구약 예언서에서 주로 다윗 왕국의 후예로 정통성을 주장하는 남왕국의 회복에 초점을 맞추고 있는 점을 생각한다면, 북왕국 사람들의 회복을 선포하는 7-9절의 예언은 매우 특별한 의미를 띤다. 이런 본문은, 하나님이 비록 남왕국의 후손들로 하여금 믿음의 역사를 이어가게 하시지만, 그렇다고 해서 북왕국을 향한 사랑을 거두어들이시지는 않았음을 똑똑히 보여주기 때문이다.

10절은 다시 여호와의 말씀을 전하는 예언자의 목소리를 들려준다.

예언자는 먼저 이방 사람들에게 여호와의 말씀을 듣고 여호와께서 이스라엘에 이루실 회복을 온 누리에 전하라고 명령한다. 여호와의 말씀을 들으라는 말은 보통 예언자가 하나님 백성 전체나 일부에게 하나님의 말씀을 전할 때 앞세우는 명령이다. 그런데 여기서는 이방 사람들에게 그렇게 요구한다. 이러한 수사 명령은 무엇보다도 하나님이 당신의 백성에게 이루실 구원과 회복은 온 누리가 알게 될 사건임을 깨닫게 한다.

하나님이 이루실 회복을 말하면서 먼저 하나님을 가리켜 '이스라엘을 흩으신 자'라 한다. 이는 하나님 백성이 하나님을 거스르다가 하나님께 벌을 받아 나라 밖으로 쫓겨난 사실을 떠올리게 한다. 그렇지만 곧바로 이 하나님이 목자가 그 양 떼에게 하듯이 그 백성을 모아 지키시리라 한다. 앞서 9절에서 하나님을 이스라엘의 아버지라 했다면, 여기서는 여호와께서 이스라엘의 목자시라는 전통(창 48:15; 시 23:1; 80:1 등)을 생각나게 한다.

10절에서 이 여호와께서 야곱을 구원하시고 그들보다 강한 자의 손에서 속량하셨다고 선포한다. 이는 여호와께서 당신의 백성을 현재의 어려움에서 벗어나게 해 주실 것이 확실함을 뜻한다. 이스라엘 백성은 출애굽 사건에서부터 이런 구원을 경험했는데, 이제 다시 한 번 구원을 겪게 될 것이다.

그런데 7-9절과는 달리 여기서는 하나님이 구원하고 속량하실 백성을 그냥 '야곱'이라고 부르지 '에브라임'이라고 하지 않는다. 그뿐만 아니라 그렇게 여호와께서 구원하실 백성이 와서 기뻐 외칠 곳을 12절에서 - 여기서 '찬송하다'로 옮긴 히브리 동사를 앞 7절에서는 '기뻐 외치다'로 옮겼다 - '시온의 높은 곳'이라 하고 14절에서 제사장들의 마음을 흡족하게 하시리라고 함으로써, 하나님이 이루실 회복의 은혜를 맛볼 자가 지난날의 북왕국 사람들뿐만 아니라 전체 이스라엘 사람들임을 생각하게 한다. 이들은 예루살렘 성전에서 기뻐 찬송할 뿐만 아니라 풍성한 농산물과 많은 가축을 되찾아 남녀노소 가릴 것 없이 즐거워하며 만족한 삶을 살게 되리라 하신다. 이로써 하나님 백성의 복된 삶은 온전히 회복될 것이다.

이처럼 7-9절에서 북왕국의 남은 백성에게 선포된 회복의 말씀이 10-14절에서는 이스라엘 온 백성의 구원과 회복으로 확장된다.

⑵ 본문 해석

북왕국이 망한 지 백여 년이 되었지만 다시 한 번 여호와 신앙으로 나라를 일으켜 세워보려 했던 것이 주전 7세기 말 유다의 상황이었다.

오늘 한반도의 기독교 상황도 어떤 점에서는 이와 비슷하다. 복음을 받아들인 지 세 세대가 다 지나기도 전에 나라와 겨레가 둘로 나누어지고, 북쪽에 사는 사람들은 하나님의 이름을 부를 수 없는 가운데 다시 60여 년의 세월이 흘렀다. 그동안 남북한 동포들이 세계 곳곳으로 흩어졌다. 오늘 남한 기독교가 북한 기독교회의 회복, 더 나아가서 남북의 회복과 구원을 간절히 바란다면, 이 한반도에 복음이 들어오게 하신 하나님이 북한 지역과 북한 동포들을 여전히 뜨겁게 사랑하시며 그들이 회복될 길을 열어주실 것을 잊지 말아야 한다.

그렇게 하나님이 회복을 이루실 때에는 장애인이나 임산부나 출산부 같은 사회적 약자들까지 그 구원의 역사에 참여하게 될 것이다. 또한 그 회복의 때에 오로지 하나님만이 이 겨레, 이 나라의 목자로서 이 땅에 온전한 회복의 즐거움을 되돌려 주실 것이다.

그 날을 기다리며 우리도 7절에 나오는 것처럼 하나님께 간절히 기도할 수 있다.

다른 한편으로 오늘 세계 기독교의 상황도 본문에 비추어 생각해 볼 수 있다. 서양 기독교 세계가 세속의 권력과 부와 명예의 욕심에 사로잡혀 쇠퇴하고 몰락해가는 조짐이 보이는 이즈음에, 세계의 그리스도인들은 하나님을 거스르다 망한 지역의 교회, 쇠퇴해가고 있는 지역의 교회에 속한 그리스도인들을 회복시키려 하시는 하나님의 은혜와 사랑을 다시 기억하면서 용기를 얻을 수 있다.

그리하여 하나님께 새 언약 백성 가운데 남은 자를 구원해 달라고 간절히 기도할 수 있다. 그리하면서 그 회복의 약속 가운데서 이 땅의 약자들을 우선적으로 생각하시는 하나님의 뜻을 헤아려야 한다. 마침내는 교회뿐만 아니라 온 누리가 하나님이 베푸시는 온전한 구원을 맛보며 기뻐 외칠 날을 바라볼 수 있다.

3. 본문의 신학적 메시지와 설교주제: 설교 구성을 위한 제안

읽고 듣는 이들에게 희망을 품게 하고 기쁨을 주는 회복의 말씀인 본문에서 '기뻐하다', '기쁨', '즐거움'이라는 낱말이 여러 번(7, 12, 13절) 나오고, 본문이 성탄절 후 둘째 주일이자 주현절 직전 주일의 설교 본문이므로, 7절에 나오는 "기뻐 외치라!"나 12절에 나오는 "크게 기뻐하리라!"를 설교 제목으로 삼을 만하다.

설교자는 맨 먼저 본문의 배경 상황과 오늘의 상황이 어떤 점에서 비슷한지를 간략하게 제시한다. 그런 다음에 하나님은 기독교회의 역사에서 주류(主流) 역할을 하지 못한 공동체를 결코 잊지 않고 그에 속한 사람들을 여전히 사랑하며 그들의 회복을 계획하고 이루심을 강조한다. 따라서 그런 하나님을 섬기는 사람들은 기독교회 안의 어떤 무리가 하나님께 잘못을 저질러 망하여 큰 어려움을 겪고 있을 때, 그들을 잊어버릴 수 없음도 말한다. 그뿐만 아니라 하나님이 이루시는 회복의 길에는 그 누구보다도 사회적 약자들을 우선하여 참여하게 하시는 하나님의 뜻을 기억하게 한다. 마지막으로 하나님은 하나님 백성 일부의 회복뿐만 아니라 하나님 백성 전체가 다시 하나 되어 온전한 기쁨을 나누기를 바라신다는 점을 말한다.

2009년 교회력에서 1월 4일이 차지하는 자리를 염두에 둔다면, 무엇보다도 예수 그리스도의 탄생이 본문에서 약속하신 회복의 기쁨을 온전히 맛보게 하는 사건임을 말할 수 있다. 아울러 이렇게 하나님이 허락하신 회복의 기쁨을 사회적 약자들을 선두로 하여 하나님 백성 전체가 나눌 수 있음을 상기시킬 수 있다.

이러한 기쁨은 오늘 설교 본문의 첫 평행 본문으로 제시된 요한복음 1장 (1-9)10-18절에서 예수 그리스도를 두고 하신 말씀과도 관련된다. 거기서는 태초부터 계시던 말씀인 그리스도, 참 말씀이신 예수 그리스도께서 빛으로 이 어둔 세상에 오신 것은 지난날 잘못을 저질러 괴로움을 겪고 있던 하나님 백성과 이 세상 사람들을 온전히 회복되게 하신 사건으로 이해할 수 있기 때문이다.

또 오늘 설교 본문의 둘째 평행 본문으로 에베소서 1장 3-14절에서는 하나님이 예수 그리스도를 통해서 그리스도인들에게 베푸신 놀라운 은혜가 무엇보다도 우리를 죄에서 건져내어 모든 것이 그리스도 안에서 통일되게 하려 하셨다(10절)는 말씀에 초점을 맞추어 성탄으로 이루어진 구원의 역사가 마침내는 온 누리의 통일로 나아가야 온전한 회복이 될 수 있음을 말할 수 있다.

예레미야 48장 26-39절
(“모압을 위하여”)

이 글은 「성경연구」 제12권 제12호 통권 제144호(2006.11), 44-56쪽에 실린 글의 초고입니다.

차례

1. 들어가는 말
2. 본문의 개역개정판 번역과 사역
3. 본문의 짜임새와 흐름
4. 단락별 풀이
(1) 모압이 겪을 재난과 모압의 교만(26-27절)
(2) 모압 거민을 향한 예언자의 피난 권고(28-29절)
(3) 모압을 위해 울부짖으시는 야훼(30-39절)
5. 설교를 준비할 때 생각해 볼 본문의 특별한 가르침

1. 들어가는 말

예레미야 46-51장에서는 이스라엘 외의 여러 나라에 대한 예언 곧 이른바 열방 예언을 모아 놓았다. 46장의 이집트 예언과 47장의 블레셋 예언에 뒤이어 48장에는 모압 예언이 나온다. 48장은 다시 형식과 내용에 따라 1-10절, 11-25절, 26-39절의 세 부분으로 나누어 볼 수 있다. 26-39절은 이사야 15-16장과 견주어볼 만하다. 특히 예레미야 48장 29-33절과 34-38절은 각각 이사야 16장 6-10절과 15장 1-7절과 비슷하면서 그 나름대로 독특한 점을 포함하는데, 무엇보다도 이스라엘

의 하나님 야훼와 이방 족속 모압의 관계를 긴밀하게 표현한다.

2. 본문의 개역개정판 번역과 사역

사역은 히브리 낱말의 어순과 히브리어 본문의 분위기를 조금이라도 살릴 수 있도록 직역에 가깝게 하기로 한다.

개역개정판	사역
26모압으로 취하게 할지어다	26너희는 그를 취하게 하라!
이는 그가 여호와에 대하여	야훼를 거스려
교만함이라	그가 스스로를 크게
	만들었음이라.
그가 그 토한 것에서	그리하면 모압이 자기가
뒹굴므로	토한 것 안에 토하고
조롱거리가 되리로다	그 또한 비웃음거리가 되리로다.
27네가 이스라엘을 조롱하지	27네게 이스라엘이 조롱거리가
아니하였느냐	되지 아니하였느냐?
그가 도둑 가운데에서	그가 도둑들 가운데
발견되었느냐	발견되었느냐?
네가 그를 말할 때마다	네가 그를 말할 때마다
네 머리를 흔드는도다	몸을 흔드는도다.
28모압 거민들아 너희는 성읍을	28성읍들을 떠나
떠나 바위 위에 살지어다	바위 가운데 살아라,
출입문 어귀 가장자리에	모압 주민들아!
깃들이는	벌어진 협곡 벼랑에 깃들이는
비둘기 같이 할지어다	비둘기처럼 되어라!

²⁹우리가 모압의 교만을 들었나니
심한 교만
곧 그의 자고와 오만과 자랑과
그 마음의 거만이로다
³⁰여호와의 말씀이니라
내가 그의 노여워함의 허탄함을
아노니 그가 자랑하여도
아무것도 성취하지 못하였도다
³¹그러므로 내가 모압을 위하여
울며
온 모압을 위하여
부르짖으리니
무리가 길헤레스 사람을 위하여
신음하리로다
³²십마의 포도나무여
너의 가지가 바다를 넘어
야셀 바다까지 뻗었더니
너의 여름 과일과
포도 수확을 탈취하는 자가
나타났으니
내가 너를 위하여 울기를
야셀이 우는 것보다 더하리로다
³³기쁨과 환희가 옥토와
모압 땅에서 빼앗겼도다
내가 포도주 틀에 포도주가
끊어지게 하리니

²⁹우리가 모압의 교만을 들었도다
- 매우 거만하도다 - ,
그의 높음과 교만함과 오만함과
그의 마음의 높음을!
³⁰나, 내가 알도다 - 야훼의 발언 -
그의 노함을,
그런데 그의 큰소리는 헛되도다.
그들이 한 것은 헛되도다.
³¹그러므로 모압을 위해 내가
울부짖고
모압 전체를 위해
내가 부르짖으리라.
길헤레스 사람들을 위해
사람들이 슬퍼하도다.
³²야셀의 울음보다 더
내가 너를 위해 울리라,
십마의 포도나무여!
네 가지가 바다를 넘어
야셀 바다까지 뻗었더니,
네 여름 과일과 포도에
파멸하는 자가 이르렀도다.

³³기쁨과 즐거움이 빼앗겼도다,
기름진 땅과 모압 땅에서!
포도주를 포도주 틀에서
내가 없게 했도다.

외치며 밟는 자가 없을 것이라	환호소리가 밟지 못하리다.
그 외침은 즐거운 외침이 되지	환호소리가 환호소리가
못하리로다	아니리라.
34헤스본에서	34헤스본과 엘르알레의
엘르알레를 지나 야하스까지와	부르짖음이
소알에서 호로나임을 지나	야하스까지 이르렀도다.
에글랏 셀리시야에	사람들이 소리를 질렀도다.
이르는 지역에 사는 사람들이	소알에서 호로나임
소리를 내어 부르짖음은	곧 에글랏셀리시야까지!
니므림의 물도 황폐하였음이로다	니므림의 물도 말랐음이로다.
35여호와의 말씀이라	35그리하여 내가 모압을 위해
모압 산당에서 제사하며	그치게 하리라 - 야훼의 발언 - ,
그 신들에게 분향하는 자를	산당에서 제사하며
내가 끊어 버리리라	그의 신들에게 분향하는 자를.
36그러므로 나의 마음이 모압을	36그러므로 내 마음이 모압을
위하여 피리 같이 소리 내며	위해 피리 같이 소리 내며
나의 마음이 길헤레스 사람들을	내 마음이 길헤레스 사람들을
위하여 피리 같이 소리 내나니	위해 피리 같이 소리 내도다.
이는 그가 모은 재물이	그러므로 그가 마련했던
없어졌음이라	남은 것이 사라졌도다.
37모든 사람이 대머리가 되었고	37머리마다 대머리이고
모든 사람이 수염을 밀었으며	수염마다 깎였으며
손에 칼자국이 있고	손마다 베인 상처가 있으며
허리에 굵은 베가 둘렸고	허리에 굵은 베가 둘렸도다.
38모압의 모든 지붕과 거리	38모압의 지붕마다
각처에서	

슬피 우는 소리가 들리니	또 그의 광장마다 애곡이 있으니
내가 모압을 마음에 들지 않는	내가 모압을 마음에 들지 않는
그릇 같이 깨뜨렸음이라	그릇 같이 깨뜨렸음이라
여호와의 말씀이니라	- 야훼의 발언 -.
39 어찌하여 모압이 파괴되었으며	39 어찌하여 그가 깨졌는가!
어찌하여 그들이 애곡하는가	그들이 울부짖는가!
모압이 부끄러워서	어찌하여 모압이 등을 돌렸는가!
등을 돌렸도다	그가 수치를 당했도다.
그런즉 모압이 그 사방 모든	그리하여 모압이 그의 사방
사람의 조롱 거리와	모두에게 비웃음거리와
공포의 대상이 되리로다	공포의 대상이 되리로다.

사역에 대한 풀이:

(1) 히브리어 본문 26절 마지막 문장에서는 동사에서 이미 드러나는 주어 '그가'를 따로 인칭대명사를 써서 강조할 뿐만 아니라 '또한'이라는 부사까지 곁들여 매우 강조한다.

(2) 히브리어 본문 30절 첫 문장에서는 동사에서 이미 알 수 있는 주어 '내가'를 따로 인칭대명사를 써서 강조하므로, 그 주어를 '나, 내가'로 사역했다.

(3) 히브리어 본문 31절 전반절의 첫 문장과 후반절에서는 각각 전치사구 '모압을 위하여'와 '길헤레스 사람들을 위하여'를 동사보다 앞세워 강조한다.

(4) 히브리어 본문 33절 후반절에서는 목적어 '포도주를'과 전치사구 '포도주 틀에서'를 동사보다 앞세워 강조한다.

(5) 히브리어 본문 34절 앞 부분은 이해하기가 몹시 힘들다. 낱말 그대로 직역하면, "헤스본의 부르짖음에서 엘르알레까지 야하스까지 사람들이 소리를 질렀도다."가 된다.

3. 본문의 짜임새와 흐름

26절은 누군지 알 수 없는 '너희'에게 내리는 명령으로 시작하여 교만한 모압의 멸망을 예고하는 말로 나아간다. 야훼가 삼인칭으로 불리지만 이런 종류의 명령은 야훼만이 내리실 수 있으므로 야훼께서 말씀하시는 것으로 보는 것이 좋다. 뒤이어 그 교만의 실체를 알려주는 27절도 야훼의 말씀으로 볼 수 있으므로, 26-27절은 한데 묶을 수 있다.

이와는 달리 모압 거민들에게 피난을 권고하는 말인 28절과 모압의 교만을 두고 '우리'가 하는 말인 29절도 예언자의 말로 이해할 수 있다.

30절에서는 다시 야훼께서 말씀하시는데, 먼저 30절에서 모압의 허풍을 두고 말씀하신 뒤에, 31절에서는 모압을 위해 울부짖으실 뜻을 알리시고, 32절에서는 십마의 포도나무를 한 여성 인격체로 보고 그에게 한탄의 말씀을 쏟아내시며, 33절에서는 모압의 곤경을 묘사하며 그 모든 것이 당신에게서 비롯되었음을 밝히신다. 모압 전역에 울려 퍼지는 부르짖음을 묘사하는 34절은 야훼께서 모압을 멸하시겠다고 하시는 35절에 비추어 야훼의 말씀으로 읽을 수 있다. 뒤이어 36절에서 야훼께서는 모압을 향한 당신의 안타까운 마음을 털어놓으시고, 37-38절에서는 모압에 닥칠 곤경을 말씀하시며, 39절에서는 모압의 멸망을 한탄하신다.

이리하여 26-39절은 야훼의 말씀인 26-27절에서 시작하여 예언자의 말인 28-29절로 넘어갔다가 야훼의 말씀인 30-39절로 끝맺는다. 앞부분에서는 모압의 교만과 모압에 닥칠 재난이 중심 내용을 이루지만 31절부터는 곤경에 처한 모압을 안타까이 바라보시는 야훼의 마음을 드러내는 말씀이 덧붙는다.

4. 단락별 풀이

(1) 모압이 겪을 재난과 모압의 교만(26-27절)

"너희는 그로 취하게 하라!"(사역)는 히브리어 본문 26절 첫 낱말은 25장 15-37절에 비추어 야훼께서 모압에게 재난을 내리시겠다는 뜻을 밝히는 말씀으로 이해할 수 있다. 여기서 '너희'가 누구인가 하는 문제는 중요하지 않다. 이는 수사적인 성격을 띠는 명령일 따름이기 때문이다. 곧 26절에서는 모압이 술에 취해 자기가 토한 데 뒹굴며 비웃음거리가 되는 사람처럼 되리라는 것을 강하게 표현한다. 모압이 이렇게 되는 까닭은 이스라엘의 하나님 야훼께 교만했기 때문이다. 야훼께 맞서 스스로를 높였기 때문이다(사역 참고).

이것이 실제로 무엇을 가리키는지는 27절에서 알 수 있다. 26절에서 모압을 두고 '너희'에게 말씀하시던 야훼께서 여기서는 모압을 '너'라고 부르시며 바로 모압에게 말씀하신다. 모압의 교만은 이스라엘이 결코 도둑일 수 없는데도 모압이 이스라엘을 조롱하였다는 데 있다.

히브리어 본문 27절의 첫 문장, "너에게 이스라엘이 조롱거리가 되었느냐?"(사역)은 바로 앞 26절의 마지막 문장 "그 또한 비웃음거리가 되리로다."(사역)와 짝을 이룬다. 계속해서 27절 후반절에서 모압이 이스라엘을 두고 말할 때마다 머리를, 더 정확히는 몸을(사역) 흔들었다고 하는데, 이 동작은 아무개를 물리친다는 뜻을 드러낸다. 결국 모압이 야훼에 맞서 스스로를 높였다 함은 다름이 아니라 야훼의 백성인 이스라엘을 까닭 없이 비웃고 거부했음을 말한다. 이것이 역사적으로 어떤 구체적인 사건을 가리키는지는 본문에서 밝히지 않는다.

⑵ 모압 거민을 향한 예언자의 피난 권고(28-29절)

야훼께서 교만한 모압에게 재난을 내리실 뜻을 밝히시자, 예언자는 28절에서 모압 사람들에게 재난을 피해 달아나라고 권고한다. “성읍들을 떠나 바위 가운데 살아라”(사역)는 말과 “벌어진 협곡 벼랑에 깃들이는 비둘기처럼 되어라!”(사역)는 말은 전쟁이 일어났을 때 성읍들은 결코 안전한 곳이 되지 못하므로, 멀리 달아나 적군들이 좀처럼 따라오지 못할 외딴 곳에 숨어 목숨을 지키라는 말이다.

뒤이어 29절에서 예언자는 앞서 26-27절에서 야훼께서 말씀하신 모압의 잘못을 두고 ‘우리’의 처지에서 말한다. 이 ‘우리’는 예언자가 이스라엘 백성의 한 사람으로 말함을 느끼게 한다. 예언자는 모압의 잘못을 교만을 뜻하는 여러 가지 히브리어 표현을 나란히 써서 표현한다. 개역개정판에서 ‘교만’, ‘거만’, ‘자고’, ‘오만’, ‘자랑’으로 옮긴 히브리 낱말들은 한결같이 ‘높음’과 관련이 있다. 결국 모압의 잘못은 스스로를 높인 데 있다는 말이다.

⑶ 모압을 위해 울부짖으시는 야훼(30-39절)

27-28절에 이어 야훼께서는 30절에서 다시 모압을 두고 말씀하시는데, 이번에서 모압이 큰소리치며 떠들어대는 것이 아무 쓸모없다고

하신다. '모압의 노함'(사역)은 모압이 이스라엘을 함부로 대함을 암시하는 말인 듯하다. 개역개정판에서 '자랑하다'로 옮긴 히브리 낱말이 여기서는 수다를 떨며 빈 말로 큰 소리 치는 것을 뜻한다. 이 30절이 이사야 16장 6절에서는 사람 '우리'가 하는 말 속에 들어 있지만, 여기서는 야훼의 말씀으로 되어 있다.

31절의 첫머리에 나오는 접속사 '그러므로'는 뒤이어 야훼께서 모압을 위해 울부짖으시겠다고 하신 까닭이 바로 앞 30절에서 묘사한 모압의 딱한 형편에 있음을 알려준다. 이 점에서 이 '그러므로'는 보통 재난 예언에서 문제가 되는 당사자가 저지른 잘못을 지적한 뒤에 그들에게 닥칠 재난을 예고하는 말을 이끌어 들이는 '그러므로'와 다르다.

그밖에도 여러 가지 점에서, 모압을 향한 야훼의 관심은 30절보다 31절에서 더 강조된다.

첫째로, 이사야 16장 7절 첫머리에서는 "모압이 모압을 위해 울부짖도다."(사역)고 했는데, 예레미야 48장 31절 전반절에서는 야훼 하나님의 "모압을 위해 내가 울부짖으리."(사역)라고 한다. 곧 울부짖는 주체가 모압에서 야훼로 달라졌을 뿐만 아니라 '모압을 위해'를 '내가 울부짖으리.'보다 앞세워 강조한다.

둘째로, 이사야 16장 7절에서 "그(=모압) 전체가 울부짖도다."(사역)라고 했는데, 예레미야 48장 31절 후반절에서는 야훼의 "모압 전체를 위해 내가 부르짖으리라."(사역)고 한다. 곧 울부짖는 주체인 모압에 붙어 있는 말 '전체'가 울부짖는 대상인 모압에 붙는 말로 달라졌다.

셋째로, 사람들이 슬퍼하는 대상으로 이사야 16장 7절 후반절에서 길하레셋의 떡을 말하는 것과는 달리, 예레미야 48장 31절 후반절에서는 길헤레셋 사람들을 언급한다. 이런 식으로 예레미야에서는 모압을 향한 야훼의 관심을 여러모로 강조한다. 개역개정판에서 '신음하다'로 옮긴 히브리 동사는 비둘기가 꾸꾸 우는 것을 표현하는데, 여기서는 사람이 소리를 안으로 삼키며 구슬프게 우는 것을 가리킨다. 길헤레스는 길하레셋이라고도 하는데, 이는 모압 남부 지역의 중심에 있는 성읍, 오늘의 케락을 말한다. 이 성읍은 매우 튼튼한 방어시설을 갖춘 성읍으로 옛 모압의 수도 가운데 하나였다. 이렇게 보면 길헤세스 사람들이란 모압 사람들을 대표하는 표현이다.

모압을 위해 울부짖겠다고 하신 야훼께서 32절에서는 십마의 포도나무에게 직접 말씀하신다. 포도 생산지로 널리 알려진 것으로 보이는 십마는 요단 어귀에서 동쪽으로 25km, 느보 산에서 북동쪽으로 6km 떨어진 성읍인 헤스본 가까이에 있는 곳으로 일찍이 르우벤 지파가 차지했다가(수 13:19; 민 32:38) 모압의 손에 넘어간 듯하다. 결국 십마의 포도나무는 번영하던 때의 모압을 상징한다. 이제 야훼께서는 이 십마의 포도나무를 위해 우시겠다고 한다. 그런데 '야셀의 울음보다 더'(사역) 우시겠다고 한다. 곧 야셀을 위해 우시는 것보다 더 슬피 우시겠다는 말씀이다. 야셀은 요단 동쪽에 있는 곳인데 이곳도 모압 사람들에게 매우 중요한 곳이었던 것으로 보인다. 아무튼 이 32절에서도 모압을 향한 야훼의 관심이 분명히 나타난다. 이사야 16장 9절에서는 십마의 포도나무를 위해서 울겠다고 한 주체가 예언자라는 점에 비추어 보더라도 잘 알 수 있다.

십마의 포도나무 "가지가 바다를 넘어 야셀 바다까지 뻗었"다는 말씀은, 그 표현을 지리적으로 어떻게 이해해야 할 지 확실하지 않지만, 모압의 포도 농사가 엄청나게 잘 되었음을 뜻한다. 그런데 이토록 풍성하던 포도 농사를 적군이 쳐들어와 망쳤음을 "네 여름 과일과 포도에 파멸하는 자가 이르렀도다."(사역)는 말씀으로 알려주신다. '파멸하는 자'로 옮긴 히브리 낱말은 이미 8절과 18절에서 모압에 쳐들어올 적군을 가리키는 말로 쓰인 바 있다.

33절에서 야훼께서는 당신이 모압에 내리신 재난 때문에 모압에서 기쁨이 사라졌다고 하신다. 야훼께서 포도주 틀을 밟는 사람들이 내지르는 환호 소리를 없게 하셨다고 한 이사야 16장 10절과는 달리 여기서는 야훼께서 포도주를 없게 하셨다고 함으로써, 야훼께서 모압의 포도 농사를 끝장내셨음을 분명히 알려주신다. 그 결과로 사람들이 기뻐소리치며 포도주 틀을 밟는 일이 없으리라 하신다.

34절에서는 모압 전역이 적군에게 겪는 어려움을 묘사한다. 먼저 헤스본을 중심으로 그 북쪽으로 3km 떨어져 있었던 것으로 보이는 엘르알레와 헤스본 남쪽에 자리 잡은 것으로 보이는 야하스에 이르기까지 사람들의 부르짖음이 이르렀다고 할 때, 이는 적군이 북쪽에서부터 남쪽으로 쳐내려오고 있음을 암시한다. 이와는 반대로 사해 남동쪽 끝에 있었던 소알에서 사해 남단에서 모압 고원으로 오르는 길목에 있었던 것으로 보이는 호로나임까지 사람들이 소리를 질렀다고 할 때, 이는 아르논 남쪽 고원 지역에서는 적군이 남쪽에서 북쪽으로 쳐올라옴을 암시한다. 에글랏셀리시야는 아직 적에게 점령되지 않은 호로나임을 가리키는 말로 볼 수 있다.

이처럼 34절 전반절에서는 모압의 북쪽 끝과 남쪽 끝에서 적군들이 동시에 서로 마주보고 쳐들어와 모압 전역을 짓밟고 있음을 알려준다. 이런 상황에서 니므림의 물도 황폐해졌다는 말씀은 모압 온 땅이 황폐해졌음을 뜻한다. 니므림은 사해 남단에서 위로 13-16km쯤 떨어진 곳에서 사해로 흘러들어가는 작은 강을 가리킨다.

이런 재난이 모압에 닥치게 하시는 이는 야훼이심을 35절에서 똑똑히 밝힌다. 앞 33절에서 포도주를 끊어버리시겠다고 하신 야훼께서 이제는 산당에서 제사하며 모압의 신들에게 분향하는 자들을 끊어버리시겠다고 한다. '산당'으로 옮긴 히브리 낱말 〈바마〉는 본디 '높은 곳', '언덕'을 뜻한다. 옛 가나안 땅에서는 마을 가까이에 있는 높은 곳, 언덕에 제단을 만들어 놓고 거기서 여러 신을 숭배했다. 7장 31절에서는 심지어 유다 백성조차 예루살렘 남서쪽 힌놈의 아들 골짜기에서 이런 〈바마〉를 만들었다고 한다. 개역성서 7장 31절에서는 이를 '사당'이라고 번역했다. 이사야 15장 2절에서는 모압 사람들이 바잇과 디본 산당에 올라갔다고 하고, 16장 12절에서는 산당에서 피곤하도록 봉사했다고 한다.

'분향하다'는 동사는 예레미야서에서 본디 이스라엘 백성의 우상 숭배를 꾸짖을 때 쓰는 동사이다. 이스라엘 백성이 바알(렘 7:9; 11:13, 17)과 하늘 여신(44:17, 19)과 하늘의 만상(19:13)을 비롯하여 여러 다른 신들(1:16; 19:4; 44:5, 8, 15)에게 분향했다면, 모압 사람들은 자기들의 신들에게 분향했다. 모압 사람들이 섬기던 대표적인 신으로 앞서 예레미야 48장 7절과 13절에서는 그모스가 나왔다.

35절에서 이스라엘의 하나님 야훼께서, 자기들의 신들을 섬기는 모압 사람들을 끊어버리시겠다고 한 것은 놀랍다.

그 다음으로 36절에서는 다시 모압을 위해 슬퍼하시는 야훼의 모습을 그려볼 수 있다. 첫머리에 나오는 접속사 '그러므로'는 31절 첫머리의 '그러므로'와 마찬가지로 모압의 잘못과 곤경을 언급하는 말씀에 뒤이어 야훼의 안타까워하시는 마음을 표현하는 문장을 이끌어 들인다. 36절 전반절에서는 야훼의 마음이 모압을 위하여, 길헤레스 사람들을 위해 피리 같이 소리 낸다고 한다. 피리는 옛 중동에서 탄식할 때 흔히 쓰던 악기다.

'소리 내다'로 옮긴 히브리 동사는 소리가 울려 남을 뜻하고, '마음'으로 옮긴 히브리 명사는 '염통'을 뜻하기도 한다. 유다 백성에게 재난이 닥친 것을 보고 울부짖는 예언자의 모습을 묘사하는 4장 19절에도 이 두 낱말이 함께 나온다. 개역개정판에서 "내 마음이 답답하여"로 옮긴 부분이 그러한데, 그 경우에는 바다에 큰 물결이 휘몰아치듯이 예언자의 내면에 억누르기 힘들 정도의 거센 움직임이 일고 있음을 뜻한다.

그뿐만이 아니다. '소리 내다'로 옮긴 히브리 동사가 31장 20절에서는 야훼의 '창자'를 주어로 하면서, 예레미야 시대보다 백 여 년 전에 망해 버린 북왕국 이스라엘 백성이 겪는 어려움을 보신 야훼의 안타까운 심정을 표현하는 말로 쓰인다. 개역개정판에서 "내 창자가 들끓으니"라고 옮긴 부분이 그러한데, 이 경우에는 잘못을 저지르고 벌을 받아 괴로움을 겪고 있는 자기 백성에게 야훼 하나님이 애끓는 마음을 품고 계심을 뜻한다.

이처럼 4장 19절과 31장 20절과 비슷한 방식으로 48장 36절에서는 이방 백성 모압에게 재난이 닥치는 것을 보신 야훼의 내면이 크게 움직이고 있음을 표현한다. 곧 이전에 하나님의 백성에게 쓰던 표현이 여기서는 이방 모압 백성에게 쓴 것이다. 그리하여 이스라엘의 하나님 야훼 앞에서 이방 백성 모압이 이제 거의 이스라엘과 같은 자리에 서게 된다. 이처럼 모압을 위한 야훼의 탄식은 36절 전반절에서 절정에 이른다.

개역개정판과는 달리 히브리어 본문에서는 36절 후반절도 전반절과 마찬가지로 '그러므로'로 시작하는데, 이는 글의 흐름에 잘 어울리지 않아 보인다. 그렇지만, 본문 전체의 분위기를 염두에 두면, "그러므로 그가 마련했던 남은 것이 사라졌도다."(사역)는 후반절도 모압에게 닥친 재난을 두고 야훼께서 탄식하시는 말씀으로 읽을 수 있다.

특히 37-38절에서 이런 탄식의 분위기를 강하게 느낄 수 있다. "머리마다 대머리이고, 수염마다 깎였으며, 손마다 베인 상처가 있으며, 허리에 굵은 베가 둘렀도다."(사역)는 37절은 옛 중동 지방에 사람이 장례 풍속을 반영한다. 곧 사랑하는 사람을 잃은 슬픔과 안타까움을 드러내기 위해 사람들은 머리를 깎아 대머리로 만들고 수염을 깎고 손에 생채기를 내고 허리에 굵은 베를 둘렀다.

'굵은 베'로 옮긴 히브리 명사 〈삭〉은 보통 염소털로 짠 검은 색의 거친 천을 가리키는데, 이것으로 만들어 몸에 두르는 베옷은 흔히 상복으로 썼다(창 37:24; 삼하 3:31; 사 15:3; 렘 6:26; 49:3 등).

38절 전반절은 모압 주민들이 엄청나게 많이 죽은 상황을 그려보게 한다. "모압의 지붕마다, 또 그의 광장마다 애곡이 있으니"(사역)에서 '애곡'(개역개정판의 '슬피 우는 소리')은 사람이 죽어서 울며 안타까워함을 뜻한다. '지붕마다', '광장마다' 애곡이 있다 함은 가정마다, 동네마다 죽은 사람이 있음을 전제한다. 한마디로 모압 전역에 엄청난 재난이 닥쳐 집 안팎 어디를 가릴 것 없이 사람이 죽어 울부짖는 일이 벌어진 상황을 말한다.

이런 비참한 상황이 벌어지는 까닭을 38절 후반절에서 야훼께서 모압을 깨뜨렸기 때문이라고 알려준다. 여기서 '깨뜨리다'로 옮긴 히브리 동사를 이미 앞에서 3번이나 모압을 두고 썼는데, 다 수동형으로 나온다. 그 수동형 동사를 개역개정판 4절에서는 '멸망을 당하다'로, 17절과 25절에서는 '부러지다'로 번역했다. 아무튼 38절에서는 야훼의 '내가'가 주어로 나와서, 모압에 재난이 닥치게 하신 이가 이스라엘의 하나님 야훼시라는 점을 분명히 밝힌다.

이 사실은 절 끝에 나오는 어구 '여호와의 말씀이니라'를 통해 다시 한 번 확실해진다. 이는 〈느움 아도나이〉의 번역으로 보통 '여호와의 말씀'이라고 번역하는 〈드바르 아도나이〉와 그 뜻이 비슷하면서도 그 첫 낱말이 다르다. '야훼의 발언' 정도로 번역할 만하데, 예레미야서에 가장 자주 쓰이는 어구로 때로는 한 단락(2:3; 3:10 등)이나 절의 끝(1:8; 2:12; 3:1 등)에서, 때로는 중간(1:15; 2:9; 3:12 등)에 끼어들어 예언자가 전하는 말씀이 야훼로부터 비롯되었음을 상기시키거나 강조한다.

38절 후반절에서는 이렇게 야훼께서 깨뜨리신 모압을 두고서 '마음에 들지 않는 그릇' 같다고 한다. 이는 한편으로 예레미야가 야훼의 명령을 따라 토기장이의 집에 가서 본 대로 토기장이가 그릇 만드는 장면을 묘사하며 그 때 임한 야훼의 말씀을 알려주는 18장 1-12절을 생각나게 한다. 다른 한편으로는 야훼께서 예레미야에게 옹기를 깨뜨리면서 말씀을 전하라 하신 19장 10-13절을 떠올리게 한다.

마지막 39절은 모압의 멸망을 두고 내뱉는 탄식의 소리로 이해할 수 있다. 첫 문장인 "어찌하여 그가 깨졌는가!"(사역)에서 '어찌하여'로 옮긴 히브리 낱말 〈엑〉은 17절에서 '어찌하여'로 옮긴 〈에카〉와 마찬가지로, 사람이 죽었을 때 슬퍼하고 안타까워하며 부르는 노래인 조가(弔歌)의 첫머리에 쓰이는 낱말이다. 이 〈에카〉는 또한 예루살렘을 한 여성 인격체로 보고 그 죽음 곧 유다의 멸망을 슬퍼하는 노래의 첫머리인 예레미야애가 1장 1절과 2장 1절과 4장 1절과 2절에서도 찾아볼 수 있고, 그 책의 히브리어 이름으로도 널리 알려져 있다. 이리하여 "어찌하여 그가 깨졌는가!"는 모압을 한 인격체로 보고 모압의 죽음 곧 멸망을 애도하는 말로 이해할 수 있다.

그 다음에 나오는 "그들이 울부짖는가!"(사역)은 모압 사람들의 상황을 보고 안타깝게 외치는 소리인데, 글의 흐름으로 보아서는 39절 첫머리의 '어찌하여'가 여기에도 영향을 주는 것으로 이해할 수 있다. 그럴 경우에는 개역개정판처럼 "어찌하여 그들이 울부짖는가!"로 번역할 수도 있다. '울부짖다'는 동사를 앞서 31절에서는 야훼를 주어로 하여 썼다.

39절의 셋째 문장인 "어찌하여 모압이 등을 돌렸는가!"(사역)은 우선 첫 문장에 나온 '어찌하여'(〈엑〉)를 다시 써서 조가의 분위기를 한층 더 높인다. '등을 돌리다'가 여기서는 뒤이어 나오는 내용에서 알 수 있듯이, 망해서 남에게 비웃음거리가 되는 상황에서 자신을 감추는 모습을 표현한다. "그가 수치를 당했도다."(사역)는 '수치를 당하다'를 뜻하는 히브리 동사가 예레미야를 비롯하여 예언서에서 쓰이는 방식에 비추어 보면, 그저 남 앞에서 체면이 깎였다든가 하는 정서의 문제가 아니라 어떤 계층의 사람들이나 공동체가 자신이 저지른 잘못 때문에 하나님이 내리시는 재난을 겪게 된다는 사실과 관련된다(8:9; 48:1, 20, 39; 50:2 등 참고)

"그리하여 모압이 그의 사방 모두에게 비웃음거리와 공포의 대상이 되리로다."(사역)는 말씀으로 이 단락이 끝난다. 모압이 비웃음거리가 된다는 표현은 단락 첫 절인 26절에 나온 바 있다. 여기서는 '그의 사방 모두에게'가 덧붙어 모압이 겪는 수모를 한층 강조한다. '공포의 대상'으로 옮긴 히브리 명사는 전반절에서 '깨지다'로 옮긴 히브리 동사와 뿌리가 같다. 이런 식으로 여기서는 모압이 깨지는 모습을 보는 주변 사람들이 두려운 마음을 품게 되리라는 점을 인상적으로 표현한다.

5. 설교를 준비할 때 생각해 볼 본문의 특별한 가르침

첫째, 야훼께서 이스라엘의 하나님만이 아니시듯이, 오늘 그리스도인들이 예수 그리스도의 아버지로 받들고 섬기는 하나님도 그리스도인들만 상대하시는 하나님이 아니시다. 하나님은 온 누리의 하나님으로서 아직 하나님을 모르는 사람들도 다스리신다.

그리하여, 둘째, 자만하여 이스라엘을 비웃고(26-27, 30절) 산당에서 그들의 신을 섬기던 (35절) 모압을 야훼께서 벌하시듯이, 오늘 하나님을 모르고 자만하여 그리스도인들과 교회를 비웃고 자기들 나름대로 온갖 신들을 섬기는 사람들도 하나님께 그 잘못을 따지신다.

셋째, 지난날 이름난 포도 생산지였던 모압을 야훼께서 깨뜨리셔서, 온 모압이 부서지고 사람마다 곳마다 울부짖음과 슬픔만 가득하며 (34, 37-39전) 멀리 달아나야 가까스로 목숨을 보존하고(28절) 주변의 모든 사람들에게 비웃음거리가 두려움 거리가 되는 상황(39후)이 벌어지듯이, 오늘 하나님을 거스르는 사람들에게서도 하나님은 그들이 누리던 것들을 거두어들이시는 등의 재난을 내리실 수 있다.

그러나, 넷째, 야훼께서 모압이 겪는 어려움을 보고 매우 안타까워하고 울부짖으셨듯이(31, 36절) 오늘도 온 인류를 사랑하시는 하나님은 하나님을 모르는 가운데 잘못을 저질러 벌 받는 사람들이 겪는 어려움을 보고 크게 가슴 아파 하며 슬퍼하신다.

예레미야 48장 26-39절을 통틀어 보면, 모압이 저지른 잘못과 모압에게 닥치는 재난을 묘사하는 말보다는 모압의 어려운 상황을 묘사하거나 그를 두고 탄식하는 말이 더 큰 비중을 차지한다. 그리하면서 무엇보다도 이사야 15-16장과는 달리 모압을 향한 야훼 하나님의 뜨거운 관심이 두드러지게 나타난다. 이는 범죄하여 벌 받아 괴로움을 겪는 이스라엘을 향한 야훼의 뜨거운 사랑을 여러 가지 형식의 탄식으로 표현하는 예레미야의 전통에 잘 어울리면서, 그런 야훼의 사랑이 이방 세계에까지 확장됨을 알려준다.

이런 야훼 하나님을 예수 그리스도의 아버지로 믿고 섬기는 그리스도인들과 교회는 아직 하나님을 몰라 교만하게 처신하는 사람들에게 하나님이 내리시는 재난을 닥쳤을 때, 이를 하나님의 마음으로 아파하며 안타까워 할 수 있어야 한다.

혈통으로 보면, 한국의 그리스도인들인 우리가 바로 예레미야 48장의 모압처럼 본디 하나님을 모르던 이방 백성이었다가 하나님의 은혜로 복음을 듣고 믿어 새 하나님의 백성에 속하게 된 사람들이 아닌가!

예언과 목회 [9]

2009. 3. 30. 초판 1쇄 발행
저 자 박 동 현
발행인 이 두 경
발행처 비블리카 아카데미아
등록 1997년 8월 8일, 제10-1477호
주소 서울시 광진구 광장동 114번지
크레스코 빌딩 102호
전화 (02) 456-3123
팩스 (02) 456-3174
홈페이지 www.biblica.net
전자우편 biblica@biblica.net

값은 표지에 기재되어 있음
ISBN : 978-89-88015-20-9 93230